Selbstbestimmung und Subjektorientierung
in Sprachbüchern für den Deutschunterricht

D1734569

Europäische Hochschulschriften

Publications Universitaires Européennes
European University Studies

**Reihe XI
Pädagogik**

Série XI Series XI
Pédagogie
Education

Bd./Vol. 774

PETER LANG

Frankfurt am Main · Berlin · Bern · New York · Paris · Wien

Andreas Köpke

Selbstbestimmung und Subjektorientierung in Sprachbüchern für den Deutschunterricht

Eine Holzkamp-orientierte Analyse didaktisch-methodischer Hinweise bezüglich der ihnen zugrundeliegenden lerntheoretischen Prämissen

PETER LANG
Europäischer Verlag der Wissenschaften

Die Deutsche Bibliothek - CIP-Einheitsaufnahme

Köpke, Andreas:

Selbstbestimmung und Subjektorientierung in Sprachbüchern
für den Deutschunterricht : eine Holzkamp-orientierte Analyse
didaktisch-methodischer Hinweise bezüglich der ihnen
zugrundeliegenden lerntheoretischen Prämissen / Andreas
Köpke. - Frankfurt am Main ; Berlin ; Bern ; New York ; Paris ;
Wien : Lang, 1999
    (Europäische Hochschulschriften : Reihe 11, Pädagogik ;
    Bd. 774)
    ISBN 3-631-34693-X

Veröffentlicht mit freundlicher Unterstützung der
„Hans-Böckler-Stiftung", dem Mitbestimmungs-,
Forschungs- und Studienförderungswerk
des Deutschen Gewerkschaftsbundes (DGB) in Düsseldorf,
sowie der „Max-Traeger-Stiftung" der Gewerkschaft
Erziehung und Wissenschaft (GEW) in Frankfurt am Main.

Gedruckt auf alterungsbeständigem,
säurefreiem Papier.

ISSN 0531-7398
ISBN 3-631-34693-X

© Peter Lang GmbH
Europäischer Verlag der Wissenschaften
Frankfurt am Main 1999
Alle Rechte vorbehalten.

Printed in Germany 1 2 3 4 6 7

Vorwort

Wenn wir annehmen, dass es – nach dem Gefüge der Klasse und der Person der Lehrerin oder des Lehrers – die verwendeten Unterrichtsmedien sind, die das Milieu und den Erfolg von Unterricht wesentlich (mit-)bestimmen, nimmt es Wunder, dass es nicht eine Vielzahl von Analysen von Unterrichtsmedien gibt. Die Wirksamkeit von Unterrichtsmedien dürfte höher einzuschätzen sein als die von Richtlinien und Lehrplänen. Ein Zusammenhang zwischen beiden besteht insofern, als dass Zulassungskommissionen der Bundesländer über 'Passungen' befinden und Autoren und Verlage sich auf die bundeslandspezifischen Vorgaben verpflichtet sehen.

Das Desinteresse von Forschern an Unterrichtsmedien wundert auch deshalb, weil doch Printmedien für den Unterricht ein Markt sind, der zwischen den großen Schulbuchverlagen heiß umkämpft ist. Wie groß und merkantil bedeutsam dieser Markt ist, vermittelt ein Besuch auf der 'iNTERSCHUL' oder der 'didacta' – zwei jährlich durchgeführter Schulmessen – eindrucksvoll. Vielleicht erklärt die Tatsache, dass es hauptsächlich Hochschullehrer(innen) sind, die die Konzeptionen von Unterrichtsmaterialien vorgeben, die Gleich-Gültigkeit, Neutralität oder auch die Befangenheit der forschend interessierten Erziehungswissenschaftler(innen). Auffällig ist – über ein Desinteresse der 'Forschungsgemeinschaft' an Unterrichtsmedien hinaus – die geringe Hochschätzung eben dieser Beschäftigung und insbesondere deren Konkretisation in Materialien.

Die Auseinandersetzung mit so divergierenden Bedingungen, wie sie staatliche Vorgaben als Lehrpläne und Zulassungskommissionen einerseits darstellen und dem eingeschätzten (mittleren) Ausbildungsstand der Käufer (die Lehrer, die ja nicht die eigentlichen Adressaten sind) andererseits, erfordert schwierige Balanceakte, unter denen es (zudem?) die eigenen 'theoretischen' Ambitionen zu realisieren gilt.

In dieser, wohl auch vom Autor der hier vorliegenden Studie in etwa so eingeschätzten Situation (er hat dies in einer Reihe von engagierten Rezensionen von Arbeitsmitteln angedeutet), legt er eine Analyse vor, die auf lerntheoretische Prämissen ausgewählter Schulbücher zielt. Er fragt nach den lehr-lerntheoretischen Grundlagen und Annahmen der Autor(inn)en, die sich aus deren 'Didaktisierungen' schließen lassen. Als Beispiele wählt er Sprachbücher für die Sekundarstufe I.

Grundlage der eigenen Analyse sind Andreas Köpke die Kategorien bzw. Kriterien 'Selbstbestimmung und Subjektorientierung'. Als seinen theoretischen Bezugsrahmen wählt er Holzkamps Beschreibung von (Lehr-)Lernprozessen, also die eines Vertreters der Kritischen Psychologie.

Holzkamps Lerntheorie zur Grundlage zu wählen, erweist sich als ebenso trefflich wie produktiv. Diese glückliche Wahl bedeutet allerdings, vom Standpunkt des Lern-Subjekts her zu denken, also das Lernen ins Zentrum zu stellen. Dies ist in Bezug auf Lehrwerke, die traditionell aus lehrtheoretischer Perspektive entworfen sind, ein Novum. Die Produktivität liegt in der Unpassung: Die in der Regel eher impliziten lehr-lerntheoretischen Vorstellungen der (Sprach-) Buchautor(inn)en erweisen sich als so stringent nicht, wenn man sie gegen eine genuin lerntheoretische Konzeption spiegelt. Das heißt: Es lassen sich in den untersuchten Lehrwerken 'positive' Ansätze im Sinne von Selbstbestimmung und Subjektorientierung auffinden. Und darin liegt die Leistung Köpkes. Sie liegt nicht im – wenngleich sehr präzisen – Aufweisen der immer schon vorgedachten, vorweggenommenen Lernergebnisse, sondern im Auffinden von Ansätzen in die richtige Richtung. Hier erweist sich Holzkamps Unterscheidung von defensiv- und expansiv-begründetem Lernen als aufschluss- und konsequenzenreich.

Die vorliegende Studie sei deshalb Studierenden, Lehrern, Ausbildern, Autoren und auch Zulassungskommissionären empfohlen, weil sie einen geglückten Versuch darstellt, komplexe lerntheoretische Annahmen in eine nachvollziehbare praktische Dimension zu übersetzen. Es gelingt Köpke, Holzkamps Theorie auf empirische Methoden zu beziehen, also Operationalisierungen zu entwerfen und diese an konkreten 'pädagogischen' Objekten (Sprachbücher) zu exemplifizieren.

Dass das von Köpke beschriebene Lernverständnis, das sich neben Holzkamp auf Autoren wie Foucault, Deleuze, Lyotard und Beck bezieht, nicht nur als Bezugsrahmen einer Schulbuchkritik dienen kann, sondern zugleich als Grundlage einer Analyse von institutionalisierten Lehr-Lernprozessen überhaupt zu verstehen ist, wird klar, wenn wir 'Selbstbestimmung und Subjektorientierung' als Leitidee ernst nehmen wollen.

Insofern zeigen sich in dieser Schulbuchanalyse allgemeine Beschränkungen des Lernens gegenwärtiger Schule wie auch Chancen einer Entgrenzung.

Hamburg, im Dezember 1998

Prof. Dr. Heiko Balhorn
Heiko Balhorn ist Professor für Sprachdidaktik an der Universität Hamburg, Vorstandsmitglied der Deutschen Gesellschaft für Lesen und Schreiben (DGLS) und Herausgeber, Autor sowie Verleger von Unterrichtsmaterialien.

Vorrede: Von Wurzelbüchern zu Rhizomen

"Everything you were taught at school is bunk."[1]

Die vorliegende Studie "Selbstbestimmung und Subjektorientierung in Sprachbüchern für den Deutschunterricht" verfolgt im wesentlichen zwei Ziele. Zunächst geht es darum, die durch Klaus Holzkamp begründeten Kategorien subjektwissenschaftlichen Lernens hinsichtlich des Sujets dieser Studie[2] bezugsfähig zu machen. Vor diesem Hintergrund versuche ich, zu Aussagen bezüglich der lerntheoretischen Prämissen, welche die jeweiligen Sprachbücher auszeichnen, zu gelangen. Anhaltspunkte dieses Generierungsprozesses sind die in den Sprachbüchern vorfindlichen didaktischen Hinweise.

Dabei resultiert für mich aus dieser Analyse ein Desiderat, das hier insoweit uneinlösbar bleibt, da es sich erst aus der Studie selbst ergeben hat. Es leitet sich aus der Frage nach der konkreten Gestalt(-ung) und Didaktisierung von Unterrichtsmaterialien ab, wenn sich deren Konzeption vorwiegend an den Theoremen subjektwissenschaftlicher Lernvorstellungen orientieren soll. Diese Fragestellung erwächst aus der vorliegenden Untersuchung dergestalt, als die hier vorgenommene subjektwissenschaftlich-geleitete Analyse der den Sprachbüchern zugrundeliegenden konzeptionellen, didaktischen und lerntheoretischen Annahmen zwar Aussagen hinsichtlich der den Sprachbüchern inhärenten Lernverständnisse ermöglicht, aber die Frage offen läßt, wie die Konzeption von Unterrichtsmaterialien aussehen könnte, die primär subjektwissenschaftlichen Lernverständnissen folgen. Sie bleibt in dieser Studie offen, obwohl sich in allen untersuchten Büchern Hinweise für eine zumindest partielle subjektwissenschaftliche Didaktisierung finden lassen. Allerdings scheint es in keinem Fall berechtigt, die (Gesamt-)Didaktisierung als weitgehend subjektwissenschaftlichen Lerntheoremen folgend zu bezeichnen. Die Frage nach der möglichen Gestalt(-ung) von subjektwissenschaftlichen Unterrichtsmaterialien bleibt für mich somit ein leitender Aspekt weiterer wissenschaftlicher Arbeit.[3]

Im Sinne eines eröffnenden Aufrisses dieser Forschungsdimension möchte ich nachstehend einige Anregungen bezüglich des für mich noch unerschlossenen Areals formulieren. Eine richtungweisende Fährte zur weiteren Ergründung dieser Frage habe ich bei Gilles Deleuze und Félix Guattari in "Rhizom"[4] gefunden. Hierin stellen die Autoren eine Klassifizierung unterschiedlicher Buchtypen vor. Sie unterscheiden drei Typen: a) das "Wurzelbuch"[5], b) das "System der kleinen Wurzeln"[6] und c) das "Rhizom"[7].

---

1   Orson Welles (1998).
2   Sprachbücher der Sekundarstufe I fungieren in dieser Studie als Beispiel für Schulbücher.
3   Erste Gedanken zu diesem Gesichtspunkt finden sich u.a. in Kapitel 5.3 dieses Buches.
4   Vgl. Deleuze u.a. (1977).
5   Deleuze u.a. (1977). S. 8.
6   Deleuze u.a. (1977). S. 9.
7   Deleuze u.a. (1977). S. 11.

a) Den Typ des "Wurzelbuchs" charakterisieren Deleuze und Guattari folgendermaßen: "Das ist das klassische Buch, schöne organische Innerlichkeit, jede Schicht signifikant und subjektiv. Das Buch imitiert die Welt wie die Kunst die Natur; [...] Das Gesetz des Buches ist dasjenige der Reflexion."[8] Ausgangspunkt der im Wurzelbuch betriebenen (Welt-)Reflexion ist stets die Vorstellung einer Einheit, hier assoziiert mit einer (Stamm- oder Haupt-) Wurzel, zu der die Reflexion ein dichotomisches Verhältnis herstellt. Spezifisch für das Wurzelbuch ist, unabhängig vom jeweils behandelten Inhalt, daß das Thema als Einheit gedacht wird, auf die sich alle anschließenden Reflexionen beziehen. Der Typ des Wurzelbuchs ist sicher unter Unterrichtsmaterialien häufig anzutreffen. Letztlich sind diese nach "allgemeine[m] Verständnis [...] gedruckte Lehrwerke zu Unterrichtszwecken"[9] und dienen damit der Vermittlung von bestimmten Lehr- bzw. Lerninhalten. Bei diesen Inhalten handelt es sich im weitesten Sinne um Gegenstandsbereiche, die für das Leben in der jeweiligen (Gesellschafts-)Welt (mehr oder weniger) relevant sind oder zumindest in Lehr- und Bildungsplänen hierzu erklärt werden. In diesem Zusammenhang ist es ein Charakteristikum gängiger Unterrichtsmaterialien, daß sie sich auf einzelne Inhalte bzw. Gegenstandsbereiche konzentrieren und diese hierbei aus ihren realen Kontexten herauslösen und einer eigenen (didaktisierenden) Systematik unterwerfen. Diese Systematik führt die Lernenden von einfachen – und damit (stark) komplexitätsreduzierten – zu immer facettenreicheren Gegenstandsaufschlüssen. Der jeweilige systematische Entwurf basiert dabei darauf, daß der in Frage stehende Inhalt von den Lehrenden bzw. den Schulbuchautoren als abbildbare und geschlossene Einheit gedacht wird, auf die sich die systematisierende Didaktisierung bezieht. Mit Blick auf die Gestaltung solcher (Unterrichts-)Einheiten läßt sich sicher formulieren, daß sie eine "schöne organische Innerlichkeit" sowie die Imitation der Welt "wie die Kunst die Natur" kennzeichnen. Deleuze und Guattari kritisieren das Wurzelbuch wie folgt: "Die Natur geht so nicht vor: dort sind Wurzeln Pfahlwurzeln mit zahlreichen Verzweigungen, seitlichen, sternförmigen, jedenfalls keinen dichotomischen."[10] Sie lehnen die Konzeption des "Wurzelbuchs", welches die Welt als Bild widerspiegelt, für sich ab, da "dieses Denken die Vielfalt nie begriffen hat: es muß von einer starken, vorgängigen Einheit ausgehen, um zu zwei [i.S. der genannten Reflexion] zu kommen."[11]

b) Als "System der kleinen Wurzeln"[12] bezeichnen Deleuze und Guattari den zweiten Typ von Büchern, "den die Moderne gerne für sich in Anspruch

---

8   Deleuze u.a. (1977). S. 8.
9   Institut für Bildungsmedien (1997 b). S. 4.
10   Deleuze u.a. (1977). S. 8.
11   Deleuze u.a. (1977). S. 9.
12   Deleuze u.a. (1977). S. 9.

nimmt."[13] Dessen Wesenszüge schildern sie so: "Die Hauptwurzel [des Typs a)] ist verkümmert, ihr Ende abgestorben; und schon beginnt eine Vielheit von Nebenwurzeln, wild zu wuchern. Hier erscheint die natürliche Realität als Verkümmerung der Hauptwurzel, gleichwohl besteht ihre Einheit als vergangene, zukünftige oder mögliche fort."[14] Die Bedeutung der Hauptwurzel ist im Gegensatz zu Typ a) relativiert. Stellt sie in a) die Achse dar, die etwaige Nebenwurzeln trägt, ist sie in b) nur noch als (gebrochener) Bezugspunkt existent. Und demnach ist zu "fragen, ob nicht Geist und Reflexion [z.B. in der Person des Autors] diesen Zustand dadurch ausgleichen, daß sie ihrerseits eine noch umfassendere verborgene Einheit oder erweiterte Totalität verlangen"[15] und etwa mit dem "System der kleinen Wurzeln" schaffen. Die Einheit der Welt (i.s. der Hauptwurzel) als Objekt der Reflexion besteht nicht mehr, doch damit ist die Idee der Einheit keineswegs überwunden. Sie wird vielmehr in das Subjekt verlagert. "Auf diese Weise kann man ein noch so zerstückeltes Werk als Gesamtwerk oder Magnum Opus hinstellen."[16] Deleuze und Guattari konstatieren hierzu: "Man sieht also, daß auch ein System gebündelter Wurzeln nicht wirklich mit dem Dualismus, mit der Komplementarität von Subjekt und Objekt, Natur und Geist bricht. Während die Einheit im Objekt fortwährend vereitelt wird, triumphiert im Subjekt ein neuer Typ von Einheit."[17] Unter Verweis auf das schriftstellerische Werk von James Joyce verdeutlichen sie zugleich den Unterschied zwischen a) und b) sowie deren strukturelle Ähnlichkeit: "Die Wörter eines Joyce, denen man zu Recht 'Vielwurzeligkeit' nachsagt, brechen die lineare Einheit der Wörter, sogar der Sprache nur auf, um im gleichen Zuge eine zyklische Einheit des Satzes, des Textes oder des Wissens herzustellen."[18] Den Charakter von Büchern des Typs b) benennen Deleuze und Guattari folgendermaßen: "Die Welt ist chaotisch geworden, aber das Buch bleibt Bild der Welt, Würzelchen-Chaosmos, statt Wurzel-Kosmos. Welch seltsame Mystifikation: das Buch wird umso totaler, je zerstückelter es ist. Das Buch als Bild der Welt – langweilig in jeder Hinsicht!"[19] Die mit dem Typ b) verbundene Langeweile scheint vor allem in der auf einer Idee der Einheit basierenden Praxis der Deskription der Dichotomie zu liegen. Bei Deleuze und Guattari klingt dies so: "Es genügt eben nicht zu rufen: Hoch lebe das Viele [...] Das Viele muß man machen."[20] Dabei verwenden sie den Begriff "Viele" als das, worin sich die Wirklichkeit als Realitätsausdruck, wie er

---

13 Deleuze u.a. (1977). S. 9.
14 Deleuze u.a. (1977). S. 9.
15 Deleuze u.a. (1977). S. 9.
16 Deleuze u.a. (1977). S. 10.
17 Deleuze u.a. (1977). S. 10.
18 Deleuze u.a. (1977). S. 10.
19 Deleuze u.a. (1977). S. 10.
20 Deleuze u.a. (1977). S. 10 f.

von Subjekten wahrgenommen wird, konstituiert. Mit Blick auf den Schulbuchmarkt ist der Buchtyp b) sicher im Verhältnis zum Typ a) seltener anzutreffen, da die hier gegebene Charakterisierung für die Klassifizierung des Gros von Schulbüchern unzutreffend ist. Dennoch werden auch in der Schule – z.b. im Sprachunterricht – Bücher dieses Typs verwendet, beispielsweise in Gestalt literarischer Werke der Moderne, die i.d.R. dem "System der kleinen Wurzeln" – wie bereits ausgeführt – verschrieben sind.

c) Als dritten Buchtypus stellen Deleuze und Guattari den beiden vorgenannten das "Rhizom"[21] entgegen. Zur Einführung in diese Buchart geben sie die botanisch-geprägte Definition: "Als unterirdischer Sproß unterscheidet sich ein Rhizom grundsätzlich von großen und kleinen Wurzeln. Knollen und Knötchen sind Rhizome."[22] Die spezifischen Eigenheiten der Rhizome erläutern sie anhand des folgenden Beispiels: "Als Rhizom oder Vielheit verweisen die Fäden der Marionette nicht auf den angeblich einheitlichen Willen eines Künstlers oder Marionettenspielers [wie Buchtyp a) oder b) zufolge], sondern auf die Vielheit seiner Nervenfasern."[23] Dementsprechend ist es die Eigenart des Rhizoms, daß es sich nicht auf die Isolation bestimmter Gegenstände konzentriert (i.s. von Bestrebungen, die auf die Herstellung einer Einheit abzielen) und diese damit beschränkt, statt dessen werden im Rhizom "unaufhörlich semiotische Kettenteile, Machtorganisationen, Ereignisse in Kunst, Wissenschaft und gesellschaftlichen Kämpfen"[24] verknüpft. Dies hat Auswirkungen auf die für die Buchtypen a) und b) zu konstatierende Differenzierung von Welt, Buch und Autor. "Es gibt keine Dreiteilung mehr zwischen einem Feld der Realität: der Welt, einem Feld der Repräsentation: dem Buch und einem Feld der Subjektivität: dem Autor. Eine Verkettung stellt Verbindungen zwischen Vielheiten dieser Ordnungen her."[25] Hieraus resultiert ein kardinaler Unterschied zwischen (Rhizom-)Büchern und Werken des Typs a) und b): "Das Buch als Verkettung mit dem Außen gegen das Bilderbuch der Welt."[26] Oder anders gewendet: "Das Buch ist kein Bild der Welt [...] Es ist nicht schöne, organische Totalität, und auch nicht mehr Einheit des Sinns."[27] Wesentliche Kennzeichen der "rhizomatischen Methode"[28] sind somit die Dezentrierung, die Defixierung, die Offenheit sowie die Nicht-Beschränktheit. Demnach ist "das Rhizom ein nicht zentriertes, nicht hierarchisches und nicht signifikantes System [...],

---

21   Deleuze u.a. (1977). S. 11.
22   Deleuze u.a. (1977). S. 11.
23   Deleuze u.a. (1977). S. 13.
24   Deleuze u.a. (1977). S. 12.
25   Deleuze u.a. (1977). S. 36.
26   Deleuze u.a. (1977). S. 36.
27   Deleuze u.a. (1977). S. 40.
28   Deleuze u.a. (1977). S. 13.

es ist einzig und allein durch die Zirkulation der Zustände definiert."[29] Dabei charakterisieren Deleuze und Guattari das (Rhizom-)Buch nicht allein mittels Negationen: "Das Ideal eines Buches wäre, alles [...] auszubreiten, auf einer einzigen Seite, auf ein und demselben Strand: gelebte Ereignisse, historische Bestimmungen, Gedankengebäude, Individuen, Gruppen und soziale Formationen. Kleist erfand eine Schrift dieses Typs, eine Verkettung, die von Affekten zerbrochen ist, mit variablen Geschwindigkeiten, Überstürzungen und Transformationen, immer in Beziehung zum Außen. Offene Ringe. Dabei sind seine Texte in jeder Hinsicht dem klassischen und romantischen Buch entgegengesetzt, das sich durch die Innerlichkeit einer Substanz oder eines Subjekts konstituiert."[30] Oder anders: Das Buch ist "keine Repräsentation der Welt, auch keine Welt als Bedeutungsstruktur."[31] Die Konkretisierung des Buchs als Rhizom ist demzufolge mit unmittelbaren und praktischen Konsequenzen für den Charakter des Buchs sowie des Umgangs mit ihm verbunden. In ihm gibt es keine vorgegebenen Bedeutungen und folglich hinsichtlich seines Verständnisaufschlusses auch keine eindeutigen Interpretationsmuster (mehr), in ihm gibt es nichts vorgängig Definiertes, das auf die (bloße) Rekapitulation durch die Rezipierenden angelegt wäre. Diese grundsätzliche Andersartigkeit des (Rhizom-)Buchs gegenüber den Buchtypen a) und b) grenzt es stark von der gängigen Art von Schul-, Lehr- und Lernbüchern ab. Statt Nachvollzug unzweifelhafter Bedeutungen und Zusammenhänge beschreiben Deleuze und Guattari Rhizombücher so, daß sie "vor allem demontierbar sind, ein Milieu schaffen, wo mal dies und mal jenes auftauchen kann: wie mürbe Brocken in einer Suppe. Oder besser noch ein funktionelles, pragmatisches Buch: nehmt euch, was ihr wollt."[32] Sie markieren damit das Ende jeder Eindeutigkeit bezüglich der im jeweiligen Buch gebotenen Inhalte und somit auch das Ende jeder eindeutigen Handhabung, etwa in der Art, daß Bücher oder Kapitel derselben von vorn nach hinten gelesen werden müssen. Dies ist eine Dimension, die insbesondere mit Blick auf die Konzeption von Schulbüchern relevant erscheint. Schließlich ist es ein Strukturmerkmal gängiger Unterrichtsmaterialien, daß sie beispielsweise einen bestimmten Lernweg nahelegen, der sich in einer aufeinanderaufbauenden Struktur innerhalb der einzelnen Kapitel sowie der Kapitel untereinander widerspiegelt.[33] Im Gegensatz dazu entfalten Deleuze und Guattari ein alternatives Funktions- und Gebrauchsverständnis des (Rhizom-)Buchs: "Jedes Plateau [gemeint sind Textabschnitte] kann an beliebi-

---

29 Deleuze u.a. (1977). S. 35.
30 Deleuze u.a. (1977). S. 15.
31 Deleuze u.a. (1977). S. 40.
32 Deleuze u.a. (1977). S. 40.
33 Dieser Forschungsdimension ist der gesamte "Anwendungskontext" (Kapitel 3) der Studie gewidmet. Dem Gesichtspunkt "aufeinanderaufbauende Struktur" wird dabei speziell u.a. in den Kapiteln 3.1.1.2, 3.1.2.2, 3.2.2.2 und 3.3.3.2 Aufmerksamkeit geschenkt.

ger Stelle gelesen und zu beliebigen anderen in Beziehung gesetzt werden."[34] In der konkreten Aufforderung an die Lesenden heißt dies: "Findet die Stellen in einem Buch, mit denen ihr etwas anfangen könnt."[35] Der Auffassung von Deleuze und Guattari folgend, gibt es in "einem [Rhizom-] Buch [...] nichts zu verstehen, aber viel, dessen man sich bedienen kann. Nichts zu interpretieren und zu bedeuten, aber viel, womit man experimentieren kann. [...] Ja, nehmt was ihr wollt."[36] Diese Lesart stärken sie mit Verweis auf den Schriftsteller Marcel Proust, der einmal "meinte, daß sein Buch wie eine Brille sei: probiert, ob sie euch paßt; ob ihr etwas sehen könnt, was euch sonst entgangen wäre; wenn nicht, dann laßt mein Buch liegen und sucht andere, mit denen es besser geht."[37] Mit ähnlichem Tenor zitieren Deleuze und Guattari den Philosophen Michel Foucault, der "auf die Frage, was für ihn ein Buch sei: eine Werkzeugkiste"[38] antwortet. Meines Erachtens läßt sich hieraus insoweit ein Strukturhinweis für die Konzeption von Unterrichtsmaterialien i.s. eines subjektwissenschaftlichen Lernverständnisses ableiten, als daß (Rhizom-)Schulbücher den Lernenden die weitgehende Autonomie im Umgang mit ihnen gewähren. Den Lernenden ist in (Rhizom-)Schulbüchern die Entscheidung über den Verlauf und die Struktur des eigenen Lernprozesses beispielsweise nicht länger durch die Nahelegung eines bestimmten Lernweges (zumindest tendenziell) vorgegeben. Statt dessen ist die selbstbestimmte Handlungsfähigkeit der Lernenden im Umgang mit Unterrichtsmaterialien in jeder Hinsicht garantiert. Gilt für verbreitete Unterrichtsmaterialien im übertragenen Sinn sicher Ivan Illichs These, der zufolge sich "der Schulmeister [...] berechtigt [fühlt], seine Methode zwischen dich und alles, was du lernen willst, zu schieben"[39], so trifft dies nicht auf das (Rhizom-)Buch zu. An die Stelle einer vorgedachten und geplanten Didaktisierung bzw. Systematik[40] tritt in ihm die "Systematik des Subjekts", die sich aus dem individuellen Vorgehen des Lernenden im Lernprozeß ergibt. Inwiefern ein solches individuell- oder subjektorientiertes Vorgehen in Lernprozessen als realitätsangemessen erscheint, läßt sich aus Franz Kafkas Tagebuchaufzeichnungen herauslesen. Kafka stellt hierin fest: "Alle Dinge nämlich, die mir einfallen, fallen mir nicht von der Wurzel aus ein, sondern erst ir-

---

34 Deleuze u.a. (1977). S. 35. Daß hiermit artikulierte Funktionsverständnis findet dabei bereits im Entstehungsprozeß des (Rhizom-)Buchs seinen Ausdruck. Mit Blick auf ihren eigenen Text stellen Deleuze und Guattari hierzu fest: "Morgens nach dem Aufstehen hat sich jeder überlegt, welchen Plateaus er folgen soll, und dann fünf Zeilen hier und zehn Zeilen dort geschrieben." [Deleuze u.a. (1977). S. 35.].
35 Deleuze u.a. (1977). S. 40.
36 Deleuze u.a. (1977). S. 40 f.
37 Deleuze u.a. (1977). S. 40.
38 Deleuze u.a. (1977). S. 40.
39 Illich (1978). S. 42.
40 In diesem Kontext erscheint mir die Frage, ob die Didaktisierung durch Lehrende oder Autoren eines Unterrichtsmaterials erfolgt, sekundär, da der Effekt identisch ist.

gendwo gegen ihre Mitte. Versuche sie dann jemand zu halten, versuche jemand ein Gras und sich an ihm zu halten, das erst in der Mitte des Stengels zu wachsen anfängt."[41] Diesen Gedanken führen Deleuze und Guattari fort: "Es ist nicht leicht, die Dinge von ihrer Mitte her wahrzunehmen und nicht von oben nach unten, von links nach rechts oder umgekehrt: versucht es und ihr werdet sehen, daß alles sich ändert."[42] Meines Erachtens liefern diese Ausführungen eine Vielzahl an Anregungen zur Gestalt(-ung) von Unterrichtsmaterialien, die ein subjektwissenschaftliches Lernverständnis voraussetzen. Sicher, eine direkte Konkretisierung ist hieraus schwerlich ableitbar. Doch wichtiger erscheint mir gegenwärtig die Tatsache, daß die Idee des (Rhizom-)Buchs die strukturellen Umrisse von Schulbüchern erkennen läßt, die einem subjektwissenschaftlichen Lernverständnis folgen. Aus meiner Sicht können sie die Funktion eines Leitsterns bei der Entwicklung solcher Materialien bilden, ohne daß der Weg dorthin oder gar die Gestalt etwaiger Produkte zum jetzigen Zeitpunkt bereits erkennbar wäre. Daß sich allerdings schon heute Unterrichtsmaterialien auf dem Schulbuchmarkt finden, die Anhaltspunkte für ein Buch i.S. eines Rhizoms liefern, ist m.E. äußerst ermutigend und inspirierend zur Weiterentwicklung solcher Beispiele. Konkret denke ich an das von Christa Erichson konzipierte "Drehbuch".[43] Es zeichnet sich dadurch aus, daß es "keinerlei Lehrgangscharakter hat, der zu starrer Vorgehensweise zwingt. Man beginnt nicht mit der ersten Seite, sondern dort, wo das Interesse des Kindes geweckt wird, und endet statt auf der letzten Seite, wo das Interesse befriedigt ist."[44] Auch in dem aus der Schweiz stammenden Schulbuch "Ich mache das so! Wie machst du es? Das machen wir ab."[45] lassen sich Anhaltspunkte identifizieren, die auf Rhizomelemente verweisen. So heißt es dort gleich zu Beginn an die Adresse der Lernenden gewandt: "Du kannst anfangen, wo du willst. Ein Abschnitt von wenigen Zeilen genügt vielleicht, um bei dir eigene Ideen zu wecken. [...] Beim Reisen sucht man den gleichen Ort oft mehrmals auf. Andere Orte lässt man aus. So ist auch dieses Buch gemacht. Und so darfst du es benützen."[46] Dabei ist bereits eine solche (partielle) rhizomartige Konzeption von Schulbüchern unmittelbar mit Konsequenzen für den Lernprozeß verbunden. Dies klingt in "Ich mache das so! Wie machst du es? Das machen wir ab." an, wenn es dort in einer Information für Eltern zum Charakter der von den Lernenden zur Lernprozeßdokumentation geführten sog. "Reisetagebücher" u.a. heißt: Das Reisetagebuch "dokumentiert private Spuren des Lernens und orientiert sich nicht an den Erwartungen eines anonymen Publikums. Trotzdem

---

41   Deleuze u.a. (1977). S. 37.
42   Deleuze u.a. (1977). S. 37.
43   Vgl. Erichson (1992).
44   Gesamtschul-Kontakte (1997). S. 27.
45   Ruf (1995).
46   Ruf (1995). S. 7.

herrscht im Reisetagebuch eine subtile Ordnung: die geheimnisvolle Logik einer persönlichen Entwicklung."[47] Was hier als "geheimnisvolle Logik einer persönlichen Entwicklung" bezeichnet wird, läßt sich sicher als Ausdruck der o.g. "Systematik des Subjekts" verstehen. In verschiedener Hinsicht sind demnach in den genannten Unterrichtsmaterialien (erste bzw. partielle) Rhizomelemente zu erkennen. Gleichzeitig wird ersichtlich, daß es noch grundlegender (Entwicklungs-)Arbeit bedarf, bis sich rhizomgeprägte Unterrichtsmaterialien auf dem Schulbuchmarkt etabliert haben. Dabei müßten sich solche Materialien in erster Linie dadurch auszeichnen, daß sie die Lernenden nicht auf einen bestimmten Umgang mit ihnen festlegen. Denn "rhizomorph sein heißt, Stengel und Faser produzieren, die aussehen wie Wurzeln oder besser: die gemeinsam mit ihnen in den Stamm eindringen und einen neuen und ungewöhnlichen Gebrauch von ihnen machen."[48] Offensichtlich ist dabei, daß solche Unterrichtsmaterialien einen nachhaltigen Wandel der Lehr- und Lernkultur in institutionalisierten Lernprozessen induzieren würden. "Bei Kindern gewinnt die Semiotik der Gesten, des Mienenspiels, der Spiele etc. ihre Freiheit zurück und löst sich [...] [z.B.] von der herrschenden Sprachkompetenz des Lehrers ab."[49] Daß es sich bei der Entwicklung derartiger Materialien nicht nur um ein anstrengendes, sondern zugleich auch ein lohnendes Unterfangen handelt, ist m.E. evident. Als Leitmotiv für diese Arbeit kann die folgende Aussage von Michel Foucault fungieren: "Es gibt im Leben Augenblicke, da die Frage, ob man anders denken kann, als man denkt, und anders wahrnehmen kann, als man sieht, zum Weiterschauen oder Weiterdenken unentbehrlich ist."[50]

Zur inhaltlichen Fundierung eines derartigen "Weiterdenkens" möchte die vorliegende Studie als ein "anstoßendes Buch" beitragen. Sie ist der Initiierung eines Prozesses gewidmet, welcher der wachsenden Berücksichtigung von Selbstbestimmung und Subjektorientierung als tragenden konzeptionellen Elementen von Schulbüchern und Unterrichtsmaterialien verpflichtet ist.

Die Publikation dieses "Anstoßes" ist nicht zuletzt durch die finanzielle Unterstützung der Hans-Böckler-Stiftung und der Max-Traeger-Stiftung zustandegekommen. Dafür sei den Gremien von Hans-Böckler-Stiftung und Max-Traeger-Stiftung an dieser Stelle herzlich gedankt.

Punta del Papagayo (Tyteroygatra), im Herbst MCMXCVIII

Andreas Köpke

---

47 Ruf (1995). S. 43.
48 Deleuze u.a. (1977). S. 26.
49 Deleuze u.a. (1977). S. 26.
50 Foucault (1986). S. 15.

14

Inhalt

1 Einleitung

1.1 Worum es geht und warum – Gründe für eine Schulbuchstudie

1.1.1 Zentrale Elemente schulischen Lernens

Warum beschäftige ich mich in dieser Arbeit mit der Analyse didaktischer Hinweise in Schulbüchern auf dem Hintergrund eines subjektorientierten Lernbegriffs und den Konsequenzen, die sich aus ihrem Einsatz für die Qualität schulischen Lernens ergeben?[1]

Betrachtet man schulische Lernprozesse, so ereignen sie sich hauptsächlich in der Form von (abgehaltenem) Unterricht.[2] Der Unterricht selbst wird allgemeinhin als kommunikativer (und teilweise handelnder) Prozeß zwischen Lehrenden[3] und Lernenden verstanden, betrieben mit dem Ziel des Wissens- und Erkenntniszuwachses bei den Lernenden, vermittelt durch den Lehrenden. Schulisches Lernen ist demnach ein Prozeß, "in dessen Verlauf von seiten des Unterrichtenden aus der Versuch unternommen wird, eine Erweiterung des gegebenen [...] Fähigkeitsstandes auf Seiten [...] der Unterrichteten hervorzurufen."[4]

Ist für das Zustandekommen von Unterricht demnach die Anwesenheit von Lehrenden und Lernenden konstitutiv, so ist dessen Organisation, Ausrichtung und Durchführung im wesentlichen durch drei Faktoren bestimmt, und zwar durch

- administrative Rahmenvorgaben,
- die Person der Lehrenden und
- die Unterrichtsmaterialien.[5]

---

[1] Diese Untersuchung ist gemäß den Rechtschreibregeln in ihrer derzeit noch mehrheitlich verwendeten Form angefertigt. Hiervon wurde abgewichen, wenn die verwendeten und zitierten Quellen bereits nach den Regeln der reformierten Rechtschreibung verfaßt wurden. Dies trifft insbesondere für einen (erheblichen) Teil der untersuchten Schulbücher zu.

[2] Dies dokumentiert ein Blick in die Schulgesetze der einzelnen Länder. So heißt es etwa im Schleswig-Holsteinischen Schulgesetz: "Schulen sind alle auf Dauer bestimmte Unterrichtseinrichtungen". [Schleswig-Holsteinisches Schulgesetz (1996). § 2 (1).].

[3] In dieser Studie habe ich versucht, weitgehend geschlechtsneutrale Bezeichnungen und Begriffe für die genannten und angesprochenen Personen zu verwenden. Wo dies nicht möglich war, fand die männliche Form Verwendung, wobei selbstverständlich immer beide Geschlechter gemeint sind.

[4] Terhart (1994). S. 131.

[5] Als Bezeichnung hierfür ist sowohl in der Literatur als auch in schulgesetzlichen Regelungen der Terminus "Lernmittel" gebräuchlich. [Vgl. Die Verfassung des Deutschen Reiches (1919). Artikel 145. Hamburgisches Schulgesetz (1997). § 30.]. Dabei erscheint der Begriff "Unterrichtsmaterialien" insbesondere deshalb trefflich, da in ihm die Bandbreite der Arten und Formen der im Unterricht eingesetzten Gegenstände bzw. Materialien m.E. stärker als durch das Wort "Lernmittel" betont wird. Dessen ungeachtet werden die Begriffe "Lernmittel" und "Unterrichtsmaterialien" synonym verwendet.

Die administrativen Rahmenvorgaben bestehen hauptsächlich in Schulgesetzen, Bildungs- oder Lehrplänen bzw. Rahmenrichtlinien[6] sowie in verschiedenen Verwaltungsvorschriften. Die Schulgesetze definieren die allgemeinen Rahmenbedingungen zur Unterrichtsdurchführung, die Aufgaben, Rechte und Pflichten der Lehrenden und Lernenden, die Ziele schulischen Lernens sowie die Grundzüge der Unterrichtsorganisation und stellen somit die Beschreibung des strukturellen und rechtlichen Rahmens von Schule dar. Ergänzend zu diesen gesetzlichen Bestimmungen treten Bildungspläne, die juristisch verbindliche Vorgaben bezüglich des in den einzelnen Fächern sowie in den jeweiligen Schulformen und entsprechenden Jahrgangsstufen zu bewältigenden Stoffs, der dabei anzuwendenden Arbeitstechniken sowie stellenweise auch bezüglich der einzusetzenden Lernmittel enthalten.[7] Hinzu kommen eine Reihe von Verwaltungsvorschriften, die die weiteren Abläufe des schulischen Alltagsgeschäfts näher regeln.[8]

Die Lehrenden sind insoweit als maßgeblich bestimmender Faktor des Unterrichtsgeschehens anzusehen, als daß sie diejenigen sind, die unmittelbar mit der Durchführung des Unterrichts betraut sind. Bei diesem Umstand handelt es sich allerdings keineswegs um eine Naturgesetzmäßigkeit, sondern vielmehr um das allgemeine in der Erziehungswissenschaft ebenso wie in der Schuladministration oder der Gesellschaft dominante (Unterrichts-) Verständnis,[9] welches sich auch in entsprechenden administrativen Vorgaben findet.[10] Demnach sollen die Lehrenden "in eigener Verantwortung"[11] den

---

6 Die hier genannten Begriffe sind in den einzelnen Bundesländern zur Bezeichnung derselben Art von Verwaltungsvorschriften gebräuchlich. Gemäß einer Verständigung in der Kultusministerkonferenz soll künftig einheitlich die Bezeichnung "Bildungsplan" Anwendung finden.

7 Dabei finden sich in den Bildungsplänen i.d.R. keine verpflichtenden Vorgaben für den Einsatz bestimmter Unterrichtswerke. Wird hiervon durch die Nennung spezifischer Titel abgewichen, so handelt es sich meist um mehrere (alternative) Vorschläge, aus denen der Lehrende seine Wahl treffen kann.
Mit Ausnahme der sog. Leitmedien (zentrale Materialien zur Gestaltung des jeweiligen Fachunterrichts; i.d.R. Schulbücher) steht es den Lehrenden frei, Lernmittel bzw. Unterrichtsmaterialien zu verwenden, die in den Rahmenvorgaben nicht auftauchen. Definitive Vorgaben seitens der Bildungspläne, die den Einsatz von Lernmitteln reglementieren, tauchen nur bezüglich des Einsatzes von Leitmedien auf. Hierzu gehören im allgemeinen alle Schulbücher im engeren Sinne. Ausnahmen bilden hingegen Arbeitshefte, Lektüren, Lexika o.ä.

8 Hierin sind alle weiteren Fragen und Aspekte geregelt, die sich für den Schulalltag aus Verwaltungssicht ergeben. Für die Lehrenden ebenso wie für die Schulleitung haben diese Regelungen verbindlichen Charakter.

9 Vgl. Terhart (1994). S. 133 ff.

10 Das Hamburgische Schulgesetz hält hierzu fest: "Die Lehrerinnen und Lehrer unterrichten [...] in eigener Verantwortung". [Hamburgisches Schulgesetz (1997). § 88 (2).].

11 Hamburgisches Schulgesetz (1997). § 88 (2).

Unterricht – unter Einhaltung der Rechtsvorschriften – durchführen. Den Lernenden wird im Gegensatz hierzu keine aktive Rolle bei der Bestimmung der Struktur und der Art des Unterrichts zugewiesen.[12]

Die Relevanz des im Unterricht verwendeten Unterrichtsmaterials – und damit auch der in dieser Arbeit untersuchten Schulbücher – als das Unterrichtsgeschehen strukturell wie inhaltlich nachhaltig Prägende ist darin zu erkennen, daß den Lehrenden neben den verschiedenen Materialien keine weiteren Hilfsmittel bei der Durchführung ihres Unterrichts zur Verfügung stehen. Die Gesamtheit der verschiedenen Lernmittel zeichnet zunächst das aus, was auch für Schulbücher substantiell ist: Sie sind "didaktische Medien zur Unterstützung und Entlastung schulischer Informations- und Kommunikationsprozesse."[13]

Dabei ist allerdings festzustellen, daß der Lehrende, so (relativ) ungebunden[14] er bei der Auswahl der einzelnen Lernmittel ist, gleichzeitig akzeptieren muß, daß sein Unterricht durch das jeweils gewählte Material, durch dessen Konzeption und inhaltliche Ausrichtung, geprägt wird. Schließlich ist in Lernmitteln aller Art so etwas wie ein "heimlicher Lehrplan"[15] zu erkennen. Dies zeigt sich darin, daß die Bücher durch ihre didaktische Anlage einen bestimmten Einsatz nahelegen und damit nicht unerheblich (mit-)beeinflussen, was gelernt und wie dies vermittelt wird. Dieser Umstand bzw. Effekt wird von den einzelnen Lehrenden – wenn nicht gewünscht, so doch zumindest billigend – in Kauf genommen. Es ist plausibel, davon auszugehen, daß der durch ihn gewählte Materialeinsatz nach dem Kriterium erfolgt, welches am ehesten den eigenen Unterrichtsvorstellungen entspricht.

---

12 Dem Hamburgischen Schulgesetz zufolge haben die Schüler "regelmäßig am Unterricht […] teilzunehmen und die erforderlichen Arbeiten anzufertigen." [Hamburgisches Schulgesetz (1997). § 28 (2).]. Eine aktive, den Unterricht gestaltende Rolle ist ihnen nicht zugewiesen, auch wenn die Lehrenden "die Interessen der Schülerinnen und Schüler einbeziehen" sollen. [Hamburgisches Schulgesetz (1997). § 4 (2).].

13 Stein (1986). S. 581.

14 Die Verwendung von Unterrichtsmaterialien ist – sofern es sich um Schulbücher handelt – grundsätzlich in allen Bundesländern an die Genehmigung seitens der Schulaufsicht gebunden. Lediglich in Hamburg ist es nach Inkrafttreten des neuen Schulgesetzes der einzelnen Schule möglich, selbständig über die Zulassung einzelner Unterrichtswerke zu befinden. Aber auch hierdurch ist der einzelne Lehrende in der Wahl seiner Unterrichtsmaterialien nicht völlig frei, da sie von den Voten der Fach- und Schulkonferenzen abhängig ist.

15 Nach Martin Fromm bezeichnet die Formulierung "heimlicher Lehrplan" den Umstand, daß das, was sich in der Schule an Lernprozessen ereignet, "nur zu einem kleinen Teil als Inhalt des offiziellen Lehrplans ausgewiesen und weitgehend unbekannt" ist. [Fromm (1993). S. 977.]. Im Zusammenhang mit Schulbüchern sprechen auch Klaus-Jürgen Bönkost u.a. von einem "heimlichen Lehrplan im Sinne des Transports von Leitbildern, die bildungs- und erziehungsrelevant sind." [Bönkost (1997). S. 1.].

Drei Faktoren bestimmen demnach maßgeblich die Gegenstände, die Organisation und den Charakter schulischer Lernprozesse: Rahmenvorgaben, die die strukturellen und inhaltlichen Grundzüge fixieren, die Lehrenden, die in dem hierdurch fixierten Rahmen weitgehend eigenverantwortlich den Unterricht ausgestalten, und schließlich die Unterrichtsmaterialien, die als unterstützende bzw. vermittelnde Instanz für das eigentliche Unterrichtsgeschehen anzusehen sind. In diese Aufstellung wurden die Lernenden bewußt nicht aufgenommen, da ihnen hinsichtlich der Bestimmung der Lerngegenstände, der Lernorganisation und vor allem des Lerncharakters schulischer oder institutionalisierter Lernprozesse kein (maßgeblicher) (Mitbestimmungs-)Einfluß zugesprochen werden kann. In der Regel beschränkt sich ihre Mitbestimmungsmöglichkeit maximal auf das temporär eingeräumte Recht der Auswahl zwischen verschiedenen (vorgegebenen) Gegenständen oder Lernwegen. Dabei läßt die von außen – durch den Lehrenden oder die entsprechenden Offerten in den Unterrichtsmaterialien – gesetzte Begrenztheit der Auswahlmöglichkeiten den mangelnden Einfluß der Lernenden auf die Gestaltung ihres Lernprozesses beinahe als eine Art von "Ohnmacht" erscheinen. Ausnahmen von dieser Zustandscharakterisierung können allenfalls hin und wieder in schulischen Sonderveranstaltungen wie z.b. Projektwochen o.ä. erkannt werden.[16] Doch derartige Angebote lassen sich einerseits schwerlich als repräsentativ für die alltäglich praktizierte Unterrichtswirklichkeit an bundesdeutschen Schulen ansehen, noch andererseits bei einer vom Schulkontext absehenden Betrachtung mit dem Attribut, hier handle es sich um schulisch-institutionalisierte Lernprozesse, beschreiben. Meines Erachtens stellen solche Angebote eher "Ausfalltore" aus der vorherrschend praktizierten Unterrichtsgestaltung dar, als daß sie sich als "Zugangspforten" zur alltäglichen Schulpraxis betrachten ließen. Lenkt man den Blick auf die überwiegend betriebene Art des Schulunterrichts, so läßt sich generalisierend feststellen, daß es die Lernenden sind, von denen bestimmte Verhaltensweisen, Lernleistungen u.ä. im Lernprozeß verlangt werden. Diesen Vorgaben und Erwartungen können sie sich zwar aktiv oder passiv verweigern,[17] ohne jedoch hierdurch ihre unterprivilegierte Position im Lernprozeß – bezüglich etwa dessen inhaltlicher Anlage oder dessen konzeptionellen Zuschnitts – zu überwinden. Charakteristisch hierfür ist beispielsweise die unterschiedliche Bedeutung, welche Lehrenden- und Lernendenfragen in insti-

---

16 Dabei ist selbst im Hinblick auf Projektwochen u.ä. schulische Sonderveranstaltungen zu diagnostizieren, daß auch hier der Autonomie und Selbstbestimmung der Lernenden Grenzen gesetzt sind. Letztlich gehört es im Schulalltag immer noch zur gängigen Praxis, daß die Angebote für Projektwochen i.d.R. von den Lehrenden zusammengestellt werden, die überdies häufig auch die einzelnen Projekte leiten.

17 Wobei diese Verweigerung die vielen unterschiedlichen Gestalten und Formen annehmen kann, die ausführlich im Zusammenhang mit der Erläuterung des Begriffs "Lernwiderstände" dargestellt werden (vgl. Kapitel 2.4.3.3).

tutionalisierten Lernprozessen beigemessen wird, auf die später noch ausführlicher eingegangen werden soll.[18] Unter Verweis auf Studien zur Unterrichtsbeobachtung stellt der Berliner Psychologe Klaus Holzkamp in diesem Zusammenhang folgende Funktionsdifferenz für Fragen von Lehrenden und Lernenden fest: "Lehrendenfragen sind konstituierend für das Stattfinden von Unterricht, Schülerfragen dagegen nicht; der Unterricht reproduziert sich ohne eine einzige Schülerfrage."[19]

1.1.2 Schulbücher – exponierte Unterrichtsmaterialien

Schon vor mehr als 200 Jahren kam dem Schulbuch etwa in Schleswig-Holstein eine so große Bedeutung zu, daß in Kiel eine Schulbuchdruckerei eingerichtet wurde. "Eine Rentabilitätsrechnung" hatte 1787 ergeben, "daß beim Gebrauch von Schulbüchern durch wenigstens 10.000 Schulkinder in Schleswig-Holstein jährlich 18.000 Mark, also 6.000 Taler, erzielt würden, die jetzt jährlich aus dem Lande gingen."[20]

Die hohe Bedeutung, die Schulbüchern heute als einer Form von Lernmitteln im Unterricht beizumessen ist, läßt sich beispielsweise daran ablesen, daß sie i.d.R. bereits in den Schulgesetzen der Länder im Zusammenhang mit der Regelung der Schulgeld- bzw. Lernmittelfreiheit[21] erwähnt werden.[22] Des weiteren zeigt sie sich u.a. darin, daß der Einsatz von Schulbüchern in allen Bundesländern – mit der angesprochenen Ausnahme Hamburgs – durch staatliche Zulassungs- und Genehmigungsverfahren über Schulbuchkommissionen der Kultusministerien unter staatlicher Aufsicht steht.[23] Zugelassen werden Schulbücher dabei für den Einsatz in den Schulen nur, wenn sie u.a. den Verfassungsgrundsätzen und gesetzlichen Bestimmungen nicht zuwiderlaufen, den Anforderungen der jeweils gültigen Bildungspläne in den einzelnen Länder ge-

---

[18] Siehe hierzu die ausführliche Darstellung in Kapitel 2.4.3.2.
[19] Holzkamp (1993), S. 462.
[20] Hahn (1962). S. 238.
[21] Dies ist keineswegs in allen Ländern mit der Konsequenz verbunden, daß Lernmittel generell unentgeltlich an die Lernenden abgegeben werden (z.B. Berlin, Hamburg). In einigen Ländern ist diese (entgeltlose) Ausleihe auf bestimmte Schulbucharten beschränkt, in anderen ist eine pauschale Beteiligung der Lernenden bzw. deren Eltern an den Lernmittelkosten vorgesehen (z.B. Nordrhein-Westfalen, Brandenburg), wieder andere Länder gewähren Zuschüsse bei der privaten Anschaffung von Schulbüchern (z.B. Rheinland-Pfalz, Saarland).
[22] Vgl. Schleswig-Holsteinisches Schulgesetz (1996). § 33 (1). Hamburgisches Schulgesetz (1997). § 30 (1).
[23] Neben der geschilderten Besonderheit Hamburgs bildet lediglich das Saarland eine Ausnahme von dieser Zulassungspraxis. Obwohl hier keine eigenen Zulassungsprüfungen vorgenommen werden, unterliegen die Schulbücher auch dort einer direkten staatlichen Kontrolle, da nur Bücher verwendet werden dürfen, die in Baden-Württemberg, Nordrhein-Westfalen oder Rheinland-Pfalz zugelassen sind.

recht werden, dem Stand der wissenschaftlichen Diskussion entsprechen sowie ihre Anschaffung unter finanziellen Gesichtspunkten vertretbar erscheint.[24] Die Länder leiten das Recht für diese gesonderten Prüfverfahren[25] aus Artikel 7 (1) des Grundgesetzes ab, in welchem es heißt: "Das gesamte Schulwesen steht unter der Aufsicht des Staates."[26] Da die Schulbuchprüfungen in allen Ländern separat durchgeführt werden, ergibt sich hieraus, daß weder die Gesamtheit der lieferbaren Schulbücher in allen Bundesländern verwendet wird noch in allen Ländern identische Werke zugelassen sind. Aus diesen länderbezogenen Zulassungsprüfungen haben etliche Verlage die Konsequenz gezogen, von ihren Schulbuchreihen spezielle Länderausgaben herauszugeben, die den jeweiligen Anforderungen in besonderer Weise Rechnung tragen.[27]

Diese aufwendigen Genehmigungsprozeduren illustrieren, daß der Staat als Aufsichtsinstanz Schulbüchern als einer spezifischen Form der Unterrichtsmaterialien ein besonderes Gewicht beimißt. Dabei ist es ein Charakteristikum für Schulbücher, daß an sie generell und nicht nur seitens des Staates, sondern auch seitens ihrer Anwender hohe Erwartungen und Anforderungen gestellt werden. Dies gilt für die Lehrenden als diejenigen, die in Lehrer- oder Fachkonferenz und als einzelne Unterrichtende letztlich darüber entscheiden, welche Bücher in ihrem Unterricht eingesetzt werden. Und auch die Lernenden haben als diejenigen, die mit den Schulbüchern arbeiten sollen, bestimmte Vorstellungen. Daß sich zwischen staatlichen, Lehrenden- und Lernendeninteressen dabei Unterschiede hinsichtlich der Anforderungen an Schulbücher ergeben, ist ebenso evident wie die Tatsache, daß diese in der alltäglichen Schulpraxis unterschiedliche Bedeutungsgrade haben.[28] Die vielschichtigen und

---

[24] Die Erfüllung dieser Kriterien wird dabei von staatlichen Schulbuchzulassungsstellen entschieden. [Vgl. Stein (1986). S. 583. Kriterienkatalog der BSJB (1996). S. 1.]. Auch nach der neuen – bereits angesprochenen – Hamburger Regelung sind die Schulen bei der Anschaffung von Leitmedien daran gebunden, Grundsätze wie die hier genannten zu beachten. [Vgl. Hamburgisches Schulgesetz (1997). § 9 (1).].

[25] Dabei soll an dieser Stelle nicht die Richtigkeit beispielsweise der Forderung nach Verfassungskonformität von Schulbüchern bestritten werden. Es erhebt sich allerdings die Frage, ob die Gewährleistung dieser Standards zentrale Zulassungsprüfungen erforderlich macht, die z.B. für Unterrichtsmaterialien anderer Art (wie etwa Nachschlagewerke, Videos, Computerprogramme o.ä.) nicht bestehen. Schließlich gilt auch für diese Materialien, daß der Lehrende gemäß seiner Gesamtverantwortung für das Unterrichtsgeschehen hier auf Verfassungskonformität, pädagogische und didaktische Angemessenheit usw. achten muß.

[26] Grundgesetz (1996). Artikel 7 (1).

[27] Bezogen auf die vorliegende Stichprobe bietet beispielsweise der Klett Verlag Länderausgaben des Sprachbuches "Mittendrin" für Baden-Württemberg und Nordrhein-Westfalen an. Vom Schroedel Verlag liegt eine spezielle Baden-Württemberg-Ausgabe des Sprachbuches "Wortstark" vor.

[28] Dies zeigt sich darin, daß von der staatlichen Zulassungsinstanz über die Lehrenden bis hin zu den Lernenden der Einfluß bezüglich der Entscheidung über den Einsatz einzelner

eventuell auch gegensätzlichen Anforderungen, die an Schulbücher erhoben werden, charakterisiert Joachim Rohlfes so: "Selbst das ideale, nur in der Vorstellung konstruierte Schulbuch muß stets mehreren Herren dienen: wieviel mehr das reale Buch, das zu einem vernünftigen Preis verkauft, von dissonanten Lehrerkonferenzen akzeptiert, gegen das Seziermesser der staatlichen Prüfinstanzen immunisiert, von den Schülern geschätzt, im täglichen Unterricht erfolgreich eingesetzt werden soll."[29] Angesichts dieser vielfältigen und konkurrierenden Erwartungen an Schulbücher erscheint es wenig plausibel, ihnen ihre Bedeutung für Schule und Unterricht absprechen zu wollen, sind sie doch – wie die vorgängigen Ausführungen zeigen – für sein Zustandekommen konstitutiv.

Von der Bedeutung, die Schulbücher im Zusammenhang mit schulischen Lernprozessen haben, zeugt auch das Finanzvolumen, welches jährlich aus öffentlichen Kassen für Schulbücher aufgewendet wird. Selbst wenn dieses, gemessen an den jährlichen Gesamtaufwendungen des Staates für Schulen, – 1994 waren dies etwa 159 Milliarden DM – nur etwa einem Anteil von 0,36 Prozent entspricht, hat dieser Posten immerhin ein Volumen von rund 580 Millionen DM.[30] Obwohl die Summe der Ausgaben für Schulbücher seit 1980 von rund 712 Millionen DM[31] infolge der allgemein prekären Haushaltslage auf den heutigen Wert deutlich gesunken ist, so dokumentiert das gegenwärtige Niveau dennoch den nach wie vor hohen Stellenwert, den Schulbücher im bundesdeutschen Unterrichtsgeschehen einnehmen.[32] Dieser läßt sich auch aus der Tatsache ablesen, daß sich 1995 die Zahl der lieferbaren Schulbuchpublikationen auf 30.000 belief, worunter allein 2.500 Neuerscheinungen und 1.000 Neuauflagen waren.[33]

Schulbücher bis zur praktischen Bedeutungslosigkeit (bei der letztgenannten Gruppe) sinkt.

[29] Rohlfes (1983). S. 545.

[30] Institut für Bildungsmedien (1997 b). S. 6 und eigene Berechnungen.

[31] Institut für Bildungsmedien (1997 a). S. 26.

[32] Umso frappierender nimmt sich die skizzierte Kürzung der Mittelzuweisung aus, wenn man berücksichtigt, daß im gleichen Zeitraum die Schülerzahl – im Zuge der Wiedervereinigung – gestiegen ist. Der Vollständigkeit halber ist anzumerken, daß in den ersten Jahren der Wiedervereinigung – beispielsweise 1991 – mit 782 Millionen DM [Institut für Bildungsmedien (1997 a).] das Volumen von 1980 übertroffen wurde. Doch diese Zahlen sind ausschließlich als unmittelbare Folgen der Wiedervereinigung zu betrachten, die in den fünf neuen Ländern – infolge des Systemwechsels – die sofortige Einführung von Büchern, die sich an denen der alten Bundesländer orientieren, erforderlich machte.

[33] Vgl. Institut für Bildungsmedien (1997 b). S. 10.

1.1.3 Schulbücher und ihre Berücksichtigung in der Erziehungswissenschaft

In auffallender Diskrepanz zur hohen Bedeutung, die Schulbücher im allgemeinen Unterrichtsgeschehen haben, steht ihre Berücksichtigung in der erziehungswissenschaftlichen Diskussion und Forschung.[34] Die Unterrepräsentation der Auseinandersetzung mit Schulbüchern in der wissenschaftlichen Forschung – hinsichtlich der den Büchern in der Unterrichtspraxis zukommenden Relevanz – zeigt sich beispielsweise in der ersten Phase der Lehrerbildung bei einer Durchsicht der Vorlesungsverzeichnisse für die letzten Semester von verschiedenen Hochschulen.[35] Sowohl im Bereich allgemeiner Pädagogik als auch in den Fachdidaktiken sind Veranstaltungsangebote, die sich mit Unterrichtsmaterialien – und hier speziell mit Schulbüchern – beschäftigen, selten zu finden und weisen, gemessen an dem Gesamtveranstaltungsangebot, einen Anteil von deutlich unter fünf Prozent auf. Die Einschätzung von Gerd Stein, der zufolge "sich allmählich die Erkenntnis durch[setzt], daß Schulbücher [...] in doppelter Hinsicht genutzt werden können: als Hilfsmittel im und als Gegenstand von Unterricht",[36] macht sich in der Lehrerbildungspraxis damit gegenwärtig (noch) nicht bemerkbar. Auch wenn er schlüssig darauf hinweist, daß "Lehren und Lernen mit und an Unterrichtsmedien [...] die hochschuldidaktische wie schulpädagogische Relevanz wissenschaftlicher Schulbucharbeit – speziell für die Lehrerbildung – sichtbar"[37] werden lassen würde, so ist zu konstatieren, daß sich die Einsicht dieser Relevanz derzeit noch nicht zeigt. In der erziehungswissenschaftlichen Forschungs- ebenso wie in der Lehrpraxis muß dieser Einschätzung noch zum Durchbruch verholfen werden.

Ein weiteres Indiz für die Unterrepräsentation der Beschäftigung mit dem Gegenstand Schulbuch in der Erziehungswissenschaft ist die Tatsache, daß sich – mit einer Ausnahme – in den gängigen erziehungswissenschaftlichen Lexika und Nachschlagewerken nicht einmal das Stichwort "Schulbuch", geschweige denn nähere Informationen hierzu finden. Lediglich in der elfbändigen "Enzyklopädie Erziehungswissenschaft" ist ein entsprechender Artikel aufgenommen.[38] Ein ähnliches Resultat ergab die Durchsicht der einschlägigen Literatur, welche als Kompaktwissen zum pädagogischen und erziehungswissen-

---

34 Hierbei soll nicht verschwiegen werden, daß innerhalb der Erziehungswissenschaft eine Vielzahl an Studien zur Schulbuchanalyse existieren, ohne daß dieser Forschungszweig allerdings auf große Aufmerksamkeit in der Disziplin insgesamt stoßen würde. Beide Aspekte werden nachstehend eingehender betrachtet.

35 Vgl. Vorlesungsverzeichnisse der Carl-von-Ossietzky-Universität (Oldenburg), der Christian-Albrechts-Universität (Kiel) und der Universität Hamburg aus den Winter- und Sommersemestern der Jahre 1993 bis 1996.

36 Stein (1986). S. 588.

37 Stein (1986). S. 588.

38 Zugrundegelegt wurden dabei die folgenden Nachschlagewerke: Horney (1963), Lenzen (1993), Lenzen (1994), Nicklis (1973), Rein (1908), Roth (1991).

schaftlichen Studium sowie zur Examensvorbereitung angeboten wird.[39] Auch hierin scheint die Beschäftigung mit Schulbüchern entbehrlich. Dieses Defizit läßt sich sogar in Werken nachweisen, die zur unmittelbaren Unterstützung der Lehrenden bei der Unterrichtsarbeit gedacht sind. So enthält etwa die – Lehrenden beispielsweise über die Bibliotheken der Lehrerfortbildung zugängliche – vom Raabe Verlag herausgegebene Loseblatt-Sammlung "Lehrer – Schüler – Unterricht. Handbuch für den Schulalltag" keinen Hinweis zum Stichwort "Schulbuch".[40]

Diese Indizien weisen auf einen 'blinden Fleck' innerhalb der Erziehungswissenschaft hin, der sich in der auffallenden Marginalisierung der Rolle von Schulbüchern in der breiteren wissenschaftlichen Diskussion äußert. Dabei drückt sich diese Marginalisierung nicht etwa in einem generellen Tabu gegenüber der wissenschaftlichen Beschäftigung mit Schulbüchern aus. Im Gegenteil, es existieren eine Reihe von Schulbuchstudien.[41] Doch selten findet eine solche Schulbuchstudie ihren Weg über die engen Grenzen einzelner Fachzirkel hinaus. Es scheint, als böten die entsprechenden Untersuchungen keinen Anlaß dafür, ein breiteres Forschungs- und Diskussionsfeld innerhalb der Erziehungswissenschaft zu etablieren. Auf das Defizit bei der Berücksichtigung von Schulbüchern in der erziehungswissenschaftlichen Forschung, Theoriedebatte und Diskussion macht Halbfas aufmerksam: "Schulbücher gibt es seit 400 Jahren, eine Theorie des Schulbuches gibt es nicht."[42]

1.1.4 Bedeutungswandel des Schulbuchs

Kommt Schulbüchern als einer (besonders exponierten) Form von Unterrichtsmaterialien bezüglich der Gestaltung schulischer Prozesse zweifelsohne eine hohe Bedeutung zu, so ist gleichzeitig – wie nachstehend dargelegt wird – zu konstatieren, daß sich die Gewichte zwischen den unterschiedlichen Typen von Unterrichtsmaterialien in der Vergangenheit zu Ungunsten der ursprünglichen Rolle des Schulbuches verlagert haben und künftig sicher noch weiter verschieben werden. Wird das Schulbuch weiterhin zwar staatlicherseits ebenso wie in der pädagogischen und didaktischen Diskussion als Leitmedium (und damit zentrales Unterrichtsmaterial) betrachtet,[43] so ist inzwischen doch

---

39 Zugrundegelegt wurden dabei die folgenden Werke: Bastian (1994), Gudjons (1994), Hermanns (1995), Lenzen (1994).

40 Vgl. Raabe (1992/1994). Dabei ist dieses Buch als stellvertretend für die Angebote zur pädagogischen Unterstützung bei der alltäglichen Schularbeit anzusehen, da es aufgrund seines Umfangs als (relativ) umfassend bezüglich des alltäglichen Unterrichtspraxis und hinsichtlich des Charakters als Loseblattsammlung als aktuell betrachtet werden kann.

41 Hierzu gehören beispielsweise: Bonköst (1997), Drerup (1972), Ebmeyer (1979), Fichera (1996), Fritzsche (1992), Günter (1982), Hohmann (1992; 1994), Maier (1996), Michalak (1978), Ritsert (1972), Uhe (1975).

42 Halbfas (1975). S. 149 f.

43 Vgl. Stein (1986). S. 581.

zu beobachten, daß es diesen "Leit-Anspruch" – i.S. der uneingeschränkten Dominanz im Unterrichtseinsatz gegenüber anderen Materialien – nicht mehr in dem Umfang, wie dies in der Vergangenheit der Fall war, behaupten kann. Die Bedeutungsrelativierung von Schulbüchern im Verhältnis zu anderen Unterrichtsmaterialien hat ihre Ursache m.E. im wesentlichen in dreierlei Umständen. Zum einen treten neben das Schulbuch in immer größerem Umfang Unterrichtsmaterialien in Form von Videos, Filmen, Diaserien und Overheadfoliensätzen sowie Informationsschriften von Interessenverbänden, Einrichtungen der politischen Bildung oder Unternehmen usw. Hinzu kommt eine wachsende Zahl an Unterrichtsmaterialien, die von den Lehrenden selbst speziell für ihren Unterrichtskontext aus Pressemeldungen, Fachzeitschriften oder -büchern u.ä. – meist in Form von Kopien – erarbeitet bzw. zusammengestellt und in der Öffentlichkeit häufig abfällig als Zettelwirtschaft bezeichnet wird.

Ein zweiter Grund für die Relativierung der Bedeutung des Schulbuches ist in dem zunehmenden Einzug digitaler Informations-, Multimedia- und Kommunikationssysteme (Computereinsatz, Internetanschluß etc.) in die Schulen zu erkennen. Da davon auszugehen ist, daß der Bereich der digitalen Lern-Hard- und -Software künftig – obwohl er hohe Kosten verursacht – weiter expandieren wird, ist heute schon mit einem Fortschreiten des beschriebenen Bedeutungsverlusts des Schulbuchs als Leitmedium zu rechnen. Dennoch ist davon auszugehen, daß das Schulbuch seinen Platz als wichtiges Element von Unterrichtsgestaltung auch in Konkurrenz zu den (neuen) Unterrichtsmaterialien behaupten wird.[44]

Eine dritte Ursache für den Bedeutungswandel der Schulbücher ist daran abzulesen, daß der Staat als Hauptabnehmer entsprechender Publikationen infolge anhaltender Engpässe in den öffentlichen Haushalten bei der Anschaffung von Schulbüchern zunehmend Abstriche macht. So sanken die Schulbuchausgaben im Bundesdurchschnitt 1996 auf 43 DM pro Schüler, wohingegen sie sich

---

[44] Zu dieser Behauptung berechtigt beispielsweise die Erkenntnis, daß, einschlägigen Studien folgend, – entgegen allen Erwartungen – Printerzeugnisse wie z.B. Tageszeitungen u.ä. auch langfristig kaum mit einem Bedeutungsverlust infolge der zunehmenden Digitalisierung der Informationsnetze zu rechnen haben. [Vgl. Ring u.a. (1997).]. Gegenwärtig ist der Markt der digital-angebotenen Informationsmedien für die Anbieter nicht nur mit hohen Investitionskosten verbunden, sondern stellt sich teilweise bereits – aufgrund unzureichender Nachfrage – als unrentabel heraus. So gibt der Medienkonzern Axel Springer beispielsweise seinen regionalen Online-Dienst "Go on" auf, der "bisher mehr als 30 Millionen Mark gekostet" und "lediglich eine Million Mark an Einnahmen" erwirtschaftet hat. [Der Spiegel (47/1997). S. 112.]. Ein weiterer Umstand ist in diesem Zusammenhang zu beachten: Die Anschaffung multimedialer Medien für den Schulbereich verursacht erhebliche Kosten, die einer flächendeckenden Einführung – selbst bei erklärtem politischen Willen – mit einem geschätzten Finanzvolumen von rund sieben Milliarden DM auch mittelfristig jede Realisierungschance entzieht. [Vgl. Institut für Bildungsmedien (1997 a). S. 23.].

beispielsweise 1991 noch auf 67 DM beliefen.[45] Insgesamt wurden damit 1996 statt ursprünglich 782 (1991) nur noch 532 Millionen DM für Schulbücher aufgewendet.[46] Es ist gleichzeitig zu vermuten, daß sich in dieser Minderausgabe nicht nur die prekäre Lage öffentlicher Haushalte widerspiegelt, sondern auch die veränderte Prioritätensetzung der Politik[47] bzw. öffentlichen Hand zwischen den verschiedenen Formen der Unterrichtsmaterialien. Beispielsweise hat die Einführung digitaler Unterrichtsmedien für den Staat Vorrang vor der Anschaffung von Schulbüchern und wird dementsprechend gefördert.[48]

Doch ungeachtet dieser Trends ist davon auszugehen, daß die Schulbücher auch zukünftig im Ensemble der Lernmittel eine wichtige Rolle spielen, wenn auch auf niedrigerem Niveau. Sie werden vielleicht nicht mehr "als die tragenden Leitmedien angesehen werden können",[49] doch Anlaß für die Vermutung, daß sie in völliger Bedeutungslosigkeit versinken werden, besteht nicht. Dieses zeigt sich etwa, wenn die nordrhein-westfälische Bildungskommission bezüglich der gegenwärtigen Bedeutung von Schulbüchern uneingeschränkt feststellt, daß diese "als die eigentlichen Planungsinstrumente und Leitmedien"[50] zur Unterrichtsgestaltung zu betrachten sind. Sie beeinflussen demzufolge nach wie

---

[45] dpa (45/1997). S. 23.

[46] Institut für Bildungsmedien (1997 a). S. 27.

[47] Dies drückt sich beispielsweise darin aus, wenn die nordrhein-westfälische Ministerin für Schule und Weiterbildung, Gabriele Behler, in einem Anschreiben an die Schulen im Rahmen des Projektes "NRW-Schulen ans Netz – Verständigung weltweit" u.a. ausführt: "Mit Blick auf die nachwachsende Generation ist das Bildungswesen aufgerufen, die zukünftigen Herausforderungen anzunehmen und zu einem differenzierten, kritischen und konstruktiven Umgang mit den Medien und Technologien [angesprochen ist der Sektor Multimedia] zu führen." [Behler (1996).].

[48] Diese Förderung zeigt sich u.a. in der gemeinsam vom Bundesbildungsministerium und der Deutschen Telekom getragenen Initiative "Schulen ans Netz". Einer dpa-Meldung folgend soll das laufende Programm um 100 Millionen aufgestockt werden, um ab 1999 "alle 44.000 Schulen in Deutschland [mit Ausnahme der Grundschulen] ans Netz zu bringen. Bisher haben Telekom und Ministerium knapp 60 Millionen Mark investiert. Damit konnten rund 6500 Schulen angeschlossen werden." [dpa (52/1997 - 1/1998). S. 22.]. Bezogen auf das Land Nordrhein-Westfalen bedeutet dies: "Die Projektleitung beabsichtigt, alle Schulen [...] in den nächsten drei Jahren über einen NRW-Multimediaarbeitsplatz ans Internet anzuschließen. Das bedeutet, 3250 Schulen mit 3250 eigenen, spezifischen Projekten in ein diffuses Netz aus Informationen zu integrieren." [Ewald (1996), S. 10.]. Mit Blick auf die zukünftige Förderung des Sektors 'Multimedia' in Bildungseinrichtungen ist nach Auskunft von Fritz von Bernuth trotz enger Spielräume in den öffentlichen Haushalten damit zu rechnen, daß allein durch das Bundesministerium für Bildung, Wissenschaft, Forschung und Technologie "im neuen Jahr 163 Millionen Mark in den Bereich Multimedia [im Bildungsbereich] investiert werden, vier Millionen DM mehr als im vergangenen Jahr." [Bernuth (1997). S. 15.]. Zur weiteren Information zu diesem Sektor vgl. KMK (1991).

[49] Bonköst (1997). S. 1.

[50] Bildungskommission NRW (1995). S. 142.

vor durch ihre Struktur und inhaltliche Ausrichtung die schulischen Lernprozesse in signifikantem Umfang.

Einem gravierenden oder völligen Bedeutungsverlust steht ein weiterer Umstand entgegen, der künftig noch zusätzlich an Bedeutung gewinnen könnte: das Schulbuch für Lehrende im fachfremden Unterrichtseinsatz. Im Gegensatz zu anderen Materialien, die i.d.R. sehr spezielle Aspekte und Ausschnitte betrachten, behandeln Schulbücher größere und verschiedene thematische Komplexe oder Unterrichtseinheiten. Nicht einzelne Sachgebiete, sondern verschiedene Themengebiete werden hier behandelt und unterrichtsgerecht aufbereitet. Insofern bietet sich der Einsatz solcher Lernmittel insbesondere für Lehrende an, die "keine spezifische Ausbildung beziehungsweise Fortbildung [für bestimmte im Unterricht zu behandelnde Gegenstandsbereiche] erhalten".[51] Dies gilt vor allem für die wachsende Zahl an Lehrenden in etlichen Bundesländern, für die der fachfremde Unterrichtseinsatz zum Alltag gehört. Diesen Zusammenhang bestätigt auch die Aussage einer jungen Lehrerin: "Im fachfremden Unterricht sind Schulbücher für mich unverzichtbar, da sie mir die Sicherheit geben, nichts Wichtiges zu übersehen."[52] Es ist somit zu erwarten, daß dieses Argument für den Einsatz von Schulbüchern in dem Maße an Bedeutung gewinnen wird, in dem das fachfremde Unterrichten zunehmen wird. Auf die Bedeutung des Schulbuches weist aus ähnlicher Perspektive auch der "UNESCO-Bericht zur Bildung für das 21. Jahrhundert" hin. Dort heißt es: "Die Qualität von […] Unterricht hängt sehr stark vom Lehrmaterial ab, insbesondere von den Schulbüchern. […] Gutes Material kann ungenügend ausgebildeten Lehrern helfen, ihre Lehrfähigkeiten zu verbessern und ihr Wissen auf den neuesten Stand zu bringen."[53]

1.1.5 Zur Qualität von Schulbüchern und ihrer Erforschung

Angesichts der fortdauernd als hoch einzuschätzenden Bedeutung von Schulbüchern erscheint es umso dringlicher, daß der Auseinandersetzung mit ihnen auch innerhalb der Erziehungswissenschaft eine größere Bedeutung gegeben wird. Die Notwendigkeit hierzu resultiert allerdings noch aus einem weiteren Grund: der öffentlich immer wieder in Frage gestellten Qualität der Unterrichtswerke. Diese klingt bereits im Ratschlag Erich Kästners in seiner "Ansprache zum Schulbeginn" an die Kinder, die "zum erstenmal auf diesen harten Bänken"[54] sitzen, an: "Mißtraut gelegentlich euren Schulbüchern! Sie sind nicht auf dem Berge Sinai entstanden, meistens nicht einmal auf verständige Art und Weise, sondern aus alten Schulbüchern, die aus alten Schulbü-

---

51 Bonköst (1997). S. 1.
52 Auszug aus dem Begleitschreiben einer niedersächsischen Lehrerin zur vom Autor durchgeführten Vorstudie (s. Anhang).
53 UNESCO (1997). S. 130.
54 Kästner (1966). S. 94.

chern entstanden sind, die aus alten Schulbüchern entstanden sind, die aus alten Schulbüchern entstanden sind. Man nennt das Tradition."[55] Und weiter: "Glaubt und lernt das, bitte, nicht [alles, was in Schulbüchern steht], sonst werdet ihr euch, wenn ihr später ins Leben hineintretet, außerordentlich wundern."[56] Sicher, Kästners Mißtrauensappell liegt etliche Jahre zurück, doch hat er deshalb an Gültigkeit verloren? Ist es tatsächlich so, wie das Institut für Bildungsmedien, das dem Verband der deutschen Schulbuchverlage nahesteht, behauptet, daß "die Zeit, in der Erich Kästners Feststellung zutraf, [...] lange vorbei"[57] ist?

Betrachtet man das Image, welches die (im Alltag verwendeten) Schulbücher häufig in der Öffentlichkeit haben, so drängen sich Zweifel auf. Beispielsweise führte Bundespräsident Roman Herzog hierzu in seiner Ansprache "Aufbruch in der Bildungspolitik"[58] u.a. aus: "Manchmal verrät ja schon ein Blick in die Schulbücher, daß die Realität davon meilenweit entfernt ist. Schulbildung bereitet oft auf andere Fächer und Bildungswege, nicht unbedingt aber auf die Lebenspraxis vor."[59] Zu einer ähnlichen Einschätzung gelangt auch die nordrhein-westfälische Bildungskommission, die mit Blick auf die Schulbücher ausführt: "Zudem übersteigt die Nutzungsdauer der eingeführten Schulbücher [...] häufig die Geltungsdauer von Richtlinien und Lehrplänen. Als die eigentlichen Planungsinstrumente und Leitmedien beeinflussen sie in viel direkterem Maße die Lehr- und Lernverfahren und konterkarieren häufig die Innovationen der Richtlinien- und Lehrplanentwicklung."[60] Der ehemalige Bundesbildungsminister Jürgen Rüttgers sieht die Situation noch dramatischer, wenn er im Hinblick auf die Ergebnisse einer in seinem Auftrag durchgeführten Schulbuchstudie[61] "von alarmierenden Ergebnissen"[62] spricht und diagnostiziert: "Deutsche Schulbücher stehen neben der Zeit. [...]"[63]. Auch die Wissenschaftler der angesprochenen Studie selbst bestätigen – wenn auch etwas sachlicher – diese Einschätzung: "Arbeitsmarktorientierte Allgemeinbildung

---

55 Kästner (1966). S. 98 f.
56 Kästner (1966). S. 99.
57 Institut für Bildungsmedien (1997 a). S. 3.
58 Bundespräsident Roman Herzog hielt diese Rede am 5. November 1997 im Berliner Schauspielhaus am Gendarmenmarkt vor Vertretern verschiedener Hochschulen. [Vgl. Herzog (1997).].
59 Herzog (1997). S. 1003.
60 Bildungskommission NRW (1995). S. 142.
61 Bei der Studie handelt es sich um eine Untersuchung des Instituts für arbeitsmarktorientierte Allgemeinbildung (IAAB) der Universität Bremen, das 18 Schulbücher bezüglich ihrer Berücksichtigung und Darstellung der gesellschaftlichen Lebensbereiche "Arbeit", "Wirtschaft" und "Technik" analysiert hat. Die Ergebnisse wurden Mitte 1997 veröffentlicht. [Vgl. Bönkost (1997).].
62 Rüttgers (1997). S. 1.
63 Rüttgers (1997). S. 1 f.

[...] erfährt hier [in den untersuchten Schulbüchern] nahezu keine Unterstützung."[64] So stellen sie weiterhin fest: "Gemessen an der Bedeutung der Gegenstandsbereiche Wirtschaft, Technik und Beruf für die Bewältigung der Lebenswirklichkeit von Jugendlichen und Heranwachsenden sind damit zusammenhängende Fragestellungen in den untersuchten Schulbüchern unzureichend vertreten."[65] Auch der Schulbuchforscher Robert Maier kritisierte auf der dritten deutsch-russischen Schulbuchkonferenz: "Ostdeutsche finden sich in [westdeutschen] Schulbüchern nicht wieder."[66] Maier wies hier auf die Identifikationsprobleme Ostdeutscher bezüglich der Schulbuchinhalte insbesondere hinsichtlich deren Darstellung des Alltags in der DDR hin.[67] Diese Resultate sind sämtlich als Einschätzungen anzusehen, die das Image, in den bundesdeutschen Schulen würden zeitgemäße Bücher eingesetzt, ankratzt. Erich Kästners Kritik scheint demnach nicht so unzeitgemäß, wie ihr Alter erwarten lassen könnte.

Interessant ist an den vorstehend erwähnten Studien zudem – und dies läßt sich für den überwältigenden Teil der vorliegenden Schulbuchanalysen sagen –, daß sie sich primär mit den Inhalten und deren Darstellung in den Schulbüchern beschäftigen.[68] Es sind "vornehmlich Inhaltsanalysen [...] unter fachwissenschaftlichem oder ideologiekritischem Aspekt."[69] Untersuchungsleitend sind dabei immer wieder Fragen, die darauf abzielen festzustellen, inwieweit und in welcher Form bestimmte Gegenstandsbereiche (Inhalte, Themen) in der jeweiligen Stichprobe berücksichtigt werden. Die hierbei zutage geförderten Ergebnisse bestätigen dabei häufig die Kästnersche These: Schulbücher stammen "aus alten Schulbüchern, die aus alten Schulbüchern entstanden sind." Die Schulbücher zeichnet damit ein mangelnder Bezug zur Realität aus, der sich in der unzureichenden Berücksichtigung beispielsweise von gesellschaftlichen und technischen Entwicklungen niederschlägt.

1.1.6 Ansätze für eine alternative Schulbuchforschung

"Weit seltener geht es [in Schulbuchanalysen] um das Schulbuch als didaktisches Medium"[70]. Vernachlässigt werden so i.d.R. Forschungsdesigns, die

---

64 Institut für arbeitsorientierte Allgemeinbildung (1997). S. 12.
65 Bönkost (1997). S. 3.
66 dpa (26/1997). S. 23.
67 dpa (26/1997). S. 23.
68 Mir ist – trotz entsprechender Recherche – keine Untersuchung oder Studie bekannt, die im Zusammenhang mit der Analyse von Schulbüchern in der Hauptsache einen anderen Weg als den der genannten Auseinandersetzung mit den Inhalten wählt.
69 Stein (1986). S. 587.
70 Stein (1986). S. 587. Dies gilt im übrigen wesentlich auch für die folgenden – bereits erwähnten – Schulbuchuntersuchungen: Bonköst (1997), Drerup (1972), Ebmeyer (1979), Fichera (1996), Fritzsche (1992), Günter (1982), Hohmann (1992; 1994), Maier (1996), Michalak (1978), Ritsert (1972), Uhe (1975).

weniger auf die Inhalte als auf das hinter der jeweiligen Schulbuchkonzeption stehende Lernverständnis abzielen. Es mangelt somit an Untersuchungen, die die pädagogischen und didaktischen Leitbilder, -vorstellungen und Prämissen[71] analysieren, die für die jeweilige Schulbuchkonzeption als bestimmend oder prägend anzusehen sind. Es fehlt damit an Erhebungen, die "zu einer schulbuchbezogenen Aufarbeitung allgemeindidaktischer Probleme"[72] beitragen und bei denen beispielsweise die folgenden Fragen untersuchungsleitend sind: Welche Lern-Leitbilder finden sich in den Schulbüchern? Basieren die gängigen Schulbücher unabhängig von Autorenschaft und Verlag auf einem einheitlichen Lernverständnis? Wie sieht dies aus? Findet ein Wandel im – Schulbüchern zugrundeliegenden – Lernverständnis statt? Ist diese Lernvorstellung zeitgemäß? Diese u.ä. Fragen werden in den einschlägigen Studien nicht gestellt und bleiben dementsprechend unbeantwortet.

Diese Untersuchung möchte im Gegensatz hierzu versuchen, einen Beitrag zur Beantwortung dieser Fragen zu leisten. Dies erscheint umso wichtiger, als daß solche Fragen gerade angesichts des Wandels, den Lernziele und Lernverständnisse in der jüngeren erziehungswissenschaftlichen, aber auch bildungspolitischen Debatte erleben, zunehmende Bedeutung erlangen.[73] Ein wichtiger Terminus in diesem Zusammenhang lautet: Schlüsselqualifikationen. An die Stelle der Vermittlung von Faktenwissen tritt dabei immer häufiger die Ausbildung von Zusammenhangswissen, Kompetenzen i.S. von Fähigkeiten, Methodenkenntnis usw. als primäres Anliegen und Ziel schulischen Lernens. Dies fordert beispielsweise die NRW-Bildungskommission, die das "Schwergewicht [der Erstausbildung/Schule] auf [...] [die] Vermittlung von Schlüsselqualifikationen, Lern- und Arbeitskompetenz"[74] legen möchte. Daß sich aus dieser veränderten Aufgaben- und Zielstellung auch Konsequenzen für die Organisation schulischer Lernprozesse ergeben, ist offensichtlich, und so beschreibt die

---

71 An dieser Stelle verwende ich bewußt den Plural, um zu zeigen, daß in ein und demselben Schulbuch durchaus verschiedene – einander widersprechende – Lernverständnisse, wenn auch in unterschiedlichem Verhältnis zueinander, aufweisbar sein können. Diese Sichtweise gilt durchgängig für die gesamte Arbeit, auch dann, wenn (stellenweise) der besseren Lesbarkeit wegen nur von Lernverständnissen im Singular gesprochen wird.

72 Stein (1986). S. 587.

73 Die UNESCO-Kommission hält in diesem Zusammenhang fest: "Während die formalen Bildungssysteme dem Wissenserwerb als solchem Vorrang einräumen und andere Arten des Lernens eher vernachlässigen, ist es heute außerordentlich wichtig, Erziehung in ihrer Gesamtheit zu betrachten." [UNESCO (1997). S. 83.]. Zu den Zielen eines solchen Bildungsprozesses gehört, der NRW-Bildungskommission zufolge, die Ausbildung von "Lernfähigkeit, Konzentrationsfähigkeit, logisch-analytischem Denken, Denken in komplexen Zusammenhängen, Organisations- und Dispositionsfähigkeit, Kommunikations- und Kooperationsfähigkeit, Problemlösefähigkeit." [NRW Bildungskommission (1995). S. 52.].

74 NRW-Bildungskommission (1995). S. 55.

NRW-Denkschrift auch als Ziele eines reformierten Schulverständnisses: "Lerninteresse und Lernfreude [...] im Erleben von Erfolg, in der Bewältigung von Mißerfolgen, in der Erfahrung von Selbstwirksamkeit, in der Erkenntnis der eigenen Interessen- und Leistungsschwerpunkte, in der Wahrnehmung der Grenzen der eigenen Möglichkeiten entfalten können."[75] Das Subjekt wird in dieser Betrachtungsweise zum zentralen Bezugspunkt, getragen von dem Grundsatz: "Lernen kann jeder und jede nur selbst, darum ist das Lernen im Kern ein Prozeß individuellen Aneignens."[76] Angesichts dieser Vorstellungen und Anforderungen drängt sich die Frage auf, in welchem Umfang und in welcher Form dieser Lernbegriffs- bzw. -verständniswandel Eingang in die Schulbücher gefunden hat bzw. findet. Oder gilt auch hinsichtlich der pädagogischen und didaktischen Grundüberlegungen und -annahmen zur Gestaltung von Schulbüchern der Grundsatz, wonach Schulbücher "aus alten Schulbüchern, die aus alten Schulbüchern entstanden sind"?[77]

Zu der Beantwortung dieser Fragen möchte die vorliegende Studie mit ihrer Analyse der 'didaktischen Hinweise'[78] in Sprachbüchern für den Deutschunterricht in den ersten Jahren der Sekundarstufe I einen Beitrag leisten. Daß ich mich bei dieser Untersuchung auf ein subjektorientiertes Lernverständnis beziehe, erscheint mir angesichts obiger Anforderungen an eine zukünftige Schulorganisation sinnvoll, schließlich verspricht ein derartiger Ansatz, der vorgängig geforderten Berücksichtigung der subjektiven Interessen der Lernenden im Lernprozeß in besonderer Weise gerecht zu werden.

Die die Untersuchungshandlungen leitenden Fragen lauten dabei für mich: Welche pädagogische, erziehungswissenschaftliche bzw. didaktische Lernvorstellung liegt gängigen Sprachbüchern für den Deutschunterricht in den ersten Jahren der Sekundarstufe I vorrangig zugrunde? Geht ihre Konzeption – so wie sie sich in den didaktischen Hinweisen vorfinden oder aus ihnen ableiten läßt – von einem subjektorientierten Lernverständnis aus? Oder ist zu konstatieren, daß die Sprachbücher dieser Stichprobe in ihrer Konzeption hauptsächlich und mehrheitlich[79] nicht von einem subjektorientierten Lernverständnis ausgehen? Ebenso ist es denkbar, daß die Analyse bezüglich der einzelnen Bücher ebenso wie gegenüber der gesamten Stichprobe keine eindeutige Charakterisierung zuläßt. Fällt die Einschätzung in diesem Sinne ambivalent aus, d.h. gibt es gleichzeitig Hinweise, die auf ein subjektorientiertes Lernkriterium

---

75 NRW-Bildungskommission (1995). S. 90.
76 NRW-Bildungskommission (1995). S. 94.
77 Kästner (1966). S. 99.
78 Die mit der Formulierung "didaktische Hinweise" bezeichneten Informationen werden im Kapitel 1.2.3 ausführlich dargestellt und benannt.
79 "Hauptsächlich" bezieht sich dabei auf das in den einzelnen Sprachbüchern vermutete bzw. nachgewiesene vorherrschende Lernverständnis. "Mehrheitlich" bezieht sich hier auf die Mehrzahl der untersuchten Schulbücher.

deuten, wie sich an anderer Stelle oder einem anderen Merkmal Indizien für eine gegenteilige Interpretation auftun?

Aus dem Vorgängigen ist dabei ersichtlich, daß diese Untersuchung explorativen Charakter hat, da sie sich mit ihrem Untersuchungsdesign von dem Kanon gängiger Schulbuchforschung absetzt. Im Zentrum stehen weniger der Schulbuchinhalt unter inhaltsanalytischem Blickwinkel, als vielmehr die pädagogisch-didaktischen Überlegungen, die hinter der Konzeption der einzelnen Werke als grundlegend anzusehen sind. Unmittelbar aus dem an den didaktischen Hinweisen sichtbar werdenden Lernverständnis ergeben sich m.E. auch Konsequenzen für den Unterricht, in welchem diese Bücher – im nahegelegten Sinne – verwandt werden. Daß eine solche Interpolation legitim ist, rechtfertigen die bereits dargelegte Bedeutung des Schulbuchs als einem wesentlichen didaktischen Medium "zur Unterstützung und Entlastung schulischer Informations- und Kommunikationsprozesse"[80] ebenso wie die noch darzustellenden Ergebnissen der Vorstudie, einer Umfrage, die zur Vorbereitung dieser Arbeit unter Lehrenden bezüglich ihres Einsatzes von Sprachbüchern durchgeführt wurde.[81]

1.2   Gang der Untersuchung
1.2.1   Methodisches Vorgehen
1.2.1.1   Ziel und Erkenntnisinteresse

Wie ausgeführt, hat die vorliegende Untersuchung primär explorativen Charakter. Sie wendet sich zwar einer bekannten – durch zahlreiche Studien untersuchten[82] – Gegenstandsgruppe zu, unterscheidet sich jedoch von dem Gros dieser Arbeiten in mehrfacher Hinsicht: zum einen durch die Konzentration auf Sprachbücher und hier speziell auf Bücher, die für den Einsatz im Deutschunterricht der fünften und sechsten Klasse bestimmt sind, zum anderen durch die spezifische Stichprobe der ausgewählten Bücher sowie ferner und insbesondere durch das leitende Erkenntnisinteresse, das sich die Analyse didaktischer Hinweise in Sprachbüchern, ausgehend von einem subjektorientierten Lernverständnis, zur Aufgabe gemacht hat. Auch durch die hiervon nur künstlich zu trennende und damit in der Untersuchung systematisch mitbehandelten Frage, welche Rückschlüsse sich aus dem Einsatz der einzelnen Sprachbücher bezüglich der Qualität des durch sie nahegelegten Unterrichts ergeben, ist die Untersuchung als explorativ anzusehen.

Die zentrale Aufgabe dieser Forschungsarbeit ist es, die in den Sprachbüchern vorfindlichen didaktisch-methodischen Hinweise,[83] ausgehend von einem

---

80   Stein (1986). S. 581.
81   Siehe hierzu die Darstellung in Kapitel 1.4 dieser Arbeit.
82   Siehe hierzu die Darstellung in Kapitel 1.1.3 dieser Arbeit.
83   Die Formulierung "didaktisch-methodische Hinweise" beschreibt die Bezeichnung des Untersuchungsbezugspunktes i.S. des Titels dieser Arbeit. Im weiteren Verlauf wird ab-

subjektwissenschaftlichen Lernverständnis, zu analysieren. Das vornehmliche Ziel dieser Analyse ist dabei darin zu erkennen, daß auf dieser Grundlage begründete Aussagen über die den Sprachbüchern zugrundeliegenden Lernverständnisse, inklusiv der hieraus resultierenden Konsequenzen hinsichtlich der Qualität der mit ihnen verbundenen Lernprozesse, möglich erscheinen. Dies ist m.E. insoweit möglich, da diese Hinweise für den Lernenden Informationen, die die Form und Richtung des Lernprozesses betreffen – ähnlich den mündlichen Äußerungen von Lehrenden im Unterricht –, enthalten. Aufgrund dieses Charakters ist es plausibel anzunehmen, daß sich, von den didaktischen Hinweisen ausgehend, Rückschlüsse auf das diesen Hinweisen zugrundeliegende Lernverständnis anstellen lassen. Schließlich ist es als wahrscheinlich anzusehen, daß die didaktischen Hinweise nicht willkürlich verwendet werden, sondern daß sie sich auf Überlegungen zur Gestaltung des Lernprozesses gründen. Insofern müßten sich aus ihnen auch Indizien generieren lassen, die auf das Verständnis weisen, aus dem heraus sie eingesetzt wurden. Die zentrale Frage dieser Arbeit lautet damit: Wie ist das den jeweiligen Büchern zugrundeliegende Lernverständnis zu charakterisieren? Wobei dies wiederum unmittelbar einen Anhaltspunkt für die Qualität der durch den Einsatz dieser Bücher nahegelegten Lernprozesse darstellt. Zwischen dem entsprechend identifizierten Lernverständnis und der Qualität des Lernprozesses ist m.E. ein spiegelbildlicher Zusammenhang in der Art als plausibel zu betrachten, daß ein entsprechend in den didaktischen Hinweisen artikuliertes Lernverständnis eine analoge Unterrichtsqualität nahelegt oder zumindest begünstigt. Insoweit läßt sich das Resultat der Analyse bezüglich der den Büchern zugrundeliegenden Lernverständnisse nur künstlich von deren Folgen für die Qualität des damit verbundenen Unterrichts trennen. Tatsächlich bilden beide Gesichtspunkte m.E. eine organische Einheit. Diese ist derart zu beschreiben, als daß sich aus dem jeweiligen Lernverständnis bereits als eine Art Negativabdruck die Qualität des Lernprozesses, die dieses nach sich zieht bzw. begünstigt, ablesen läßt - vorausgesetzt, der Einsatz der didaktischen Hinweise bzw. der Sprachbücher erfolgt im nahegelegten durch das jeweilige Lernverständnis bestimmten Sinne.

Um Mißverständnissen vorzubeugen, ist vorab darauf hinzuweisen, daß es in dieser Arbeit nicht darum geht, einzelne Bücher auf den Prüfstand zu stellen und zu letztgültigen Aussagen bezüglich der Qualität derselben zu gelangen. Von primärem Interesse sind vielmehr die folgenden Fragen: Welches Lernverständnis läßt bzw. welche Lernverständnisse lassen sich aus den didaktischen Hinweisen der einzelnen Bücher ableiten? Ergeben sich zwischen den verschiedenen Unterrichtswerken – zumindest streckenweise – Ähnlichkeiten hinsichtlich der zugrundeliegenden Lernverständnisse, und wie sind diese zu charakte-

---

weichend hiervon allerdings die kürzere Schreibweise "didaktische Hinweise" oder einfach "Hinweise" im bedeutungsgleichen Sinne verwendet.

risieren, sowie welche Konsequenzen folgen hieraus mit Blick auf den mit den Büchern bestrittenen Unterricht? Hierzu ist es erforderlich, nicht nur die Schulbücher selbst in den Blick zu nehmen, sondern die Bedeutung derselben im alltäglichen Unterrichtsprozeß einschätzen zu können. Um Informationen über die Art des Einsatzes u.ä.m. zu erhalten, erschien es mir sinnvoll, der Schulbuchanalyse eine Vorstudie voranzustellen. Mit dieser wurden Lehrende verschiedener allgemeinbildender Schulen der Sekundarstufe I aus unterschiedlichen Bundesländern, die das Fach Deutsch unterrichten, zu ihren Gewohnheiten und Erfahrungen im Hinblick auf den Einsatz von Sprachbüchern befragt. Für die Gesamtuntersuchung relevante Ergebnisse der Vorstudie sind im Vorfeld der Untersuchung knapp zusammengefaßt.[84] Weitere Erwähnung finden diese Ergebnisse nochmals im Zusammenhang mit der Betrachtung der Gesamtergebnisse der Analyse.

1.2.1.2 Lernkriterien als theoretisches Fundament und Bezugspunkt

Das spezifische Erkenntnisinteresse an den die Schulbücher tragenden Lernvorstellungen, ausgehend von einem subjektwissenschaftlichen Lernverständnis, macht es erforderlich, vor Beginn der eigentlichen Analyse einen entsprechend subjektorientierten Lernbegriff zu beschreiben, auf dem die Schulbuchanalyse aufbauen kann. Hierbei beziehe ich mich in erster Linie auf den bereits erwähnten Berliner Psychologen Klaus Holzkamp und zeichne dessen subjektorientiertes Lernverständnis nach. Dabei habe ich folgende Anforderungen, die ich an diese Rekapitulation des subjektwissenschaftlichen Lernverständnisses mit Blick auf den Anwendungskontext dieser Arbeit, die Untersuchung der Schulbücher, stelle. Die Entfaltung des Bezugsrahmens meiner Arbeit geschieht dabei in der Absicht, mittels der – sich vom Behaviorismus abgrenzenden – Darstellung subjektwissenschaftlicher Lernvorstellungen nicht nur diese selbst deutlich und verständlich zu machen, sondern das subjektwissenschaftliche Lernverständnis dabei gleichzeitig soweit zu operationalisieren, daß auf dieser Grundlage eine Beschreibung bzw. Charakterisierung der Schulbücher hinsichtlich der in ihnen deutlich werdenden (Lern-)Qualität möglich wird. Dabei leitet sich für mich das übergeordnete Qualitätsbemessungskriterium aus dem subjektwissenschaftlichen Lernverständnis ab. Die Darlegung dieses durch Holzkamp vertretenen Ansatzes soll damit einerseits einen Bezugspunkt für die Beschreibung der Qualität der Schulbücher hinsichtlich ihres Lernverständnisses bieten und gleichzeitig Kriterien offerieren,

---

[84] Siehe hierzu die Darstellung in Kapitel 1.4 dieser Arbeit, wobei bereits an dieser Stelle anzumerken ist, daß es sich bei der Vorstudie um eine Erhebung handelt, die nicht die Aussagekraft einer repräsentativ-empirischen Studie für sich beansprucht. Mittels Fragebogen wurden hierin Einschätzungen erhoben, die sich m.E. dennoch i.S. eines Trendbarometers im Zusammenhang mit dieser Arbeit verwenden lassen.

an denen eine solche Qualitätsbemessung, ausgehend von den in den Büchern vorfindlichen didaktischen Hinweisen, möglich wird. Somit stehen das Kapitel theoretische Herleitung und Begründung des subjektwissenschaftlichen Lernverständnisses (Kapitel: Bezugsrahmen) und die Untersuchung der Schulbücher (Kapitel: Anwendungskontext) in einem unmittelbaren Zusammenhang. Wie in den jeweiligen Kapitelüberschriften angedeutet, liefert ersteres den Bezugsrahmen zur Beschreibung der (Lern-)Qualität der Bücher bzw. der ihnen zugrundeliegenden Lernverständnisse – ausgehend von einem subjektwissenschaftlichen Lernverständnis. Durch den Bezugsrahmen wird inhaltlich und methodisch so das Fundament gelegt, auf dem die eigentliche Schulbuchanalyse basiert.

Ich subsumiere diese Rekapitulation der Holzkampschen Ideen (im Kapitel: Bezugsrahmen) unter – insgesamt 15 – verschiedene Kriterien, die m.E. zur Beschreibung seines Lernverständnisses sowie zur Abgrenzung dessen von traditionellen Lernvorstellungen hinsichtlich der Untersuchungsbezugspunkte geeignet sind.

Diese Kriterien – im weiteren von mir als "Lernkriterien" bezeichnet – stellen m.E. einen hilfreichen Katalog zur Charakterisierung unterschiedlicher, mehr oder weniger subjektorientierter Lernvorstellungen, -konzepte und -realisationen dar. Die Herausbildung dieser Lernkriterien erscheint mir insbesondere mit Blick auf den Anwendungskontext unerläßlich. Schließlich bilden die Lernkriterien gleichzeitig den orientierenden Rahmen, auf den die didaktischen Hinweise aus den zu untersuchenden Büchern zur Ermittlung der zugrundeliegenden Lernvorstellungen bezogen werden.

Diese Lernkriterien entwickle ich dabei analog zu Holzkamp, reichere sie mit Querverweisen zur schulischen Praxis sowie zu bildungspolitischen und erziehungswissenschaftlichen Diskussionen an und skizziere ihre Bedeutung und damit Tragweite für Lernsituationen und -prozesse verschiedener Art.

Parallel zu ihrer Entwicklung werden die Lernkriterien in drei Gruppen jeweils verwandten Charakters zu Lernkategorien zusammengefaßt. Bei den drei Lernkategorien handelt es sich erstens um die Bündelung von Kriterien als Kennzeichen für traditionelle Lerntheorien, zweitens um solche subjektwissenschaftlich-orientierten Lernens im allgemeinen und drittens um die spezifischen Kennzeichen von Lernprozessen aus subjektwissenschaftlicher Sicht. Die so kategorisierten Lernkriterien bilden das Gerüst für die eigentliche Untersuchung, indem sie den Bezugsrahmen für die Schulbuchanalyse derart stellen, daß die didaktischen Hinweise der Bücher auf die einzelnen Kriterien bezogen werden. Hieran ist dann zu ermessen, inwieweit sich mittels dieser Hinweise die Kriterien an den untersuchten Schulbüchern verifizieren oder falsifizieren lassen.

1.2.1.3 Leitfragen als Brücke zwischen Lernkriterien und Schulbüchern

In der Schulbuchanalyse wird jedes Lernkriterium – flankiert durch zwei Leitfragen – zu einem Indikator, mit dessen Hilfe die einzelnen Schulbücher, genauer gesagt deren didaktische Hinweise, auf die Art und den (konzeptionellen) Gehalt des ihnen zugrundeliegenden Lernverständnisses geprüft werden.

Neben den Lernkriterien kommt damit den Leitfragen im Untersuchungsdesign dieser Arbeit eine besondere Bedeutung zu. Es handelt sich dabei um zwei Fragen, die das stereotype und somit konstante Muster für die Anwendung der verschiedenen Lernkriterien auf die Schulbücher bilden. Sie haben im wesentlichen die Funktion eines Brückenglieds zwischen den theoretisch entwickelten und begründeten Lernkategorien Holzkamps und den didaktischen Hinweisen in den Schulbüchern. Erst die Leitfragen machen es möglich, die verschiedenen Lernkriterien hinsichtlich der Untersuchungsgegenstände (bzw. der in ihnen liegenden didaktischen Hinweise) zu operationalisieren und damit für die Schulbuchanalyse anwendbar zu machen.

Die erste Leitfrage hat folgenden Tenor: "Welche Merkmale können in Schulbüchern auf das jeweilige Lernkriterium hinweisen?" Sie zielt darauf ab, das einzelne Kriterium auf die Schulbücher zu beziehen. Ihre Beantwortung soll klären, anhand welcher Indizien oder Anhaltspunkte[85] das jeweilige Kriterium in den Unterrichtswerken auffindbar bzw. nachweisbar sein könnte oder sich an ihnen zumindest relevante Aspekte für das Lernkriterium ergeben. Dem jeweiligen Lernkriterium müssen an dieser Leitfrage aussagekräftige Merkmale und Kennzeichen didaktischer Hinweise zugeordnet werden, womit die Beantwortung der ersten Leitfrage darin besteht, verschiedene (i.d.R. drei bis fünf) Merkmale i.S. didaktischer Hinweise[86] von Schulbüchern zu benennen, die das entsprechende Lernkriterium in diesem Kontext als für die jeweiligen Bücher zutreffend oder unzutreffend identifizierbar machen. Die Aussagefähigkeit der Merkmale und Hinweise bezüglich des jeweiligen Lernkriteriums steht dabei allerdings unter dem Vorbehalt, daß die angesprochenen Lernmittel im (konzeptionell) nahegelegten Sinne eingesetzt werden.[87]

---

85 Zur eindeutigen Bezeichnung und zur zweifelsfreien Abgrenzung dieser Indizien und Anhaltspunkte von den beschriebenen Lernkriterien werde ich nachstehend hierfür die Bezeichnung "Schulbuchmerkmale" bzw. "Merkmale" gebrauchen.

86 Zur Charakterisierung der "didaktischen Hinweise" siehe ausführlich Kapitel 1.2.3.

87 Ich gehe dabei davon aus, daß der Konzeption und dem Aufbau der Schulbücher eine bestimmte – aus dem jeweils leitenden Lernverständnis folgende – Vorstellung über die Verwendung dieser Materialien im Unterricht vorausgeht und dementsprechend auch nahegelegt wird. Diesen nahegelegten Einsatz wähle ich zur Orientierung bei der Schulbuchanalyse, um hieraus Anhaltspunkte für das vorherrschende Lernverständnis abzuleiten. Hierbei ist mir allerdings bewußt, daß sich die verschiedenen Angebote, Aufgabenstellungen o.ä. zum Beispiel eines Sprachbuchs grundsätzlich auch in einem anderen Sinne ein-

Untrennbar mit dieser Frage ist die zweite Leitfrage für die einzelnen Lernkriterien verbunden. Mit ihr ist zu untersuchen, inwieweit die an der ersten Leitfrage entwickelten und beschriebenen – für das jeweilige Lernkriterium relevanten – Merkmale in den einzelnen Schulbüchern tatsächlich aufweisbar sind oder nicht. Auch dieser Frage ist über die einzelnen Lernkriterien hinweg eine gleichartige Form gegeben. Sie hat folgenden Tenor: "Finden sich diese Merkmale in den untersuchten Schulbüchern?" Die Schulbücher werden unter dieser Leitfrage also nach Merkmalen einzelner didaktischer Hinweise hinsichtlich des jeweiligen Lernverständnisses durchgesehen.

Im Zweiklang dieser beiden Leitfragen werden die 15 Lernkriterien einzeln – bezogen auf bestimmte didaktische Hinweise in den jeweiligen Unterrichtswerken – abgefragt. Die Abfolge der auf die didaktischen Hinweise angewendeten Lernkriterien entspricht dabei der Reihenfolge, in welcher die Kriterien vorher – im Kapitel "Bezugsrahmen" – entwickelt und zu Kategorien gebündelt wurden.

Der Umfang dieser Studie verbietet es dabei, daß alle acht hier zugrundeliegenden Bücher hinsichtlich ihrer didaktischen Hinweise auf jedes Lernkriterium bezogen untersucht werden. Ein solches Vorgehen wäre in diesem Rahmen nur möglich gewesen, wenn entweder die Zahl der untersuchten Bücher auf ein bis zwei Titel oder die Anzahl der Lernkriterien deutlich beschränkt worden wären.[88] Ersteres wäre zu Lasten der – ohnehin schon begrenzten – Repräsentativität der Schulbuchauswahl hinsichtlich des Gesamtangebots an Schulbüchern dieser Art gegangen. Letzteres hätte die Chance, möglichst differenziert den Charakter des jeweils zugrundeliegenden Lernverständnisses zu beschreiben, erheblich begrenzt.[89]

Die Entscheidung, nicht alle Kriterien an jedem Buch abzufragen, erscheint mir angesichts der gebotenen Alternativen angemessen. Sie ist allerdings auch mit Blick auf die Anlage und das Ziel der Untersuchung vertretbar, da die einzelnen Lernkriterien untereinander in keinerlei gegenseitiger Abhängigkeit stehen, so daß sich die Gültigkeit des aus dem einzelnen Lernkriterium folgenden Resultats erst bei weitgehender oder sogar vollständiger bzw.

---

setzen lassen, als dies durch die Anlage nahegelegt und somit durch die Konzeption bzw. das zugrundeliegende Lernverständnis intendiert ist. So muß beispielsweise die Vorlage für ein Diktat keineswegs als solche in dem Sinne verwendet werden, daß sie tatsächlich vom Lehrenden diktiert wird.

[88] Hinzu kommt, daß – wie sich zeigen wird – sich nicht alle Merkmale an allen Büchern aufweisen lassen, ohne daß sich aus diesem partiellen Nichtvorhandensein unmittelbar Aussagen bezüglich des jeweilig zugrundeliegenden Lernverständnisses treffen ließen (s. ausführlich hierzu Beginn Kapitel 3).

[89] Wie aus dem Vorgängigen deutlich wird, weisen die Merkmale eines Schulbuchs, je untersucht an den verschiedenen Lernkriterien, durchaus auf verschiedene Lernverständnisse hin. Lassen sich an dem einen Kriterium Hinweise auf subjektorientiertes Lernen erkennen, so können sich aus anderen durchaus widersprüchliche Indizien ergeben.

ausschließlicher Bestätigung durch die Ergebnisse an (allen) anderen Kriterien als wirksam erweisen würde. Im Gegenteil, die Lernkriterien lassen sich eher als ein Ensemble aus Einzelindikatoren beschreiben, die für sich Hinweise auf den vorkommenden – und möglicherweise vorherrschenden – Charakter des Lernverständnisses enthalten. Insofern dienen die einzelnen Lernkriterien weniger als neuralgische Punkte, an denen sich die Art des jeweiligen Lernverständnisses für das einzelne Buch definitiv – im Sinne einer kategorischen Identifikation – aufweisen läßt, als daß sich hier vielmehr Hinweise auf das an diesem Kriterium festzumachende bzw. sich zeigende Lernverständnis ergeben. So ist es möglich, daß sich bereits anhand der einzelnen Merkmale zu einem Kriterium ambivalente oder einander widersprechende Aussagen machen lassen.

Um trotz dieses – gemessen an der gesamten Stichprobe – exemplarischen Vorgehens bei den einzelnen Lernkriterien die begründete Aussagefähigkeit der Untersuchung zu gewährleisten, werden die Merkmale zum Aufweis der einzelnen Kriterien nicht auf ein einzelnes Buch bezogen. Mindestens zwei Bücher werden zur Überprüfung jedes Lernkriteriums systematisch herangezogen. Bei dieser Auswahl ist es das Ziel – soweit dies möglich ist – zu vermeiden, daß verschiedene Lernkriterien nicht an didaktischen Hinweisen identischer Bücher festgemacht werden. Allerdings ist dies bei einigen Merkmalen unvermeidbar, da sich diese nur in bestimmten Büchern aufweisen lassen. Beispielsweise verwende ich bei verschiedenen Lernkriterien das Merkmal "Angebot alternativer Lernwege". Eine entsprechende Offerte findet sich allerdings nur in zwei Büchern der Stichprobe, weshalb es unumgehbar ist, dieses Merkmal jeweils auf dieselben Bücher zu beziehen. Darüber hinaus ist es das Ziel dieser Arbeit, die verschiedenen Bücher dieser Stichprobe ungefähr gleichgewichtig zu Bezugspunkten dieser Untersuchung zu machen, wobei dies keinesfalls im quantitativen Sinn zu verstehen ist.

Jedem Lernkriterium werden – wie bereits dargelegt – drei bis fünf Merkmale, die sich als didaktische Hinweise des Schulbuches betrachten lassen, zugeordnet und zwar, soweit sie zu dessen Aufweis relevant erscheinen. Der Nachweis dieser Merkmale geschieht anhand von Beispielen, die aus mindestens zwei verschiedenen Büchern stammen und analog zu den skizzierten Leitfragen im ersten Schritt beschrieben und im zweiten Schritt hinsichtlich ihrer Existenz und damit verbundenen möglichen Aussagebedeutung für das jeweilige Lernkriterium interpretiert werden. Dabei werden grundsätzlich nur Beispiele aus den Sprachbüchern zum Merkmalsaufweis herangezogen, wenn sich diese an unterschiedlichen Stellen des einzelnen Buches aufzeigen lassen. Bei den genannten Beispielen handelt es sich insofern nicht um einmalige Erscheinung i.S. von Ausnahmen, sondern um mehr oder weniger als charakteristisch für diese Bücher anzusehende Bestandteile. In der Regel werden beim Merkmalsaufweis zusätzlich Beispiele aus anderen Büchern mit weiteren als besonders signifikant erscheinenden Fundstellen des jeweiligen Merkmals herangezogen. Dennoch bedeutet die Nichtnennung einzelner Bücher keinesfalls, daß sich in diesem Buch keine entsprechenden Hinweise finden. Dies kann sein, ebenso ist es aber möglich, daß diese gegenüber anderen Büchern weniger signifikant sind, bereits im Zusammenhang mit einem anderen Lernkriterium ausgeführt wurden bzw. werden oder die Darstellung des jeweiligen Merkmals bereits hinreichend vielfältig und abwechslungsreich erscheint.

Bei insgesamt 15 Kriterien einerseits und einer begrenzten Zahl an Merkmalen für didaktische Hinweise andererseits ist es unvermeidlich, daß einige Merkmale nicht nur im Kontext mit einem Lernkriterium auftauchen, sondern unter variierenden Gesichtspunkten zum Aufweis differenter Kriterien dienen. Einen Überblick über die Zuordnung der verschiedenen Merkmale zu den einzelnen Lernkriterien kann der im Anhang wiedergegebenen tabellarischen Übersicht entnommen werden (s. Kapitel 7.2).

1.2.1.4 Gesamtbetrachtung

Abschließend kommt es zu einer Gesamtbetrachtung. Die Funktion der Gesamtbetrachtung ist es, die Feststellungen an den verschiedenen Kriterien bezüglich des jeweiligen Buches und der Bücher untereinander abzuwägen, um sich auf diesem Weg einer wertenden Gesamtbetrachtung bezüglich des dominierenden – in den didaktischen Hinweisen deutlich werdenden – Lernverständnisses anzunähern. Aber auch diese hat ihrerseits keinen endgültigen (Beurteilungs-)Charakter, sondern stellt eher die abwägende Zusammenschau der verschiedenen Einzelhinweise auf bestimmte Lernvorstellungen dar. Verallgemeinernd läßt sich für diese Gesamtbetrachtung lediglich feststellen, daß die Wahrscheinlichkeit, mit der eine bestimmte Lernqualität vorliegt und damit auf ein entsprechendes Lernverständnis verweist, in dem Maße wächst, in dem die Zahl der Resultate an den einzelnen Kriterien, die hierauf hinweisen, steigt.

Die Identifikation solcher Trends meint in diesem Zusammenhang, daß eine Abweichung in einem Kriterium nicht zu der Konsequenz führt, daß der sich bisher – an anderen Kriterien – abzeichnende Eindruck widerlegt oder aufgehoben ist. Im Gegenteil, in der vergleichenden Gesamtschau der Ergebnisse ist zu bewerten, ob die Indizien, die anhand der einzelnen Lernkriterien für ein bestimmtes Lernverständnis sprechen, signifikant für den Typ des jeweiligen Buches insgesamt sind. Oder überwiegen gegenteilige Ergebnisse, die an anderen Lernkriterien identifiziert wurden? Es ist genauso möglich, daß sich aus der Gesamtwürdigung der Merkmale an den Lernkriterien eine ambivalente Einschätzung ergibt, die an einzelnen Merkmalen und Kriterien Hinweise für ein subjektorientiertes Lernverständnis erkennt und an anderen wiederum Indizien, die als Avis für ein eher traditionelles Lernverständnis i.S. des Behaviorismus zu betrachten sind. Mit dieser (Gesamt-)Würdigung einer geht die Betrachtung der Frage, welche Form von Lernprozessen und damit Unterricht diese Sprachbücher bei ihrer Verwendung im nahegelegten Sinne begünstigt und welche nicht.

Diese abwägende Gesamtbetrachtung geschieht in drei Schritten. Im ersten werden die in den einzelnen Büchern aufgefundenen Indizien und Hinweise für bestimmte Lernverständnisse zu einer abwägenden Gesamteinschätzung des jeweiligen Buches hinsichtlich der sich in ihm abzeichnenden Lernverständnisse zusammengeführt. Im Anschluß an diese Einschätzung und Charakterisierung der das einzelne Buch auszeichnenden Lernverständnisse schließt sich im zweiten Schritt ein Vergleich der zwischen den für die einzelnen Bücher festgestellten Lernverständnisse und -vorstellungen untereinander an. Welche Bücher zeichnen sich besonders durch Hinweise aus, die auf ein subjektwissenschaftliches Lernverständnis deuten und welche nicht? In einem dritten Schritt werden die Ergebnisse der Untersuchung in einem bücherübergreifenden Resümee zusammengeführt. Die zentralen Fragen hierbei lauten: Welche Schlüsse läßt die Untersuchung bezüglich der Schulbuchstichprobe insgesamt zu? Lassen sich bücherübergreifend Ähnlichkeiten identifizieren, und wie sind diese einzuordnen, zu bewerten? Es schließt sich eine Betrachtung der Folgen dieser Resultate für die mit dem Einsatz dieser Bücher nahegelegten Qualität der unterrichtlichen Lernprozesse an. Hierbei spielen die Ergebnisse der Vorstudie zum Einsatz von Sprachbüchern durch Lehrende eine besondere Rolle.

Zum Schluß dieser Arbeit sind die möglichen Konsequenzen zusammengestellt, die sich aus der Arbeit bezüglich dreierlei Gesichtspunkten ergeben: erstens bezüglich der Beschreibbarkeit von in Schulbüchern ausgedrückten Lernverständnissen; zweitens hinsichtlich der Auswahl und Zulassung von Schulbüchern, wenn hierbei die Dimension subjektwissenschaftlichen Lernens berücksichtigt werden soll; drittens bezüglich der Möglichkeiten und Perspektiven, die sich für die Konzeption von Schulbüchern unter Berücksichtigung subjektwissenschaftlicher Lernvorstellungen ergeben. Diese Konsequenzen verstehen sich dabei weniger als Antworten auf die in den genannten Komplexen liegenden Fragen, als vielmehr als Ausblicke auf Aufgaben, die m.E. aus den Ergebnissen dieser Arbeit für eine künftige Bearbeitung hinsichtlich dieser drei Felder erwachsen.

1.2.2 Charakterisierung der Untersuchungsgegenstände

Warum handelt es sich bei der Stichprobe um Schulbücher für den Deutschunterricht? Das Fach Deutsch zählt zu den zentralen Unterrichtsfächern, das für die Lernenden in der Schule von der ersten Klasse bis zur dreizehnten durchgängig zum Pflichtkanon gehört.[90] Es ist somit ein Fach, das alle

---

90 Für die Grund- und Mittelstufe ist dies in den offiziellen Stundentafeln der Kultusadministration der einzelnen Länder (in Hamburg werden diese durch das Amt für Schule festgelegt), für die Oberstufe in der bundesländerübergreifend gültigen "Ausbildungs- und Prüfungsordnung für die Gymnasiale Oberstufe" (APOGyO) festgeschrieben.

Lernenden besuchen müssen und das sie aufgrund des hohen Stundenanteils – inhaltlich und lernmethodisch – in besonderer Weise prägt.

Warum wurden gerade Sprachbücher[91] aus dem Angebot von Schulbüchern für den Deutschunterricht ausgewählt? Betrachtet man die Palette der für den Deutschunterricht angebotenen Unterrichtswerke, so nehmen die Sprachbücher hier eine exponierte Rolle ein. Im Gegensatz etwa zu Lesebüchern, Materialien zur Rechtschreibung oder Grammatik, Textsammlungen, Interpretationshilfen sowie Nachschlagewerken kaprizieren sie sich nicht auf einzelne oder einige (wenige) Ausschnitte des Deutschunterrichts, sondern sprechen – zumindest im Vergleich zu den vorgenannten anderen Unterrichtsmaterialien – in größerem Umfang die verschiedenen Aspekte des Deutschunterrichts an.[92]

Warum konzentriert sich die Auswahl auf Sprachbücher der Jahrgänge fünf und sechs? Die Konzentration auf Sprachbücher der fünften und sechsten Klasse hat im wesentlichen zwei Gründe. Ein Motiv war, daß die Bücher untereinander einen gewissen Grad an Vergleichbarkeit hinsichtlich der Lernendenadressierung aufweisen sollten, um sie zwecks einer Abwägung der Ergebnisse auch unmittelbar aufeinander beziehen zu können. Hiermit sollte dem Umstand vorgebeugt werden, daß die Ursachen etwaiger Unterschiede hinsichtlich der Anlage unterschiedlicher Werke nicht in der Konzeption für verschiedene (deutlich auseinanderliegende) Altersstufen gesucht werden müssen. Spricht dieses Kriterium für die Konzentration auf eine Jahrgangsstufe oder zumindest benachbarte Jahrgangsstufen, so ergibt sich hieraus noch kein Anhaltspunkt für die tatsächlich getroffene Entscheidung, das Augenmerk auf die Jahrgänge fünf und sechs zu legen. Diese hat ihre Ursache in den Ergebnissen der Vorstudie, in der Deutschlehrer durchgängig angaben, daß in diesen beiden Klassenstufen Sprachbücher mit Abstand am häufigsten eingesetzt werden. Immerhin gaben 50 bzw. 53,5 Prozent der Lehrenden für die Jahrgänge fünf bzw. sechs an, daß sie Sprachbücher eher häufiger einsetzen (und dies mit der

---

[91] Bei der dieser Arbeit zugrundeliegenden Stichprobe an Schulbüchern handelt es sich um Sprachbücher, die von den verschiedenen Schulbuchverlagen als solche gekennzeichnet sind. Hierbei bildet lediglich das Buch "Wortstark" insoweit eine Ausnahme, als daß es sich bei ihm, laut Verlagsangabe, um ein integriertes Lese- und Sprachbuch handelt, das sowohl Sprachbuch- als auch Lesebuchelemente umfaßt. Eine Aufnahme in diese Stichprobe ist dennoch sinnvoll, da es sich m.E. eher als ein Sprachbuch charakterisieren läßt, das um Lesebuchelemente erweitert wurde, als umgekehrt um ein Lesebuch, das mit Sprachbuchkennzeichen durchsetzt wurde. Nicht zuletzt soll es im Unterricht (auch) an die Stelle des traditionellen Sprachbuchs treten.

[92] So enthalten Sprachbücher in aller Regel – zumindest trifft dies auf die in dieser Untersuchung verwendeten zu – Kapitel, die sich mit den verschiedenen Formen der gesprochenen und verschrifteten Sprache ebenso beschäftigen wie mit Rechtschreibung oder Grammatik sowie Angebote zu Textarbeit und -interpretation aufweisen oder in den Umgang mit Nachschlagewerken verschiedener Art einführen.

Nennung der Werte 4, 5, 6 auf einer Werteskala der Vorstudie ausdrückten). Diese Zahl reduziert sich in den Jahrgängen 7, 8, 9 und 10 von 43,1 über 28,8 und 19,7 in Jahrgang 10 schließlich auf 15,6 Prozent.[93]

Wie ist die konkrete Zusammensetzung der Stichprobe entstanden? Die Zusammenstellung war primär von dem Motiv geleitet, einen Mittelweg zwischen erschöpfender und damit kompletter Aufnahme aller Bücher dieser Schulbuchart und einer schwerlich als hinreichend anzusehenden Minimalauswahl von zwei oder drei Titeln zu wählen. Die mit diesem Entschluß unausweichlich verbundene Notwendigkeit, eine Auswahl zu treffen, orientiert sich an folgenden Kriterien. Die Gesamtheit der in der Stichprobe aufgenommenen Werke sollte zugelassene Sprachbücher aus möglichst allen Bundesländern ebenso enthalten wie Zulassungen für alle Schulformen des allgemeinbildenden Schulwesens mit seinen vier Haupttypen: Gesamtschule, Gymnasium, Haupt- und Realschule.[94] Weiterhin erschien es mir sinnvoll, die auflagenstärksten Sprachbücher von in diesem Segment marktführenden Schulbuchverlagen zu berücksichtigen.[95]

1.2.3 Was sind die Bezugspunkte für die Untersuchung der Sprachbücher?

Konzentrierten sich die bisherigen Ausführungen darauf, die Auswahl des Themas, die Vorgehensweise, die grundsätzliche Fragestellung, den theoretischen Bezugsrahmen sowie die Auswahl der untersuchten Bücher dieser Arbeit zu begründen, so ist der Untersuchungsbezugspunkt in den Sprachbüchern, nämlich die 'didaktischen Hinweise', bisher nicht näher präzisiert worden. Dies soll nachstehend geschehen.

Gehe ich dabei unmittelbar von der Bezeichnung 'didaktische Hinweise' aus, so benennt das Wort "Didaktik" die "Lehre vom Lehren und Lernen"[96] und entspricht damit dem allgemeinen erziehungswissenschaftlichen Didaktikverständnis: als Methoden zur Gestaltung von Unterricht bzw. Lernprozessen. Die Didaktik bezieht sich demzufolge immer auf die Vermittlung bestimmter Bildungsinhalte durch ein Medium (Lehrender, Lernmittel usw.) an einen Lernenden, was in der Fachdidaktik selbstverständlich auch die Auswahl dieser Medien und vor allem ihre Gestaltung miteinschließt. Didaktische Informatio-

---

[93] Siehe hierzu ausführlich die Darstellung in Kapitel 1.4 dieser Arbeit.

[94] Orientierung boten hierbei Verlagsinformationen sowie die Schulbuchzulassungslisten verschiedener Bundesländer, die neben der generellen Zulassung einzelner Bücher auch Auskünfte über die Genehmigung der Unterrichtswerke für die unterschiedlichen Schulformen enthielten.

[95] Die entsprechenden Schulbuchverlage wurden anhand ihrer Präsenz auf den Schulbuchzulassungslisten einzelner Länder identifiziert. Die Angaben zur Auflagenstärke basieren auf Verlagsauskünften.

[96] Duden (1997). S. 189.

nen müßten demnach Antworten – im umfassenden Sinn und mit konkretem Bezug zum Lernmittel – auf die Fragen geben: 'Wie und was ist zu lehren bzw. zu lernen?' Als 'didaktische Hinweise' sind soweit alle Informationen anzusehen, die sich im weitesten Sinne als Antworten auf diese Fragen begreifen lassen.

Dementsprechend verstehe ich hierunter die Gesamtheit aller Anmerkungen und Informationen, die sich in Sprachbüchern finden und die insoweit als didaktisch einzuordnen sind, als daß sie die Art und Weise, in der sich das Lernen bzw. der Lernprozeß ereignet bzw. ereignen soll, beeinflussen. Hiermit wird offensichtlich, daß sich ein solches Verständnis 'didaktischer Hinweise' keineswegs auf Fragen, Aufgabenstellungen o.ä. begrenzt. Vielmehr ist die Gesamtheit aller Anmerkungen gemeint, die sich als das Lernen tangierend begreifen lassen.

Zur Veranschaulichung der verschiedenen Formen an didaktischen Hinweisen habe ich die unterschiedlichen Arten, die diese in Sprachbüchern haben, kategorisiert und vier verschiedenen Gruppen zugeordnet, kurz erläutert und durch Beispiele illustriert. In der Sprachbuchanalyse werden die unterschiedlichen Arten didaktischer Hinweise gleichberechtigt nebeneinander gestellt. Die ersten beiden lassen sich als eher explizite didaktische Hinweise [a) didaktische Hinweise im engsten Sinn; b) didaktische Hinweise im mittelbaren Sinn] und die beiden letzten als eher implizite didaktische Hinweise [c) didaktische Hinweise im weiteren Sinn, d) didaktische Hinweise im umfassendsten Sinn] charakterisieren.

a) Didaktische Hinweise im engsten Sinn: Zu den 'didaktischen Hinweisen' der ersten Ebene gehören m.E. alle Anmerkungen, die im engsten Sinn Lehr- bzw. Lernanweisungen sind. Hierzu zählen primär Handlungsanweisungen aller Art, die sich ähnlich einer Gebrauchsanweisung auf den Umgang mit dem gesamten Buch oder einiger seiner Teile beziehen. Zentrale Fragen, die hierin beantwortet werden, lauten: Wie ist mit dem Buch bzw. Kapitel umzugehen? Was ist damit zu machen? Dabei richtet sich diese Art der Hinweise keineswegs nur an die Lehrenden, sondern gleichermaßen auch an die Lernenden, die hier Informationen erhalten, wie das Buch aufgebaut ist und ihnen damit eine bestimmte Arbeitsweise mit den Sprachbüchern nahelegt. Zu diesen Informationen sind gleichsam die Erläuterung von Piktogrammen – meist in Legendenform –, verschiedener Farben und Schrifttypen zu rechnen, die den Lernenden den Umgang mit dem Sprachbuch erleichtern sollen und die ohne eine solche separate Erklärung kaum zu verstehen sind.

b) Didaktische Hinweise im mittelbaren Sinn: Zur zweiten Ebene zählen didaktische Hinweise, die sich als solche im mittelbaren Sinn verstehen lassen. Konkrete Arbeitsan- bzw. -aufforderungen, die sich direkt an die Lernenden wenden und bestimmte Kapitel oder Themen betreffen, wären hierunter zu fassen. In dieser Gruppe sind alle direkten Arbeitshinweise für die Lernenden versammelt. Bezogen auf die Sprachbücher gehören hierzu Aufgabenstellungen ebenso wie Hinweise, die die Vorgehens- oder Arbeitsweise betreffen, oder Fragen. Typisch ist demnach für 'didaktische Hinweise' direkter Art, daß sie sich unmittelbar an den Lernenden wenden und Auskünfte über das weitere Vorgehen in dieser Situation enthalten und appellativen Charakter haben.

c) Didaktische Hinweise im weiteren Sinn: 'Didaktische Hinweise' im 'weiteren Sinn' ordne ich der dritten Ebene zu. Es handelt sich hierbei um Kontextinformationen, die die Rahmungen für die jeweiligen Abschnitte des Buches kennzeichnen. Mit den didaktischen Hinweisen der zweiten Ebene verbindet sie, daß sie sich ebenso auf bestimmte Stellen des jeweiligen Sprachbuchs beziehen, sie unterscheiden sich von ihnen allerdings dahingehend, daß sie keinerlei auffordernden Charakter für die Nutzer des Buches haben. Statt dessen statten sie diese mit Informationen aus, die im jeweiligen Kontext bezüglich der erledigten oder noch zu absolvierenden Fragen von Bedeutung sind. Hierunter fallen Zusammenfassungen, Merksätze, Regeln, Strukturierungshilfen sowie Hilfestellungen, die sich von 'Eselsbrücken' bis hin zur Erläuterung und Einführung von (neuen) Arbeitstechniken erstrecken können.

d) Didaktische Hinweise im umfassendsten Sinn: 'Didaktische Hinweise' der vierten Ebene lassen sich als solche im 'umfassendsten Sinn' beschreiben. Hiermit sind Rahmungen und Lernbegleitungen, die den Lernenden bei ihrer Arbeit mit den verschiedenen Abschnitten des Sprachbuches zur Seite stehen und sie stellenweise auch indirekt unterstützen, gemeint. Ihre Funktion beschränkt sich nicht auf bestimmte Abschnitte, sondern umfaßt die Gesamtheit aller didaktischen Hinweise, die den Rahmen für die Lern- und Arbeitsblöcke abgeben und deren Existenz nicht ohne Bedeutung für die Arbeit der Lernenden mit dem Buch ist. Hierzu gehören die Gestaltung des Layouts, der verschiedenen Illustrationen sowie der eingestreuten Gimmicks[97]. Dabei ist der Einfluß dieser 'didaktischen Hinweise' weder so direkt noch explizit wie bei 'didaktischen Hinweisen' anderer Ebenen, dennoch ist auch bei ihnen davon auszugehen, daß es sich nicht um Zufallsprodukte oder das Ergebnis beispielsweise reiner Layout- und Gestaltungsabwägungen handelt (die unabhängig von etwaigen 'didaktischen' Erwägungen getroffen wurden), sondern um den Ausdruck oder das Ergebnis der Überlegungen, die der Konzeption des Buches insgesamt zugrundeliegen. Illustrationen etwa zur Veranschaulichung einer Frage- oder Problemstellung sind insoweit als didaktischer Hinweis zu begreifen, als daß dadurch die Aufmerksamkeit der Lernenden in eine bestimmte Richtung gelenkt wird. In Gimmicks kann etwa ein didaktischer Hinweis erkannt werden, wenn sie die Notwendigkeit bestimmter Lernschritte unterstrei-

---

97 Mit Gimmicks bezeichne ich in Sprachbüchern kleine witzige oder gaghafte Episoden – meist in Comic-Form –, die ohne unmittelbaren Bezug zu den Aufgaben die Lernenden bei ihrer Arbeit mit dem Buch begleiten.

chen oder durch ihren erheiternden Charakter die Lernmotivation erhöhen sollen.

Die als Merkmale für die Lernkriterien dienenden didaktischen Hinweise habe ich bei der Durchsicht der verschiedenen Sprachbücher zusammengestellt. Dabei habe ich ein Merkmal nur dann in den Merkmalskatalog aufgenommen, wenn es mir konstitutiv für das jeweilige Buch erschien und sich einer der vier Gruppen von didaktischen Hinweisen zuordnen ließ.

1.3 Kurzgliederung der Arbeit

Diese Arbeit gliedert sich im wesentlichen in sieben Kapitel. Kommt es im ersten Abschnitt (Kapitel 1 – Einleitung) – wie geschehen – zur Beschreibung des Vorhabens, zur Erläuterung des Vorgehens sowie zur Darstellung der wesentlichen Ergebnisse der Vorstudie, schließt sich im zweiten Kapitel (Kapitel 2 – Bezugsrahmen: Ein neues Lernverständnis in Abgrenzung zu traditionellen Lerntheorien) die Skizzierung des theoretischen Bezugsrahmens für die Sprachbuchanalyse in Form der Entwicklung verschiedener Lernkriterien an. Den dritten Block (Kapitel 3 – Anwendungskontext: Schulbuchanalyse an exemplarischen Beispielen, basierend auf einem subjektwissenschaftlichen Lernverständnis) der Arbeit bildet der Anwendungskontext, die Untersuchung der Bücher anhand von Leitfragen, die auf die unterschiedlichen Lernkriterien bezogen werden. Das Kapitel vier (Kapitel 4 – Abschlußbewertung) widmet sich dann den aus den Ergebnissen der Schulbuchanalyse resultierenden Schlußfolgerungen hinsichtlich einer Gesamtbewertung. Es schließen sich hieran Konsequenzen für den Einsatz von und den Umgang mit Schulbüchern sowie für künftige Schulbuchbearbeitungen an (Kapitel 5 – Konsequenzen). Nach dem Literaturverzeichnis (Kapitel 6 – Literaturverzeichnis) beschließt der Abschnitt sieben (Kapitel 7 – Anhang) diese Arbeit. Neben detaillierten Übersichten und Informationen zur Stichprobe der Untersuchung finden sich hier ebenfalls eine Übersicht über die Zuordnung der Merkmale (didaktische Hinweise) zu den verschiedenen Lernkriterien sowie Informationen zu der im Vorfeld dieser Arbeit durchgeführten Vorstudie, zu deren wichtigsten Resultaten und letztlich Reproduktionen einzelner Seiten der Sprachbücher zur besseren Veranschaulichung der im Analyseteil geführten Argumentation. Auf diese Beispielseiten wird an den entsprechenden Stellen der Analyse mit einem Sternchen gesondert hingewiesen.

1.4 Ergebnisse der Vorstudie

Da sich die im Mittelpunkt dieser Studie stehende Frage nach den den Sprachbüchern zugrundeliegenden Lernverständnissen in ihrer Relevanz für die Unterrichtspraxis nicht nur aus den Büchern selbst bestimmt, erschien es mir sinnvoll, im Vorfeld dieser Untersuchung eine fragebogengestützte Umfrage unter Deutschlehrerinnen und -lehrern an allgemeinbildenden Schulen

50

der Sekundarstufe I hinsichtlich des Einsatzes und der Bedeutung von Sprachbüchern in der alltäglichen Schulpraxis durchzuführen. Der Wortlaut des Fragebogens ebenso wie die wesentlichen Ergebnisse der Vorstudie finden sich
aufbereitet und in Tabellenform im Anhang. Sie sollen hier nur kurz in ihren
zentralen Eckpunkten dargestellt werden, da die für den Gesamtkontext dieser
Arbeit bedeutsamen Aspekte an den entsprechenden Stellen direkt in die Interpretationen und Aussagen integriert werden. Vorab gilt es anzumerken, daß
die Vorstudie nicht dem Anspruch – weder bezüglich der Anlage noch ihrer
Auswertung – einer im wissenschaftlich-methodischen Sinne empirischen Erhebung hinsichtlich der Repräsentativität und Triftigkeit der Ergebnisse entsprechen kann. Dies hätte einerseits den Rahmen dieser Analyse überschritten
und andererseits auch das Hauptaugenmerk vom Untersuchungsgegenstand
(Sprachbuchanalyse) abgelenkt. Die Funktion der Vorstudie besteht für mich
wesentlich darin, Anhaltspunkte über den Einsatz und die Bedeutung von
Sprachbüchern in Schulen zu erhalten, die die Resultate der Arbeit insgesamt
in Teilaspekten ergänzen bzw. dieselben in bezug auf die Schulpraxis einordbar
machen.

Insgesamt beteiligten sich 86 Lehrende von Gesamtschulen, Gymnasien
und Realschulen aus den Bundesländern Hamburg, Niedersachsen, Nordrhein-
Westfalen, Rheinland-Pfalz und Schleswig-Holstein, wobei es mir besonders
wichtig war, Informationen über den Sprachbucheinsatz in verschiedenen
Schulformen und Bundesländern zu erhalten. Dies erscheint möglich, auch
wenn die Anzahl der Lehrenden aus diesen Gruppen nicht gleichmäßig ist.

Bei schlaglichtartiger Draufschau lassen die Ergebnisse der Fragebogen-
aktion folgende Trends und Tendenzen bezüglich des Einsatzes und der Bedeutung von Sprachbüchern an allgemeinbildenden Schulen der Sekundarstufe I
erkennen.

1.4.1 Häufigkeit des Einsatzes von Sprachbüchern

Gefragt nach der Häufigkeit der Verwendung von Sprachbüchern in den
verschiedenen Jahrgangsstufen der Sekundarstufe I lassen sich zwei für diese
Arbeit relevante Trends ableiten.[98] Erstens ist zwischen den Jahrgängen 5 und
10 – wie bereits ausgeführt – ein deutlicher Rückgang im Sprachbucheinsatz
festzustellen. Geben zu Beginn der Sekundarstufe etwa 50 Prozent aller Befragten an, das Sprachbuch eher häufig einzusetzen (Werte 4, 5, 6 der Skala),
so reduziert sich der Anteil derjenigen in Jahrgang 10 auf etwas mehr als 15
Prozent. Diametral hierzu verhält sich die Häufigkeit der Angabe, Sprachbücher eher selten (Werte 1, 2, 3 der Skala) einzusetzen. Zweitens ist m.E. auffällig, daß auch in den Jahrgängen, in denen das Sprachbuch am häufigsten

---

[98] Der Wortlaut des Fragebogens hierzu findet sich in Kapitel 7.3.1 im Abschnitt 2.1. Die
Gesamtergebnisse zu dieser Frage sind in der Tabelle im Anhang unter der Kennzeichnung 7.3.3.1.

eingesetzt wird, immer noch eine signifikante Anzahl (um 50 Prozent) an Nennungen zu verzeichnen ist, die einen eher seltenen Einsatz bekundet. Zusammenfassend läßt sich feststellen, daß eine Abnahme der Häufigkeit des Sprachbucheinsatzes mit steigender Jahrgangszahl zu verzeichnen ist, wie gleichzeitig ein signifikanter Teil der Befragten das Sprachbuch generell nur eher selten einsetzt.

1.4.2 Zahl der gleichzeitig eingesetzten (verschiedenen) Sprachbücher

Mit dieser Frage ging es darum zu eruieren, inwieweit die Befragten beim Sprachbucheinsatz an ein und demselben Buch festhalten. Mit einer minimalen Abweichung ist zu konstatieren, daß durchschnittlich mehr als zwei Drittel der Befragten keine verschiedenen Sprachbücher zugleich einsetzen.[99] Zwischen 15 und 20 Prozent geben allerdings auch an, zwei bzw. sogar mehr als zwei Bücher parallel im Unterricht einzusetzen. Neben der primären Orientierung an einem Sprachbuch kommt es in signifikanter Weise auch zu Abweichungen von dieser eindeutigen Festlegung.

1.4.3 Einsatz von Sprachbuchreihen

Gefragt nach dem Einsatz unterschiedlicher Sprachbuchreihen in den verschiedenen Jahrgängen ergab sich folgendes Bild. Mehrheitlich, wenn auch nur sehr knapp, gaben 54,2 Prozent der Befragten an, daß es zu keinem Sprachbuchwechsel kommt.[100] Eine fast ebenso große Gruppe (45,8 Prozent) äußerte, in den verschiedenen Jahrgängen unterschiedliche Sprachbuchreihen zu verwenden. Damit bestätigt sich der Trend, der sich bereits bei der vorhergehenden Frage abzeichnete. Eine Mehrheit favorisiert die Arbeit mit ein und derselben Sprachbuchreihe, wohingegen ein signifikanter anderer Teil der Befragten einen wechselnden Einsatz von Sprachbuchreihen bevorzugt. Gefragt nach dem Jahrgang, in dem es zu einem solchen Wechsel kommt, ergab die Antwort dieses Teils der Befragten ein zwischen den Jahrgangsstufen ausgewogeneres Bild. Bezogen auf die Gesamtzahl an Wechseln verteilen sich diese mit einem Anteil zwischen 15 und 18,7 Prozent relativ gleichmäßig auf die verschiedenen Jahrgänge.[101] Interessant sind in diesem Zusammenhang auch die

---

[99] Der Wortlaut des Fragebogens hierzu findet sich in Kapitel 7.3.1 unter der Nummer 2.2. Die Gesamtergebnisse zu dieser Frage sind in der Tabelle im Anhang unter der Kennzeichnung 7.3.3.2.

[100] Der Wortlaut des Fragebogens hierzu findet sich in Kapitel 7.3.1 unter der Nummer 2.3.1. Die Gesamtergebnisse zu dieser Frage sind in der Tabelle im Anhang unter der Kennzeichnung 7.3.3.3.1.

[101] Der Wortlaut des Fragebogens hierzu findet sich in Kapitel 7.3.1 unter der Nummer 2.3.2 Die Gesamtergebnisse zu dieser Frage sind in der Tabelle im Anhang unter der Kennzeichnung 7.3.3.3.2.

von etlichen Befragten gegebenen schriftlichen Begründungen für den Wechsel der Sprachbuchreihen. Zu den meistgenannten Gründen zählen hierbei die unterschiedliche (subjektive) Eignung der differenten Sprachbuchreihen für die unterschiedlichen Jahrgangsstufen (33,3 Prozent) sowie das Bekenntnis, das Sprachbuch in erster Linie als Ergänzung zu anderen Unterrichtsmaterialien zu betrachten, woraus sich für unterschiedliche Themen eine differente Eignung der Bücher ergibt (20 Prozent).[102]

1.4.4 Wesentliche Gründe für den Einsatz von Sprachbüchern

Auf einer Skala von 1 (weniger) bis 6 (stark) sollten die Lehrenden die vorgegebenen Gründe für einen Sprachbucheinsatz gewichten.[103] Zu den eher "starken" Gründen (Werte 4, 5, 6 auf der Skala) gehören demnach die Unterstützung durch das Sprachbuch bei der Unterrichtsvorbereitung (59,2 Prozent), zur Berücksichtigung der verschiedenen Lernfelder (61,3 Prozent), die Möglichkeiten zur inhaltlichen Planbarkeit des Lernprozesses (58,9 Prozent) sowie die Unterstützung bei der Einhaltung der Lehrplanziele (46,7 Prozent). Eine deutlich geringere Bedeutung für den Einsatz von Sprachbüchern spielt deren Unterstützung bei der zeitlichen Strukturierung des Lernprozesses (36,8 Prozent) oder der Leistungsbewertung (8,3 Prozent).

1.4.5 Die Bedeutung von Sprachbüchern (insgesamt)

Zum Abschluß des Fragebogens wurde nach der Einschätzung der generellen Relevanz von Sprachbüchern für den Einsatz im Deutschunterricht gefragt. Die hier gemachten Angaben bestätigen im wesentlichen den Trend, der sich bereits bei der Häufigkeit des Sprachbucheinsatzes abzeichnete. Die Bedeutung von Sprachbüchern wird in den Jahrgängen 5 und 6 mehrheitlich durch die Befragten als eher hoch eingestuft (56,9 bzw. 52,2 Prozent gaben hier die Werte 4, 5, 6, auf der Skala an).[104] Die analogen Prozentangaben für die Jahrgänge 7, 8, 9 und 10 lauten: 40,6; 33,3; 21,4 bzw. 20,6 Prozent und dokumentieren die deutliche Geringerbewertung der Bedeutung von Sprachbüchern für den Deutschunterricht mit wachsender Jahrgangsstufe.

Die hier knapp vorgenommene Ergebnisskizzierung bleibt (im wesentlichen) unkommentiert, da dies an den für die Aussage der gesamten Arbeit relevanten Stellen – sozusagen kontextgebunden – vorgenommen wird.

---

102 Bei den weiteren Gründen handelt es sich um so vereinzelte, daß sich keine Möglichkeit für eine Zusammenfassung zu einer Gruppe ergab.

103 Der Wortlaut des Fragebogens hierzu findet sich in Kapitel 7.3.1 unter der Nummer 2.4. Die Gesamtergebnisse zu dieser Frage sind in der Tabelle im Anhang unter der Kennzeichnung 7.3.3.4.

104 Der Wortlaut des Fragebogens hierzu findet sich in Kapitel 7.3.1 unter der Nummer 2.5. Die Gesamtergebnisse zu dieser Frage sind in der Tabelle im Anhang unter der Kennzeichnung 7.3.3.5.

2 Bezugsrahmen: Ein neues Lernverständnis in Abgrenzung zu traditionellen (psychologischen und erziehungswissenschaftlichen) Lerntheorien

2.1 Zum Vorgehen

Zum Ausgangspunkt für meine Untersuchung von Sprachbüchern hinsichtlich der durch ihren Einsatz nahegelegten Qualität von Lernprozessen wähle ich den von dem Berliner Psychologen Klaus Holzkamp entwickelten subjektwissenschaftlichen Ansatz. Daß sich die Entwicklung eines solchen Lernverständnisses in diesem Kontext nicht von pädagogischen bzw. erziehungswissenschaftlichen Bezugnahmen trennen läßt, ist naheliegend, schließlich sind psychologische Aussagen zum Lernen immer auf den Handlungszusammenhang pädagogischer Tätigkeiten bezugsfähig.

Vor der eigentlichen Untersuchung der Sprachbücher ist eine systematische Betrachtung des von mir verwendeten Lernbegriffs unerläßlich, um über einen theoretisch begründeten Bezugsrahmen zu verfügen, auf dem die einzelnen Bücher und die ihnen zugrundliegenden Lernvorstellungen analysiert und eingeordnet werden können. Für ein solches Unterfangen erscheint die Bezugnahme auf die Psychologie unvermeidlich, da es sich bei der (Weiter-) Entwicklung von Lerntheorien um das genuine Forschungsgebiet dieser Disziplin, die sich mit dem "seelischen [...] Erleben und Verhalten befaßt",[105] handelt. Verallgemeinernd läßt sich konstatieren, daß sich Lerntheorien mit der "Erklärung und systematischen Darstellung"[106] von Lernprozessen beschäftigen, sich mit den (psychischen) Vorgängen etwa bei der Wissensaneignung auseinandersetzen, um auf dem Hintergrund derartiger Erkenntnisse beispielsweise Aussagen über besonders förderliche oder hinderliche Lernbedingungen treffen zu können.

Klaus Holzkamp ist innerhalb der Psychologie als Begründer der Schule der "Kritischen Psychologie" anzusehen. Wie die Bezeichnung "Kritische Psychologie" bereits nahelegt, ist diese 'Psychologieschule' aus Kritik an der und in Abgrenzung und damit als Alternative zur behavioristischen und materialistischen Psychologie entstanden.[107] Mit der "Kritischen Psychologie" hat Holz-

---

105 Arnold (1987). S. 1739. Das Wort 'Psychologie' ist griechischen Ursprungs und setzt sich aus den Stammworten "ψυχη" ('psyche' = Seele) und "λογος" ('logos' = Wort, Lehre) zusammen, demzufolge handelt es sich um die Lehre vom Seelenleben und damit um die Beschäftigung mit innermenschlichen, nicht physischen Ereignissen und Vorgängen.

106 Arnold (1987). S. 1258.

107 Hierin liegt einer der Gründe, warum ich die Rekapitulation der Holzkampschen Theorie bzw. seines subjektwissenschaftlichen Lernverständnisses ebenfalls in Abgrenzung zu Vorstellungen vor allem der behavioristischen Psychologie stelle. Die zwischen beiden Ansätzen bestehenden Differenzen illustrieren dabei das jeweilige Lernverständnis in besonderer Deutlichkeit, und dies ist nicht zuletzt mit Blick auf den Anwendungskontext die-

kamp den Grundstein gelegt, "Lernen" und "Lernprozesse" in einem neuen Licht zu betrachten. In seinen Standardwerken "Grundlegung der Psychologie"[108] und "Lernen. Subjektwissenschaftliche Grundlegung"[109] schafft Holzkamp den theoretischen Hintergrund für ein gewandeltes Verständnis des psychologischen Grundbegriffs 'Psyche',[110] infolgedessen die Konstituierung eines neuen Lernbegriffs möglich wurde.

Ohne die "Kritische Psychologie" in ihrer Systematik darzustellen, erscheint es für das Verständnis des von Holzkamp begründeten Lernbegriffs sinnvoll, die diesem zugrundeliegende Kritik an der traditionellen[111] Psychologie – speziell am Behaviorismus[112] – zu skizzieren. Letzterer bietet sich be-

---

ser Arbeit und die Kontrastierung verschiedener sich in den didaktischen Hinweisen der Sprachbücher zeigenden Lernverständnisse als bedeutsam anzusehen. Ein weiterer Grund für die Entwicklung des subjektwissenschaftlichen Lernverständnisses in Abgrenzung zum Behaviorismus liegt darin, daß der Einfluß entsprechend behavioristischer Denkmuster m.E. bis in die heutige Zeit als prägend für die Unterrichtsgestaltung – und damit auch für die Konzeption von Schulbüchern – anzusehen ist. Dabei wird diese Einschätzung im Verlauf der Arbeit einer Triftigkeitsprüfung zu unterziehen sein.

108 Vgl. Holzkamp (1985).

109 Vgl. Holzkamp (1993).

110 Dabei ist es vor allem Holzkamps Verdienst, daß er – im Gegensatz zu anderen Psychologen – den Begriff 'Psyche' ganz wörtlich nimmt, nämlich als Bezeichnung für innermenschliche Vorgänge, die Verhaltensweisen und Handlungen beeinflussen, teilweise sogar begründen.

111 Das Wort "traditionell" bezeichnet in diesem Zusammenhang die in der Psychologie mit Bezug auf behavioristische (Lern-)Vorstellungen gängigen Erklärungsmuster und Arbeitsansätze bezüglich der Felder "Lernen" und "Lernprozesse". Die Bezeichnung "traditionell" scheint deswegen angemessen, da entsprechende Lernverständnisse ebenso häufig einen Bezugspunkt für allgemeinpädagogische und didaktische Diskussionen und Konzepte wie zur Gestaltung von Unterricht in institutionalisiertem Rahmen darstellen. In diesem Sinne wird das Wort "traditionell" auch im weiteren Zusammenhang der Arbeit verwendet und kennzeichnet damit ein Lernverständnis – im psychologischen oder erziehungswissenschaftlichen Kontext –, welches m.E. behavioristisch geprägt ist. Diametral diesem Verständnis gegenüber steht ein subjektwissenschaftlich-orientiertes Lernverständnis, welches Lernen vom Standpunkt des Subjekts (des Lernenden) konzeptualisiert.

112 Der Behaviorismus gewann, auch wenn er im Zusammenhang mit der Verhaltensforschung entwickelt wurde, schnell an Bedeutung und eine unmittelbare Relevanz für die Psychologie. Ein Beleg hierfür ist der Aufsatz "Psychology as the behaviorist view it" von John Broadus Watson aus dem Jahre 1913 [Watson (1913).]. "Obwohl wiederholt angegriffen, gewann Watsons Position in den USA die Zustimmung der Psychologen." [Arnold (1987), S. 238.]. Daß der Behaviorismus bereits zum Zeitpunkt seiner gründenden Formulierung für die Psychologie von kategorialer Bedeutung war, verdeutlicht der in dieser Hinsicht wegweisende Aufsatz "The Behavior of Organisms" (1938) von Burrhus Frederic Skinner, in dem er seine "Theorie des operanten oder instrumentellen Lernens" [Weidemann (1993), S.999.] ausführlich darlegt und damit den Behaviorismus in seiner Bedeutung für das Feld der Lerntheorie illustriert. Heutzutage wird der Behaviorismus als eine "extreme Form der Psychologie" bezeichnet [Arnold (1987), S. 238.] und ist integra-

sonders an, da die Entwicklung von Lerntheorien über lange Zeit eine ausschließlich dem Behaviorismus vorbehaltene Domäne gewesen ist, mit der
Folge, daß etliche Lerntheorien heute immer noch "mehr oder minder allgemeine Verhaltenstheorien"[113] sind.[114]

Die anschließende Darstellung des Holzkampschen Lernbegriffs und
-verständnisses konzentriert sich in besonderer Weise auf Aspekte, die im Zusammenhang mit der Untersuchung der Struktur von Schulbüchern bedeutsam
sind. Um den Konnex zu letzteren zu verdeutlichen, wird jeweils am Ende der
Kapitel 2.3, 2.4 und 2.5 nach den Konsequenzen der hier aufgeworfenen
Aspekte der Holzkampschen Lernvorstellungen für die Schulbuchanalyse gefragt. Auf diesem Hintergrund werden Leitfragen formuliert, welche die
Grundlage für die anschließende Schulbuchanalyse bilden.

2.2   Traditionelle Lerntheorien in der Psychologie

2.2.1   Genese der wissenschaftlichen Erkenntnismethode

Für die Psychologie gilt, was für alle anderen Wissenschaftsdisziplinen
ebenso diagnostiziert werden kann: Ihr Vorgehen kennzeichnet ein Verständnis
von Wissenschaftlichkeit, dem die analytische Denk- bzw. Erkenntnismethode[115] zugrundeliegt. Diese analytische oder auch objektiv genannte Wissenschaftstheorie gründet sich auf den vom französischen Philosophen René Descartes entwickelten Wissenschaftsbegriff des 17. Jahrhunderts. Die Welt mit all
ihren Erscheinungsweisen, und hierzu gehören selbstverständlich auch die
Menschen sowie alle ihre Verhaltensweisen, betrachtet Descartes als eine Art
Maschine, deren Elemente sich in Begriffen und deren Bewegung sich in entsprechenden Anordnungen (z.B. in Versuchsreihen, Modellen o.ä.) präzis abbilden und damit erklären lassen. Ihm zufolge fußen alle Erscheinungsformen
ausnahmslos auf physikalischen (und damit mathematisch ableitbaren) Gesetzen

---

ler Bestandteil des psychologischen Forschungskanons. Innerhalb der Lernpsychologie
spielt der Behaviorismus insbesondere im Kontext mit den sog. S(timuli)-R(esponsi)-psy-
chologischen Lerntheorien eine zentrale Rolle. Schließlich handelt es sich hierbei um eine
Konzeption, "in der 'Stimuli' ('Reize') und 'Responsi' ('Reaktionen') als Elemente oder
kleine Einheiten des Verhaltens gesetzt sind." [Holzkamp (1993), S. 46.]. Die beiden
Schlüsselbegriffe des Behaviorismus werden damit zur Leitfigur der Verhaltensbeschrei-
bung sowie -änderung und letztlich auch zur Verhaltensentwicklung im Zusammenhang
von Lernen und Lernprozessen. Zur konkreten Ausgestaltung des behavioristischen Lernverständnisses finden sich im Kapitel 2.2.2 und 2.3 ausführliche Hinweise.

[113] Arnold (1987). S. 1258.

[114] Hiermit soll bekundet werden, daß es in der Psychologie selbstverständlich neben behavioristischen und subjektwissenschaftlichen Vorstellungen auch noch weitere Konzepte
zum Verständnis von Lernen gibt, ohne daß diese in dieser Arbeit allerdings weiter berücksichtigt werden.

[115] Sie wird auch als Cartesianische oder objektive Wissenschaftstheorie bzw. -methode bezeichnet.

und lassen sich folglich durch deren Verständnis und Kenntnis entschlüsseln. Descartes hat seine grundsätzlichen Überlegungen zur wissenschaftlichen Verfahrensweise in dem Werk "Abhandlung über die Methode des richtigen Vernunftsgebrauchs und der wissenschaftlichen Wahrheitsfindung" dargelegt. Seine "wahre Methode" des Forschens charakterisiert Descartes dort so: "[...] niemals eine Sache als wahr anzunehmen, die ich nicht als solche sicher und einleuchtend erkennen würde, das heißt sorgfältig [...] das Vorurteil vermeiden und in meinen Urteilen nur so viel zu begreifen, wie sich meinem Geist so klar und deutlich darstellen würde, daß ich gar keine Möglichkeit hätte, daran zu zweifeln."[116] Und diese Voraussetzungen sind in der Vorstellung Descartes nur gegeben, wenn man sich des Verstandes unter der strengen Befolgung der Gesetze der Logik (i.S. der Mathematik) bedient. "Denn sein [Descartes] Ziel ist es ja, die Philosophie zu einer Art Universalmathematik zu machen, zu einer Wissenschaft, in der alles im Wege strenger Deduktion aus einfachen Grundbegriffen gewonnen wird."[117] Descartes bestimmt hierbei die Mathematik zu seinem Angelpunkt und begründet dies damit, daß sie "als das Sicherste von allem erscheint."[118]

Weiter fordert er, "jede der Schwierigkeiten, die er untersuchen würde, in so viele Teile zu zerlegen, als möglich"[119] sowie die Erkenntnisse derart zu ordnen, daß man beginnt "mit den einfachsten und faßlichsten Objekten und aufzusteigen [...] bis zur Erkenntnis der kompliziertesten" Zusammenhänge.[120] Analyse, Deduktion und Folgerungen bzw. Ableitungen, also Beobachtungen, Experimente und Vergleiche – orientiert an den Gesetzen der Logik – sind somit die zentralen Forderungen, die Descartes erhebt, um den Ansprüchen seiner "wahren Methode" zur Gewinnung objektiver Wahrheit zu entsprechen. Nur auf diesem Weg scheint es ihm möglich, Erkenntnisse zu gewinnen, an denen er "keine Möglichkeit hätte, daran zu zweifeln."[121] Aufgabe des Wissenschaftlers ist es demnach, mittels der wissenschaftlichen Methode die physikalischen Gesetzmäßigkeiten, die die jeweiligen Gegenstände und deren Bewegungen kennzeichnen, zu bestimmen. Aus diesen Grundannahmen entstand das Cartesianische Weltbild mit seiner Vorstellung von "wahrer" Objektivität und klar voneinander abgrenzbaren (logischen) Ursache-Wirkung- bzw. Kausalzusammenhängen.

Die Welt läßt sich demzufolge ausnahmslos und vollständig aus der Bestimmung ihrer einzelnen Teile sowie deren Verhältnis und Bewegung zueinander erklären. Dieser Wissenschaftsvorstellung, die auch für unser heutiges

---

116 Descartes (1979). S. 108.
117 Störig (1961). S. 218.
118 Descartes (1961). Zitiert nach Störig (1961). S. 218.
119 Descartes (1979). S. 109.
120 Descartes (1979). S. 109.
121 Descartes (1979). S. 109.

Wissenschaftsverständnis als grundlegend anzusehen ist,[122] folgend, ist es ein Wesenszug aller Wissenschaftsdisziplinen, daß die Forschenden gegenüber dem jeweiligen Forschungsgegenstand einen objektiven, neutralen Standpunkt einnehmen.[123] Dieser Standpunkt kann als Außen- oder Drittstandpunkt bezeichnet werden, von welchem sich der Wissenschaftler "objektiv" dem jeweiligen Untersuchungsgegenstand nähert. Das Objekt der Untersuchung und das Subjekt des Untersuchenden sind in dieser Vorstellung scharf voneinander abgegrenzt, stehen in keinerlei – beispielsweise wechselseitiger – Beziehung.

Jeder Wissenschaftler ist also verpflichtet, sich dem Gegenstand seiner Forschung objektiv (vom Außenstandpunkt) zu nähern und sich entsprechend distanziert mit ihm auseinanderzusetzen. Hierin liegt der sog. "Subjekt-Objekt-Dualismus"[124] begründet. Dieser Anspruch impliziert weiter, daß die Beschäftigung (Auseinandersetzung bzw. Analyse) mit dem jeweiligen Gegenstand prinzipiell von jedem anderen Forschenden an jedem Ort der Erde unter identischen Bedingungen mit den gleichen Resultaten nachvollzogen werden kann. Hieraus erklärt sich, warum die schriftliche Fixierung wissenschaftlicher Erkenntnisse eine exponierte Rolle spielt. Nur was schriftlich "in der Logik des gedruckten Wortes"[125] klar belegt ist und absieht von allen nicht objektiv (also nicht plausibel) erscheinenden subjektiven Elementen, läßt sich von anderen, woanders zweifelsfrei nachvollziehen und hat somit den Status einer wissen-

---

122 Hieran ändert auch die Tatsache nichts, daß die Begründungen und auch praktischen Ausformungen modifiziert wurden. So ist etwa die Überzeugung, absolute Wahrheiten zu ergründen, der Vorstellung gewichen, wissenschaftliche Erkenntnisse nur so lange als wahr anzusehen, bis sie widerlegt sind. Demzufolge weisen Aussagen jeder Art nur eine hinreichende Plausibilität auf, wenn sich die hiernach gestellten Vorhersagen als zutreffend herausstellen. Aus diesem Umstand folgt, daß sich Erkenntnisse nicht endgültig verifizieren, wohl aber falsifizieren lassen. Vertreter dieser Position wie der Philosoph Karl Popper begreifen zwar "alle Gesetze oder Theorien als Hypothesen oder Vermutungen" [Popper (1973). S. 20.], ohne daß sich hierdurch aber die Grundsätze der wissenschaftlichen Methode geändert hätten.

123 Erkenntnisse und Veröffentlichungen, die den Maßstäben der Disziplinen nicht genügen, werden als unwissenschaftlich bezeichnet und folglich aus der jeweiligen Wissenschaftsgemeinschaft ausgeschlossen. Beispielhaft hierfür steht der Umgang von Schulmedizinern mit den "Erkenntnissen" ganzheitlicher Medizin. Ein anderes Beispiel findet sich bei dem Behavioristen Skinner, der einer Psychologie, die menschliches Verhalten nicht ausschließlich auf dessen physische Dimension beschränkt, jede Wissenschaftlichkeit abspricht. Skinner wörtlich: "Da man geltend macht, daß geistige oder psychische Ereignisse nicht die Dimension einer physischen Wissenschaft haben, [...] besteht für uns ein zusätzlicher Grund, sie abzulehnen." [Skinner (1953). S. 30 f.]. Einem solchen Verständnis wissenschaftlicher Psychologie entspricht ein Vorgehen, welches sich ausschließlich "auf die Auswertung objektiver Beobachtung des Verhaltens" [Vogel (1984). S. 283.] beschränkt. Was diesem Anspruch zuwiderläuft, wird abgelehnt.

124 Wilber (1987). S. 38.

125 Postman (1987). S. 31.

schaftlichen Erkenntnis.[126] Es ist somit Bestandteil der wissenschaftlichen Methode, daß die Wissenschaftler die Objekte ihrer Forschung (in ihren Untersuchungen und Berichten darüber) vergegenständlichen, ein Umstand, der sprachlich bereits in der Bezeichnung Forschungsgegenstand mitschwingt.

2.2.2 Die Erkenntnismethode und ihre Anwendung in der Psychologie

Was vorgängig allgemein für alle Wissenschaftsdisziplinen konstatiert wurde, gilt auch für die traditionelle Psychologie, deren Gegenstand wesentlich in der Untersuchung und Erforschung von Verhaltensweisen bestimmter Lebewesen und hier insbesondere des Menschen anzusehen ist.[127] Wie in anderen Disziplinen herrscht auch in der traditionellen Psychologie der Anspruch, das (menschliche) Verhalten als Resultat des Kausalzusammenhangs zwischen Gegebenheiten (Umweltbedingungen) und Verhalten (Eigenschaften) des jeweiligen Subjekts zu begreifen. Am Beispiel des Behaviorismus läßt sich die Anwendung dieses Cartesianischen Denkansatzes besonders gut verdeutlichen. Der Behaviorismus bietet sich hierfür zudem an, weil er innerhalb der Psychologie als eine Schlüsselwissenschaft zur Begründung von Theorien über Lernen und Lernprozesse angesehen werden kann, wobei die Bezeichnung 'Lerntheorien' in der Psychologie eigentlich "insofern irreführend [ist], als diese Theorien nicht ausschließlich im Hinblick auf die Erklärung und systematische Darstellung [etwa von Lernprozessen] formuliert sind. Es handelt sich vielmehr um mehr oder minder allgemeine Verhaltenstheorien."[128]

Behavioristen akzeptieren Untersuchungen zur Ergründung menschlichen Verhaltens – gemäß der Cartesianischen Erkenntnismethode – nur dann als wissenschaftlich, wenn sie sämtlich von allen innerpsychischen Prozessen absehen. Sie lehnen es ab, "durch Introspektion und Übertragung der Eigenerfahrung auf andere Lebewesen psychische Erkenntnisse zu gewinnen."[129] Bezugspunkt derartigen Vorstellungen folgender Experimente ist einzig und allein das objektiv diagnostizierbare (beobachtbare) Verhalten, welches der Untersuchungsgegenstand (Tier oder Mensch) unter bestimmten Umweltbedingungen zeigt. Untersucht wird hierbei das Verhalten bzw. der Wandel desselben unter

---

126 Neil Postman exemplifiziert diesen Umstand an der Auseinandersetzung über die Legitimität einer Promotion, in die der Doktorand "als Nachweis für ein Zitat folgende Fußnote eingefügt [hatte]: Mündliche Mitteilung gegenüber dem Forscher am 18. Januar 1981 im Roosevelt Hotel, in Anwesenheit von Arthur Lingeman und Jerald Gross." [Postman (1987). S. 31.] Diese Quellenangabe stellte nach Ansicht der Mehrzahl der anwesenden Prüfer "keine geeignete Form des Belegs [dar] und solle durch einen Hinweis auf ein Buch oder einen Aufsatz ersetzt werden." [Postman (1987). S. 31.].

127 Vgl. Arnold (1987). S. 1739.

128 Arnold (1987). S. 1258 f.

129 Vogel (1984). S. 383.

sich ändernden Umweltbedingungen. Es ist das Ziel der Behavioristen, auf diesem Weg empirisch belegbare Kausalzusammenhänge zwischen äußeren Reizen und Reaktionen der Lebewesen zu identifizieren. Die auf diese Weise ermittelten Ergebnisse gelten insoweit als objektiv, als daß sie an anderen Orten von anderen Wissenschaftlern mit anderen Lebewesen der gleichen Art mit analogem Ergebnis wiederholt werden können. Das Ziel des Behaviorismus ist somit die Identifikation von Gesetzmäßigkeiten, die unter gleichen Umweltbedingungen jederzeit zu identischen Reaktionen führen.

2.3   Die Konsequenzen der Erkenntnismethode für die Entwicklung (traditioneller) Lerntheorien

Gemäß der analytischen Erkenntnismethode ist es nicht nur das Ziel des Behaviorismus, das Verhalten von Tieren und Menschen zu begreifen, sondern hierüber auch Prognosen anzustellen bzw. mittels Konditionierungen das Verhalten sogar steuern zu können. Aus letzterem resultiert die Bedeutsamkeit des Behaviorismus innerhalb der Psychologie. Hierzu haben die Versuche zur operanten Konditionierung,[130] die der Psychologe Burrhus Frederic Skinner mit dem Ziel der Verhaltenssteuerung in den 30er und 40er Jahren durchführte, wesentlich beigetragen. Dabei ist es ein Charakteristikum entsprechender Versuche,[131] die sog. "Lernsituationen" so einzurichten, daß die Wahrscheinlichkeit für das Erreichen des (von außen festgelegten) Lernziels entweder durch direkte Belohnung oder durch die Beendigung von Schmerz, Streß o.ä. (indirekte Belohnung) erhöht bzw. verstärkt wird.

Paradebeispiel der operanten Konditionierung ist die sog. Skinner-Box. Hierbei handelt es sich um einen von der Außenwelt abgeschotteten Käfig, der einen Hebel o.ä. enthält, durch dessen Betätigung "ein Futterkügelchen in den Käfig fällt bzw. eine Tür geöffnet wird",[132] etwa um einem Hunger- oder Streßzustand entkommen zu können. Zu den Ergebnissen dieser Untersuchungen gehört, daß ein "Tier, das sich durch bestimmte Verhaltensweisen [...] aus einem Käfig befreit oder an Futter kommt, [...] dieses Verhalten beibehalten [wird], ja, man kann durch systematische Belohnung bestimmter Verhaltenselemente [...] Bewegungsmuster andressieren."[133] Obwohl sich die Versuche Skinners primär auf Verhaltensänderungen bei Tieren bezogen, überträgt er die dort gewonnenen – in einer verarmten Umgebung herbeigeführten – Ergebnisse bruchlos nicht nur auf tierisches Verhalten unter Realbedingungen

---

130 Diese wird vereinzelt auch als instrumentelle Konditionierung bezeichnet, da es sich bei ihr ebenfalls "um instrumentelles Verhalten handelt" [Arnold (1987). S. 1111 f.], auch wenn sie sich anderer Methoden bedient.
131 Hierbei handelte es sich wesentlich um Versuche mit Tauben und Ratten. [Vgl. Hornung (1987). S. 59; S. 77.].
132 Arnold (1987). S. 2095.
133 Eibl-Eibesfeldt (1985). Zitiert nach Hornung (1987). S. 130.

(also unter Einfluß vielfältiger Umweltreize), sondern auch auf die Reaktionen des Menschen und präsentiert als Quintessenz seiner Forschungen, daß Menschen Tieren und beide demzufolge mit (konditionierten und konditionierbaren) Maschinen vergleichbar seien.

Wie bei Maschinen seien menschliche Handlungsmöglichkeiten als bedingte Reaktionen (einer besonderen Form von Reflexen ähnlich) auf geänderte Umweltreize zu verstehen. Das Resultat solcherart psychologischer Annahmen ist eine Psychologie, die sämtliche geistigen und psychischen Dimensionen ignoriert bzw. als rein mechanische Vorgänge begreift. So gilt der Behaviorismus auch als "eine extreme Form der objektiven Psychologie. [...] für die psychologische Forschung sind [ihm zufolge] nur noch die Begriffe 'Reiz' und 'Reaktion' von Bedeutung."[134]

Holzkamp kritisiert dieses Verständnis dahingehend, daß das Subjekt beispielsweise in "marxistisch fundierten Analysen, etwa zur Sozialisations- und Persönlichkeitstheorie [...] bei den konkreten Analysen des Verhältnisses von 'Bedingtheit' und 'Subjektivität [...] auf die Objektseite der 'Verhältnisse' hinüber"[135] -verlagert wird oder "als empirisch unzugänglich in die 'black box' hineinverlagert [...], womit die menschliche Subjektivität [...] 'irreal' ist."[136] Außerdem ignoriert der Behaviorismus den Umstand, daß bereits durch die Auswahl des jeweiligen Forschungsgegenstandes sowie dessen Absonderung (Isolation unter Laborbedingungen) eine Veränderung des (vermeintlich objektiven) Objekts durch das Subjekt des Forschers stattfindet. Anders gewendet: "Beobachtung bedeutet einen Eingriff in das Beobachtete [...] Beobachtung verändert Wirklichkeit."[137]

Aus dem vorgängigen ist ersichtlich, daß (auch) Lernen im Behaviorismus als lenkbare Reaktion des Lernenden[138] i.S. der Verhaltensformung[139] durch spezifische Reize auf bestimmte Ziele verstanden wird.[140] Der Lernende scheint auf die Möglichkeit rein reaktiven Verhaltens reduziert. Lernen ist in dieser Vorstellung ein abgeleitetes (beliebig reproduzierbares) Ergebnis spezi-

---

134 Arnold (1987). S. 238.
135 Holzkamp (1985). S. 346.
136 Holzkamp (1985). S. 526.
137 Andrade (1957). S. 255. Zitiert nach Wilber (1987). S. 38.
138 Ich habe mich dazu entschlossen, in dieser Arbeit – außerhalb von Zitaten – durchgängig von Lernenden zu sprechen, auch wenn in der zitierten Literatur verschiedentlich von 'Schülern' die Rede ist. Ich möchte damit verdeutlichen, daß sich die hier gemachten Ausführungen zu Lernprozessen m.E. keineswegs auf das Feld schulischen Lernens beschränken.
139 Vgl. Arnold (1987). S. 1264.
140 Wilhelm Busch hat dieses Lernverständnis auf den Punkt gebracht, wenn er in seinem Buch "Max und Moritz" die Figur des Lehrers Lämpel u.a. so einführt:
"Also lautet ein Beschluß:
Daß der Mensch was lernen muß." [Busch (1959). S. 26.].

fischer Lehrbedingungen, wobei "die Verstärkung eine wesentliche Rolle"[141] spielt. Gleiche Lehrbedingungen (Lernanreize) führen dementsprechend zwangsläufig zu gleichen und damit vorab bestimmbaren Ergebnissen. Lernen erscheint als vorhersagbare Reaktion auf die jeweiligen Lehrbedingungen, wobei die hohe Wahrscheinlichkeit des Eintretens von Lernen bzw. dessen Ergebnisse durch dieses Verhalten begünstigende Außenreize i.S. der operativen Konditionierung herbeigeführt wird.

2.3.1 Lernen ist planbar – Lehrlernen

Aus diesem Lernverständnis folgt, daß die Lernziele – am Beispiel der Skinnerbox positives und negatives Verhalten – von außen bestimmt und festgelegt werden. Die Lernziele werden (fremdbestimmt) dem Lernenden aufoktroyiert. Es liegt nicht in seinem Ermessen oder Handlungsspielraum, über die Inhalte und Ziele des (seines) Lernprozesses selbst zu befinden. Das Selbstbestimmungsrecht eines jeden einzelnen wird in derart angelegten Lernprozessen ignoriert. Daß dies mit Blick auf die Schulpraxis eine nicht unzutreffende Charakterisierung ist, läßt sich daran ermessen, wenn in der Denkschrift der nordrhein-westfälischen Bildungskommission festgehalten wird, daß in den "weiterführende[n] Schulen uniforme, durch die Lehrkraft oder die verwendeten Lernmittel gesteuerte Lernprozesse"[142] andere Formen des Lernens dominieren. Gewarnt wird dort vor einer weiteren "'Verwissenschaftlichung' des Unterrichts und eine[r] Verengung der Schule auf die traditionelle Unterrichtsarbeit."[143]

Doch nicht nur die Ziele werden von außen diktiert, auch die Kontrolle des Lernens liegt außerhalb des Lernenden, d.h., daß der einzelne weder die Gegenstände seines Lernprozesses frei wählen noch über den Weg dahin entscheiden kann, und selbst über die Qualität seiner Lernfortschritte befindet eine externe (objektive) Instanz. Holzkamp bezeichnet dieses Lernverständnis als "Lehrlernen."[144] Er charakterisiert es wie folgt: "Die Leugnung der Vermittlung von Lernaktivitäten durch subjektive Lerngründe ist schon durch die begriffliche Kurzschließung von 'Lehren' und 'Lernen', also Gleichsetzung von Lernen mit Lehrlernen, bewerkstelligt."[145] Diese folgt der "offiziellen Vorstellung, Lehren erzeuge bei optimaler Unterrichtung durch den Lehrer aufgrund seiner beruflichen Kompetenz [...] notwendig die vorgesehenen Lernprozesse [...]"[146].

---

[141] Arnold (1987). S. 1264.
[142] NRW-Bildungskommission (1995). S. 88.
[143] NRW-Bildungskommission (1995). S. 89.
[144] Holzkamp (1993). S. 391.
[145] Holzkamp (1993). S. 391.
[146] Holzkamp (1993). S. 391.

Der Vorstellung des Lernens als Lehrlernen liegt die Überzeugung zugrunde, daß wissenschaftlich entwickelbare Methoden existieren, mit deren Hilfe Menschen auf fremdbestimmte Ziele 'hin-erzogen' unter "'aufgeherrschten' [...] Lernbedingungen"[147] quasi 'belernt' werden könnten. Holzkamp spricht in diesem Zusammenhang von einem Lernverständnis nach der "Formel 'Erziehung-Zu'"[148]. Die entsprechenden Überlegungen im Behaviorismus gehen so weit, daß nicht nur das Lernen auf fremdbestimmte Ziele hin möglich, sondern als der einzig gangbare Weg überhaupt anzusehen ist, auf dem Lernen stattfinden kann, wenn dieses nicht als willkürliches Produkt des Zufalls angesehen werden soll. Für die "Verhaltensformung (shaping of behavior)"[149] sind die "Verhaltensweisen, die der Organismus ursprünglich spontan äußert und aufgrund einer bestimmten Wirkung in der Umwelt mit einer Reizkonstellation per Lernen verbindet",[150] von entscheidender Bedeutung. Lernen ist insofern ohne äußere Einflüsse nicht möglich, da die Verhaltensformung ursächlich in Umweltreizen begründet liegt. Sie sind es, die "die Auftretenswahrscheinlichkeit eines Verhaltens in der Zukunft"[151] erhöhen, subjektive Lernmotivationen bzw. -interessen spielen hierbei keine Rolle. Skinner stellt diesen Zusammenhang so dar: "Wenn das Auftreten eines Operanten von der Darbietung eines verstärkenden Reizes gefolgt ist, nimmt seine Stärke zu."[152] Das heißt, Verhaltensformung und damit Lernen geschehen infolge von Reizbeeinflussung, die verstärkend – wie im Beispiel der Skinner-Box – auf das Auftreten des jeweiligen (gewünschten bzw. gewollten) Verhaltens hinwirken.

Holzkamp folgend, orientiert sich die Organisation institutionalisierter[153] Lernprozesse an diesem Modell. Schließlich liegt ihnen "die Vorstellung der

---

147 Holzkamp (1987). S. 13.
148 Holzkamp (1992). S. 98.
149 Arnold (1987). S. 1264.
150 Weidenmann (1993). S. 999.
151 Weidenmann (1993). S. 1000.
152 Zitiert nach Arnold (1987). S. 1264.
153 Der Begriff "institutionalisierte" leitet sich von dem fremdsprachigen Verb "institutionalisieren" ab, was so viel bedeutet wie: "in eine anerkannte, feste (auch: starre) Form bringen." [Duden (1997). S. 366.]. Demzufolge verwende ich diesen Begriff, um einen Typus von derart organisiertem Lernen, Lehren und organisierten Lernprozessen bzw. Lehr-Lernsituationen zu charakterisieren, der sich durch ein hohes Maß an Festlegungen auszeichnet. Beispielsweise findet sich eine derartige Festlegung in der alltäglichen Schulpraxis, in der Bestimmung des Unterrichtsgeschehens durch Schulgesetze, Lehr- und Stundenpläne, Schul- und Hausordnungen usw.
Allerdings sind – wenn auch in weniger ausgeprägter Form – selbst in hochschulischen Lernprozessen entsprechende Festlegungen anzutreffen, etwa durch die Festschreibungen in Studien- oder Prüfungsordnungen.
Analog zum Verb "institutionalisieren" sind von mir verwandte Formulierungen wie etwa "schulisch-institutionalisierte" oder "traditionell-organisierte" u.ä. zu verstehen.

Lehrlernentsprechung, d.h. die Annahme, daß man mit einem bestimmten Lehraufwand (abzüglich 'natürlicher' Begabungsunterschiede') einen bestimmten Lerneffekt zwangsläufig erzeugen kann, als stillschweigende Annahme zugrunde. Man braucht demnach offiziell immer nur von Lehrplänen, Unterrichtszielen, Erziehungsaufgaben etc. zu reden [...] und hätte dabei den dadurch bedingten Lerneffekt stets zwangsläufig mitgemeint."[154] Anders gewendet: "Was da gelernt = gelehrt werden soll, ist durch Richtlinien [...] geregelt."[155]

2.3.2   Gleichsetzung von Lehren und Lernen

In diesem Zusammenhang macht Holzkamp auf einen weiteren interessanten Umstand aufmerksam. In den den schulisch-institutionalisierten Lernprozeß implizierenden (und damit determinierenden) Richtlinien ist nie von Lernen oder den Lernprozessen selbst die Rede. Lernen und Lernprozesse erscheinen auch hier, wenn überhaupt, lediglich als – aus (fremdbestimmt) festgelegten Zielen – abgeleitete Größe. So werden in Regelwerken primär die Aufgaben, Lern- oder Erziehungsziele[156] beschrieben, auf die die Schule "hin zu erziehen"[157] hat.[158] Selbst bei der Aufzählung von Lernzielen sind i.d.R. "'Lehr-'

---

[154] Holzkamp (1992). S. 97.
[155] Holzkamp (1991). S. 5.
[156] Es mag verwundern, daß hier sowie nachfolgend Lern- und Erziehungsziele und damit auch Lern- und Erziehungsprozesse in einem Konnex dargestellt werden, obwohl es sich bei "Erziehen" und "Lernen" zweifelsfrei keineswegs um synonym zu verwendende Begriffe handelt. Der Verzicht auf eine eingehendere Differenzierung zwischen diesen beiden Begriffen erscheint hier allerdings vertretbar, da sie im Kontext administrativer Vorgaben zur Gestaltung schulischer Lernprozesse gleichermaßen und damit quasi synonym gebraucht werden. Ferner ist es an dieser Stelle vornehmlich mein Ziel, auf die tiefenstrukturelle Identität der gängigen und verbreiteten Verständnisse von Lehr- bzw. Lernprozessen sowie Erziehungsvorgängen, wie sie ihren Ausdruck auch und gerade in administrativen Rahmenvorgaben und Verordnungen finden, hinzuweisen. Wie nachfolgend zu zeigen sein wird, ist die Gleichsetzung von Lehren und Lernen als durchgängiges Prinzip im verbreiteten Verständnishorizont von Lehren und Lernen anzusehen. Darüber hinaus artikuliert sich dies auch im alltagssprachlichen Verständnis und Umgang mit den Worten "Lehren" und "Lernen". Meines Erachtens bezeichnen diese beiden Begriffe weniger kategorial differente Vorgänge – was sie eigentlich (vom Bedeutungsgehalt her) zweifelsfrei sind – als vielmehr die (perspektivische) Beschreibung institutionalisierter Lernprozesse: "Lehren" als Zuschreibung für die Seite bzw. Tätigkeit des Lehrenden und "Lernen" als analoge Zuschreibung für den Lernenden. Was sich bezogen auf den Effekt von Lernprozessen als "Be-lernen" (s.u.) charakterisieren läßt, tritt in der alltagssprachlichen Bedeutung des Verbs "Erziehen" als Ausdruck der typischen Handlungsstruktur des Erziehungsprozesses überdeutlich hervor.
[157] Holzkamp (1992). S. 97 f.
[158] Interessant ist dabei nicht nur die Gleichsetzung von Lehren und Lernen, weshalb das Lernen oder die Lernenden als eigenständige Größe gar nicht berücksichtigt werden. Gleichzeitig finden auch die Lehrenden i.d.R. bei der Beschreibung des Auftrages der

oder 'Unterrichtsziele' gemeint."[159] Die jeweiligen Lernziele werden immer und unmittelbar mit der entsprechenden Befähigung der Lernenden zur Erfüllung dieser Ziele gleichgesetzt, eine Annahme, die der Vorstellung der Lehr-lernentsprechung folgt. Zugespitzt läßt sich dieses Lernverständnis auf die Formel bringen: Kinder werden 'belernt'.[160]

Daß sich diese Beobachtung Holzkamps in den einschlägigen Schulgesetzen und -verordnungen tatsächlich aufweisen läßt, zeigt beispielhaft das Schulgesetz von Rheinland-Pfalz. Dort heißt es, bezogen auf die Aufgabe der Schule: "Sie führt zu selbständigem Urteil, zu eigenverantwortlichem Handeln und zur Leistungsbereitschaft; sie vermittelt Kenntnisse und Fertigkeiten mit dem Ziel, die freie Entfaltung der Persönlichkeit und die Orientierung in der modernen Welt zu ermöglichen, Verantwortungsbewußtsein für Natur und Umwelt zu fördern sowie zur Erfüllung der Aufgaben in Staat, Gesellschaft und Beruf zu befähigen."[161] Auch in dem soeben novellierten Hamburgischen Schulgesetz findet sich die skizzierte "Formel 'Erziehung-Zu'",[162] wenn der Bildungs- und Erziehungsauftrag der Schule so charakterisiert wird: "Es ist die Aufgabe der Schule, die Schülerinnen und Schüler zu befähigen und ihre Bereitschaft zu stärken [...]"[163]. Es schließt sich die Aufzählung einer Liste von Eigenschaften an, zu denen die Schule die Lernenden zu befähigen hat. Analog hierzu hat die Schule in Schleswig-Holstein "die Aufgabe [...], Fähigkeiten [...] zu entwickeln."[164] Derartige administrative Auftragskataloge für das Lernen in der Schule offenbaren, daß die Annahme "administrativer Planbarkeit von Lernprozessen"[165] zum allgemeinen "Gedankengut, das allen Parteien gemeinsam ist,"[166] gehört. Dies veranschaulicht beispielsweise das Schleswig-Holsteinische Schulgesetz, das die Schulen als "Unterrichtseinrichtungen, in denen [...] durch planmäßiges [...] Lernen [...] bestimmte Bildungs- und Erziehungsziele erreicht werden sollen,"[167] beschreibt. Daß diesem juristischen Anspruch auch die Praxis entspricht, stützt die Analyse der Arbeitsgruppe "Bildungsbericht" des Max-Planck-Instituts für Bildungsforschung, wenn sie anmerkt, daß die

---

Schule keine Erwähnung. Ihre ureigenste Aufgabe tritt verschleiert hinter der Schule als scheinbar aktiv tätiger Instanz zurück. [Vgl. z.B. Hamburgisches Schulgesetz (1997). § 2 (1).].

[159] Holzkamp (1992). S. 98.
[160] Wobei diese Aussage die Widersprüchlichkeit und damit Unmöglichkeit eines derart von außen induzierten Lernens illustriert.
[161] Schulgesetz von Rheinland-Pfalz (1996). § 1 (2).
[162] Holzkamp (1992). S. 98.
[163] Hamburgisches Schulgesetz (1997). § 2 (1).
[164] Schleswig-Holsteinisches Schulgesetz (1996). § 4 (2).
[165] Holzkamp (1992). S. 99.
[166] Holzkamp (1992). S. 99.
[167] Schleswig-Holsteinisches Schulgesetz (1996). § 2 (2).

Schule "administrativer Steuerung"[168] unterliegt. Dabei ist zu unterstellen, daß derartige – steuernde – Eingriffe sicherlich nur insoweit als sinnvoll anzusehen sind, als daß sich hierdurch (planvoll) bestimmte Ziele erreichen lassen. Daß in diesem Kontext nicht nur Schulgesetzen, Verwaltungsvorschriften und Lehrplänen, sondern auch Schulbüchern eine wichtige Steuerfunktion zukommt, bestätigt die Arbeitsgruppe des Max-Planck-Instituts: "Vorschriften über die Zulassung von Lehrbüchern [gemeint sind Schulbücher] ergänzen die administrative Steuerung der Schule durch Lehrpläne."[169] Eine ähnliche Beschreibung findet sich in der Enzyklopädie Erziehungswissenschaft: "Begründet liegt die politische Dimension von Schulbüchern in deren Charakter als [...] Steuerungsinstrument."[170]

Solche Vorstellungen der Anlage institutionalisierter Lernprozesse haben innerhalb der Pädagogik Tradition. So forderte bereits Johann Heinrich Pestalozzi 1785: "Dieser vorzügliche Endzweck aller Erziehung schien ihnen ohne weiteres das erste Bedürfnis einer vernünftigen Menschenschul[e]"[171]. Bereits das Wort 'Er-ziehung' zeigt in diesem Zusammenhang deutlich, daß die Lernenden auf etwas (Ziel) 'hin-erzogen' werden sollen, d.h., daß auch damals eine Lernvorstellung existierte, der zufolge Lernen geplant und gesteuert werden kann, was etwa in den sinnverwandten Bezeichnungen für schulisches Lernen wie "Schulung, Drill, [...] Abrichtung, Dressur"[172] mitschwingt. Auch in heute gängigen Nachschlagewerken finden sich zu den Begriffen Erziehung und Unterricht durchgängig Definitionen, die "Unterricht durch seine Planmäßigkeit gekennzeichnet"[173] sehen, wonach das Unterrichtsziel "auf eine planmäßige, in sachlicher und zeitlicher Hinsicht strukturierte Weise zu erreichen versucht"[174] wird. Es existieren die "zu erstrebenden Unterrichtsziele", die einen "schulisch-institutionell [...] vorgeschriebenen Inhalt [...] (Unterrichtsgegenstand)"[175] haben. Grundsätzlich hat sich damit an der Vorstellung, Erziehung und Unterricht hätten auf etwas 'hin-zu-erziehen', nichts geändert, so daß Schleiermachers Feststellung aus dem Jahr 1826: "Was man im allgemein unter Erziehung versteht, ist als bekannt vorauszusetzen.",[176] eine bezeichnende Aktualität hat.

---

[168] Arbeitsgruppe Bildungsbericht (1994). S. 102.
[169] Arbeitsgruppe Bildungsbericht (1994). S. 102. Die Maßstäbe für die Zulassung von Schulbüchern sowie das Prozedere, welches in den verschiedenen Bundesländern zu ihrer Auswahl führt, werde ich im Fortgang der Arbeit beschreiben.
[170] Stein (1986). S. 582.
[171] Pestalozzi (1981). S. 187. Oder an anderer Stelle: "Erziehung und nichts anderes ist das Ziel in der Schul[e]" [Pestalozzi (1981). S. 219.].
[172] Duden (1986). S. 213.
[173] Terhart (1994). S. 135.
[174] Terhart (1994). S. 135.
[175] Geißler (1993). S. 1542.
[176] Schleiermacher (1983). S. 7.

2.3.3 Hierarchie zwischen Lehrenden und Lernenden

Die beschriebene Vorstellung, fremdgesteuertes Lernen sei möglich, offenbart, daß die im Behaviorismus entwickelten Lerntheorien auf einem großen Hierarchiegefälle zwischen Lehrenden und Lernenden basieren. Auf der einen Seite findet sich der 'wissende' Lehrende mit dem 'wahren' Wissen und 'richtigen' Lehranspruch, welcher die Lernziele für den 'unwissenden' Lernenden fremdbestimmt fixiert. Auf der anderen Seite stehen die Lernenden, denen die Möglichkeit, die Lernziele oder -wege zu beeinflussen, vorenthalten ist.[177] Der Schweizer Publizist Hans A. Pestalozzi wirft in diesem Zusammenhang die Frage auf, "weshalb [...] denn der Erwachsene davon aus[geht], daß das Kind unfähig ist, das Kind nichts kann, das Kind nichts weiß?"[178] Analog hierzu beschreibt Holzkamp Ziel und Aufgabe der Lehrenden in institutionalisierten Lernprozessen damit, daß "die Individuen dazu zu bringen [sind], freiwillig zu tun, was sie tun sollen."[179] Wenn die Schüler sich diesen äußeren Ansprüchen verweigern, müssen sie "zum Lernen gezwungen werden"[180], "wo sie doch eigentlich selber wollen müßten."[181] Dabei hat der Gesetzgeber eine Reihe von juristischen Regelungen getroffen, die diese Form des unfreiwilligen, von außen herbeigeführten (induzierten) Lernens 'unterstützen'. Hierzu gehört insbesondere die Schulpflicht, die in einigen Bundesländern sogar Verfassungsrang hat,[182] mindestens jedoch Bestandteil der Schulgesetze[183] ist und die Lernenden unter Strafandrohung zum Schulbesuch zwingt.[184] Daneben gibt es in den Schulgesetzen ausführliche Regelungen, die

---

177 Die o.g. Ausführungen zu den gesetzlichen Pflichten der Lernenden in schulisch-organisierten Lernprozessen seien hier nochmals in Erinnerung gebracht.

178 Pestalozzi (1990). S. 165.

179 Holzkamp (1991). S. 6.

180 Holzkamp (1991). S. 5.

181 Holzkamp (1987). S. 6.

182 So lautet es beispielsweise analog in den Landesverfassungen von Schleswig-Holstein und Nordrhein-Westfalen: "Es besteht allgemeine Schulpflicht." [Verfassung für das Land Nordrhein-Westfalen (1985). Art. 8 (2). Verfassung des Landes Schleswig-Holstein (1990). Art. 8 (1).] oder in Bayern: "Alle Kinder sind zum Besuch der Volksschule und der Berufsschule verpflichtet. [Verfassung des Freistaates Bayern (1984). Art. 129 (1).]. Sogar in der Weimarer Republik hatte die Schulpflicht Verfassungsrang. [Vgl. Die Verfassung des Deutschen Reiches (1919). Art. 145.].

183 So liest man im Hamburgischen Schulgesetz: "Schulpflichtig ist, wer in Hamburg seine Wohnung [...] oder seine Ausbildungsstätte hat." [Hamburgisches Schulgesetz (1997). § 37 (1).].

184 Die Rechtsverordnungen sehen bei minderjährigen Lernenden sogar eine Elternverantwortung dafür vor, "daß die Schulpflichtigen am Unterricht [...] der Schule regelmäßig teilnehmen." [Hamburgisches Schulgesetz (1997). § 41 (1).]. In Schleswig-Holstein heißt es hierzu: "Nimmt eine Schülerin [...] nicht am Unterricht teil [...], kann die Schule [...] die

das Verhalten der Lernenden i.S. "instrumenteller Lernformierung"[185] regeln. Sie sind "verpflichtet, am Unterricht teilzunehmen, vorgesehene Prüfungen abzulegen und andere Schulveranstaltungen, die dem Erziehungsziel der Schule dienen, zu besuchen. [...] [Sie] haben im Unterricht mitzuarbeiten, die erforderlichen Arbeiten anzufertigen und die Hausaufgaben zu erledigen."[186] Die derart begründete Schulstruktur bezeichnet Holzkamp als "das sinnlich-praktische Arrangement von vergegenständlichten sachlich-sozialen Handlungsmöglichkeiten, -beschränkungen und -widersprüchen."[187] Doch die Lernenden lassen sich trotz all dieser Verordnungen "irgendwie nicht recht zwingen, leisten Widerstand, entziehen sich, mogeln sich durch."[188]

2.3.4 Lehrende als eigentliche Subjekte der Lernprozesse

Die Beobachtungen Holzkamps unterstreichen, daß das behavioristische Lern- bzw. Verhaltensverständnis keineswegs auf die Verhaltensforschung und Psychologie begrenzt ist, es findet sich ebenso innerhalb erziehungswissenschaftlicher und pädagogischer Kontexte. Auch hier ist es vielfach unstrittig, daß Prozesse, die Menschen bestimmtes Wissen vermitteln oder zu bestimmten Verhaltensweisen erziehen, als Lernen bezeichnet werden. Exemplarisch hierfür stehen beispielsweise die historisch immer wieder belegbaren Versuchen seitens politischer Parteien oder Interessengruppen, die Schule für ihre Ziele zu instrumentalisieren[189] sowie die genannten Auszüge aus administrativen

---

Zuführung durch unmittelbaren Zwang anordnen und die Ordnungsbehörde [...] um Vollzugsmaßnahmen ersuchen." [Schleswig-Holsteinisches Schulgesetz (1996). § 48 (1).].

[185] Holzkamp (1993). S. 562.

[186] Schleswig-Holsteinisches Schulgesetz (1995). § 31 (2). Dies ist kein Einzelfall, in Hamburg sind die Lernenden ebenso "verpflichtet, regelmäßig am Unterricht und an den pflichtgemäßen Schulveranstaltungen teilzunehmen und die erforderlichen Arbeiten anzufertigen." [Hamburgisches Schulgesetz (1997). § 28 (2).].

[187] Holzkamp (1993). S. 346.

[188] Holzkamp (1991). S. 5.

[189] Im Dritten Reich hatten beispielsweise die Nationalpolitischen Erziehungsanstalten (Napola) – eine bestimmte Schulart – die Aufgabe, "die Heranbildung [...] zu Nationalsozialisten, tüchtig an Leib und Seele für den Dienst an Volk und Staat" [Überhorst (1969). S. 82.] zu gewährleisten. Auch im Kommunismus beispielsweise in der Union der Sozialistischen Sowjetrepubliken war es selbstverständlich, daß die Schule zur ideologischen Prägung beizutragen hatte. So fordert Anton S. Makarenko in dem 1931 und 1932 verfaßten (und 1948 erstveröffentlichten) Vorwort zum "Versuch einer Methodik für die Arbeit in einer Arbeitskolonie für Kinder" unter der Überschrift "Die Erziehungsziele": "Unsere Erziehung muß eine kommunistische sein, und jeder von uns erzogene Mensch muß nützlich für die Sache der Arbeiterklasse sein." [Makarenko (1976). S. 94.]. Auch in der Verfassung der Deutschen Demokratischen Republik fanden sich Passagen, die auf die Vereinnahmung der Bildungseinrichtungen i.S. der Interessen einer politischen Gruppe hinweisen, wenn es dort etwa hieß: "Sie [die Bildung/die Schule] befähigt die Bürger, die sozialistische Gesellschaft zu gestalten und an der Entwicklung der sozialistischen Demo-

Rahmenbestimmungen schulischen Lernens. Sicher kann bei letzteren schwerlich – im Gegensatz zu ersteren – von der Vereinnahmung der Schule für bzw. durch bestimmte Interessen gesprochen werden. Dennoch wird der heute gängige – sich unter administrativen Rahmenvorgaben ereignende – Lernprozeß auch gegenwärtig aufgrund der genannten juristischen Verordnungen und Bestimmungen nicht an den Interessen und Motiven der Lernenden orientiert, sondern an fremdbestimmten Vorgaben. So ist das moderne Schulwesen nicht nur in seinen abstrakten schulgesetzlichen Vorgaben (s.o.), sondern vielerorts durch fremdbestimmte Ziele und Inhalte des Lernens geprägt. Dies zeigt sich auch bezüglich der Unterrichtsinhalte und deren Bearbeitung, wie sie in Lehr- oder Bildungsplänen, abgeleitet aus Schulgesetzen und sonstigen juristischen Verordnungen oder Verwaltungsvorschriften, niedergeschrieben sind.[190]

Ein derartiger Umstand ist allerdings nicht nur aus den administrativen Rahmenvorgaben der Schulverwaltungen ersichtlich, sondern auch aus der administrativen Definition der Aufgabe des Lehrers und wie diese alltäglich wahrgenommen wird. Es ist nach wie vor eine Tatsache, daß ein Großteil des Unterrichts an den bundesdeutschen Schulen vom Lehrer strukturiert wird. Hans A. Pestalozzi merkt kritisch an: "Der Lehrer bestimmt, was ich zu lernen habe, wieviel ich zu lernen habe, wann ich zu lernen habe, wie ich zu lernen habe."[191] Der Lehrer vollzieht die Vorgaben der Lehr- bzw. Bildungspläne, richtet die pädagogische und didaktische Konzeption und Gestaltung seines Unterrichts auf die in diesen Verordnungen fixierten Ziele aus. Dabei läßt sich die Eignung der jeweiligen Unterrichtskonzeption an der Abweichung des

---

kratie schöpferisch mitzuwirken." [Verfassung der Deutschen Demokratischen Republik (1974). Artikel 17 (2).]. Selbst heutzutage ist das Erziehungswesen keineswegs vor derartigen Vereinnahmungsgelüsten geschützt. Beispielsweise beschreibt das Nachrichtenmagazin "Der Spiegel" die bildungspolitischen Vorstellungen von Lee Kuan Yew, dem langjährigen Premiers des Stadtstaates Singapur, so: "Er träumt von der perfekten Erziehungsdiktatur, verwirklicht von einem allseits geliebten, sanften Autokraten." [Der Spiegel (45/1997). S. 130.]. Daß solche ideologischen Vereinnahmungen der Schule auch für Schulbücher relevant sind, läßt sich dem folgenden Zitat entnehmen, welches den Einfluß verschiedener Epochen auf die Lernmittel charakterisiert: "Lehrbücher verschiedener Epochen unterscheiden sich, auch wenn sie 'denselben' Gegenstand traktieren, hinsichtlich ihrer Auswahlgesichtspunkte, ihrer Schwerpunkte und Akzente, ihrer Abgrenzungen, weil die Auffassungen und Meinungen darüber, was und warum bestimmte Inhalte wichtig sind, Konsensus unterliegen." [Henningsen (1970). Spalte 183.].

190 Im Hamburgischen Schulgesetz heißt es hierzu: "Bildungspläne legen die Ziele, Inhalte und Grundsätze der Gestaltung von Unterricht und Erziehung fest." [Hamburgisches Schulgesetz (1997). § 4 (2).]. Hinsichtlich dieses Aspekts kann man im Schleswig-Holsteinischen Schulgesetz lesen, daß die Lehrkräfte bei der Gestaltung ihres Unterrichts an "Rechts- und Verwaltungsvorschriften, insbesondere an die Bildungs- und Erziehungsziele der Schule und die Rahmenrichtlinien und Lehrpläne [...] gebunden" sind. [Schleswig-Holsteinisches Schulgesetz (1996). § 83 (1).].

191 Pestalozzi (1990). S. 155.

Lernergebnisses von der Zielvorgabe scheinbar präzis und ohne Mühe – beinahe nach planwirtschaftlichem Vorbild – ablesen. Strenggenommen ist es damit ein Wesensmerkmal derartiger Lernprozesse, daß nicht die Lernenden die Subjekte des Lernprozesses sind, diese Rolle wächst vielmehr den Lehrenden selbst zu. Und entsprechend fällt auch die Aufgaben- und Funktionsbeschreibung von Lehrenden in den Schulgesetzen der einzelnen Länder aus.[192] Holzkamp hält hierzu fest: "Es ist offensichtlich, daß – da der Schule die Aufgabe der Planung von Abschlüssen und Qualifikationen zur Bedienung des Beschäftigungssystems zugewachsen ist – das Lernen offiziell notwendigerweise als in direkter Weise administrativ planbar gesehen werden muß [...]. Entsprechend wird in schuloffiziellen Vorstellungen 'Lernen' im Normalfall als direktes Ergebnis von schulischem Lehren betrachtet, womit [...] automatisch auch das Lernen der Schülerinnen/Schüler 'mitgeplant' wäre. Das Subjekt schulischer Lernprozesse wären in dieser Sichtweise recht eigentlich nicht die Schülerinnen/Schüler, sondern wäre der 'Lehrer', der seinen Unterricht so zu planen und organisieren hat, daß mit dem jeweiligen Lehraufwand in kontrollierter Weise ein entsprechender Lerneffekt [...] einhergeht."[193] Übereinstimmend hierzu heißt es im bereits zitierten Hamburgischen Schulgesetz u.a.: Die Bildungspläne "bestimmen verbindliche und fakultative Unterrichtsinhalte und deren Verhältnis zueinander so, daß die Lehrerinnen und Lehrer die Interessen der Schülerinnen und Schüler einbeziehen und die vorgegebenen Ziele [...] erreichen können."[194] Die Aufgabe eines solchen Unterrichts ist klar: Erreichung der vorgegebenen Ziele.

2.3.5 Schimäre "Offener Unterricht" in institutionalisierten Lernprozessen

Die vorgängigen Aussagen lassen sich allerdings keineswegs nur auf frontale – ausschließlich lehrerzentrierte Lernarrangements beziehen, sie gelten grundsätzlich auch für die vielfältigen Ausprägungen des "Offenen Unterrichts" in institutionell-organisierten Lernprozessen. Dabei handelt es sich bei der Bezeichnung "Offener Unterricht" um einen unscharfen "Sammelbegriff für unterschiedliche Reformansätze [...] mit dem Ziel eines veränderten Um-

---

192 Im Hamburgischen Schulgesetz heißt es hierzu in § 88 (2): "Die Lehrerinnen und Lehrer unterrichten, erziehen, beraten und betreuen in eigener Verantwortung im Rahmen der Ziele und Grundsätze [dieses Schulgesetzes] [...] sowie der sonstigen Rechts- und Verwaltungsvorschriften." [Hamburgisches Schulgesetz (1997). § 88 (2).]. In Entsprechung hierzu steht im Schleswig-Holsteinischen Schulgesetz: "Die Lehrkräfte gestalten Erziehung und Unterricht in eigener pädagogischer Verantwortung. Sie sind dabei an Rechts- und Verwaltungsvorschriften, insbesondere an die Bildungs- und Erziehungsziele der Schule und die Rahmenrichtlinien und Lehrpläne, [...] gebunden." [Schleswig-Holsteinisches Schulgesetz (1996). § 83 (2).].
193 Holzkamp (1992). S. 94.
194 Hamburgisches Schulgesetz (1997).

gangs mit dem Kind auf der Grundlage eines veränderten Lernbegriffs."[195] Was sich wie die strukturelle Abkehr von der traditionellen Organisation schulischer Lehr-Lernprozesse anhört, relativiert sich, wenn es bei der Präzisierung dieses Ansatzes u.a. zur Aufzählung folgender charakteristischer Merkmale kommt: "die Möglichkeit, in einer (begrenzten) Freiheit ohne Abhängigkeit von Erwachsenen Zielsetzungen zu realisieren; ein bewußt strukturierter Wechsel von individuellen Lernphasen mit gemeinsamen und angeleiteten Phasen [...]."[196] Die Freiheit der Lernenden ist begrenzt, 'unabhängig' sollen (fremdbestimmte) Zielsetzungen erreicht werden, individuelles und gemeinsames Arbeiten stehen in einem strukturierten Wechsel. Es drängen sich Fragen auf: Wie lassen sich festgelegte Ziele 'unabhängig' erreichen? Wer setzt die Ziele? Wer strukturiert den Wechsel? Somit ist zu konstatieren, auch im derart definierten "Offenen Unterricht"[197] wächst den Lehrenden eine zentrale Rolle bei der Strukturierung des Lernprozesses zu. Auch wenn die Lernenden stärker als im Frontalunterricht in das Unterrichtsgeschehen als (Mit-)Gestalter einbezogen werden, ist die dominierende Rolle des Lehrers als eigentlichem Subjekt des Lernprozesses auch hier keinesfalls überwunden. Die Hierarchie zwischen 'Wissenden' und 'Unwissenden' bleibt in ihrem Kern unangetastet.[198]

---

195 Wallrabenstein (1993). S. 54.

196 Wallrabenstein (1993). S. 53.

197 Aus dieser Tatsache erklärt sich sicher auch, warum im Zusammenhang mit Reformansätzen, die auf "Offenen Unterricht" abzielen, häufig von "Öffnung" gesprochen wird, und damit die Abkehr von traditionellen Unterrichtskonzepten gekennzeichnet wird, ohne in den Euphemismus zu verfallen, schulisches Lernen finde "offen" und "frei" statt. [Vgl. Wallrabenstein (1993). S. 162 ff.]. Ob die Öffnung allerdings unter den gegebenen Umständen bis zu dem Punkt betrieben werden kann, an dem die Lernenden – orientiert an ihren Interessen – (frei) lernen können, muß bezweifelt werden, da die administrativen Bestimmungen auch für diese Form des Unterrichts vorschreiben, daß "die vorgegebenen Ziele" [Hamburgisches Schulgesetz 1997. § 4 (2).] erreicht werden.

198 Wobei an dieser Stelle nicht versäumt werden soll, darauf hinzuweisen, daß es durchaus sehr differenzierte Abstufungen zwischen den verschiedenen Graden, Stufen oder Dimensionen von geöffnetem Unterricht, von Offenheit des Unterrichts und damit der Freiheit der Lernenden gibt. Auf diesen Zusammenhang hat insbesondere Hans Brüggelmann aufmerksam gemacht. Er unterscheidet "drei Stufen der Öffnung des Unterrichts [...] [bzw.] 'Dimensionen' der Öffnung". Hierzu gehören die "organisatorisch-methodische Öffnung", die "didaktisch-inhaltliche Öffnung" und die "pädagogisch-politische Öffnung". Ohne diese Dimensionen in diesem Zusammenhang näher differenzieren zu wollen, erscheint mir die Feststellung Brüggelmanns wichtig: "Jede Stufe bedeutet einen Fortschritt, was die Mitbestimmung und Selbstverantwortung der SchülerInnen betrifft, und das ist für mich die zentrale Idee, auch wenn sie auf verschiedene Entscheidungsebenen hin angelegt ist." [Brüggelmann (1997), S. 10.]. Mit Blick auf ein subjektorientiertes Lernverständnis im Holzkampschen Sinne ist allerdings selbst diesen unterschiedlichen Dimensionen der Unterrichtsöffnung gemein, daß sie es – auch wenn sie diesem Zustand unterschiedlich nahekommen – nicht vermögen, das hierarchische Verhältnis zwischen Lehrenden und Lernenden in seinem Kern völlig zu überwinden. Auch ein 'geöffneter

Ein grundsätzlich neues Lernverständnis wäre im Gegensatz hierzu erst dann geschaffen, wenn sich der Lehrende "voll in den schulischen Lernprozeß"[199] einläßt, die Lernenden nicht "unter Druck gesetzt"[200] würden und statt dessen beide Seiten zu "gleichinteressierten Kooperationspartnern" würden. Der Lehrende könnte dann "nicht mehr prophylaktisch [den Lernprozeß] kanalisieren."[201]

2.3.6 Lernwiderstände als Folge traditioneller Lernvorstellungen

Dieser Problemaufriß führt Holzkamp zu nachstehender Erkenntnis: "Aus der 'selbstverständlichen' Hypostatisierung des 'Lehrers' im 'Unterricht' als primäres Subjekt des Lernprozesses ergibt sich, daß die Persönlichkeit des Schülers hier unter Ausklammerung seines genuinen Eigeninteresses am Lernen letztlich nur als mehr oder weniger geeignetes 'Rohmaterial' für die Inaugurierung von Lernprozessen durch den Lehrer angesehen wird."[202]

Dabei weist schon die Formulierung "Rohmaterial für die Inaugurierung von Lernprozessen" auf das vorgängig beschriebene vornehmlich technische Verständnis von Lernen gemäß diesen Vorstellungen hin.[203] Beim derartigen Lernen handelt es sich offensichtlich nicht um einen von den Subjekten selbstbestimmt wahrgenommenen Prozeß zur Erweiterung ihres Weltverständnisses, vielmehr werden die Subjekte (Lernenden) hier zum 'vergegenständlichten' Material, welches "roh" ist und demzufolge bearbeitet, inauguriert werden muß. Individuelle Interessen und Neigungen als 'Lernen' auslösende und begründende Faktoren finden in den traditionellen Lerntheorien keine Berücksichtigung.

In der Praxis gestaltet sich die "Inaugurierung von Lernprozessen" in das "Rohmaterial" in institutionalisierten Lernprozessen an Schulen, Hochschulen oder Einrichtungen der beruflichen Weiterbildung allerdings keineswegs so geschmeidig und naturgegeben, wie dies aus der Theorie heraus zu erwarten wäre.[204] Von der Vorschule über die Grund- und Sekundarschule bis hin zur

---

Unterricht' ist eine Lernform, die – und sei es auch nur in geringem Maße – Elemente der Unterrichtung des Lernenden durch den Lehrenden im vorgängig ausgeführten Sinn enthält.

[199] Holzkamp (1991). S. 19.

[200] Holzkamp (1991). S. 19.

[201] Holzkamp (1991). S. 19.

[202] Holzkamp (1987). S. 11.

[203] Diese technische Sicht findet sich beispielsweise auch bei Makarenko, wenn dieser "die Projektierung der Persönlichkeit als ein Erziehungsprodukt" [Makarenko (1976). S. 93.] zum Auftrag der Gesellschaft erklärt.

[204] Die Praxisberichte über die Zunahme von verhaltensbedingten Störungen des Unterrichtsgeschehens, die sicherlich zumindest teilweise als Lernwiderstände zu verstehen sind, häufen sich. In einer dpa-Meldung heißt es beispielsweise: "Die Zahl verhaltensauffälliger

gymnasialen Oberstufe, zum Lernen an der Universität, überall zeigen sich Reibungspunkte, ergeben sich Lernwiderstände.[205] Es handelt sich hierbei um verschiedene Formen eher offener oder eher verdeckter Lernverweigerung. Die offene Lernverweigerung äußert sich in Form von bewußter und öffentlich gezeigter Verweigerung der Lernenden gegenüber bestimmten Inhalten oder Methoden (Fernbleiben, Ignorieren von Arbeitsaufträgen, Störungen). Hingegen ist die verdeckte Lernverweigerung durch eine subtilere Verweigerungshaltung charakterisiert, ohne jedoch wirkungsloser zu sein, in Versuchen der Lernenden, die Lernziele zu unterlaufen, z.b. durch innere Emigration oder "der bloßen Vortäuschung von Lernresultaten"[206] u.ä.

Die Verweigerung kann sich jedoch auch in einem gestörten bzw. gebrochenen Verhältnis zum Lernen insgesamt ausdrücken. Etwa derart, daß kognitiv zwar die Wichtigkeit bestimmter schulischer oder hochschulischer Lernprozesse eingesehen wird, beispielsweise, da hierüber der Zugang zu gesellschaftlichen und beruflichen Privilegien reglementiert ist oder daß das zu erwerbende Wissen für die Ausübung des späteren Berufs wichtig ist usw. Doch trotz dieser Einsicht in die Relevanz des Lernens für die eigene Biographie entwickelt der Lernende Widerstand gegenüber dem Lernen, weil er dessen Fremdbestimmung nur zu genau aufgrund von "Druck, Mühsal, Überforderung"[207] empfindet. Institutionalisierte Lernprozesse führen damit infolge ihrer fremdbestimmten Steuerung die Lernenden dazu, "gezwungen zu lernen",[208] mit der Folge, daß sie sich zwangsläufig in Abhängigkeit, Unselbständigkeit begeben.

Schüler nimmt in Bayern rapide zu. [...] 'Lehrer und Schulleitungen sind gegenüber diesen Kindern oft machtlos.'" [dpa (44/1997). S. 20 f.]. Ähnlich äußert sich Gerd Fröhlich: "Trotz Störungen muß der Lehrer immer wieder eindringlich dafür sorgen, daß die Schüler ihren Pflichten nachkommen. Zum eigentlichen Unterricht bleibt da nicht viel Zeit." [Fröhlich (1996). S. 62.].

205 Dies überrascht keinesfalls, schließlich ist all diesen Lernorten eines gemein: Es existieren Lernziele, denen die Lernenden ihre eigenen Lerngründe unterordnen müssen. Dies gilt selbst für das hochschulische Lernen. Auch wenn sich die Studierenden "freiwillig" zur Aufnahme eines Studiums in einem Fach ihrer Wahl entschieden haben, so müssen sie ihr Erkenntnisinteresse und ihre Fragen den Anforderungen der Studien- und Prüfungsordnungen anpassen und können allenfalls auf Schnittmengen zwischen den fremden und den eigenen Lernzielen 'hoffen'. Hinzu kommt, daß sie in ihrer dreizehnjährigen Schullaufbahn i.d.R. primär mit einem Lernen konfrontiert wurden, welches sich an allgemein verbindlichen Vorgaben statt an individuellen Interessen orientiert. Es ist dabei anzunehmen, daß diese Schulerfahrungen nicht ohne Konsequenzen für das eigene Lernverständnis und vor allem -verhalten bleiben und es dem Lernenden in seiner neuen Rolle als Studierendem nicht ohne weiteres möglich machen, dieses Lernverständnis zu überwinden.

206 Holzkamp (1987). S. 8.
207 Holzkamp (1987). S. 6.
208 Holzkamp (1992). S. 102.

Hierin ist sicher einer der Gründe zu erkennen, warum Lernen in unserer Gesellschaft gemeinhin nicht als besonders erstrebenswert angesehen wird, schließlich setzt die Bereitschaft hierzu i.d.R. die Unterordnung unter fremdbestimmte Ziele voraus. Derartigen Ressentiments gegenüber institutionalisierten Lernprozessen begegnet man nicht nur in Gesprächen um Schule und Hochschule, sondern ebenso im Feld der Weiterbildung. Auch hier wird Lernen häufig mit einem Unterrichtsverständnis assoziiert, das Unterwerfung unter die gegebenen Inhalte und Formen verlangt. Die Vorbehalte von Erwachsenen gegenüber (Weiter-)Bildung werden noch verstärkt durch die landläufige Überzeugung, daß es ein untrügliches Zeichen von Erwachsensein ist, endlich dem Lernen (im institutionalisierten Sinne) entkommen zu sein. Lernen wird demnach vom Lernenden primär als Belehrtwerden verstanden, was dazu führt, "die Möglichkeit, daß Lernen keine Beeinträchtigung, sondern eine Realisierung meiner Selbständigkeit als Erwachsener [...] sein könnte, [...] im alltäglichen Lernverständnis"[209] mindestens zu vernachlässigen, wenn nicht sogar vollständig zu übersehen.

Die vorgängig skizzierte gestörte Beziehung des Lernenden zum Lernen als einem eigentlich wichtigen Vehikel, um bestimmte Entwicklungsprozesse zu vollziehen, das allgemein jedoch als lästiger oder fremdbestimmter Vorgang empfunden wird, dem sich der einzelne nur mit Überwindung widmet, charakterisiert Holzkamp als "widerständiges Lernen"[210].

Holzkamp beschreibt dieses Verhalten wie folgt: "Zur vorläufigen mehr phänographischen Umschreibung der verschiedenen Erscheinungsformen solcher 'Lernwiderständigkeiten' könnte man global die 'Enteigentlichung', Zurückgenommenheit, Unengagiertheit, 'Halbherzigkeit' bei der Aneignung des jeweiligen Lerninhalts hervorheben. In manchen Formen wird dabei offensichtlich der Aufwand für die Erfüllung von fremd- oder selbstgestellten Lernanforderungen so weit reduziert, daß unter Ausklammerung sachlicher Notwendigkeiten lediglich der äußere Eindruck von Lerneffekten erreicht ist, wobei sich [...] die verschiedensten Techniken der Vorspiegelung bzw. Vortäuschung von Können oder Leistung eingebürgert haben [...]. In anderen Fällen widerständigen Lernens scheint sich die Widerständigkeit für jeweils mich selbst hinter vielfältigen Scheinbegründungen und Rationalisierungen zu verbergen, die es mir vordergründig plausibel machen, warum es sich in einem bestimmten Falle 'nicht lohnt', sich im Lernen wirklich zu engagieren, warum man durch vollen Lerneinsatz eher 'Nachteile', etwa Mißgunst der anderen [...] zu erwarten hätte. [...] Selbst wo der Lernende den jeweiligen Aufgabenstellungen in optimaler Weise nachzukommen scheint, ist 'widerständiges' Lernen nicht auszuschließen: Vielmehr können bestimmte Formen der 'Folgsamkeit'

209 Holzkamp (1993). S. 11.
210 Holzkamp (1991). S. 8; Holzkamp (1993). S. 193.

und Gefügigkeit, indem man sich dabei nur durch die erstrebte Anerkennung leiten läßt, aber jedes hierfür nicht unbedingt gebotene Eindringen in den Lerninhalt vermeidet, eine besondere Technik der Lernwiderständigkeit darstellen, in welcher man den Druck der fremdbestimmten Lernanforderung sozusagen 'leerlaufen' läßt, damit aber auch engagiertes Lernen im Eigeninteresse nicht vollziehen kann."[211]

Im Gegensatz zu diesem Problemaufriß marginalisieren landläufige Lerntheorien die Rahmenbedingungen, unter denen sich Lernprozesse ereignen, zu "Störfaktoren",[212] die allenfalls dem widerstandslosen Inhaltstransfer oder dem Wissensübergang vom Lehrenden zum Lernenden entgegenstehen. Holzkamp bringt dieses Verständnis auf die Formel, daß "das erreichte Lernquantum [...] dem aufgewendeten Lehrquantum – abzüglich störender Umstände"[213] entspricht. Dieser Reibungswiderstand wird – dem traditionellen Lernverständnis zufolge – nicht in seinen Ursachen ergründet, ihm werden statt dessen entsprechende Belobigungs- bzw. Bestrafungsprozeduren als korrigierendes Gegengewicht entgegengestellt, die den Lernenden mittels "Kanalisierungen, Barrieren, Bestechungen, Täuschungen in die 'gewünschte' Richtung"[214] lenken sollen. Es ist bezeichnend und höchst verwunderlich zugleich, daß hier lediglich eine Strategie zur Widerstandsminimierung mittels positiver (z.B. motivationsstiftender Animationen aller Art) oder negativer Sanktionierung (z.B. Bestrafungen aller Art) entfaltet wird, ohne daß die Wissenschaftsdisziplin (Behaviorismus bzw. Erziehungswissenschaft) in der Lage oder bereit wäre, den Reibungswiderstand ursächlich zu erklären, und aus der Kenntnis der Gründe, die (wie gezeigt) in der Person des Lernenden liegen, heraus zu überwinden. Statt die Gründe zu akzeptieren, die es aus subjektiver Sicht plausibel erscheinen lassen, (fremdbestimmten) Lernprozeduren auszuweichen, soll die Wirkung dieser Gründe durch externe Sanktionsprozeduren unterminiert werden. Entsprechende Bemühungen zielen damit lediglich auf die Symptome, nicht jedoch auf die Ursachen der Lernwiderstände. Es ist eine Tatsache, daß ein solches Lernverständnis die genuinen Lerninteressen des Individuums sogar dann noch leugnet, wenn diese zu erheblichen Lernwiderständen und damit Störungen im eigentlich intendierten Lernprozeß führen.

Lernen wird im behavioristischen Verständnis demnach einzig und allein als ein durch fremdgesetzte Außenanforderung induzierter Prozeß verstanden, der die subjektive Seite des Lernenden außer acht läßt. Es ist offensichtlich, daß ein Lernbegriff, der Lernen einseitig als fremd- und außengesteuerten Prozeß begreift, ein erhebliches Defizit bei der Berücksichtigung des Subjekts, des Lernenden als aktivem und eben nicht nur reaktivem (von außen steuerba-

211 Holzkamp (1987). S. 7.
212 Holzkamp (1992). S. 96.
213 Holzkamp (1992). S. 94.
214 Holzkamp (1987). S. 13.

ren) Beteiligten am Lernprozeß aufweist. Der Lernende wird in dieser Art von Lernprozessen als Subjekt mit all seinen Interessen und Motiven marginalisiert. Anstatt ihn als aktiven Gestalter des Lernens zu akzeptieren, wird von ihm die Anpassung an fremdgesetzte Ziele gefordert.

2.3.7 Konsequenzen für die Schulbuchanalyse

Wie bereits im ersten Kapitel skizziert, ist es das Ziel, den im zweiten Kapitel entwickelten Referenz- bzw. Bezugsrahmen unmittelbar auf den Anwendungskontext zu beziehen. Konkret bedeutet dies, daß die Schulbuchanalyse selbst ein Vorgehen auszeichnen soll, welches die einzelnen im zweiten Kapitel beschriebenen Kennzeichen traditionellen und subjektwissenschaftlich-orientierten Lernens als Lernkriterien[215] betrachtet, die – jeweils eingebettet in zwei Leitfragen[216] – den Hintergrund oder die Matrix für die Untersuchung darstellen. Die Lernkriterien bilden damit das Gerüst, nach denen die Schulbücher analysiert werden sollen.

Insofern ist das Ziel dieses Unterpunktes (ebenso auch der Kapitel 2.4.4 und 2.5.7), aus den vorhergehenden Ausführungen die für die Schulbuchanalyse leitenden Lernkriterien zu bestimmen, die sich sinnvollerweise an den zentralen Motiven der Holzkampschen Darlegungen zu traditionellen Lernvorstellungen im erziehungswissenschaftlichen Kontext orientieren. Hierzu gehören m.E.,

- die Vorstellung, daß sich Lernen und Lernprozesse planend verordnen lassen,
- die Gleichsetzung von Lehren und Lernen,
- das hierarchische Verhältnis zwischen Lehrenden und Lernenden,
- die Tatsache, daß die Lehrenden eigentlich die Subjekte des Lernprozesses sind,
- daß der "Öffnung" der Lernformen in institutionalisierten Lernprozessen enge Grenzen gesetzt sind und
- daß Lernwiderständen nicht ursächlich begegnet wird, sondern versucht wird, ihre Wirkung mit Gegenwiderstand zu brechen.

---

215 Die Bezeichnung "Lernkriterien" habe ich gewählt, um hiermit einen Begriff zu schaffen, der die Übertragung der Holzkampschen Kennzeichungen für die verschiedenen Elemente von Lernprozessen zur kategorialen Gliederung der Schulbuchanalyse ermöglicht. Jedes Lernkriterium stellt damit ein anderes Kennzeichen in der sich anschließenden Schulbuchanalyse dar.

216 Zu deren Entwicklung und Begründung siehe u.a. Kapitel 1.2.1.3.

2.4   Lernen aus subjektwissenschaftlicher Sicht
2.4.1 Grundsätzlicher Perspektivwechsel
2.4.1.1 Vom Außenstandpunkt zur Innenansicht

In seinem Standardwerk "Grundlegung der Psychologie" versucht Holzkamp alternativ zur traditionellen Psychologie, das Subjekt als selbstbestimmtes und autonomes Individuum des jeweils individuellen Handlungsbezugs in den Fokus der wissenschaftlichen Untersuchung zu stellen, ohne es hierbei zu vergegenständlichen. Eines der zentralen Ziele der "Kritischen Psychologie" ist es somit, jenen Ansätzen eine Absage zu erteilen, die sich dem 'Subjekt' von 'außen', also von einem Drittstandpunkt aus nähern. Holzkamp befreit das Subjekt somit aus der Verdinglichung der Wissenschaft, die nach den Prämissen der dargelegten Cartesianischen Methode vorgeht, und weist darauf hin, daß "Lernen in seiner menschlichen Spezifik nur vom 'Standpunkt des [...] Subjekts' erfahren und wissenschaftlich erforscht werden kann."[217] Das Subjekt erhält durch Holzkamp eine besondere Rolle zugewiesen, es gewinnt seine eigene, von jeder Gegenständlichkeit differente spezifische Existenz. Das Subjekt wird in seiner ganzen Singularität berücksichtigt: Das Subjekt mit seinem Bewußtsein steht demnach "immer in der 'ersten Person'", sein Verhalten ist immer "'je mein' Verhalten."[218]

Der vorgängig diagnostizierten extremen Vernachlässigung der Subjektseite gängiger Lernvorstellungen stellt Holzkamp seine subjektwissenschaftliche Sicht entgegen, die sich dem Phänomen Lernen primär vom Standpunkt der Lernenden aus nähert. Im Gegensatz zum Behaviorismus betrachtet er Lernen damit nicht als (ausschließlich) abgeleitete Größe des Lehrens.

Es ist sein Ziel, auf diesem Weg die grundsätzliche Bedeutung von Lernen für die selbstbestimmte Gestaltung menschlicher Lebensprozesse hervorzuheben. Der Lernende ist damit auch hinsichtlich des von ihm absolvierten Lernprozesses nicht länger ein exakt beschreib- und meßbarer Gegenstand, sondern ein selbstbestimmtes Subjekt. Dabei wird es erst durch diesen Perspektivwechsel möglich, die bereits mehrfach angesprochenen Lernwiderstände zu erklären. Schließlich wird erst hierdurch der (verallgemeinernde) Blick in die innerpsychischen Vorgänge, die Lernprozesse begründen oder behindern können, geöffnet.

Die "Kritische Psychologie" grenzt sich damit deutlich vom Diskurs und Duktus des Behaviorismus ab, Umweltreize stellen für die Individuen nicht länger ein Korsett dar, welches sie zwanghaft zu bestimmten und damit vorhersehbaren Reaktionen nötigt. Anstelle dessen können sie selbstbestimmt aus

---

217 Holzkamp (1987). S. 15.
218 Holzkamp (1985). S. 237. Durch die Formulierung "je mein" markiert Holzkamp die subjektwissenschaftliche Dimension, in welcher er die psychologische Beschäftigung mit menschlichen Verhaltensweisen und auch Lernprozessen betrachtet.

der Vielzahl der gebotenen Handlungsmöglichkeiten ihre (subjektiv begründete) Wahl treffen.

Die Umwelt und die von ihr für die Subjekte ausgehenden Reize sind in der Auffassung der "Kritischen Psychologie" in erster Linie gesellschaftsbedingt und damit von Menschen geschaffen. In dieser Vorstellung erscheinen die Lebensstile und Verhaltensweisen des einzelnen als über das gesellschaftliche System vermittelte, ohne daß das gesellschaftliche System allerdings unmittelbar und zwanghaft eine (bestimmte) Wirkung auf das Verhalten des Individuums ausüben würde. Statt dessen kann und muß sich der einzelne permanent zwischen verschiedenen Handlungsoptionen entscheiden und sich so in bestimmtem Umfang autonom bzw. distanziert zu den gesellschaftlich-geprägten Lebensbedingungen verhalten, kann sie ebenso akzeptieren und zu seinen eigenen machen, wie er sich ihnen verweigern oder sie verändern kann. Bezogen auf die Organisation schulischer Lernprozesse hält Holzkamp aus subjektwissenschaftlicher Perspektive fest, "daß das Subjekt schulischer Lernprozesse keinesfalls [...] der Lehrer ist, der das Lernen an den Schülerinnen/Schülern vollzieht."[219] Das Subjekt ist nicht nur in seinen alltäglichen (Handlungs-) Situationen, sondern auch in (seinen) Lernprozessen zu selbstbestimmten Handlungen fähig. Dabei sind die jeweils von den Lernenden getroffenen Entscheidungen für oder gegen bestimmte Handlungen weder zufällig noch willkürlich oder beliebig. Im Gegenteil, sie sind bewußte Entscheidungen des einzelnen, begründet aus seinen subjektiven Motiven und damit grundverschieden von einem Lernverständnis, welches sich auf Handlungen zur Erfüllung fremdbestimmter Ziele beschränkt. Schließlich sind "eine von außen gesetzte Anforderung und eine subjektive Intention [...] offenbar zweierlei"[220].

Die individuellen Interessen und Motivationen (Holzkamp spricht in diesem Zusammenhang von "Lernbegründungen" bzw. "Lerngründen"[221]) des einzelnen bestimmen seine Handlungen, auch wenn ihm diese im Moment der Aktivität selbst keineswegs immer gegenwärtig oder bewußt sein müssen. Holzkamp zufolge, handelt es sich hierbei um eine "emotional-motivationale Qualität von Handlungsbegründungen",[222] deren daraus folgende Lernhandlungen als "intentionales Lernen"[223] bezeichnet werden, und sich aus der individuellen Bezogenheit des Subjekts auf die Welt ergeben. Es ist der jeweilige subjektive Bezugs- oder Standpunkt zur Welt mit all ihren Erscheinungen.

---

[219] Holzkamp (1992). S. 99.
[220] Holzkamp (1992). S. 100.
[221] Holzkamp (1993). S. 190 f.
[222] Holzkamp (1993). S. 189.
[223] Holzkamp (1993). S. 183.

2.4.1.2 Selbstbestimmtes – subjektiv-begründetes – Lernen

Entsprechend der Fähigkeit des Menschen zu selbstbestimmten Handlungen kann das Individuum nicht gegen seine (subjektiven) Lebens- und damit auch Lerninteressen handeln. Allenfalls von außen betrachtet, vom Drittstandpunkt aus, kann dies so wirken, doch jeder von außen noch so unbegreiflich erscheinenden Handlung liegt eine in der intentionalen Bezogenheit des Subjekts zur Welt begründete Erklärung – sozusagen eine private Logik – zugrunde. Demzufolge ist es eine der zentralen Aufgaben der "Kritischen Psychologie", nach den (subjektiven) Gründen für die Handlungen des Individuums zu fragen.

Das Postulat des 'objektiven' und damit 'richtigen' und 'wahren' Außenstandpunkts (etwa des Psychologen oder Pädagogen) ist obsolet. Unbegreifliche Handlungen sind in dieser Vorstellung lediglich als mangelnder Einblick in die Handlungsbegründungen des einzelnen anzusehen, die sich wiederum aus seinen Lebensbedingungen bzw. -umständen ergeben. Den Fall der subjektiv grundlosen Handlung kann Holzkamp ausschließen, da ein solcher Mensch, "indem sein Tun und Lassen absolut beliebig ist – für sich selbst und andere notwendigerweise 'unfaßbar' – in gleicher Weise, wie [...] ursachenlose Ereignisse nicht faßbar, ja nicht einmal denkbar sind."[224]

Der Mensch ist in seinen Handlungen nicht den Außenreizen zwanghaft ausgeliefert, mithin ist sein Verhalten auch nur aus der Analyse der Wirkung der Umstände auf die typischen (gesellschaftlichen) Begründungsmuster für eben dieses Verhalten des einzelnen zu erklären. Ausgangspunkt der hier ansetzenden subjektwissenschaftlichen Betrachtungsweise sind dabei die jeweils subjektiven Handlungen und Handlungsprobleme, die der einzelne als die "je seinigen"[225] betrachtet bzw. anerkennt und hieraus beispielsweise etwaige Lernaktivitäten ableitet. Erst vor dem Hintergrund dieses subjektiven Verständnisses können Verallgemeinerungen des "je speziellen" für die Verhaltensweisen und Handlungsprobleme des einzelnen abgeleitet werden.

2.4.1.3 Lernwiderstände und ihre Ursachen aus subjektwissenschaftlicher Sicht

Ausgehend von der Befähigung des Subjekts zu selbstbestimmten Handlungen, nähert sich Holzkamp auch der Ergründung des Phänomens der Lernwiderstände aus subjektwissenschaftlicher Sicht. Es müssen Ursachen existieren, die es (subjektiv) begründen, Lernprozesse auf dem Weg der Lernwiderstände

---

224 Holzkamp (1993). S. 26 f.

225 Mit den Wendungen "je [...]" führt Holzkamp eine subjektwissenschaftliche Kategorie zur Beschreibung von Lernen und Lernprozessen ein, die ihre Fundierung "in der Welt- und Selbstsicht von 'je mir' als Lernsubjekt" [Holzkamp (1993). S. 180.] hat. Demnach sind sowohl Lernbegründungen wie auch Lernstrategien und Gegenstandsverständnisse "je subjektiv" und können insofern nicht objektiv, sondern nur subjektiv beschrieben werden. [Vgl. Holzkamp (1991). S. 7 f; vgl. auch Holzkamp (1986).].

zu unterminieren. Holzkamp analysiert hierzu die gesellschaftlichen Rahmenbedingungen, in denen institutionalisierte Lernprozesse stattfinden, auf die durch sie nahegelegten – das Lernen legitimierenden – Begründungsmuster für die handelnden Subjekte. Er bricht auf diese Weise mit den Grundsätzen der traditionellen (Lern-)Psychologie, die sich bezüglich der Analyse von Lernwiderständen einzig auf deren Beseitigung durch die Veränderung der Rahmenbedingungen beschränken, also darauf, wie der Lernende mittels positiver oder negativer Sanktion in seinem Lernwiderstand gebrochen oder dieser wenigstens reduziert werden kann.

Bei seiner Analyse des Lernens konzentriert sich Holzkamp auf die subjektive Sicht des einzelnen Lernenden, beschreibt Lernen als das "je meinige" Lernen und befreit es damit von der Dimension des Lehrens ebenso wie von jeder Generalisierung. Seiner Vorstellung nach besteht zwischen Lehransprüchen und Lernen kein Automatismus oder kausaler Ursache-Wirkung-Zusammenhang. Lernen läßt sich nicht durch Lehren stereotyp induzieren, schon gar nicht in der Erwartung, daß unterschiedliche Subjekte den Lernprozeß mit identischem Ergebnis durchlaufen. Statt dessen widmet sich Holzkamp der Ergründung von Motiven und Interessen, die es dem einzelnen (Lernenden) begründet erscheinen lassen zu lernen und sich damit in bestimmten Situationen für die Aufnahme von Lernhandlungen zu entscheiden. Holzkamp hält hierzu fest: "Das Lernsubjekt muß Gründe haben, die Lernanforderung als seine Lernintention, oder [...] als seine Lernproblematik zu übernehmen."[226] Auf dieser Basis ergründet Holzkamp subjektive Lernerfahrungen hinsichtlich möglicher verallgemeinerbarer Züge.

2.4.1.4 Lernen als subjektiver Zugang zum Weltaufschluß

Für Holzkamp steht "wirkliches Lernen"[227] ("intentionales Lernen"[228]) im Zentrum seines Interesses, das er gegenüber schlichten Mitlerneffekten, die Handlungen aller Art notwendig begleiten, abgrenzt. Im Gegensatz hierzu charakterisiert er intentionales Lernen als Resultat aus gewollten, bewußt vollzogenen Handlungen, wobei das Ergebnis dieser Handlungen nachgerade unabhängig von den Handlungen, die zu ihm führen, sind, d.h. losgelöst von der eigentlichen Lernsituation sind.

Hiervon ausgehend widmet sich Holzkamp dem Wirkungsgefüge zwischen den gesellschaftlich geschaffenen institutionalisierten Lehr-Lernsituationen und den Lerninteressen der einzelnen Lernenden. Dabei betrachtet er Lernen als eine individuelle Zugangsmöglichkeit zur Erschließung gesellschaftlicher Be-

---

226 Holzkamp (1992). S. 100.
227 Holzkamp (1992). S. 103.
228 Holzkamp (1993). S. 183.

deutungszusammenhänge[229]. Lernen ist demnach die "Verfügungserweiterung"[230] des Subjekts in diesen Bedeutungszusammenhängen. Diese Bedeutungszusammenhänge sind konventional verfaßt, d.h. weder natürlich noch zeitlos, sondern können, so wie sie eine Folge gesellschaftlicher Übereinkünfte sind, durch diese auch reformiert oder überwunden werden. Dabei ist es ein Spezifikum dieser Bedeutungszusammenhänge, daß sie unabhängig davon existieren, ob sie auch tatsächlich vom einzelnen erfahren werden, wobei sie allerdings grundsätzlich der Erfahrung eines jeden zugänglich sind. Die Gesamtheit der gesellschaftlichen Bedeutungszusammenhänge stellt dabei den (kompletten) Schatz an vorhandenen Denk-, Erfahrungs- und Entwicklungschancen dar, sie repräsentieren die Gesamtheit an Handlungsmöglichkeiten, die dem einzelnen potentiell offenstehen und zwischen denen er sich für seine eigenen Lernhandlungen entscheiden kann. Holzkamp bemerkt hierzu, daß "schon jeder erlernte 'Löffelgebrauch' [...] tatsächlich eine Realisierung der im Löffel gesellschaftlich 'vergegenständlichten' [...] Gebrauchszwecke"[231] ist.

Die derart skizzierte Verfaßheit der gesellschaftlichen Bedeutungszusammenhänge macht es erforderlich, daß sich das Subjekt, um begründet handlungsfähig zu sein bzw. seine Handlungsfähigkeit auszubauen, im Laufe seines Lebens sukzessiv einen immer größeren Zugang zu den gesellschaftlichen Bedeutungszusammenhängen erschließen muß.[232] Dabei ist es nicht das Ziel des einzelnen, und dies ist ihm auch gar nicht möglich, die gesellschaftlichen Bedeutungszusammenhänge in ihrer Totalität zu erfassen, nötig erscheint es vielmehr, daß sich das Subjekt – durch Lernen – seine subjektiven Zugänge zu den für ihn und sein Leben relevanten gesellschaftlichen Bedeutungszusammenhängen auf eine Art schafft, die "eine sinnvolle Nutzbarmachung des jeweils bereits Gelernten ermöglicht."[233] Dies bietet dem Subjekt die Möglichkeit, sich aktiv den gesellschaftlichen Bedingungen (Umweltreizen) gegenüberzustellen und selbstverantwortete Entscheidungen zu treffen.

Aus dieser Sicht ist es offensichtlich, daß nicht ein für alle Subjekte verbindliches und einheitlich gedeutetes Weltverständnis existiert, welches für das Leben (zwingend) erforderlich ist oder sich zwangsläufig aus dem Leben er-

---

229 Es ist in diesem Zusammenhang notwendig, darauf hinzuweisen, daß die Gesamtheit "gesellschaftlich produzierter Bedeutungszusammenhänge" [Holzkamp (1985). S. 232 f.] für Holzkamp sehr wohl auch natürliche Tatsachen (Gegenstände und Erscheinungen der Natur) umfaßt. Schließlich sind auch derartige Gegenstände und Ereignisse für das Subjekt nur in der jeweiligen (gesellschaftlich verfaßten) Bedeutungsstruktur "faßbar und handlungsrelevant". [Holzkamp (1985). S. 233 f.].

230 Holzkamp (1987). S. 17.

231 Holzkamp (1987). S. 18.

232 In der Zeitschrift "GEO" ist dieser Zusammenhang prägnant ausgedrückt, wenn es dort heißt: "Leben heißt lernen". [GEO (1994). S. 23.].

233 Holzkamp (1992). S. 108.

gibt. Statt dessen gibt es eine ebenso große Vielfalt an für das Leben des einzelnen wichtigen Bedeutungszusammenhängen sowie an Zugängen hierzu wie Subjekte selbst leben. Diesen Umstand finde ich bei Nietzsche zutreffend charakterisiert, der feststellt: "Es existieren alle Arten von Augen [...] und folglich gibt es alle Arten von Wahrheit, und folglich gibt es keine Wahrheit."[234] Wahrheit oder Objektivität läßt sich demnach immer nur aus der Perspektive des jeweiligen Subjekts bestimmen, demzufolge diese weder einheitlich noch verbindlich sein kann.

2.4.2 Lernbegründungen – Gründe für Lernen

Von besonderem Interesse erscheint es Holzkamp, in diesem Kontext zu ergründen, welche Motive und Umstände den einzelnen dazu veranlassen, in bestimmten Situationen sich für die Handlungsmöglichkeit "Lernen" zu entscheiden, in anderen wiederum jedoch nicht. Da ein Lernprozeß "im normalen Handlungsablauf immer eine Komplikation darstellt, sozusagen einen Umweg oder eine Schleife, um fehlende Handlungsvoraussetzungen einzuholen, muß das Subjekt besondere Gründe haben, um die Handlungsproblematik [...] gerade mit Lernen zu beantworten."[235] Anders gewendet: "Welche Gründe kann ich haben, eine Handlungsproblematik (einschließlich einer drittseitigen Lernanforderung) gerade als meine subjektive Lernproblematik zu übernehmen? Welche Gründe kann ich haben, eine Lernanforderung nicht als Lernproblematik zu übernehmen, sondern in eine bloße Handlungsproblematik umzudeuten und als solche überwinden zu wollen?"[236]

Hiervon ausgehend, bestimmt Holzkamp zwei Kategorien von Gründen, die Lernen aus subjektwissenschaftlicher Sicht möglich machen. Es sind zwei grundsätzlich voneinander differierende Arten von Lerngründen, welche er als "expansiv" bzw. "defensiv" charakterisiert.

2.4.2.1 Expansiv-begründetes Lernen

Lernen erfolgt, Holzkamp gemäß, aus einem expansiven Grund bzw. ist intentional begründet, wenn das Lernmotiv hierzu im Entwicklungsinteresse des einzelnen liegt. Die Handlungsmöglichkeit "Lernen" wird von dem Subjekt in der Erwartung gewählt, wobei diese Entscheidung keineswegs bewußt erfolgen muß, daß hierdurch die individuelle Fähigkeit zu begründeten eigenständigen Entscheidungen – etwa infolge erweiterter Kenntnis der gesellschaftlichen Bedeutungszusammenhänge – wächst. "Die zu erwartenden Anstrengungen und Risiken des Lernens werden hier also unter der Prämisse von mir motiviert übernommen, daß ich im Fortgang des Lernprozesses in einer Weise Aufschluß über reale Bedeutungszusammenhänge gewinnen und damit Handlungs-

---

234 Zitiert nach Jaspers (1981). S. 189.
235 Holzkamp (1991). S. 7.
236 Holzkamp (1992). S. 101.

möglichkeiten erreichen kann, durch welche gleichzeitig eine Entfaltung meiner subjektiven Lebensqualität zu erwarten ist."[237] Das Lerninteresse und auch das Lernen selbst ist damit im strengen Sinne ursächlich subjektiv. Diese Form des Lernens ist für Holzkamp "der wesentliche Motor menschlicher Entwicklung und Lebensentfaltung."[238] Hans A. Pestalozzi drückt dies so aus: "Jedes Kind lernt gerne. Es lernt 'von selbst' [...] [und das,] was es zum Leben wirklich braucht"[239]. Und bereits bei Johann Heinrich Pestalozzi findet sich 1783 diese Einsicht, wenn er schreibt: "Sie [die Schüler] fühlten sich selbst, und die Müheseligkeit der gewöhnlichen Schulstimmung verschwand wie ein Gespenst aus meinen Stuben; sie wollten, – konnten, – harrten aus, – vollendeten und lachten; – ihre Stimmung war nicht die Stimmung der Lernenden, es war die Stimmung aus dem Schlaf erweckter, unbekannter Kräfte, und ein geist- und herzerhebendes Gefühl, wohin diese Kräfte sie führen könnten und führen würden."[240] Aus diesen Erfahrungen folgt für Pestalozzi, daß "aller bildende Unterricht aus den Kindern selbst hervorgelockt und in ihnen selbst erzeugt werden"[241] muß. An einem solchen subjektiven Lerninteresse orientiert, ist es dem Lernenden möglich, die sukzessive Ausdehnung seiner Handlungsmöglichkeiten im Laufe des Lernens permanent selbst zu erleben bzw. zu evaluieren. Hierzu sind von außen gesetzte Lernanforderungen ebenso überflüssig wie die drittseitig festgelegte Fixierung des Endpunktes für einen bestimmten Lernprozesses und die Überprüfung der Lernfortschritte durch Dritte. Aus dem vorgängigen ist ersichtlich, daß es eine logische Folge dieses Lernverständnisses ist, daß der Lernende so, wie er das Lernen aus eigenem Interesse begonnen hat, auch jederzeit etwa bei nachlassendem Interesse, mangelnder Motivation, subjektiv für ausreichend befundenem Lernfortschritt oder dem Entstehen anderer (alternativer bzw. konkurrierender) Lerninteressen, das Lernen beenden kann.

Expansives Lernen gründet sich demzufolge auf das genuine Entwicklungsinteresse des Subjekts, durch Lernen die eigene Handlungsfähigkeit und damit Selbständigkeit zu vergrößern, ist soweit intrinsisch motiviert.[242] Auf die Notwendigkeit der subjektiven Handlungsrelevanz bei Lerngegenständen hat bereits Friedrich Schleiermacher aufmerksam gemacht, indem er fordert,

---

237 Holzkamp (1992). S. 101 f.
238 Holzkamp (1987). S. 5.
239 Pestalozzi (1990). S. 154.
240 Pestalozzi (1994). S. 16.
241 Pestalozzi (1994). S. 16. Auf diesen Zusammenhang macht Pestalozzi bereits im zweiten Teil seines Buches "Lienhard und Gertrud" aufmerksam: "Das wohl zu lernen suchen, was man wohl brauchen kann." Pestalozzi (1981). S. 179.
242 Das Interesse bzw. die Motivation für die Bewältigung der Lernanstrengung erwächst aus subjektiven Lernmotiven. [Zur weitergehenden Information vgl. Arnold (1987). S. 1017 f.].

"man müsse in der Erziehung keinen Moment ganz und gar der Zukunft aufopfern [...], jedes [Thema i.S. eines Lerngegenstandes] muß schon Zweck für sich sein."[243] Expansives Lernen hat seinen Ursprung – Holzkamp zufolge – damit im Lebensinteresse des einzelnen, und aus diesem Grund läßt sich dieses Lernen auch als "wirkliches Lernen"[244] benennen. Kennzeichnend für das expansive Lernen ist dabei, daß sich die Lernenden – im Gegensatz zu den Prozeduren institutionalisierten Lernens beispielsweise in der Schule – "selbst eine dem Inhalt der Lernproblematik gemäße Struktur von Informationsmöglichkeiten und Quellen"[245] aufbauen.

Auf die Modalität, daß "wirkliches Lernen" nicht geplant oder durch den Lehrenden vorweggenommen werden kann,[246] macht auch der französische Philosoph Jean-François Lyotard aufmerksam: "Der Preis [Bedingung für Lernen] besteht nicht nur darin, gemäß den Themen, die der Lehrplan vorschreibt [...], Beispiele zu entnehmen und mitzuteilen [...]. Er besteht nicht nur darin, die Kenntnis dieser Beispiele [...] zu ermöglichen, indem man sie darstellt als die Sache, um die es geht, [...] sondern auch darin [...], diese Arbeit des Hörens, der Anamnese, der Erarbeitung pragmatisch in die Klasse selbst einzuschreiben." Die Vorbedingung, damit sich Lernen ereignet, ist somit, daß "der Einsatz, daß diese Denkarbeit stattfindet, ihren Lauf nimmt, in der Klasse, hier und jetzt."[247] Die einzelne "Lernproblematik [...] [muß] in ihrem Vollzug notwendig den Lernenden selbst überlassen"[248] werden.[249]

2.4.2.2 Defensiv-begründetes Lernen

Von defensiven Lerngründen spricht Holzkamp, wenn das Lernen nicht einem subjektiven Lerninteresse entspringt, sondern als eine Reaktion auf äußere Zwänge bzw. Bedingungen betrachtet werden kann, denen die subjektiven

---

243 Schleiermacher (1994). S. 222.
244 Holzkamp (1992). S. 103.
245 Holzkamp (1992). S. 108 f.
246 Dies verdeutlicht auch die Äußerung eines Zürcher Erziehungsdirektors, der von Hans A. Pestalozzi mit der Erkenntnis zitiert wird, daß es "doch eine alte Wahrheit [sei], dass man viel besser und intensiver lerne, wenn man dürfe, als wenn man müsse. 'Ein freiwilliges Angebot, das sich nach individuellen Begabungen und Neigungen richtet, spornt die Schüler weit mehr an als ein obligatorischer Unterricht.'" [Pestalozzi (1987). S. 156.].
247 Lyotard (1996). S. 130 f.
248 Holzkamp (1987). S. 36.
249 Diesen Zusammenhang finde ich in der Liedzeile eines Rapsongs artikuliert, in der es heißt: [...] wenn ich schreib', dann ohne Streß und Hetze, lieber eine EP als Doppel-CD und Freestyletexte."[Stieber Twins (1996). Zweite Strophe.]. Streß und äußerer Druck werden hier als hinderlich für die Komposition eines Textes – die sich analog zu einem Lernprozeß begreifen läßt – beschrieben und damit darauf aufmerksam gemacht, daß die Organisation und die Bewältigung eines solchen Prozesses nur durch das Subjekt selbst vorgenommen werden kann.

Interessen untergeordnet werden (müssen). Diese Zwänge können beispielsweise darin bestehen, daß den Lernenden bei Verweigerung des Lernens Sanktionen drohen, welche sich in einer Benachteiligung beim Zugang zu bestimmten gesellschaftlichen Bedeutungszusammenhängen niederschlägt und damit eine Verschlechterung der subjektiven Lebensqualität darstellen (schlechtere Noten und Abschlüsse).[250] Dies schließt die Gefährdung der Bedingungen zur materiellen Existenzsicherung des Subjekts ausdrücklich mit ein. So führen beispielsweise Lernverweigerungshandlungen in der Schule nicht nur dazu, daß dem Lernenden gute Zensuren oder der Zugang zu höheren Schulabschlüssen verwehrt wird. Gleichzeitig schwinden damit die Aussichten des jeweiligen Individuums auf entsprechende anschließende Bildungsangebote (z.B. Studium) ebenso wie die Chancen, einen möglichst hoch bewerteten Ausbildungs- bzw. Arbeitsplatz zu finden. Die Gefahr, die diesem Tatbestand innewohnt, verstärkt sich erheblich durch die gravierende Zunahme an Jugendlichen ohne Ausbildungsplätze. Die die subjektiven Lerngründe torpedierenden Sanktionen beschreibt Holzkamp so: "Damit bin ich gleichzeitig von den Perspektiven der gemeinsamen Verfügung über die Lebensverhältnisse abgeschnitten und auf mich selbst [...] zurückgeworfen."[251] Beim defensiven Lernen werden die eigenen subjektiven Lerninteressen äußeren Zielen und fremden Zwängen wenn nicht geopfert, so doch mindestens nachgeordnet. Hans A. Pestalozzi bringt dies auf die Formel: "Es kommt nicht darauf an, wofür sich der Schüler interessiert, wozu er Lust hat, ob er sich in der Lage fühlt, etwas Neues aufzunehmen."[252]

Es ist offensichtlich, daß bei dieser Art begründeten Lernens für den Lernenden kein unmittelbarer Zusammenhang zwischen Lernen und der damit verbundenen Erweiterung eigener Handlungsmöglichkeiten gegeben ist. Im Gegenteil, durch die Anpassung an den äußeren Lernzwang wird allenfalls einer befürchteten bzw. drohenden negativen Sanktionierung ausgewichen. "Dabei sind Ausmaß und Art eines solchen defensiven Lernens nicht primär am Lerngegenstand orientiert, sondern werden letztlich daran bemessen, wieweit sie für die Vermeidung der antizipierten Nachteile und Bedrohungen taugen."[253] Da Lernfortschritte in derart begründeten Lernhandlungen für den Lernenden – im Gegensatz etwa zu expansiv-begründeten Lernprozessen[254] –

---

250 Solche Zwänge bestehen aber auch – wie bereits ausgeführt – in der Schulpflicht und den Prozeduren ihrer Durchsetzung sowie in den Pflichten, die aus dem durch die Schulpflicht zwanghaft herbeigeführten Schulverhältnis für den einzelnen Lernenden folgen. Erinnert sei hier an die §§ 28 (2) und 37 (1) des Hamburgischen Schulgesetzes sowie an die §§ 31 (2), 40 (1) und 48 (1) des Schleswig-Holsteinischen Schulgesetzes.

251 Holzkamp (1992). S. 102.

252 Pestalozzi (1990). S. 155.

253 Holzkamp (1991). S. 8.

254 Vgl. Kapitel 2.4.2.1.

nicht identifizierbar sind, ist es ein spezifisches Kennzeichen dieser defensiven Lernprozesse, daß sich Lernfortschritte nur in sog. objektiven Kontrollinstanzen, in Prüfungen abbilden lassen.

2.4.3 Konstitutive Elemente defensiven Lernens
2.4.3.1 Fragen und andere Über-Prüfungen durch den Lehrenden

Mit der Überprüfung bzw. (Ab-)Prüfung von Lernergebnissen ist in institutionalisierten Lernprozessen die Vergabe von Noten und Zertifikaten verbunden, die – in Zeugnissen niedergelegt – über den weiteren Bildungsverlauf des einzelnen entscheiden und den Zugang zu gesellschaftlichen Privilegien reglementieren. Fünf Gramm (Zeugnis-)Papier bestimmen den weiteren Bildungsweg, den Erhalt oder Nichterhalt eines Ausbildungsplatzes und den gesellschaftlichen Status des einzelnen. Auf diese Weise erhält die Prüfung für den "Ge-Prüften" eine existentielle Bedeutung, wird zum Damoklesschwert über seinem künftigen Karriereverlauf. Diese für defensives Lernen typischen Lernstrukturen führen quasi zwangsläufig dazu, daß jedes individuelle Lerninteresse (expansive Lerngründe) dem fundamentalen Charakter der Prüfung geopfert wird. Dies hat zur Folge, daß sich das subjektive Interesse wesentlich auf die mit dem "Bestehen" der oder dem guten "Abschneiden" in den Prüfungen verbundenen Privilegien richtet und daß ein solches Lernen mithin nicht als expansiv, sondern ausschließlich als defensiv zu bezeichnen ist.

Dabei sind Prüfungen i.S. von Klausuren, Abschlußprüfungen u.ä. nur ein Teil der Ab- und Überprüfungsrituale, die jeden institutionalisierten Lernprozeß kennzeichnen. Ähnlich bedeutsam erscheint die Rolle, die hier Fragen sowie Antworten – und zwar sowohl in mündlichen Prüfungen als auch vor allem im normalen Unterrichtsgeschehen – spielen.

In diesem Kontext verblüfft es zunächst nicht, daß Fragen in Lernprozessen eine wichtige Rolle zukommt, vermutet der uninformierte Betrachter hierhinter in erster Linie doch, daß es die Fragen des Lernenden an den Lehrenden seien, mit denen sich dieser dem Lerngegenstand nähern will. Umso überraschter stellt man fest, daß dies in der Praxis durchaus nicht so ist. In institutionalisierten Lernprozessen ist es der Lehrende, welcher den Lernprozeß entwirft und sich mittels Fragen der Transmission bzw. des Übergangs des Wissens an den Lernenden vergewissern will. "Die Reproduktion schulklassenspezifischer interpersonaler Beziehungen ist dadurch charakterisiert, daß der Lehrer fragt und der Schüler antwortet."[255] Von der einschneidenden und das Unterrichtsgeschehen dominierenden Funktion von Lehrendenfragen wird nicht nur in einschlägigen Studien zur Unterrichtsbeobachtung berichtet,[256] dies wird auch deutlich in der literarischen Verarbeitung von Schulerfahrun-

---

255 Holzkamp (1993). S. 462.
256 Vgl. Lave (1988). S. 14 ff. Zitiert nach Holzkamp (1991). S. 11.
    Vgl. Mehan (1985). S. 16 f. Zitiert nach Holzkamp (1991). S. 12.

gen, wie das folgende Zitat aus dem autobiographischen Roman "Der Plan von der Abschaffung des Dunkels" von Peter Høeg verdeutlicht. Dieser läßt einen Schüler sagen: "Das geschah ohne Vorwarnung, ein paar wenige, kurze Fragen, und dann war es sehr wichtig, daß man antworten konnte. [...] Die Fragen galten immer einer Begebenheit und einer Jahreszahl. Diejenigen, die innerhalb standen, wußten diese oft; die, die außerhalb waren, streckten vor Angst die Hand in die Luft, ohne etwas zu wissen, und sanken tiefer in die Dunkelheit."[257] Diese Passage illustriert die Funktion der Fragen: Sie sollen die Lernergebnisse des Lernenden transparent machen. Der Lehrende ist demzufolge "nicht dazu da, Fragen zu beantworten, sondern Fragen zu stellen."[258] Holzkamp bezeichnet diesen Umstand zutreffend einerseits als "Monopolisierung des Fragens beim Lehrer"[259] und andererseits als "Marginalisierung der Schülerfragen",[260] wodurch die erhebliche Funktionsdifferenz dieser beiden in institutionalisierten Lernprozessen deutlich wird: "Lehrerfragen sind konstituierend für das Stattfinden von Unterricht, Schülerfragen dagegen nicht."[261] Bei Heinz Zechner ist dieser Zusammenhang so ausgedrückt: "Ich hätte so viele Fragen an meinen Lehrer. Doch mein Lehrer meint, als Lehrer sei er da, Fragen an mich zu richten. Dabei weiß ich oft gar keine Antwort."[262] Diese Funktionsdifferenz erklärt sich nach Holzkamp aus dem bereits dargelegten hierarchischen Verhältnis zwischen Lehrenden und Lernenden, das dem einen die Rolle des 'Wissenden' und dem anderen die des 'Unwissenden' zuweist. Die Lehrendenfragen sind integraler Bestandteil der Elemente zur Steuerung des Lernprozesses. Aus Lernendensicht haben diese Fragen keineswegs die Funktion, Erkenntniszusammenhänge herzustellen, sondern es geht "um nichts weiter [...], als den Lehrer zufriedenzustellen".[263] Den Unterrichtsbeobachtungen der Psychologin Gisela Ulmann folgend, führt dieser Tatbestand dazu, daß der Schüler rät und zwar "solang[e], [...] bis der Lehrer zufrieden ist [...]. Daß der Lehrer mit der Antwort eines Schülers endlich zufrieden ist, besagt keineswegs, daß die anderen (oder dieser Schüler) wissen, worum es überhaupt geht."[264] Das Abfragen liefert damit keinen Aufschluß über die tatsächlichen (Zwischen-)Ergebnisse der jeweiligen subjektiven Lernprozesse, sie dienen allenfalls zur Lernprozeßsteuerung. Ulmann folgert: "Es wird nicht 'gelehrt', sondern es 'findet Unterricht statt.' [...] Es geht nicht darum zu Lehren und zu

---

257 Høeg (1995). S. 56 f.
258 Holzkamp (1991). S. 14.
259 Holzkamp (1993). S. 461.
260 Holzkamp (1993). S. 461.
261 Holzkamp (1993). S. 462.
262 Zechner (1993). S. 53.
263 Holzkamp (1991). S. 10.
264 Holzkamp (1991). S. 10.

Lernen, sondern darum, die Form einzuhalten."[265] An dieser Stelle bleibt anzumerken, daß sich die beschriebene Funktionsdifferenz nicht nur an Fragen und deren Charakter ermessen läßt, sondern auch an sonstigen Arbeitshinweisen und -aufforderungen, die das Unterrichtsgeschehen ebenso wie die entsprechenden Lernmittel prägen. Dabei ist insbesondere letzteres ein im Zusammenhang mit der Schulbuchstudie aufzuweisender Umstand.

2.4.3.2 Lehrendenfragen: vorauswissend statt wissensuchend

Auffällig ist, daß in traditionell organisierten Lernprozessen ein bestimmter Typ von Fragen die Fragen der Lehrenden kennzeichnet. In Anlehnung an Mehan bezeichnet Holzkamp diesen Typ als "vorauswissende Frage"[266] ("known-information-questions"),[267] dem die "wissensuchende Frage"[268] ("answer-seeking-questions")[269] gegenübergestellt wird. Anders ausgedrückt ließen sich die Frageformen auch in (eher) offene einerseits und (eher) geschlossene andererseits unterscheiden. Diesen grundsätzlich verschiedenen Fragetypen entsprechen zwei ebenso differierende Antworttypen, die "wissensdemonstrierende" und die "inhaltliche" Antwort.[270] Typisch für institutionalisierte Lernprozesse sind "vorauswissende" Fragen und "wissensdemonstrierende" Antworten. Kennzeichnend für diesen dominierenden Frage- bzw. Antworttyp ist, gemäß Holzkamp, der "erziehungsförmige Charakter",[271] welcher dem derartigen Lernprozessen zugrundeliegenden Lernverständnis entspricht. Infolge eines solchen Lernverständnisses mit seiner – bereits dargelegten – postulierten bzw. festgelegten ungleichen Verteilung von Wissen zwischen Lehrenden und Lernenden liegt der Grund für die Bevorzugung der "vorauswissenden" Fragen in schulischen Kontexten, da sich hierin die spezifische Zuständigkeit des Lehrenden "für die Beurteilung der Qualität von Schüleräußerungen."[272] ausdrückt. Aus Sicht der Lernenden ergibt sich hieraus die Konsequenz, daß der Lehrende gar kein Interesse an dem hinter der jeweiligen Antwort (des Lernenden) stehenden Wissen bzw. Gedanken hat, schließlich ist der Lehrende 'wissend' und steht damit außerhalb des eigentlichen Fragefelds. Mit der Folge: "Es gibt keine offenen Fragen mehr."[273] Dabei ist dem Lehrenden zum Zeitpunkt jeder Frage bereits die in diesem Zusammenhang (unterrichtlicher Kontext) verbindliche und objektiv richtige Antwort bekannt,

---

[265] Zitiert nach Holzkamp (1991). S. 11.
[266] Holzkamp (1993). S. 463.
[267] Mehan (1985). S. 17. Zitiert nach Holzkamp (1991). S. 12.
[268] Holzkamp (1993). S. 463.
[269] Mehan (1985). S. 17. Zitiert nach Holzkamp (1991). S. 12.
[270] Holzkamp (1993). S. 463.
[271] Holzkamp (1991). S. 12.
[272] Holzkamp (1991). S. 10.
[273] Holzkamp (1991). S. 13.

woraus sich bezüglich des in einer Antwort des Lernenden artikulierten Wissens aus seiner Sicht ergibt: "Entweder kennt er dies ohnehin, oder es stimmt nicht mit der 'richtigen' Lösung überein, wird also als falsch beurteilt."[274] Der Lehrende ist damit kaum daran interessiert, wie weit der Lernende das präsentierte oder demonstrierte Wissen tatsächlich durchdrungen hat. Holzkamp bezeichnet dies als "Differenz zwischen Wissen und dessen bloßer Demonstration",[275] wobei sich das Interesse des Lehrenden lediglich auf letzteres konzentriert.

Dem Lernenden ist es aufgrund dieser Situation unmöglich, sich durch seine Antwort kritisch zur Frage des Lehrenden zu verhalten, beispielsweise sie hinsichtlich ihrer Angemessenheit zu hinterfragen, da die Beurteilung dessen allein dem Lehrenden, welcher angesichts der Tatsache, daß er den Lernprozeß geplant und mithin die Lernziele festgelegt hat, auch den absoluten Überblick bezüglich der Richtigkeit der gestellten Fragen hat, vorbehalten ist. Diese Tatsache bleibt dem Lernenden nicht verborgen, so daß seinerseits kein vernünftiger Grund ersichtlich ist, sich "unabhängig dem Problem, der Sache zuzuwenden",[276] sich dem Gegenstand also aus eigenem (expansiv-begründeten) Lerninteresse heraus unter einem subjektiven Gesichtspunkt zu nähern. Das Interesse des Lernenden kapriziert sich folgerichtig auf die Erwartungen und Motive des Lehrenden, "welche Antworten er jeweils hören will."[277]

Ab- und Überprüfungsrituale wie Prüfungen (Klausuren usw.) und Fragen dokumentieren nur all zu deutlich den defensiven Charakter der Lerngründe, die den jeweils der Abprüfung zugrundeliegenden Lernprozeß charakterisieren. Schließlich ist es aus Lernendenperspektive uneinsichtig, warum Lernergebnisse (Erkenntnisse) positiv sanktioniert werden müssen, wenn sie per se einen subjektiven Sinn und Vorteil für den Lernenden haben, ihm mithin bei der Bewältigung seiner Lernproblematiken helfen. Holzkamp fragt: "Warum muß ich dann [...] dafür noch zusätzlich belohnt werden? Begründungslogische Konsequenz: Da man mich in dieser Weise zu bestechen sucht, wird es mit der Nützlichkeit (des Lernens) für mich schon nicht so weit her sein."[278]

Demnach ist offensichtlich, daß die große Bedeutung von Frage- und Abprüfungsritualen in traditionell organisierten Lernprozessen einen weiteren wichtigen Grund zur Unterbindung expansiv-begründeten Lernens darstellen, welcher sich auch in der Schule an der vernachlässigten Rolle der Lernendenfrage zeigt. Entgegen der Erwartung, daß der Lernende sich während des Lernprozesses mit seinen Fragen und Problemen Rat suchend i.S. 'wissensuchender' Fragen an den Lehrenden wenden kann, zählt die Beantwortung von

---

274 Holzkamp (1991). S. 13.
275 Holzkamp (1993). S. 465.
276 Holzkamp (1991). S. 13.
277 Holzkamp (1991). S. 13.
278 Holzkamp (1991). S. 9.

"wissensuchenden Fragen nicht zu den unterrichtsorganisatorisch eingeplanten Aufgaben des Lehrers."[279] In dieser Konstruktion sind Fragen der Lernenden nur "als Ersuchen um Wiederholung, Verdeutlichung, Erläuterung [...] – also als Nachfrage i.w.S." [280] möglich. Hiermit sind dem Lernenden unter solchen Bedingungen alle Möglichkeiten genommen, die expansives Lernen initiieren würden, ihm wachsen demzufolge durch so geartete Lernprozesse auch keine neuen Handlungsfähigkeiten zu, die ihm bei der Bewältigung seiner subjektiven Lernproblematiken helfen. Seine Lernhandlung ist einzig begründet aus der Bewältigung der fremdbestimmten (bedrohlichen) Lernanforderungen, deren Verweigerung empfindliche Sanktionen für das Subjekt nach sich zieht. So fragt Hans A. Pestalozzi nicht zu Unrecht: "Ist Angst vielleicht ein Lehrziel?"[281] angesichts von "Notenzwang, Hausaufgabenzwang, Selektionszwang."[282] Schließlich wirkt sich "das Konkurrenzprinzip [...] in der Erziehung und beim Lernen negativ aus. [...] Konkurrenzsituationen lösen Ängste aus."[283] Und weiter: "Angst ist das Prinzip der Erziehung schlechthin."[284] Zur Fundierung dieser Analyse zitiert er einen führenden Manager des Nestlé Konzerns: "Zuverlässiger sind Systeme, die Angst einbauen."[285]

2.4.3.3 Abprüfungsrituale – Ursache für Lernwiderstände und widerständiges Lernen

Gemäß dieser Analyse geht es in institutionalisierten Lernprozessen "nicht primär um das Eindringen in den Lerngegenstand, sondern um die Abrechenbarkeit des Lernerfolgs bei den jeweiligen Kontrollinstanzen [...] [deshalb], muß der darauf zentrierte Lernprozeß notwendig auf vielfältige Weise in sich zurückgenommen, gebrochen, unengagiert vollzogen werden, dabei die Zuwendung zum Lerngegenstand durch Zweifel darüber, wieweit das jeweils Gelernte zur Situationsbewältigung überhaupt 'nötig', d.h. gefordert ist, zersetzt sein. Die so resultierende widersprüchliche Mischung aus Lernen und Lernverweigerung ist [...] widerständiges Lernen."[286]

Mit dieser Analyse liefert Holzkamp ein Erklärungsmodell für die oben bereits angesprochenen "Lernwiderstände".[287] Sie entwickeln sich als Folge defensiven Lernens. Lernen geschieht in solchen Situationen nicht mit dem Ziel (und kann es auch gar nicht), den eigenen Zugang zu gesellschaftlichen Bedeu-

---

279 Holzkamp (1993). S. 468.
280 Holzkamp (1993). S. 468.
281 Pestalozzi (1990). S. 160.
282 Pestalozzi (1990). S. 155.
283 Pestalozzi (1990). S. 159 f.
284 Pestalozzi (1990). S. 164.
285 Pestalozzi (1990). S. 162.
286 Holzkamp (1993). S. 193.
287 Vgl. Holzkamp (1987). S. 5 - 36.

tungszusammenhängen zu erweitern. Die Vermittlung des Verständnisses der Lehr-Gegenstände trifft somit (zwangsläufig) auf den inneren Widerstand des Subjekts, der seine Ursache in Ermangelung eines Grundes hat, welcher dieses Lernen zu einem Lernen aus eigenem Interesse machen könnte.

Solche Widerstandshaltungen entwickeln sich, Holzkamp gemäß, daraus, daß dem Lernenden die Ursachen für die Defensivität seiner Lerngründe unbewußt sind. Folglich richtet sich das widerständige Verhalten auch nicht gegen die (Macht-)Strukturen, deretwegen das Subjekt gezwungen ist, das Lernen (defensiv) zu vollziehen, sondern statt dessen gegen das Lernen an sich. Der einzelne behindert sich damit im Lernprozeß selbst, blockiert seine eigenen Entwicklungsmöglichkeiten, anstatt sich den (mächtigen) Strukturen zu widersetzen, die ihn nötigen, wider seine expansiven Interessen lernen zu müssen. Holzkamp spricht in diesem Zusammenhang auch von "dynamischen Selbstbehinderungen",[288] die ihre Ursache in der unbewußten Orientierung an den von außen gesetzten Erwartungen (Anforderungen usw.) haben. Lernwiderstände sind damit das Resultat defensiven Lernens, was den Lernenden in die Situation führt, daß er "gleichzeitig 'will und nicht will' [...] bzw. nicht widerspruchsfrei 'selbst wollen kann'".[289] Entsprechende Lernprozesse sind "somit – indem die Lernanforderung hier sowohl übernommen wie zurückgewiesen wird – auf charakteristische Weise widersprüchlich, in sich gebrochen, halbherzig, ineffektiv."[290]

Da es sich bei dieser Form von (defensivem) Lernen um ein Lernen handelt, das den subjektiven Lerninteressen zuwiderläuft und unweigerlich die skizzierte nach innen gerichtete selbstbeeinträchtigende Lernverweigerung zur Folge hat, bezeichnet Holzkamp die Gründe, die dieses Lernen fundieren, auch nicht als Interessen oder Motivationen, sondern als eine Art unbewußt verinnerlichter Zwangsanpassung, welche dem einzelnen eine bestimmte Lernformierung bzw. -normierung aufnötigt.[291]

Holzkamp konstatiert zurecht, daß den institutionalisierten Lernprozessen (mit ihren fremdbestimmten Lerngegenständen, festgelegten Lernzielen und geplanten Abläufen) in Schule, Hochschule und beruflicher Weiterbildung strukturell in der Regel ein Verständnis zugrundeliegt, das die Lernenden zu defensivem Lernen nötigt.[292]

---

288 Holzkamp (1987). S. 25.
289 Holzkamp (1987). S. 25.
290 Holzkamp (1991). S 8.
291 Vgl. Holzkamp (1993). S. 525 ff.; S. 561 f.
292 Hans A. Pestalozzi beschreibt den Zusammenhang zwischen defensivem Lernen und Lernwiderständen treffend, wenn er einen zwölfjährigen Schüler zitiert: "Sobald ich einen Lehrer sehe, höre ich auf zu lernen." [Pestalozzi (1990). S. 155.].

2.4.4 Konsequenzen für die Schulbuchanalyse

Auch hier soll die Darstellung des Holzkampschen Lernbegriffs einer kleinen Zäsur unterzogen werden.

Welches sind die zentralen Lernkriterien, die in diesem Kapitel unter dem Motiv, "Lernen aus subjektwissenschaftlicher Sicht", angesprochen wurden und insofern in den Kriterienkatalog[293] für die Schulbuchanalyse aufgenommen werden sollen? Dies sind

- das expansiv-begründete Lernen,
- das defensiv-begründete Lernen,
- die Überprüfungsprozeduren, die institutionalisierte Lernprozesse begleiten sowie
- der das Lerngeschehen dominierende Fragetypus der vorauswissenden Lehrendenfrage.

Dabei bin ich mir dessen bewußt, daß es sich sowohl bei den "Überprüfungsprozeduren" als auch bei dem "dominierenden Fragentypus" um Aspekte handelt, die hinsichtlich ihrer Konsequenz dem defensiv-begründeten Lernen zuzuordnen sind.

2.5 Lernprozesse aus subjektwissenschaftlicher Sicht
2.5.1 Lernanlaß und Lernbeginn

Lernen im eigentlichen Sinne – also expansives Lernen – ist, Holzkamp zufolge, für das Subjekt nur dann eine zu realisierende Handlungsoption, wenn es eine Aktivität nicht zur eigenen Zufriedenheit vollziehen kann. Das Subjekt stößt an eine Grenze seiner Handlungsfähigkeit,[294] eine Grenze, die es an der Entfaltung und Realisierung eigener Lebensinteressen behindert und die es

---

293 Bei der Verdichtung der vorgängigen Ausführungen zu den nachfolgenden Kriterien habe ich mich auf diejenigen konzentriert, die mit Blick auf den Gegenstand meiner Untersuchung triftig und relevant, aber auch operationalisierbar erscheinen. Dabei können die Darlegungen der Kapitel 2.4 bis 2.4.1 nicht direkt berücksichtigt werden, da es hierin zur Entfaltung hinführender und vorbereitender Gedanken bezüglich der Aufbereitung des sich anschließenden Feldes der Lernbegründungen kommt. Insofern sind diese Ausführungen immanenter Bestandteil der Erläuterungen zu expansiven (vgl. Kapitel 2.4.2.1) und defensiven (vgl. Kapitel 2.4.2.2) Lerngründen, welche als Bestandteile in den Kriterienkatalog aufgenommen wurden. Hinzu kommen die Anhaltspunkte "Überprüfen" und "Welcher Fragetypus herrscht vor?" als Dimensionen des Kriterienkataloges, da es sich hierbei m.E. um zwei besonders charakteristische und hervorstechende Kennzeichen schulisch-institutionalisierter Lernprozesse handelt. Ich habe mich für deren Aufnahme entschieden, obwohl es sicher zutreffend ist, die beiden letztgenannten Punkte in ihrer alltäglich und mehrheitlich praktizierten Form in der Schule der Gruppe von Gründen für defensiv-orientierte und -motivierte Lernprozesse sowie den ihnen zugehörigen Begleiterscheinungen (z.B. Lernwiderstände) zuzuordnen.

294 Dabei begrenzt sich die hier benannte "Handlungsfähigkeit" keineswegs auf Handlungen i.S. körperlicher Tätigkeiten, sondern umfaßt das gesamte Spektrum an menschlichen Handlungen, also durchaus auch gedankliche Tätigkeiten.

mittels durch Lernen erzielte Erweiterung der eigenen Handlungsfähigkeit zu überwinden sucht. Holzkamp benennt diesen Umstand als "Diskrepanzerfahrung"[295] zwischen vorgängig Gelerntem und den vom Subjekt im Gegenstand[296] noch vermuteten bisher aber nicht erschlossenen Dimensionen. "Diese Diskrepanz muß mir im Zusammenhang einer Lernproblematik auch erfahrbar werden können, ich muß also bemerken, daß es mit Bezug auf den jeweiligen Gegenstand mehr zu lernen gibt, als mir jetzt schon zugänglich ist."[297] Erst durch die Überwindung der derart skizzierten Handlungsbehinderung erscheint es dem Subjekt möglich, die noch unbekannten Gegenstandsdimensionen des jeweiligen Lerninhaltes zu ergründen. Solche Handlungsproblematiken werden jedoch erst zu subjektiven "'Lernproblematiken' [...], wenn das Subjekt einerseits eine bestimmte Handlungsproblematik nicht überwinden kann, aber andererseits antizipiert, daß durch das Dazwischenschieben einer·Lernphase eine solche Überwindung der Handlungsproblematik möglich sein wird."[298]

Dabei existiert keineswegs ein Kausalzusammenhang zwischen der Diskrepanzerfahrung eines Subjekts bezüglich der eigenen Handlungsfähigkeit und der tatsächlichen Wahl der Handlungsmöglichkeit 'Lernen' zur Erweiterung der eigenen Handlungsfähigkeit. Im Gegenteil, ob sich das Subjekt zum Lernen entscheidet oder nicht, hängt ausschließlich von seinen subjektiven Lebensinteressen ab und welche Relevanz es in diesem Zusammenhang dem erkannten Defizit bzw. der Diskrepanzerfahrung beimißt. Wie bedeutsam ist dem Subjekt die Überwindung des jeweiligen Defizits für die individuelle Entfaltung der Gesamtpersönlichkeit? Steht die zu erwartende Handlungserweiterung in einem subjektiv als angemessen empfundenen Verhältnis zum vermutlichen Lernaufwand? Die Entscheidung für oder wider Lernen läßt sich damit immer nur subjektiv begründen und treffen, sie hat ihre Ursache in den jeweiligen Lernmotivationen, die sich unmittelbar aus dem subjektiven Lernzusammenhang speisen.[299]

In dieser Konzeption erscheint Lernen als eine besondere Art von Handlung, die sich von Handlungen anderer Form (insbesondere Alltagshandlungen) unterscheidet. Wo liegen jedoch die strukturellen Unterschiede zwischen Handlungen mit und ohne Lernbezug? Holzkamp beantwortet diese Frage, indem er Lernen als Handlung zur sog. "Bezugshandlung"[300] beschreibt: "Jeder

---

[295] Holzkamp (1993). S. 212.
[296] Die Bezeichnung "Gegenstand" wird hier und im folgenden im weitesten Sinne als Zuschreibung für alle denkbaren Themen und Inhalte verwendet, die Gegenstand eines Lernprozesses sein können.
[297] Holzkamp (1993). S. 212.
[298] Holzkamp (1992). S. 100.
[299] Vgl. Holzkamp (1993). S. 182 ff.
[300] Holzkamp übernimmt den Begriff "Bezugshandlung" von Dullisch und ordnet folgerichtig jeder Lernhandlung ihre jeweilige Bezugshandlung zu, die die Lernhandlung ursächlich

Lernhandlung ist also eine 'Bezugshandlung' [...] zugeordnet, von der es abhängt, welche Struktur die jeweils ausgegliederte Lernhandlung hat."[301] Hieraus folgt, daß Lernen als eine besondere Form der Handlung immer an eine Bezugshandlung gebunden ist, auf die sich das Lernen bezieht.[302] "Demnach sind Lernprozesse aus primären Bewältigungsaktivitäten ausgegliedert, stellen quasi einen Umweg oder eine Lernschleife dar, und der Lernprozeß hätte dann das Resultat, wenn die Handlungsproblematik, die ohne Lernen nicht überwindbar war, nunmehr bewältigt werden kann."[303] Lernen ist damit eine Handlungsart, die von Alltagshandlungen insoweit unterschieden ist, als daß die Lernhandlungen darauf zielen, bislang unmögliche oder behinderte Alltagshandlungen vollständig ausführen zu können.

Das Lernen nimmt also dort seinen Ausgang, wo das Subjekt in einem Handlungsablauf infolge eines Handlungsdefizits stockt und am reibunglosen Vollzug der jeweiligen Handlung gehindert ist, gleichzeitig für den Lernenden aber "gute Gründe für die Annahme [bestehen], daß [...] aufgrund einer besonderen Lernintention, die Behinderungen [...] aufgehoben werden können."[304] Die Defiziterfahrung in einem Handlungs- oder Aktivitätsablauf (auch in einem Lernprozeß) zeigt sich dem Subjekt als ein spezifischer "Gefühlszustand des Ungenügens, der 'Frustration', der Beunruhigung, Angst o.ä., als emotionale 'Komplexqualität'"[305] bezüglich der Frage, inwieweit und wie sich die Handlungsproblematik überwinden läßt. Zu Recht spricht Holzkamp m.E. hierbei von "Beunruhigung", da dem Subjekt in dieser Lernphase selbst unklar ist, wo die Ursachen für das Handlungsdefizit liegen, geschweige denn über Ideen verfügt, wie diese zu überwinden sind. Bei aller Unsicherheit ist dem Subjekt allerdings eines klar: Es möchte den Zustand der Verunsicherung ebenso wie die Behinderung in den Handlungsmöglichkeiten überwinden.[306] Die Lernmotivation entsteht in solchen Situationen aus der Erwartung, daß sich die Verunsicherung durch die in Lernprozessen erweiterte Handlungsfähigkeit nachhaltig überwinden läßt. In der Begrifflichkeit Holzkamps legt das Subjekt eine "Lern-

---

begründet. [vgl. Dullisch (1986). S. 151. Zitiert nach Holzkamp (1992). S. 100 f; Holzkamp (1993). S. 183.].

301 Holzkamp (1992). S. 100 f.
302 Vgl. Holzkamp (1993). S. 183.
303 Holzkamp (1992). S. 100.
304 Holzkamp (1993). S. 183.
305 Holzkamp (1993). S. 214.
306 Meines Erachtens hat Franz Kafka diese Ambivalenz zwischen der Entschlossenheit, etwas zu verändern (zu lernen), ohne gleichzeitig bereits Klarheit über den Weg dorthin zu haben, in seiner Parabel "Der Aufbruch" ausgedrückt, in der es heißt: "'Wohin reitet der Herr?' 'Ich weiß es nicht', sagte ich, 'nur weg von hier, nur weg von hier. Immerfort weg von hier, nur so kann ich mein Ziel erreichen.' 'Du kennst also dein Ziel', fragte er. 'Ja', antwortete ich, 'ich sagte es doch. Weg von hier – das ist mein Ziel.'" [Kafka (1983). S. 86.].

schleife"[307] ein, an deren Anfang es zur Analyse dessen kommt, worin die (Fähigkeits-)Defizite zu erkennen sind, die der Bewältigung des Handlungsproblems entgegenstehen. Es geht in dieser ersten Phase der Orientierung um die Identifikation der spezifischen individuellen Lernproblematik, die sich nur aus der "je" subjektiven Perspektive erschließen läßt. Diese erwächst aus dem subjektiven Handlungsproblem ebenso wie aus den besonderen Anforderungen des (noch) unbewältigten Gegenstands. Die Orientierungsphase dient dabei zunächst der Entscheidung, ob sich das Subjekt angesichts der jeweiligen Situation für die Handlungsmöglichkeit 'Lernen' entscheidet. Fällt die Wahl bezüglich der Lernoption positiv aus, so wird in der Orientierungsphase der Kurs, wohin der anstehende Lernprozeß das Subjekt führen soll, festgelegt. Erst im Anschluß an diese Kursbestimmung ist es dem Lernenden möglich, nötige Lernansprüche zu formulieren sowie davon ausgehend, ein adäquat erscheinendes Lernprinzip auszuwählen.

Das Lernprinzip entspricht dabei dem jeweiligen "thematischen Prinzip der Realisation meiner Lernintention."[308] Lernprinzipien sind demnach "bestimmte Prinzipien, an denen ich meine Lernhandlungen orientiere",[309] sie richten sich nicht am Lernziel aus, sondern "an der Bedeutungsstruktur, die in der übergeordneten Bezugshandlung umzusetzen ist."[310] Das jeweilige Lernprinzip muß der angestrebten Bezugshandlung angemessen sein und dem Subjekt den gewünschten Verständnisaufschluß möglich machen. Holzkamp stellt hierzu fest: "Nur in dem Maße, wie ich mir über das jeweils zu realisierende inhaltliche Lernprinzip im klaren bin, steht die angemessene regulatorische Lernstrategie zur [...] Annäherung an die Bezugshandlung überhaupt zur Frage."[311] Zunächst muß Klarheit über das Lernprinzip bestehen, "ehe ich [...] meine Übungspraxis entsprechend organisieren kann."[312] Daß die Wahl des jeweiligen Lernprinzips sich dabei nicht nur am Lerngegenstand, sondern in erster Linie an der Entscheidung des Subjekts und damit mindestens an dessen Lerngründen und Vorwissen orientiert, ist evident. Die Frage für das Subjekt lautet dabei: An welchem Prinzip will ich mein Lernen bzw. meine Lernpraxis ausrichten?

Abgeschlossen ist der begonnene Lernprozeß spätestens dann, wenn der subjektive Lernfortschritt einer Erweiterung der Handlungskompetenz in dem gewünschten Umfang entspricht. Die Aufrechterhaltung bzw. Fortsetzung dieses (expansiv-begründeten) Lernprozesses, dieser Lernschleife, orientiert sich damit ebenso wie der Beginn einer solchen ausschließlich an den subjektiven

---

[307] Holzkamp (1993). S. 183; Holzkamp (1992). S. 100.
[308] Holzkamp (1993). S. 240.
[309] Holzkamp (1993). S. 187.
[310] Holzkamp (1993). S. 187.
[311] Holzkamp (1993). S. 187.
[312] Holzkamp (1993). S. 187.

Interessen und Motive des Lernenden. Es ist dem Lernenden möglich, individuelle Lernfortschritte in Form erweiterter Handlungskompetenz nicht erst am Ende – wie dies in institutionalisierten Lernsituationen üblich ist – des Prozesses, sondern in dessen Verlauf zu ermitteln und hierauf basierend eine Entscheidung darüber zu treffen, ob der begonnene Lernprozeß fort-, ausgesetzt oder beendet werden soll. Der Lernprozeß kann damit prinzipiell zu jedem Zeitpunkt für beendet erklärt werden, beispielsweise wenn der gewünschte Lernfortschritt eingetreten ist oder der Lernaufwand (subjektiv) unverhältnismäßig zum hiervon versprochenen Handlungszugewinn erscheint oder das Defizit insgesamt unüberwindlich wirkt. Doch der Lernende ist nicht nur vor die Alternative gestellt, den Lernprozeß fortzusetzen oder abzubrechen, er hat auch jederzeit die Möglichkeit, das Lernen neu zu organisieren, kann beispielsweise seinen Lernprozeß an einem anderen Lernprinzip ausrichten o.ä.

Es ist offensichtlich, daß Lernprozesse dieser Qualität weder von außen induziert noch geplant oder stereotyp determiniert werden können. Derart fremdbestimmte Lernanforderungen werden (können) von dem einzelnen Lernenden nur insoweit aufgegriffen (werden), als daß diese sie als eigene Lernproblematik oder zumindest als der eigenen Lernproblematik zugehörig akzeptieren und damit zu ihrer eigenen machen. Nur sofern subjektiv Gründe existieren, die ein Lernen in die entsprechende Richtung und an dem jeweiligen Gegenstand dem Lernenden plausibel (i.S. der eigenen Lebensinteressen) erscheinen lassen, werden äußere Lernanforderungen in individuelle Lernhandlungen übergehen. Ist dies der Fall, so läßt sich allerdings auch nicht mehr von äußeren Lernanforderungen sprechen, da es sich um subjektive Lernziele handelt, welche sich auf individuellen Lernmotiven gründen und somit expansiver Natur sind. Klar ersichtlich ist damit, daß die Lehr-Lern-Bedingungen in den institutionalisierten Lehrprozessen keineswegs dem vorgängig skizzierten Lernverständnis gerecht werden.[313] Im Gegenteil, in derartigen Prozessen gilt vornehmlich immer noch das Paradigma, dem zufolge jedes Subjekt unter bestimmten Rahmenbedingungen auf prinzipiell jedes Lernziel "hin-erzogen" i.S. der "Zu-Erziehung"[314] werden kann, obwohl für den einzelnen keinerlei Bezugshandlungen ersichtlich sind.

2.5.2 Flache und tiefe Gegenstandsaufschlüsse

Die o.g. Gesamtheit der gesellschaftlichen Bedeutungszusammenhänge stellt, laut Holzkamp, die für das Subjekt potentiell möglichen Lerngegenstände (oder -themen) dar. Aus dieser Gesamtheit wählt der einzelne, seinen aktuellen und spezifischen Lernproblematiken folgend, die für ihn bedeutungsvollen Lerngegenstände aus, wobei sich der einzelne von der Ergründung desselben

---

313 Im Sinne Holzkamps sind sie eher als "Lehrlern"-Bedingungen zu bezeichnen. [Vgl. Holzkamp (1993). S. 391.].
314 Holzkamp (1992). S. 98.

Kenntnisse verspricht, die ihm helfen, sein primäres Handlungsproblem zu lösen.

Für die sich an diesen Lerngegenständen entspannenden Lernprozesse konstatiert Holzkamp einen strukturell ähnlichen Verlauf, welcher sich vom eher flachen Gegenstandsverständnis oder -aufschluß zu einem immer tieferen entfaltet. Wird der Lerngegenstand von dem einzelnen zu Beginn des Prozesses lediglich in seinen Umrissen und oberflächlichen Strukturen begriffen bzw. erkannt, so wandelt sich diese Kenntnis des unmittelbar Kenntlichen und Zugänglichen zunehmend zur Wahrnehmung tieferer Strukturen und Zusammenhänge.[315] Unter der Oberfläche (in der Tiefe) liegende Bezüge scheinen auf und Strukturen, Entstehungs- und Hintergründe des jeweiligen Lerngegenstandes werden offenbar und dem Subjekt zugänglich. In diesem Kontext ist zu beachten, daß gerade die Lerngegenstände in institutionalisierten Lernprozessen keineswegs immer einen Zuschnitt haben, dessen inhärente Komplexität einen immer tieferen Gegenstandsaufschluß tatsächlich auch zuläßt. Im Gegenteil hierzu sind diese häufig durch eine auffallende und weitgehende aufgaben- und lernzielbezogene Komplexitätsreduzierung gekennzeichnet. Daß dies keineswegs ein Zufall ist, sondern erklärte Absicht im Verständnis der jeweiligen lernkonzeptionellen Anlage, ist anzunehmen und belegt bereits 1927 der Kommentar zur künstlerischen Gestaltung der sog. "Hansa-Fibel" (einem Erstlesewerk für Hamburger Schülerinnen und Schüler): "Das Kind freut sich, seine Welt in diesen Bildern wiederzufinden. Diese Dinge kennt es, denn mit ihnen lebt es und spielt es. Es findet sie hier in einer Darstellung von so glänzender Vereinfachung, daß sie nirgend seinem Verständnis Rätsel aufgeben."[316] Schon die Wendungen "glänzende Vereinfachung" und "die nirgend seinem Verständnis Rätsel aufgeben" sind aufschlußreich. Sie stehen darüber hinaus in einem auffallenden Widerspruch zu der unmittelbar vorher getroffenen Aussage ("Diese Dinge kennt es, denn mit ihnen lebt es und spielt es."). Schließlich erlebt der Lernende die ihn in der Welt umgebenden Dinge nicht in einer "glänzenden Vereinfachung", sondern in der diesen Gegenständen eigenen Komplexität.

So sehr man über die Sinnhaftigkeit von Vereinfachungen im Kontext der didaktischen Gestaltung bestimmter Aufgaben für eine spezifische Altersgruppe im konkreten Einzelfall auch streiten mag, ist für mich an dieser Stelle eine grundsätzliche Feststellung bedeutsamer. Offensichtlich handelt es sich bei

---

315 Diesen Vorgang des immer intensiveren Eintauchens in die (Lern-)Tiefe des jeweiligen Gegenstandes und dem sich Eröffnen neuer Perspektiven in dem Moment, in dem man sich am Endpunkt wähnt, hat Gottfried Wilhelm Leibniz eindrucksvoll wie folgt beschrieben: "Nachdem ich diese Dinge festgestellt hatte, glaubte ich, in den Hafen eingelaufen zu sein; sobald ich mich aber anschickte […] [weiter über ein bestimmtes Thema] nachzudenken, wurde ich auf das offene Meer zurückgeworfen." [Leibniz (1986), S. 217.].

316 Zimmermann (1927), S. 35.

der Vereinfachung von Lerngegenständen und damit der systematischen Begrenzung ihrer Lerntiefe um eine selbstverständliche Prämisse lerntheoretischer Überlegungen. Die Komplexitätsreduzierung von Wirklichkeit im Zusammenhang mit dem Prozeß der aus ihr erfolgenden Lerngegenstandsgewinnung hat offensichtlich den Status eines pädagogisch-didaktischen Axioms innerhalb traditioneller lerntheoretischer Konzeptionen. Dabei wird übersehen oder stillschweigend in Kauf genommen, daß dieses Vorgehen grundsätzlich expansiv-orientierten Lernprozessen entgegengerichtet ist.

Ungeachtet einer weiteren Vertiefung dieser Frage läßt sich generalisierend an dieser Stelle festhalten, daß differierende Lerngegenstände grundsätzlich verschiedene Aufschluß- und Verständnistiefen zulassen. Dies liegt nicht ausschließlich in den Lernmotiven und damit verbunden der Lernausdauer des jeweiligen Subjekts begründet, sondern auch in der Tiefe bzw. Komplexität, die dem Gegenstand selbst innewohnt. Einen tieferen Gegenstandsaufschluß ermöglichen Lerngegenstände, in denen verallgemeinerbare gesellschaftliche Bezüge, die über den Gegenstand selbst hinausgehen, eingeschrieben sind. Mit dem an diesem Gegenstand somit gewonnenen Wissen sind dem Lernenden Bedeutungen, Kenntnisse und Handlungskompetenzen zugänglich, die für ihn auch über die Beschäftigung mit dem Gegenstand selbst hinaus handlungsrelevant sind.

Gleichwohl ist zu betonen, daß es – bei vorhandener (relativer) Tiefe des Lerngegenstandes – wiederum primär von der Entscheidung des Lernenden abhängig ist, ob und wie weit er in diese Tiefe eindringen möchte. Hieraus folgt, daß es unabhängig von der tatsächlichen (objektiven) Flachheit oder Tiefe einzelner Lerngegenstände keinerlei Anhaltspunkte dafür gibt, in welchen Situationen, zu welchen Zeitpunkten und wie tief das jeweilige Subjekt in einen Lerngegenstand eintaucht. Verallgemeinernd läßt sich nur feststellen, daß die jeweils erreichte Lerntiefe (entsprechende Gegenstandstiefe vorausgesetzt) allein davon abhängig ist, inwieweit und wie lange die hierin vermuteten Lernpotentiale für den einzelnen bedeutsam sind. Es ist klar ersichtlich, daß institutionalisierte Lernprozesse eher einen flachen, denn einen tiefen Gegenstandsaufschluß nahelegen, schließlich fehlt hier die subjektive Lernintention des einzelnen.[317]

Deutlich wird in diesem Zusammenhang, daß es sich bei der lernenden Auseinandersetzung mit einem Gegenstand damit immer nur um eine gleichzeitig subjektive wie aspekt- und ausschnitthafte Kenntnis vom jeweiligen Lerngegenstand handeln kann. Subjektiv ist diese, da sie sich ausschließlich an

---

[317] Dies beschreibt m.E. Wilhelm Busch in "Schein und Sein" zutreffend. Dort heißt es:
"Zwei mal zwei gleich vier ist Wahrheit.
Schade, daß sie leicht und leer ist,
Denn ich wollte lieber Klarheit
Über das, was voll und schwer ist." [Busch (1959). S. 247.].

den Lerninteressen des einzelnen orientiert; aspekt- bzw. ausschnitthaft ist sie, weil das Resultat immer nur einen Gegenstandsaufschluß im bezug auf die subjektiven Lernintentionen ermöglicht. Daß bei einer derartigen Auseinandersetzung mit dem jeweiligen Lerngegenstand die Grenzen einzelner Wissenschaftsdisziplinen in den Hintergrund treten, ist unvermeidbar. Schließlich beschäftigt sich der Lernende (mehr oder weniger) intensiv mit der Gesamtkomplexität des einzelnen Lerngegenstandes, und diese läßt sich nicht in einem einzelnen Fach abbilden, erlaubt doch jedes Lernthema eine Betrachtung von verschiedenen Disziplinen.

Die Wahl der Lernprinzipien zur fortschreitend tieferen Annäherung an den jeweiligen Lerngegenstand richtet sich einerseits nach dem Vorwissen des Lernenden bezüglich des jeweiligen Gegenstandes und andererseits nach der Komplexität bzw. Struktur desselben. Die Wahl der Lernprinzipien ist damit – entgegen dem landläufigen Verständnis – "nicht primär antizipativ am Lernziel orientiert."[318] Ferner ist zu berücksichtigen, daß die Analyse der verschiedenen Faktoren, die bei der Entscheidung über die verschiedenen Lernprinzipien von Bedeutung sind, nichts an dem o.g. Umstand ändern, daß die Wahl selbst nur von dem einzelnen Lernsubjekt – gemäß dessen Gründen – vorgenommen werden kann. Bezüglich der eigentlichen Entscheidung für ein Lernprinzip gilt der Grundsatz: Je genauer sich der einzelne Auskunft über den "zu flachen" Gegenstandsaufschluß geben kann, desto exakter ist die Wahl des Lernprinzips möglich.

2.5.3 Intermediäre Zwischenphasen – Diskrepanzerfahrungen höherer Ordnung

Mit wachsender Komplexität und damit Tiefe, die einzelne Lerngegenstände aufweisen, d.h. je intensiver und umfangreicher gesellschaftliche Bedeutungszusammenhänge deutlich werden, desto weniger ist es dem Lernenden möglich, die Komplexität des jeweiligen Themas zu Beginn des Lernprozesses abzusehen. Zunehmende Komplexität bedingt damit fast zwangsläufig, daß der Lernende während des Lernprozesses auf unvorhergesehene Widerstände oder Schwierigkeiten trifft, die mit dem bisherigen Lernprinzip nicht zu überwinden sind. Es ist hervorzuheben, daß diese Widerstände allerdings in keiner Weise mit den o.g. Lernwiderständen vergleichbar sind.[319] Diese Lernkolli-

---

318 Holzkamp (1993). S. 187.
319 Lyotard führt dies wie folgt aus: "Der Widerstand, auf den man in dieser Arbeit [Erarbeitung i.S. expansivem Lernens] [...] stößt, ist von anderer Art als der, der sich der Übertragung von Kenntnissen entgegenstellen mag." [Lyotard (1996). S. 129.]. Ein anderes Beispiel für den strukturellen Gehalt von Diskrepanzerfahrungen liefert der französische Philosoph Michel Foucault, der sich in einem Interview einmal wie folgt äußerte: "Eine Arbeit [i.S. etwa eines philosophischen Denkprozesses], die nicht zugleich ein Versuch ist, das zu verändern, was man denkt und selbst das, was man ist, ist nicht sehr

sion bezeichnet Holzkamp als eine besondere Form der Diskrepanzerfahrung, als eine "Diskrepanzerfahrung höherer Ordnung",[320] wobei er die Phase des Lernprozesses als "intermediäre Zwischenebene"[321] bezeichnet. Diese neue Diskrepanzerfahrung erlebt das Subjekt als Differenz "zwischen dem mit Hilfe des bisher angewendeten Lernprinzips zu erreichenden und dem möglichen Stand des lernenden Gegenstandsaufschlusses."[322] Sie zwingt den Lernenden innezuhalten, das bisherige Lernprinzip hinsichtlich seiner Angemessenheit zu überprüfen und nach einer neuen (Lern-)Strategie zu suchen, die sich als hinreichend erweist, um tiefer in den Lerngegenstand einzudringen.[323] Diese Veränderung des Lernprinzips läßt sich als 'work in progress'[324] beschreiben, schließlich ist dieser Wandel im Einsatz der Lernprinzipien Ergebnis des Lernprozesses selbst und kann somit auch als lernender Wandel charakterisiert werden. Holzkamp bezeichnet dies als "die lernende Veränderung des bisherigen Lernprinzips".[325]

Im Lernprozeß ist der Lernende "an einen Punkt gekommen, wo dieses [das bisherige Lernprinzip] für einen weiteren Lernfortschritt nicht mehr ausreicht, also ein neues Prinzip für das Weiterlernen gefunden […] mithin ein qualitativer Lernsprung vom bisherigen zum neuen Prinzip vollzogen werden muß"[326]. Die Suche nach einem neuen Lernprinzip gestaltet sich dabei analog zu der der Orientierungsphase, welche den jeweiligen Lernprozeß bereits eingeleitet hat. Den Ausgangspunkt hierfür bietet bei der "Diskrepanzerfahrung höherer Ordnung" die Frage nach den Ursachen, inwiefern und warum die bisherige Strategie nicht mehr zur Bewältigung der Lernproblematik ausreicht.

---

amüsant." [Foucault (1984), S. 133.] Foucault beschreibt damit unter gewandeltem Blickwinkel die in diesem Zusammenhang angesprochenen Diskrepanzerfahrungen. Verhält sich Lyotard jenen gegenüber eher neutral, so macht Foucault diese für expansive Lernprozesse – und Denken (i.S. philosophischer Anstrengung ist diesem sicher qualitativ vergleichbar) – typische Phase zu einem Element, das er bewußt ins Kalkül dessen einbezieht, was Denken und Denkprozesse auszeichnet. Er macht die Diskrepanzerfahrung damit zu einer festen Größe i.S. eines konstitutiven Merkmals dessen, was für ihn einen Denk- und Arbeitsprozeß auszeichnet.

320 Holzkamp (1993). S. 239.
321 Holzkamp (1993). S. 239.
322 Holzkamp (1993). S. 242 f.
323 Auch die "Diskrepanzerfahrung höherer Ordnung" zeichnet sich ähnlich der in Kapitel 2.5.1 benannten, Holzkamp zufolge, durch "emotionale[s] Ungenügen als Komplexqualität" [Holzkamp (1993). S. 243.] aus, wobei sich das Ungenügen "als Ungenügen an der bisherigen Art und Weise des Lernens" [Holzkamp (1993). S. 243.] charakterisieren läßt.
324 Dieser Anglizismus läßt sich in etwa übersetzen mit einer "Tätigkeit, die ständig [sozusagen im Prozeß ihrer Ausführung] überarbeitet bzw. weiterentwickelt wird". Ein bestimmtes Ende läßt sich damit ebensowenig festlegen, wie sich keine definitiven Aussagen über den Verlauf des Prozesses machen lassen.
325 Holzkamp (1993). S. 241.
326 Holzkamp (1993). S. 241.

Holzkamp zufolge ist es ein Spezifikum derartiger Lernprozesse, daß sich solche Stockungen plötzlich und sprunghaft auflösen. Er spricht folgerichtig von "qualitativen Lernsprünge[n]",[327] wenn für den Lernenden – aufgrund einer spontan sich einstellenden Einsicht ('Aha-Effekt' i.S. eines "Heureka, ich hab' es gefunden"[328]) auf die tiefere Struktur des Lerngegenstandes – ein neues Lernprinzip "soweit faßbar und erkennbar wird, daß es für den weiteren Lernvollzug dominant werden kann"[329] und der Lernprozeß in Richtung eines tieferen Gegenstandsverständnisses fortgesetzt werden kann. "Dies ist bereits aus der Alltagserfahrung bekannt (man denke nur an alltagssprachliche Formeln wie, solange habe ich geübt und probiert, und jetzt habe ich es endlich gepackt oder geschnallt, nun ist plötzlich der Knoten geplatzt, fiel es mir wie Schuppen von den Augen, habe ich den Bogen raus o.ä.) [...]".[330] Wichtig ist in diesem Zusammenhang, daß sich die genannten Lernsprünge weder vom Lernenden selbst noch von Dritten (Lehrenden) planen, herbeiführen oder gar aufoktroyieren lassen. Dies schließt auch den gleichberechtigten Austausch mit anderen Lernenden ausdrücklich ein. So sinnvoll und produktiv solche Gespräche sein können und somit einen Lernsprung ggf. evozieren (oder anbahnen), ohne daß dies von vornherein abzusehen wäre,[331] so sehr kann der qualitative Lernsprung nur durch das lernende Subjekt infolge seiner Auseinandersetzung mit dem Lerngegenstand vollzogen werden.

Betrachtet man einen Lernprozeß über eine größere Distanz, so läßt sich beobachten, daß die Auswahl einzelner Lernprinzipien mit fortschreitender Lerntiefe immer präziser und effektiver getroffen werden kann, da sich zu diesem Zeitpunkt die Komplexität des jeweiligen Themas schon genauer beschreiben bzw. erahnen läßt. Dabei ist ein derartiger tieferer Gegenstandsaufschluß – einschließlich mehrerer qualitativer Lernsprünge – an zwei Prämissen gebunden, ohne daß durch das Vorhandensein dieser, die Entscheidung des Subjekts weiterzulernen, damit determiniert würde. Zum einen muß das jeweilige Thema die nötige Tiefe aufweisen, zum anderen muß die Lernbegründung des Lernenden so intensiv sein, daß der mit der Fortsetzung des Lernens verbundene Aufwand das Ziel dennoch als lohnend erscheinen läßt. Fehlt dieser

---

[327] Holzkamp (1993). S. 245.
[328] Die Bezeichnung 'Aha-Ereignis' ist in der Psychologie ein Terminus, mit dem "das Erlebnis des unmittelbaren Verstehens, das den plötzlichen Einfall einer [...] Lösung in einem Denkprozeß ankündigt." [Arnold (1987). S. 38.], beschrieben wird. Meines Erachtens beschreibt dieses Ereignis auch hervorragend der altgriechische Ausruf "ευρηκα" ("heureka"), der sich in etwa so übersetzen läßt: "Ich hab' es gefunden!"
[329] Holzkamp (1993). S. 243.
[330] Holzkamp (1993). S. 226.
[331] Zu diesem Umstand hält Holzkamp fest: "Der entscheidende Lernfortschritt [Lernsprung] [läßt sich] [...] keineswegs schon mit der initialen Lernproblematik [...] explizieren." [Holzkamp (1993). S. 226.]. Vielmehr ist er ein unmittelbares Produkt "nach einem spezifischen Vorlauf" [Holzkamp (1993). S. 226.] des Lernprozesses.

eigene Antrieb wie beispielsweise beim defensiven Lernen, wird es dem Lernenden unmöglich sein, einen tieferen Gegenstandsaufschluß zu erlangen.

2.5.4 Wissensstrukturen als Resultat unterschiedlicher Behaltens- und Erinnerungsstrukturen

Unmittelbar mit den Prozessen des (expansiven) Lernens ist die Entwicklung von Wissensstrukturen, also die Dimension des Behaltens und Erinnerns verbunden. Expansives Lernen, welches – wie vorstehend dargelegt und definiert – das Ziel verfolgt, die subjektive Handlungsfähigkeit in der Welt zu erweitern, ist zwingend an die Fähigkeit des Subjekts zu behalten und erinnern gekoppelt.[332] (Expansives) Lernen, ohne die Möglichkeit für die Subjekte, das Gelernte zu behalten und damit zu erinnern, wäre sinnlos, da es sich permanent wiederholen müßte, ohne einen tatsächlichen Entwicklungsfortschritt, der über die (Lern-)Handlung hinaus andauert, induzieren zu können. Damit hat expansives Lernen nicht nur Behaltens- bzw. Erinnerungmöglichkeiten zur Vorbedingung, sondern diese sind gleichzeitig integraler Bestandteil derartiger Lernvollzüge.

Folgt man den traditionellen Ansätzen in der Psychologie beispielsweise dem Behaviorismus, werden Behalten und Erinnern als rein intellektuelle und damit mentale Funktion des Gehirns, als eine bestimmte Gedächtnisfunktion verstanden. Behalten und Erinnern erscheinen in dieser Vorstellung als Wissen, welches im Gedächtnis abgelegt wird und in Handlungssituationen oder unter Prüfungsbedingungen angewendet bzw. abgerufen werden kann. Die Lernfähigkeit ist in dieser Vorstellung unmittelbar abhängig von der jeweils individuellen Leistungsfähigkeit des Gehirns, welche i.d.R. als angeboren angesehen wird. Diesem Verständnis zufolge beschränkt sich auch die Definition von Intelligenz – und dessen was intelligent ist – darauf, sie als Ausdruck "geistige[r] Fähigkeit, Klugheit"[333] oder "als Bedingung oder [...] Bedingungskomplex bestimmter Leistungen"[334] zu betrachten. Intelligenz ist demnach eine durch spezifische Parameter bestimmte Leistung des Gehirns. Deutlich weiter und differenzierter geht hingegen die Bedeutung des Begriffs Intellekt und dessen, was als intellektuell angesehen und als das "Vermögen, unter Einsatz des Denkens Erkenntnisse, Einsichten zu erlangen"[335] oder eine "geistige Fähigkeit, durch deren Anwendung der Mensch (und nur der Mensch) denken kann",[336] verstanden wird. Der Unterschied zwischen beiden Sichtwei-

---

332 Dies gilt für defensiv-begründetes Lernen sicherlich insoweit auch, als daß gleichsam die bloße Wissensdemonstration, das 'Zur-Schau-Stellen' vermeintlich gelernter Lerngegenstände an die Voraussetzung von Behaltens- und Erinnerungsfähigkeit gebunden ist.

333 Duden (1997). S. 368.

334 Arnold (1987). S. 997.

335 Duden (1997). S. 368.

336 Arnold (1987). S. 997.

sen ist offensichtlich: Stellt erstere auf die reine Funktion der Wissensarchivierung ab, so ist in letzterer ein aktives Moment zu erkennen, welches das Denken – und damit die Wissensaneignung im umfassenderen Sinne betrifft – möglich macht bzw. erklärt. Interessant und bezeichnend ist an dieser Stelle, daß in institutionalisierten Lernprozessen primär auf Intelligenz und weniger auf Intellektualität abgestellt wird. Das Ergebnis dieses Umstandes faßt Hans A. Pestalozzi so zusammen: "Der Intelligente ist nie intellektuell, der Intellektuelle selten intelligent."[337]

Dem vorherrschenden verkürzten Verständnis von Lernen bzw. Behalten und Erinnern stellt Holzkamp eine Vorstellung entgegen, der zufolge Behalten und Erinnern nicht nur an die mentalen Fähigkeiten[338] des Subjekts gebunden ist – wonach Behalten und Erinnern als Modifikation des subjektiven Erfahrungsschatzes beispielsweise durch "Einprägen, Kodieren oder Suchprozesse"[339] erscheint –, sondern mindestens noch an zwei weitere Modalitäten. Zu dieser Einsicht gelangt Holzkamp infolge der Erkenntnis, daß "ich einerseits meine eigene Gegenwart und Vergangenheit nicht in all ihren Aspekten und Einzelheiten mental zur Verfügung habe, andererseits aber dennoch in den damit gesteckten Grenzen nach Maßgabe meiner Lebensinteressen [...] eine relative Verfügung darüber anstreben muß."[340] Dies führt dazu, "daß ich jeweils mehr weiß oder 'habe', als das, was ich gerade deutlich erfasse."[341]

Hiervon ausgehend, stellt er der mentalen zwei weitere Behaltens- oder Erinnerungsmodalitäten zur Seite: die kommunikative und die objektivierende Modalität. Erstere kennzeichnet das 'Behaltene', welches dem Lernenden durch "das Wissen oder die Kenntnis konkreter Personen durch – mündliche oder schriftliche – Nachfragen Appelle etc."[342] zugänglich wird. Holzkamp nennt dies auch "fragendes Lernen."[343] Letztere bezeichnet jede Form des Festhaltens der zu erinnernden Fakten und Informationen außerhalb des eigenen Gedächtnisses. Diese reichen von der handschriftlichen Notiz bis zur Computerdatei.

Lernen im Holzkampschen Sinne vollzieht sich demzufolge nicht unabhängig von der Außenwelt, sozusagen als bloße Gehirnfunktion. Dies erscheint schon insoweit plausibel, weil die Lerngegenstände den Lernenden nicht isoliert als "Geistesblitze" oder mentale Eingaben erreichen, sondern immer in bezug zu einem Medium, das den Inhalt transportiert, sei dies ein Buch, eine

---

337 Pestalozzi (1990). S. 156.
338 Holzkamp bezeichnet die Fähigkeiten für Behaltens- und Erinnerungsprozesse als Modalitäten. [Vgl. Holzkamp (1993). S. 301 f.].
339 Holzkamp (1993). S. 300.
340 Holzkamp (1993). S. 298.
341 Holzkamp (1993). S. 309.
342 Holzkamp (1993). S. 301.
343 Holzkamp (1993). S. 301.

Person oder ein Umstand, stehen. Die den einzelnen erreichenden Informationen und Eindrücke muß er, um sie unter bestimmten Umständen wieder zu erinnern, offensichtlich nicht alle auswendig lernen. Holzkamp folgend, kann das Subjekt seine mentale Erinnerungsmodalität beispielsweise durch die objektivierende unterstützen, etwa derart, daß der Lernende bestimmte Fakten und Erkenntnisse in einer Computerdatei abspeichert.

Somit reduziert sich das individuelle Reservoir an Behaltenem bzw. an Erinnertem keineswegs auf das, was das Subjekt aus der isolierten mentalen Modalität heraus rekapitulieren kann. Wohingegen dies nach wie vor die prägende Leitvorstellung für institutionalisierte Lernprozesse ist, die "zu einer allgemeinen 'kognitiven Überdosis' bei Lerninhalten und Lernformen [führt], die durch vereinzelte Gelegenheiten eines anderen Lernens [...] nicht wettgemacht werden kann."[344] Der subjektive Erinnerungsvorrat umfaßt gleichermaßen Informationen und Inhalte, die sich der Lernende auf dem Weg des Austausches mit Dritten über einzelne Lerngegenstände oder durch Aufzeichnungen hierzu oder seine eigenen Gedanken erschlossen hat. Das Reservoir an Behaltenem und Erinnertem läßt sich also nur als Resultat der drei genannten Erinnerungsmodalitäten zusammen beschreiben. Dabei sind mentale, kommunikative und objektivierende Erinnerungsmodalitäten keineswegs als einander additiv-ergänzende Erinnerungsebenen zu verstehen, vielmehr spannt sich zwischen ihnen ein komplexes Netz an Bezügen und Zusammenhängen, die die eigentliche Behaltens- und Erinnerungsleistung ausmachen. Im Verhältnis hierzu erscheinen die einzelnen Modalitäten für sich genommen lediglich als abhängige Untereinheiten. Holzkamp beschreibt diesen Zusammenhang folgendermaßen: "Das Gedächtnis ist so gesehen ein Moment der Vergangenheitsperspektive meiner biographisch gewordenen Weltbeziehungen, wobei darin einerseits meine Art des Erfahrungsgewinns und Weltwissens enthalten ist, was aber andererseits von meinen wirklichen, historisch-konkreten Beziehungen zu bestimmten Infrastrukturen der von mir unabhängigen sachlich-sozialen Realität nicht getrennt werden kann."[345]

Aus diesem Zusammenhang ist offensichtlich, daß die Wissensaneignung mittels bestimmter Modalitäten die Ausbildung unterschiedlicher (spezieller) Wissensstrukturen zur Folge hat. Deren 'Unterschiedlichkeit' drückt sich im wesentlichen in den verschiedenen Modalitäten aus, in denen das 'Behaltene'

---

344 NRW-Bildungskommission (1995). S. 88 f.
345 Holzkamp (1993). S. 311. Der Vorstellung der biographischen Prägung des Gedächtnisses bzw. der hieraus resultierenden Gedächtnis- und Erinnerungsstrukturen im Gegensatz zur Idee eines Gedächtnisses als bloßem mentalen Wissensarchiv läßt sich durch die folgende Feststellung des französischen Philosophen Gilles Deleuze illustrieren. Auf die Frage, wann er Michel Foucault kennengelernt habe, stellt er knapp und bezeichnend fest: "Man erinnert sich eher an eine Geste oder ein Lachen als an ein Datum." [Deleuze (1993), S. 121.].

bzw. 'Gewußte' gebunden ist. Die mit der Ansprache der Modalitäten verbundene Entstehung bzw. Ausbildung von Wissensstrukturen ist dabei nicht nur durch die Art der Modalität (als Ergebnis der 'Lernform') geprägt, sondern gleichzeitig auch durch den Charakter des Lernens (expansiv oder defensiv). Dabei ist es ein charakteristisches Zeichen expansiven Lernens, daß sich dies häufig in einer Kombination verschiedener Modalitäten (Denken, tätige Aneignung, Gespräch) ereignet, wohingegen sich das Lernen in institutionalisierten Lernprozessen nicht selten auf eine Modalität – i.d.R. mentale Modalität – schwerpunktmäßig bis ausschließlich konzentriert.

2.5.5 Permanenz von Behaltenem und Erinnertem

So wichtig wie die generelle Fähigkeit zum Behalten und Erinnern für die Sinnhaftigkeit des Lernens an sich ist, so zentral ist gleichermaßen der (möglichst große) Zeitraum, in dem das Behaltene erinnert wird. Es ist offensichtlich, daß die Qualität des Lernprozesses von der Permanenz der Erinnerungen unmittelbar beeinflußt ist. Die Dauer, die einzelne Wissensbestandteile behalten bzw. erinnert werden, ist, Holzkamp zufolge, abhängig von der jeweiligen Wissensart, welche wiederum abhängig ist von dem Lernprozeß, der dessen Erlangung oder Erschließung zugrundeliegt. Aus dem vorgängigen ergibt sich dabei, daß expansiv-erworbenes Wissen sehr viel intensiver und nachhaltiger erinnert wird, als Wissensbestände, die aus defensiv-begründeten Lernprozessen stammen, schließlich lag nicht "Vortäuschung von Lernresultaten",[346] sondern "wirkliches Lernen"[347] dem Lernprozeß als Motiv zugrunde. Ferner gilt, daß der Lernende grundsätzlich Wissen länger und intensiver erinnert, wenn die dies begründenden Lernprozesse – in der Terminologie Holzkamps – tief waren. Die Permanenz des Erinnerns ist abhängig von der "Intensität der Auseinandersetzung mit dem Material".[348] Je tiefer, d.h. je weiter der einzelne sich den Lerngegenstand angeeignet hat, und das bedeutet auch, je intensiver er sich im Lernprozeß durch die einzelnen Erinnerungsmodalitäten übergreifende Zugänge zu dem jeweiligen Gegenstand gesichert hat, desto sicherer ist der Zugriff des Subjekts auf die entsprechenden Wissensbestände. Holzkamp schreibt hierzu: "Je umfassender [...] die Organisation meines modalitätsübergreifenden Inhalts- und Quellenwissens ist, [...] desto genauer kann ich also den in meiner Wissens- und Verfügungsstruktur enthaltenen Verweisungen innerhalb einer Modalität, von einer Modalität auf die andere [...] nachgehen und [in Lernprozessen] so das Gesuchte zur Überwindung der gegebenen Lernproblematik identifizieren."[349] Das Subjekt hat damit verschiedene

---

346 Holzkamp (1991). S. 8.
347 Holzkamp (1992). S. 103.
348 Holzkamp (1993). S. 310.
349 Holzkamp (1993). S. 312.

Zugänge und Bezugspunkte zu dem Zu-Behaltenen, es ist "quasi mehrfach verankert [...] und damit besonders dauerhaft."[350]

Ein weiterer Faktor, welcher wesentlich zur Erhöhung oder Permanenz der Wissenserinnerung beiträgt, besteht darin, inwieweit es dem Subjekt während des jeweiligen Lernprozesses gelungen ist, Bezüge und Zusammenhänge zwischen dem neu-gelernten Wissen und bereits vorhandenen Wissensbeständen herzustellen und "das Zu-Behaltende [...] in schon vorhandene [...] Wissensstrukturen integriert werden kann."[351] Wurden solche Brücken zwischen neuem und altem Wissen geschlagen, so bedeutet dies, nach Holzkamp, daß das schon vorhandene (gesicherte, weil bereits erinnerte) Wissen durch die Integration neuer Elemente und Gesichtspunkte erweitert wird. Das vorhandene Wissensreservoir wird ergänzt, seine Struktur modifiziert, neue Bezüge und Zusammenhänge werden hergestellt. In diesem Fall trägt die Verknüpfung des neuen Wissens mit dem bereits Vorhandenen nicht nur zur dauernden Erinnerung des Neuen bei, sondern verstärkt gleichzeitig die Erinnerung an das bereits vorhandene Wissen. Für Holzkamp ist diese Form der sukzessiven Wissenserweiterung oder -anhäufung ein "kumulativer Prozeß immer reicheren und differenzierteren Zusammenhangswissens",[352] der nicht nur zur Integration der neuen Wissenselemente, sondern auch zur differenzierten Ausgestaltung des vorhandenen Wissensreservoirs insgesamt beiträgt. Hieraus ergibt sich, daß sich neue Informationen eher verarbeiten und erinnern lassen sowie vom Schatten des Vergessens Bedrohtes leichter erinnern läßt, je intensiver sich diese Wissensteile an ein schon vorhandenes (möglichst großes) und intensiv strukturiertes Wissensreservoir anschließen. Für Wissensbestände, die sich auf eher flache Gegenstandsaufschlüsse beziehen, gilt umgekehrt, daß sie weniger Anknüpfungspunkte zur Integration in vorhandenes Wissen bieten und somit schwieriger zu erinnern sind. Dieser Umstand wird durch die Tatsache verschärft, daß flache Gegenstandsaufschlüsse i.d.R. auf defensive Lernprozesse zurückgehen, auf Lernprozesse also, für die der Lernende keinen eigenen Lernantrieb hatte, so daß davon auszugehen ist, daß das Subjekt in diesem Sektor der potentiell möglichen Lerngegenstände sowie deren jeweiliger Lerntiefe auch nur über geringes anschlußfähiges Vorwissen verfügt, welches mit den neuen Inhalten verbunden werden kann. Das Erinnerungsvermögen an Lerngegenstände aus defensiven Lernprozessen verschlechtert sich damit zusätzlich.

Auch aus diesem Zusammenhang wird ersichtlich, warum es grotesk ist, Lernende wider ihre eigenen Lerninteressen zu bestimmten Lernprozessen zu nötigen. Solche Versuche unterminieren die Herausbildung eines komplexen, intensiv-durchstrukturierten Zusammenhangswissens des einzelnen Lernenden,

---

350 Holzkamp (1993). S. 312.
351 Holzkamp (1993). S. 310.
352 Holzkamp (1993). S. 310.

das Garant für ein entsprechendes Erinnerungs- und Behaltenspotential ist. Statt dessen sind jedem Lernenden Möglichkeiten zu geben, den eigenen Zugang zu den gesellschaftlichen Bedeutungszusammenhängen über expansives Lernen zu organisieren und damit ein Wissenskonglomerat[353] aufzubauen, das den individuellen Lernproblematiken entspricht.

Im krassen Mißverhältnis hierzu steht die Organisation institutionalisierter Lernprozesse in unserer Gesellschaft. Vielfach machen die Lehrenden hier Lernvorgaben, welche die zu erschließenden (kennenzulernenden) Gegenstände sowie die ihnen jeweils gemäßen Zugänge und die hierfür heranzuziehenden Informationsquellen festlegen, ohne daß den Lernenden eine Möglichkeit zur individuellen Einflußnahme hierauf geboten wird. Der Aufbau eines subjektiven Erfahrungsschatzes, von Zusammenhangswissen als Resultat der Verknüpfung einzelner – in expansiven Lernprozessen entwickelter – Wissenselemente wird damit unterbunden und gleichzeitig Unlust am Lernen infolge der endlosen Aneinanderreihung von für die Lernenden defensiv-begründeten Lernprozessen erzeugt.

2.5.6 Lernen im Wechsel zwischen affinitiven und definitiven Phasen

Zur Beschreibung von (expansiven) Lernprozessen und zur besseren Abgrenzung unterschiedlich strukturierter Lernvorgänge führt Holzkamp die Unterscheidung von zwei grundsätzlich verschiedenen Lernphasen ein und bezeichnet sie als affinitiv[354] bzw. definitiv. Von affinitivem Lernen kann, laut Holzkamp, in Phasen gesprochen werden, in denen der zielorientierte Lernprozeß an Grenzen stößt, sich Diskrepanzerfahrungen einstellen und somit eine Unsicherheit über den Fortgang des Lernprozesses besteht. "Daraus ergibt sich, daß bei wirklich produktiv-expansivem Lernen der zielgerichtete Lernprozeß stets durch eine quasi gegensinnige Lernbewegung ergänzt werden muß: eine Bewegung der (vorübergehenden) Defixierung."[355] Die hiermit einhergehende Frage könnte lauten: In welche Richtung, nach welchen Lernprinzipien soll der Lernprozeß fortgesetzt werden?

---

353 Konglomerat ist hier in Anspielung an die ursprüngliche Bedeutung in der Geologie als verfestigte Zusammenlagerung verschiedener Gesteine zu einem sog. Sedimentgestein verwendet. Übertragen auf die hier gebrauchte Verwendung, meint dies die verfestigte Zusammenlagerung verschiedener Erinnerungen und Erfahrungen – mittels der drei Behaltensmodalitäten – zu einem (jeweils erweiterten) neuen Ganzen (Behaltensreservoir).

354 Die Bezeichnung "affinitives Lernen" gebraucht Holzkamp in Anlehnung an Galliker. [Vgl. Galliker (1990).]. Diese Lernform ist dabei gekennzeichnet durch: "Die Zulassung von Verweisungsreihen (Verwandtschaftsbeziehungen, Ähnlichkeitsabstufungen, Vergangenheitsbezügen etc.) [...]" [Holzkamp (1992). S. 103 f.].

355 Holzkamp (1992). S. 103.

In solchen Phasen löst sich der Lernende von seiner bisherigen Lernintention und läßt bisherige Lernprinzipien fallen. Diese Phasen sind – wie gezeigt – integrale Bestandteile expansiven Lernens, da es für dieses Lernen spezifisch ist, daß infolge von Diskrepanzerfahrungen affinitive Lernphasen sowohl den Beginn (die Orientierungsphase) als auch bestimmte Momente, an denen die bisherigen Lernprinzipien nicht mehr hinreichend sind, um einen Lernfortschritt zu erzielen (Diskrepanzerfahrung höherer Ordnung), kennzeichnen. Dabei ist es das Charakteristikum von Phasen affinitiven Lernens, daß jede subjektive Lernintention in den Hintergrund tritt und es dem Lernenden so möglich wird, sich dem Lerngegenstand erwartungs- und perspektivfrei zu nähern. Dieser erscheint nicht mehr in einem bestimmten Ausschnitt, unter einem spezifischen Blickwinkel, sondern er kann in seiner gesamten Komplexität wahrgenommen und erfahren werden. Der Lernende tritt dem Gegenstand somit intentionslos entgegen – wohingegen es ansonsten gerade ein typischer Wesenszug expansiven Lernens ist, daß das Subjekt sich dem Gegenstand mit einem klaren Ziel nähert – was es ihm ermöglicht, neue Aspekte zu entdecken, spontane Assoziationen zwischen neuen Informationen und Bekanntem zu knüpfen usw. In dieser Phase nimmt der Lernende keine Selektion der sich bei ihm einstellenden Ideen, Gedanken, Ansichten o.ä. vor, sondern gibt sich hingegen ganz (mit all seinem Wissen) dem Gegenstand (mit all dessen Potentialen) hin, läßt "Verweisungsreihen (Verwandtschaftsbeziehungen, Ähnlichkeitsabstufungen, Vergangenheitsbezüge [...])"[356] zu, ist gespannt und neugierig zugleich, zu welchen Einsichten, Lernsprüngen u.ä. ihn die affinitive Lernphase treibt.

Die Dauer von affinitiven Lernphasen läßt sich genausowenig vorhersagen, wie die Häufigkeit, mit der sie den jeweiligen Lernprozeß unter- bzw. aufbrechen. Dementsprechend lassen sich affinitive Lernphasen weder planen noch organisieren, sind sie doch das genaue Gegenteil strukturierter und geordneter Lernbahnen. In ihnen ist 'alles' möglich, da das Subjekt in keiner Weise regulierend eingreift. Wie sollte es auch, da es doch das Spezifikum affinitiver Phasen ist, daß sie frei sind von jeder subjektiven Lernintention (und damit Lerngründen und -zielen), die eine etwaige Richtung des anschließenden Lernens vorgeben könnte. Das Subjekt ist in den affinitiven Lernphasen wach und offen, neue Anregungen, Konstellationen und Bezüge aufzunehmen und so frei, dem nächsten Lernsprung entgegenzudenken, ohne den Zeitpunkt des Eintretens desselben hierdurch beeinflussen zu können. Dabei sind affinitive Lernphasen keineswegs Momente einsamer Grübelei. Der Lernende kann sich genauso (ziellos) mit anderen austauschen (kommunikative Modalität), Notizen studieren oder machen (objektivierende Modalität) wie sich seinen Gedanken hingeben (mentale Modalität). Durch diese "Lernphasen der Besinnung, des

---

356 Holzkamp (1992). S. 104.

Sich-Zurücklehnens, Sich-Gehen-Lassens kann ich Gesamtzusammenhänge zulassen, durch welche die Einseitigkeiten und 'Engstirnigkeiten' direkt zielbezogenen Lernens aufhebbar sind."[357] Auflösen können sich die affinitiven Lernphasen in den bereits beschriebenen "Aha-Effekten" bzw. den sog. "qualitativen Lernsprüngen",[358] in denen dem Lernenden von einem Moment zum anderen bewußt ist, "Heureka – so kann ich weitermachen!". In diesem Augenblick ist die Unsicherheit über den Beginn bzw. Fortgang des Lernprozesses einer Zielgerichtetheit gewichen, die die affinitive Lernphase zu einer definitiven macht, zu einer, in welcher der Lernende sein Lernziel genau kennt und sich zur Erreichung dieses Ziels für ein bestimmtes Lernprinzip entschieden hat. Der Blick ist jetzt nicht mehr auf den Lerngegenstand in seiner Gesamtheit gerichtet, sondern auf bestimmte Details bzw. Aspekte fixiert, denen sich das Subjekt mit definitivem Interesse zuwendet.

Es ist plausibel, daß mit wachsender Tiefe eines Lerngegenstandes auch die Häufigkeit des Wechsels von definitiven und affinitiven Lernphasen zunimmt. Es kommt zu einem regelrechten Wechselspiel zwischen offenen, nicht zielgerichteten "affinitiven" und geschlossen, zielgerichteten "definitiven" Lernphasen, und der Wandel zwischen beiden ist es, der den kontinuierlich fortschreitenden Gegenstandsaufschluß ermöglicht.

Dabei sind die affinitiven Lernphasen von grundlegender Bedeutung für (expansive) Lernprozesse. Bestünde das Lernen nur aus einer definitiven Lernphase, so würde der Lernprozeß beim ersten Widerstand, bei der ersten Diskrepanzerfahrung seinen Endpunkt erreichen; dem Subjekt würde somit jede Möglichkeit fehlen, sich vom Gegenstand ebenso wie vom gewählten Lernprinzip zu distanzieren, den Blick zu weiten und sich vom eingeschlagenen Weg zu lösen. Umgekehrt würde ein Lernen, das ausschließlich affinitive Phasen kennzeichnet, nicht fortschreiten, da die Offenheit i.S. eines Lernsprungs keinen Endpunkt fände, da der entsprechende Lernsprung nicht in einem definitiven (zielgerichteten) Lernprozeß – orientiert an einem (subjektiv gewählten) Lernprinzip – verlängert würde. "Das damit aufgezeichnete Abwechseln affinitiver und definitiver Lernphasen ist keineswegs ein nebensächliches Merkmal, sondern konstituierendes Moment der Gegenstandsannäherung."[359] Lernen im expansiven Sinn kann sich demnach nur im Wechselspiel zwischen affinitiven und definitiven Lernphasen ereignen, wobei die affinitive stets der definitiven vorausgeht, wie sich an der affinitiven Orientierungsphase zu Beginn eines Lernprozesses zeigt. Die Lernbedingungen an den Orten institutionalisierten Lehrens in unserer Gesellschaft mit ihren starren und klaren Vorgaben hinsichtlich der Lerngegenstände sowie der Vorgehensweise stehen dieser Art des Lernens diametral gegenüber. Wo Unplanbarkeit zum Spezifikum

---

357 Holzkamp (1992). S. 104.
358 Vgl. Holzkamp (1993). S. 239 ff.
359 Holzkamp (1992). S. 104.

affinitiver Lernphasen gehört, treten an diesen Orten klar strukturierte Zeitintervalle, die damit jeden Wechsel zwischen definitiver und affinitiver Phase ausschließen. Holzkamp zufolge fehlt es in solchen Lernsituationen an: "Unbedrohtheit, Entlastetheit, Unbedrängtheit, Vertrauen und vor allem [...] Ruhe."[360] Der Ausschluß der "Möglichkeit und Begründetheit affinitiven Lernens [...] empfiehlt also mit [...] einer primären hierarchisch-sequentiellen Strukturierung des Lernens [...] eine bestimmte Art selbstbehindernden Lernens."[361] Dies gilt insbesondere für ein Lernen, das "als zielgerichtet – etwa wie Dullisch, als 'Durcharbeiten eines Lehrplans' – konzeptualisiert"[362] ist und als vorherrschend für institutionalisierte Lernprozesse angesehen werden kann.

2.5.7 Konsequenzen für die Schulbuchanalyse

Auch zum Abschluß des Kapitels 2.5 scheint es angemessen, auf die Holzkampschen Positionen zu den spezifischen Elementen subjektwissenschaftlich betrachteter Lernprozesse mit Blick auf die Schulbuchanalyse einzugehen. Abermals lassen sich hier einige wesentliche Lernkriterien identifizieren, die in den Merkmalskatalog zur Schulbuchanalyse aufgenommen werden sollen. Hierzu gehören insbesondere

- die Beschreibung subjektiv-begründeter Lernanlässe bzw. -anfänge,
- die Differenzierung zwischen flachen und tiefen Gegenstandsaufschlüssen,
- die Charakterisierung von Diskrepanzerfahrungen höherer Ordnung als typisches Merkmal bestimmter Lernprozesse,
- die verschiedenen Erinnerungsmodalitäten als Basis für bestimmte Wissensstrukturen sowie
- die Unterscheidung affinitiver und definitiver Lernphasen als konstitutives Element expansiver Lernprozesse.

---

360 Holzkamp (1992). S. 111.
361 Holzkamp (1993). S. 336.
362 Holzkamp (1993). S. 336.

3 Anwendungskontext: Schulbuchanalyse an exemplarischen Beispielen, basierend auf einem subjektwissenschaftlichen Lernverständnis

3.1 Schulbücher und ihre Berücksichtigung traditioneller Lerntheorien

Nachstehend soll anhand der im Abschnitt 2.3 entwickelten Lernkriterien zur Charakterisierung traditionell-organisierter Lernprozesse analysiert werden, worin in Sprachbüchern Hinweise bestehen könnten, die auf eine solche Lernvorstellung verweisen. Hierzu werden jedem Lernkriterium Merkmale (bestimmte didaktische Hinweise) zugeordnet, deren Nachweis Rückschlüsse auf die Erfüllung oder Nichterfüllung des jeweiligen Lernkriteriums zuläßt. Gleichzeitig ist es das Ziel festzustellen, inwieweit sich hierfür in den Büchern selbst Indizien identifizieren lassen.

Vor Beginn der Analyse erscheint es mir angebracht, zum Charakter der einzelnen Merkmale folgendes zu bemerken: Bei den Merkmalen handelt es sich um didaktische Hinweise,[363] die mir bei der Durchsicht der Sprachbücher als relevant bezüglich der verschiedenen Lernkriterien erschienen. Dies bedeutet, daß die Merkmale untereinander nicht als gleichgewichtig betrachtet werden können. Etliche Merkmale lassen sich in allen Sprachbüchern aufweisen, andere nur in speziellen, einige sind im Zusammenhang mit bestimmten Lernkriterien aussagekräftiger als andere, weshalb beispielsweise ihre Behandlung gründlicher ausfällt. Aus diesem Umstand ergibt sich die unterschiedliche Länge der Ausführungen zu den einzelnen Merkmalen. Hinzu kommt, daß sich die Bedeutung einiger Merkmale sofort erschließt, andere hingegen erst erläutert werden müssen.

Die unterschiedliche Länge sagt damit keineswegs unmittelbar etwas über das Gewicht der anhand des jeweiligen Merkmals getroffenen Aussage aus. Hieraus erklärt sich zudem auch, warum sich die verschiedenen Sprachbücher nicht an einem identischen Merkmalsraster analysieren lassen. Beispielsweise ist in dem Register eines Sprachbuchs durchaus ein mit Blick auf die Studie relevantes Merkmal zu erkennen, allerdings findet sich ein solches nicht in jedem Buch. Da die Merkmale selbst lediglich als Bezugsgröße zur Beschreibung des Charakters der Sprachbücher hinsichtlich der Lernkriterien – die die eigentlichen Indikatoren der Untersuchung sind – fungieren, weise ich dem Nichtvorhandensein eines Merkmals in einzelnen Büchern keinerlei Aussagefähigkeit bezüglich der Lernkriterien zu. Aussagen hierzu werden demzufolge nur an nachweisbaren Merkmalen und deren Interpretation vorgenommen, denn erst die Merkmale machen die Lernkriterien m.E. zu einer in bezug auf

---

363 Die Verwendung der Bezeichnung "didaktische Hinweise" erfolgt hier wie nachstehend i.S. der in Kapitel 1.2.3 gegebenen Charakterisierung.

die Sprachbücher operationalisierbaren Größe. Die Nichtexistenz eines in anderen Büchern vorkommenden Merkmals erfüllt für das betreffende Buch nicht diese Operationalisierungsfunktion. Auch ist dabei zu berücksichtigen, daß einzelne Merkmale durchaus eine Mehrzahl an Deutungsrichtungen aufweisen, ohne daß die jeweils gewählte Interpretation willkürlich identifiziert wurde. Vielmehr entspricht sie m.E. einer sich aus dem Zusammenhang mit dem jeweiligen Lernkriterium ergebenden Plausibilität. Aus einer derart möglichen Ambiguität der Merkmale ergibt sich, daß einzelne Merkmale in der Kombination mit verschiedenen Lernkriterien durchaus different interpretiert werden können. So ist beispielsweise in dem Angebot von Partnerdiktaten einerseits ein Indiz für den Einsatz geöffneter Unterrichtsformen zu erkennen, wie es andererseits im Zusammenhang mit Prüfungsprozeduren ein Element zur Korrekturaufforderung darstellt. Zuletzt ist darauf hinzuweisen, daß die dieser Untersuchung zugrundeliegenden Lernkriterien zur Identifikation von subjektorientierten Lernvorstellungen in Abgrenzung zu behavioristischen fungieren. Lassen sie demzufolge eine differenzierte Charakterisierung entsprechend der Ansätze für subjektorientiertes Lernen zu, so ist es mit ihnen m.E. nicht möglich, die Merkmale, die auf ein behavioristisches Lernverständnis deuten, ihrerseits weiter zu differenzieren, auch wenn in ihrem Charakter und ihrer Ausprägung zwischen ihnen durchaus Unterschiede in qualitativer Hinsicht bestehen mögen. So existieren etwa eine Reihe von Merkmalen in den Sprachbüchern, die – was zu zeigen sein wird – als Indizien für ein behavioristisches Lernverständnis anzusehen und innerhalb dieses (behavioristischen) Verständniskontextes durchaus gleichzeitig als innovativ oder modern zu bezeichnen sind. Hierzu gehören beispielsweise Merkmale, die sich – trotz ihrer behavioristischen Wurzel – als Erleichterungen des Lernprozesses für die Lernenden begreifen lassen (z.B. Handhabungshinweise zum Gebrauch des Buches, Piktogramme, Einstiegshilfen in Antworten usw.) und die sich damit deutlich von traditionellen behavioristischen Merkmalen (z.B. Gebrauch des Imperativs in Aufgabenblöcken, vorauswissende Fragen usw.) unterscheiden. Für eine solche eingehende Differenzierung bieten die Lernkriterien jedoch kein hinreichendes Bezugssystem, mit der Konsequenz, daß alle als behavioristisch geprägten Merkmale undifferenziert nebeneinander stehen. Die Aussage der Arbeit wird hiervon nicht tangiert, da im Zentrum die Analyse der didaktischen Hinweise aus subjektwissenschaftlicher Sicht steht.

3.1.1 Lernkriterium: Geplante Lernprozesse

Als "geplante Lernprozesse" bezeichnet Holzkamp solche, die vorgedacht, geplant und damit organisiert sind, bevor sie sich ereignen. Es ist für derartige Lernprozesse spezifisch, daß ihnen ein oder mehrere klar definierte Ziele zugrundeliegen. Als Lernen wird dabei der Nachvollzug der vorgezeichneten bzw. geplanten Lernwege durch die Lernenden zur Erreichung des jeweiligen Ziels betrachtet (s. ausführlich Kapitel 2.3.1).

3.1.1.1 Welche Anhaltspunkte könnten in Sprachbüchern auf geplante Lernprozesse hinweisen?

Es ist zu analysieren, ob Sprachbücher eine Struktur aufweisen, die in ihrer Anlage und Konzeption auf einen geplanten Lernprozeß abstellt. Dabei sind die in ihnen unterbreiteten Aufgaben, Angebote und Informationen insoweit als Beiträge zum Lernen und für Lernprozesse zu verstehen, als daß an und mit diesen (als integralem Bestandteil des Leitmediums Sprachbuch) der Unterricht maßgeblich gestaltet werden soll. Etwaige Merkmale hierfür könnten in den Sprachbüchern beispielsweise so aussehen:

a) Abschnittsstrukturierung: Legt der Aufbau der einzelnen Abschnitte der jeweiligen Kapitel einen bestimmten Weg der Bearbeitung nahe, so könnte dies darauf deuten, daß der Konzeption des Buches diesem Weg entsprechende organisatorische und planerische Ideen zur Gestaltung des Lernprozesses zugrundeliegen.

b) Kapitelchronologie: Zeigt sich in den Büchern eine Struktur, die die Bearbeitung der Kapitel in einer bestimmten Reihenfolge nahelegt, so könnte dies darauf hinweisen, daß sich die Abfolge der Kapitel auf eine Entscheidung betreffend bestimmter konzeptioneller Überlegungen hinsichtlich des Ablaufs des Lernprozesses gründet.

c) Piktogramme:[364] Kommt es in den Sprachbüchern zur Verwendung von Piktogrammen, so ist davon auszugehen, daß dies in der Absicht geschieht, mit ihrer Hilfe den Lernenden die Entscheidung über die Wahl der Arbeitsformen bei der Bewältigung der Aufgaben zu erleichtern bzw. abzunehmen. Dies könnte ein Indiz für dieses Lernkriterium sein, da der Einsatz der Piktogramme nur dann als plausibel anzunehmen ist, wenn auf der konzeptionellen Seite Vorstellungen darüber existieren, wie der Lernprozeß aussehen sollte oder (zumindest) aussehen könnte.

d) Vorwegnahmen: Vorwegnahmen können z.B. darin bestehen, daß Ergebnisse bzw. deren Richtung durch das Angebot von Lösungsanfängen antizipiert werden. Diese Form der Vorgabe erscheint letztlich nur auf dem Hintergrund einer (geplanten) Vorstellung über Lernprozeß und -ziel möglich.

---

[364] Bei Piktogrammen handelt es sich um die vereinfachte und verdichtete Darstellung bestimmter Handlungen oder Informationen, die dem Nutzer zur schnellen (nicht-schriftsprachlichen) Orientierung dienen. Sie tauchen nicht nur im öffentlichen Leben als (international gebräuchliche und verständliche) Hinweistafeln (etwa zur Kennzeichnung von Fluchtwegen o.ä.) auf, sie sind ebenso aus Gebrauchsanweisungen oder von Benutzeroberflächen verschiedener Computerprogramme bekannt. Die Piktogramme treten an die Stelle einer Erläuterung der jeweiligen Information durch verschriftete Sprache.

e) Lehrendenband: In den Lehrendenbänden wäre zu überprüfen, inwieweit sich in ihnen Anhaltspunkte ergeben oder Aussagen identifizieren lassen, die auf die Vorausplanung des Lernprozesses hinweisen, etwa dadurch, daß Ziele und damit Verläufe von Lernprozessen vorgegeben werden.

3.1.1.2 Finden sich in den Sprachbüchern Anhaltspunkte für geplante Lernprozesse?

a) Abschnittsstrukturierung: Hinweise, die auf die Strukturierung einzelner Abschnitte deuten, finden sich in "Mittendrin"[365] insofern, als daß durchgängig jeder Abschnitt separat von der Ziffer 1 aufsteigend durchnumeriert und damit in Unterabschnitte gegliedert ist (z.B. S. 16*[366], 29*, 63 f., 102, 131). Gleiches läßt sich für "Geradeaus" beispielhaft etwa an den Seiten 54 ff., 62 ff., 90 ff.* oder 103 ff. verdeutlichen. Dabei kommt dieser Numerierung nicht nur eine strukturelle Ordnungsfunktion zu, sondern gleichzeitig eine, welche die unterschiedlichen Stufen eines Lernprozesses in einer (vorher-) bestimmten Reihenfolge markiert. Dies zeigt sich beispielsweise daran, daß die Aufgaben mit wachsender Ordnungszahl eine zunehmende Komplexität aufweisen, wenn sie nicht sogar unmittelbar aufeinander aufbauen, wie dies in "Mittendrin" für die Aufgabenfolge der Seiten 63 f. festzustellen ist. An einen kurzen Text schließen sich hier insgesamt acht verschiedene Arbeitsaufträge an. Es beginnt mit der Aufforderung, den Text mit verteilten Rollen zu lesen (Aufgabe 1), hierauf folgt eine Aufgabe zur inhaltlichen Wiedergabe (Aufgabe 2), der sich Aufforderungen zur Reflexion und Entwicklung eigener Gedanken anschließen (Aufgaben 3 und 4). Dieser Abfolge wird dann ein analoger Aufgabenblock (Aufgaben 5 bis 8) zum an dieser Stelle erfolgten Abdruck der Fortsetzung des Eingangstextes hinzugefügt. Gleiches läßt sich in "Geradeaus" festmachen, wenn sich auf Seite 74 an zwei wiedergegebene Briefe Aufgaben anschließen, die darauf abzielen, die persönliche Meinung zu den Briefen zu artikulieren (Aufgabe 1), die die Lernenden weiter auffordern, von ähnlichen Erlebnissen zu berichten (Aufgabe 2), die sodann den Vorschlag enthalten, diese Erlebnisse in Briefform aufzuschreiben (Aufgabe 3) sowie die Anregung, den Brief vorzulesen (Aufgabe 4) usw. Auch hier zeigt sich, daß mit der Nu-

---

365 Informationen zur Codierung und damit zum ausführlichen Titel der jeweils untersuchten Schulbücher sind im Literaturverzeichnis zur Primärliteratur (s. Kapitel 6.1) und im Anhang im Abschnitt "Informationen zur Stichprobe der Sprachbuchanalyse" (s. Kapitel 7.1) nachzulesen.

366 Das Sternchen (*) hinter einzelnen Seitenangaben zeigt an, daß sich die entsprechende Seite als Reproduktion im Anhang (s. Kapitel 7.4) dieser Arbeit findet und zur Veranschaulichung der dargestellten Sachverhalte herangezogen werden kann. Die Wiedergabe dieser Reproduktionen erfolgt alphabetisch nach Titeln der Sprachbücher und in aufsteigender Seitenzahl. Die Reproduktionen können darüber hinaus dazu dienen, sich von Aufbau und Gestaltung der Sprachbücher einen allgemeinen Eindruck zu verschaffen.

merierung den Lernenden ein bestimmter Bearbeitungsweg vorgezeichnet wird. Dieses Ergebnis wird dadurch gestützt, daß auch in "Mittendrin" an einigen Stellen Informationen existieren, welche die Ziele der folgenden Einheit beschreiben. Dort heißt es: "Auf den nächsten Seiten untersucht ihr genauer [...]" (S. 87) oder: "In dieser Einheit übt ihr [...]" (S. 80). Des weiteren finden sich auch in den Lehrendenkommentaren Hinweise, die auf eine solche Strukturierung deuten: "Die Erarbeitung [eines Themas] hat drei Abschnitte" oder: "Wer sich damit begnügen muß, [...] kann die folgenden Aufgaben [...] auslassen und gleich zum Anwendungsteil übergehen." (Lehrendenkommentar "Mittendrin", S. 93).[367] In den aufgezählten Hinweisen lassen sich eine Reihe von Indizien erkennen, die darauf hindeuten, daß der Abschnittsstrukturierung als Bezugspunkt eine planerische Vorstellung über den Lernprozeß zugrundeliegt.

b) Kapitelchronologie: Eine entsprechende Chronologie läßt sich zumindest teilweise in den Büchern identifizieren. So beginnen sowohl "Geradeaus" (S. 6 ff.) als auch "Mittendrin" (S. 6 ff.) mit einem Kapitel, das dem "Erzählen" unter verschiedenen Gesichtspunkten gewidmet ist. Es folgen in "Geradeaus" die Kapitel "Gespräche führen" (S. 42 ff.), "Spielen" (S. 54 ff.), "Informieren" (S. 62 ff.). In "Mittendrin" ist die Reihenfolge anders, umfaßt jedoch die gleichen Elemente: "Informieren" (S. 37 ff.), "Gespräche führen" (S. 63 ff.) und "Spielen" (S. 80 ff.). In beiden Büchern kommen gesonderte Abschnitte zu "Grammatik" und "Rechtschreibung" hinzu. Betrachtet man die Strukturierung dieser Unterrichtswerke, so zeichnet sie sich dadurch aus, daß beide ihren Ausgang bei der Beschäftigung mit Sprache in einer offenen Form, der gesprochenen Sprache, nehmen und dann (in variierenden Schritten) zu einem immer stärker schriftlich orientierten Umgang mit Sprache führen. Meines Erachtens weist dies auf einen komplexitätszunehmenden Aufbau der Werke hin, der einen entsprechenden Einsatz nahelegt. Die Unterschiede in der weiteren Kapitelabfolge zwischen "Geradeaus" und "Mittendrin" widersprechen dieser Analyse keineswegs, da sich für jedes Buch separat eine entsprechende Komplexitätszunahme konstatieren läßt. So lassen sich in den Bestandteilen des Kapitels "Informieren" ("Fragen stellen", "Informationen auswerten" usw.) von "Mittendrin" durchaus Grundlegungen für das Kapitel "Gespräche führen" erkennen. Gleiches zeigt die Ausrichtung von "Geradeaus", in dem Aspekte wie "Gespräche führen" ("Gesprächsregeln", "Kaufgespräch" usw.) den Hintergrund für die unterschiedlichen Arten des Informierens im entsprechenden anschließenden Kapitel bilden. Als Hinweis auf eine entsprechende Kapitelstrukturierung lassen sich für einzelne Sprachbücher auch Belege in den dazugehörigen Lehrendenkommentaren finden. Im Kommentar zu "Wortstark" zeigt sich dies beispielhaft daran, daß in der Rubrik "Bezüge zu anderen Kapiteln" in der überwiegenden Mehrzahl Verweise angegeben werden, die sich auf

---

[367] Diese Strukturierungsebene wird in späteren Abschnitten weiter vertieft.

nachfolgende Kapitel beziehen (S. 15, 19, 21, 25, 29). Im übrigen ist eine solche mit aufsteigender Seitenzahl einhergehende Strukturierung der Sprachbücher aufgrund der Alltagserfahrungen von Lernenden und Lehrenden im Umgang beispielsweise mit Literatur als plausibel anzunehmen. Die Analyse dieses Merkmals ergibt damit Hinweise für die planerische Struktur, die der Abfolge der einzelnen Kapitel zugrundeliegt und auf eine Konzeption des Buches i.S. eines geplanten Lernprozesses deutet.

c) Piktogramme: Sowohl in "Geradeaus" als auch in "Mittendrin" kommt es zum Einsatz von Piktogrammen. In "Geradeaus" erhalten die Lernenden mittels acht verschiedener Darstellungen Hinweise, die entweder Informationen zu den in den einzelnen Aufgaben einzusetzenden Arbeitsformen enthalten (Gruppen-, Partner-, Einzelarbeit, Gesprächskreis, Schreibkonferenz) oder den Charakter der Aufgaben insoweit betreffen, als daß zur Bearbeitung 'Material mitzubringen' ist, 'Zeitvorgaben' existieren oder daß es sich um 'Freiarbeit' handelt. In "Mittendrin" werden analog solche Piktogramme als Hinweis für bestimmte Arbeitsformen (mit Ausnahme der Schreibkonferenz) sowie als Hinweis, 'Material mitzubringen' oder 'den Klassenraum zu verlassen', eingesetzt. Diese Piktogramme werden in beiden Büchern regelmäßig verwendet und ergänzen einen Teil der Aufgaben, Fragen usw. mit einem entsprechenden Handlungshinweis. So wird in "Mittendrin" die Aufforderung, eine Liste mit Fragen für ein Interview zusammenzustellen, von einem Piktogramm begleitet, das die Erledigung in Partnerarbeit nahelegt (S. 39). Oder der Auftrag, sich mit dem Leben der Eskimos unter einem selbst zu wählenden Thema zu beschäftigen, wird von dem Hinweis flankiert, zur Themenfindung den Klassenraum zu verlassen (S. 48). In "Geradeaus" ergänzt ein Piktogramm eine Frage, in der der Lernende in einem Gesprächsausschnitt bestimmte Strukturen identifizieren soll, um die Information, dies in Einzelarbeit zu erledigen (S. 44). Ein anderes Beispiel ist die Aufgabe, ein Märchen aus einer bestimmten Perspektive zu erzählen, kombiniert mit der durch ein Piktogramm vermittelten Information, dies im Gesprächskreis zu tun (S. 27). In "Mittendrin" treten zu solchen Piktogrammen noch weitere hinzu, die den Lernenden im Laufe seiner Sprachbucharbeit mit bestimmten Informationen ausstatten. Hierzu gehören Aufforderungen ("Entscheidung treffen", "Regel formulieren", "Schreibkonferenz") oder Auskünfte über die Ziele der jeweiligen Sequenzen ("Zielangabe"). Sie dienen dazu, bestimmte Arbeitsaufträge besonders zu unterstützen, wenn etwa die verschriftete Aufforderung, eine Regel im Regelheft festzuhalten, durch das entsprechende Piktogramm am Rand verstärkt wird (S. 61, 67, 95). Bezüglich der einzelnen Aufgabe weisen die Piktogramme insoweit auf die planerische Grundstruktur des Buches, als daß offensichtlich Vorstellungen über die Art der Bearbeitung einzelner Aufträge existieren, die ohne solche Überlegungen schwerlich denkbar wären.

d) Vorwegnahmen: In "Geradeaus" kommt es bei einigen Aufgaben zu Vorwegnahmen, beispielsweise wenn neben der Aufgabe, Gesprächsregeln aufzustellen (S. 43), ein Plakat abgebildet ist, auf dem einige Regeln bereits festgehalten sind. Eine solche Vorwegnahme zeigt sich auch bei einer Aufgabe, in der der Lernende seinen Mitschüler beschreiben soll, wobei gleichzeitig eine Sprechblase abgebildet wird, die einen entsprechenden Beispieltext enthält. Auch in dem das Sprachbuch begleitenden Lernendenheft kommt es zu solchen Vorwegnahmen, wenn dort auf die Aufforderung, aus gegebenen Informationen einen Text in wörtlicher Rede zu verfassen, bereits zwei Zeilen einer möglichen Antwort – in einer Handschriftenimitation – publiziert sind (S. 10) oder sich erste Eintragungen in einem abgebildeten Lückentext finden (S. 54). "Mittendrin" arbeitet ebenfalls mit Vorwegnahmen, wenn auf den Arbeitshinweis, Stichworte für die Bildunterschriften von Ansichtskarten u.ä. zu entwerfen, zwei beispielhafte Sammlungen von solchen Notizen für fiktive Bilder folgen (S. 115). Ein anderes Beispiel für eine Vorwegnahme ist die Aufgabe, in der die Lernenden Fragen zum Inhalt eines Textes beantworten sollen und die Antworten auf die ersten beiden bereits vorfinden (S. 119). Auch im dazugehörigen Arbeitsheft sind solche Hinweise zu lokalisieren, wenn dort die Vervollständigung eines Lückentextes gefordert wird und die Lernenden bereits einige Sätze hierzu vorfinden (S. 26) oder ein Brief von den Lernenden geschrieben werden soll und der Anfang eines solchen Schreiben schon vorgegeben ist (S. 10). Auch in "Werkstatt" lassen sich entsprechende Vorwegnahmen aufzeigen etwa, wenn die Lernenden Vorschläge für ein Fest aufzählen und begründen sollen und darunter eine Beispielliste bereits abgedruckt ist (S. 14). An anderer Stelle sollen sie einen Stichwortzettel für die Nacherzählung einer Geschichte erstellen, wobei sie drei Gliederungspunkte bereits vorformuliert finden (S. 23). Eine weitere Form der Vorwegnahmen stellen in "Werkstatt" die Informationen dar, die die Lernenden im Zusammenhang mit Abschreib-. bzw. Diktataufgaben von Texten erhalten, in denen bestimmte Satzzeichen fehlen. Dazu heißt es: "Schreibe den Text ab, und setze die fehlenden 8 Kommas ein!" (S. 158) oder: "Im Text fehlen die Kommas bei den dreizehn Relativsätzen." (S. 163). Durch die Zahlenangaben erhalten die Aufgaben eine zusätzliche Vorherbestimmung. Gleiches gilt, wenn zu der Aufgabe, Worte mit ähnlicher Bedeutung aus einer Liste zu identifizieren, die Information gegeben wird: "Immer fünf Wörter haben eine ähnliche Bedeutung." (S. 168). Nun kann man einwenden, daß derartige Vorwegnahmen dem Lernenden den Einstieg für die Antwort erleichtern können. Das mag richtig sein, bestätigt aber gleichzeitig die den Lernangeboten dieser Bücher zugrundeliegende geplante Struktur.

e) Lehrendenband: Im Lehrendenband für "Mittendrin" finden sich an einigen Stellen Hinweise, die sich als Indizien für die Vorausplanung des Lernprozesses verstehen lassen. Dies wird beispielsweise deutlich, wenn es dort heißt: "Ziel der Einheit ist die Fähigkeit, mit erzählerischen Mitteln Spannung zu erzeugen. Die Schüler und Schülerinnen sollen bei der Entwicklung eines erzählenden Textes lernen [...]" (S. 17), "Die Schülerinnen und Schüler werden angeleitet, sich einen Erzähltext detailliert zu erschließen." (S. 25) oder: "So lernen sie [die Lernenden] die Funktion und Form von Berichten kennen und üben [...] Natürlich werden die Schülerinnen und Schüler auch die Erfahrung machen [...]" (S. 51). Diese Beispiele illustrieren – wenn auch unterschiedlich eindrucksvoll – die weitgehende Planung von Lernprozessen. Diese Beobachtung läßt sich auch im Lehrendenband für "Startklar" aufweisen. Entsprechende Belegstellen hierfür sind: "Die Schülerinnen und Schüler lernen, ein themenorientiertes Gespräch zu führen, an einem Gesprächsbeitrag anzuknüpfen; Gesprächsverhalten zu beobachten [...]" (S. 13) oder: "Gemeinsame Zielsetzung der Erzählkapitel ist es, auch dazu anzuleiten, eigene Erlebnisse [...], aber auch Erlebnisse [...] von anderen mitzuteilen. Hierbei steht das mündliche Erzählen gleichberechtigt neben dem schriftlichen Erzählen." (S. 23) oder: "Die Schüler sollen erkennen, dass mündliches, vor allem aber schriftliches Erzählen dann besonders wirkungsvoll ist, wenn es vorbereitet wird." (S. 24 ff.). Im Lehrendenband für "Wortstark" ist zum Ziel einzelner Abschnitte festgehalten: "Durch die Bereitstellung geeigneten Sprachmaterials lernen die Kinder [...]" (S. 20) oder: "Die Gedichte in dieser Einheit werden hier so vorgestellt, dass die Kinder sie mit handlungsorientierten Methoden erarbeiten können." (S. 30). Ein weiteres Indiz, welches auf die Planung des mit dem Sprachbuch induzierten Lernprozesses hinweist, zeigt sich in folgender Ausführung: "Für dieses Kapitel wurden [...] Texte ausgewählt, um die unterschiedlichen Interessen der Kinder nutzen zu können." (S. 18). Im Begleitband von "Bausteine 5" ist diese Struktur an folgenden Ausschnitten zu belegen: "Die Schüler und Schülerinnen [...] vertiefen die Kenntnis über konjunktionale Gliedsätze [...], festigen die Rechtschreibung der Konjunktion 'daß' [...], erschließen den Bedeutungsgehalt von Demonstrativpronomen [...]" (S. 36). In Beispielen wie den hier zitierten sind immer wieder Wendungen anzutreffen, die darauf schließen lassen, daß der Konzeption der Sprachbücher Vorstellungen über die Ziele des Lernens i.S. geplanter Lernprozesse zugrundeliegen. Dies wird transparent, wenn in den Vorabinformationen des Sprachbuchs "Mittendrin" bezüglich des Angebots alternativer Lernwege festgestellt wird, daß sie "alle zum gleichen Lernziel führen" (S. 2*). An Deutlichkeit kaum zu überbieten, heißt es im Lehrendenband für "Mittendrin" hierzu: "Die Lernziele des Sprachbuchs 'Mittendrin' lassen sich erreichen, wenn sich der Unterricht [...]." (S. 7).

3.1.2 Lernkriterium: Gleichsetzung von Lehren und Lernen

Dieses Lernkriterium beschreibt die Vorstellung, daß sich Lernen durch die Lehrziele bzw. das Lehren bestimmen (und erzeugen) läßt. Lernen wäre demnach kein selbstaktiver Prozeß des Lernenden, sondern läßt sich durch Lehren – verstanden als Hinführung auf bestimmte Lernziele – induzieren (s. ausführlich Kapitel 2.3.2). Die Rekapitulation des Lehrens bzw. des Lehrweges wird dabei als Lernen betrachtet, demzufolge wären Lernende als "belernbar" anzusehen.

3.1.2.1 Welche Anhaltspunkte könnten in Sprachbüchern auf die Gleichsetzung von Lehren und Lernen hinweisen?

Die Sprachbücher müßten auf das Vorhandensein von Merkmalen analysiert werden, die darüber Aufschluß geben, ob das Lernen lediglich als abgeleitete Funktion des Lehrens verstanden wird. Hierauf könnten u.a. folgende Merkmale deuten:

a) Lernziele: Werden die Lernziele des jeweiligen Unterrichtswerks beispielsweise in ihm selbst oder im Lehrendenband ausgeführt, so könnte dies darauf verweisen, daß bereits vor jedem Lernprozeß das Ziel desselben festgelegt ist. Die Lernziele, die von außen gesetzt und damit nicht diejenigen der Lernenden sind, implizieren das Lernen dabei insoweit, als daß sich dieses auf den Nachvollzug der entsprechenden Schulbuchvorgaben (Lehren) reduziert.

b) Aufgaben- und Arbeitsvorlagen: Die in Sprachbüchern ebenso wie in den dazugehörigen Lernendenheften befindlichen Aufgaben- und Arbeitsvorlagen stellen insoweit ein Indiz für dieses Lernkriterium dar, als daß sie für die Lernenden ein – mehr oder weniger – verbindliches Gerüst zur Aufgabenerledigung oder Fragenbeantwortung bilden, das sich als (vorgegebener) Lehrweg, dessen Rekapitulation als Lernen begriffen wird, verstehen läßt. Sie grenzen sich von dem bereits erwähnten Merkmal 'Vorwegnahmen' dadurch ab, daß sie keine inhaltliche Vorwegnahme als Einstieg in eine Lösung oder Antwort darstellen. Vielmehr handelt es sich bei ihnen um Formvorgaben, die die Struktur und Gestaltung der Erledigung der Aufgaben z.B. in Form einer Tabelle betreffen. Eine Vorwegnahme wäre darin erst dann zu erkennen, wenn in derartigen Vorlagen bereits die Lösung bzw. Beantwortung der betreffenden Aufgaben vorgenommen worden wären.

c) Arbeitstechniken: Aus der Art, wie (neue) Arbeitstechniken vorgestellt und erläutert werden, könnte sich ein Avis ergeben, der auf die Gleichsetzung von Lehren und Lernen hinweist, beispielsweise derart, daß die Einführung in neue Techniken durch schlichtes zur Nachahmung nahegelegtes Vormachen – ohne Begründung der Funktion und des Sinns – geschieht und dies als Lernen angesehen wird.

d) Kapitelstrukturierung: Es ist zu untersuchen, inwieweit der Aufbau der Kapitel eines Sprachbuchs einen bestimmten Weg bzw. eine Abfolge in der Bearbeitung nahelegt. Dies könnte ein Indiz dafür darstellen, daß Lernen als Rekapitulation des vorgezeichneten bzw. -gedachten Lehrweges verstanden wird, wonach Lernen der bloße Nachvollzug des Lehrens bzw. dessen Vorgaben ist.

3.1.2.2 Finden sich in den Sprachbüchern Anhaltspunkte für die Gleichsetzung von Lehren und Lernen?

a) Lernziele: In dem Buch "Bausteine 5" kommt es zu einer gesonderten Darstellung der Lernziele in einer Kurzübersicht (S. 126 ff.), ebenso in "Bausteine 6" (S. 130 ff.). In einer tabellarischen Übersicht wird das Thema der einzelnen Einheit den damit jeweils verfolgten Lernzielen in den Kategorien "Mündlicher Sprachgebrauch", "Schreiben", "Sprachbetrachtung" und "Rechtschreiben" gegenübergestellt. Sowohl die Tatsache, daß sich diese Seiten am Ende des Buches befinden und von keinerlei graphischen Auflockerungen unterbrochen werden, als auch der Umstand, daß es hierin zu einer auffälligen Häufung von Fremdwörtern und Fachausdrücken kommt ("Dialog", "appellativ", "Vokalverdoppelung", "kalligraphische" usw.), deutet darauf hin, daß sich diese Informationen nicht an den Lernenden, sondern an den Lehrenden richten. Schließlich fehlt jede (inhaltliche wie optische) Lernendenbezogenheit – wie sie sonst im Buch üblich ist –, und es ist unwahrscheinlich anzunehmen, daß ein Lernender der fünften oder sechsten Klasse mit diesen Informationen – auch wenn sie im Sprachbuch selbst zugänglich sind – etwas anfangen kann. Diesen Eindruck verstärkt die Tatsache, daß sich die im Sprachbuch verwendete Übersicht in ihrer Grundstruktur auch im Lehrendenband wiederfindet und dort den Anfang der für die Lehrenden bestimmten Erläuterungen zum Aufbau und zum Umgang mit dem Sprachbuch kennzeichnet. Selbiges kann bei "Werkstatt" beobachtet werden. Auch hier ist die am Ende des Buches plazierte tabellarische Übersicht in kleinerer Schrift abgesetzt und durchsetzt mit unerklärten Fachtermini u.ä. (S. 190 f.). Hier finden sich zu den einzelnen Abschnitten Informationen zu den Lerninhalten in den Kategorien "Sprechen", "Schreiben", "Textarten" und "Arbeitstechniken". Diese Gliederung informiert damit in erster Linie darüber, wo und wie die einzelnen Anforderungen seitens des Lehrplans in dem Buch berücksichtigt werden. Diese Übersichten sprechen m.E. für die Gleichsetzung von Lehren und Lernen, weil der Lehrende in ihnen Auskunft über die Ziele der einzelnen Sprachbuchabschnitte erhält. Dieser Umstand gilt übrigens selbst, wenn sich die entsprechenden Übersichten wider Erwarten doch an die Lernenden richten. Schließlich werden hierin unabhängig von jedem tatsächlichen Lernprozeß die Ziele der einzelnen Einheit beschrieben. Dies zeigt sich besonders deutlich in "Mittendrin". Im Buch selbst finden die Lernenden hier mittels Piktogramm an verschiedenen Stellen Angaben über Lernziele. Dort heißt es: "Auf den nächsten Seiten lernt ihr, wie ihr mit Worten Gegenstände beschreiben [...] könnt." (S. 98) oder: "Wie ihr Texte mit Satzzeichen so gliedern könnt, dass sie gut lesbar werden, lernt ihr auf den nächsten Seiten." (S. 113). Auch hier läßt sich die Gleichsetzung von Lehren und Lernen erkennen, indem 'Lernziele' des noch zu vollziehenden Lernprozesses benannt werden, wonach die Arbeit mit dem Buch (und seinen Lehrendenvorgaben) automatisch zu dem gewünschten Ergebnis führt. Diesen unterschiedlichen Formen von Lernzielbenennungen ist dabei eines gemein: Es handelt sich bei ihnen um von außen festgelegte Ziele, die nicht denen der Lernenden entsprechen können, weil diese bereits vorgängig (mit der Drucklegung des Buches) festgelegt sind. Die aufgezeigten Lernzielbenennungen deuten m.E. auf die Gleichsetzung von Lehren und Lernen, da die Festsetzung von Zielen i.s. von Zielvorgaben vor Beginn des Lernprozesses das Lernen notgedrungen als abhängige und abgeleitete Größe des Lehrens erscheinen lassen.

b) Aufgaben- und Arbeitsvorlagen: In "Werkstatt" existiert zur Planung einer Klassennachrichtensendung nicht nur die Aufforderung, dies mit Hilfe einer Tabelle zu erledigen, zusätzlich wird die Tabelle mitsamt Kategorien nebenstehend abgedruckt (S. 17). Ebenso kommt es bei der Aufgabe, die beliebtesten Fernsehsendungen in der Klasse zu ermitteln, zur Vorgabe einer entsprechenden Auswertungstabelle (S. 86). Über der Aufgabenstellung, einen Tip für bzw. Hinweis auf eine Fernsehsendung abzugeben, ist ein fertiges Formular veröffentlicht, welches den entsprechenden Kommentar an eine bestimmte Form bindet (S. 89). Auch das Sprachbuch "Bausteine 5" weist derartige Arbeitsvorlagen auf. Zur (geforderten) Erläuterung der Anordnung der verschiedenen Waren in einem (abgebildeten) Spielwarengeschäft erhalten die Lernenden eine Tabelle mit vorgegebenen Kategorien (S. 17). Bei der Durchführung einer Leserbefragung und der nötigen Entwicklung eines Fragenkatalogs soll den Lernenden ein bereits vorgefertigter Bogen als exemplarische Vorgabe dienen (S. 47). Dieser Art ist auch die Aufforderung zur Anfertigung eines Buchtips i.S. einer Rezension von einer exemplarischen Gliederung einer solchen Empfehlung begleitet (S. 50*). Auch das Arbeitsheft zu "Bausteine 5" ist durch entsprechende Arbeitsvorlagen gekennzeichnet, die beispielsweise die Aufgabe, Informationen verschiedener Merkzettel zu sortieren, mit dem Angebot einer entsprechenden Tabelle verbindet (S. 17), oder es existieren Lückentexte, wobei die in die Lücken einzusetzenden Texte (teilweise) formuliert werden (S. 49). Solche Aufgabenvorlagen legen dem Lernenden die Form der Beantwortung bestimmter Aufträge nahe, schränken den subjektiven Lernprozeß demnach auf den (Nach-)Vollzug der (Lehr-)Vorgaben ein.

c) Arbeitstechniken: Kommt es im Sprachbuch "Werkstatt" zur Einführung neuer Arbeitstechniken, was – wie in allen Sprachbüchern – relativ selten geschieht, so ereignet sich dies i.d.R. in unmittelbarer Anwendung derselben. Dabei beschränkt sich die Darstellung auf die handwerkliche Vermittlung, ohne daß die Sinnhaftigkeit näher erläutert wird. So sollen die Lernenden in "Werkstatt" beispielsweise eine Sage anhand von Stichwortzetteln nacherzählen, wobei im Text selbst bereits Unterstreichungen vorgenommen worden sind, die die Fragen "Wo", "Wer", "Was" betreffen. Den Lernenden wird so nahegelegt, entsprechend zu verfahren, ohne zu wissen warum (S. 22 f.). Ein anderes Beispiel findet sich bei der Einführung der Technik des Überarbeitens von Texten. Hier werden Entwurf und Überarbeitung einer Beschreibung einander gegenübergestellt, und den Lernenden bleibt die Erarbeitung dieser Methodik selbst überlassen, ohne daß das Sprachbuch diesen Prozeß begleitet oder im weiteren Verlauf aufgreift (S. 55 f.). An anderer Stelle finden die Lernenden das Ergebnis eines Cluster-Verfahrens vor, das ihnen die Gliederung einer Ideenbörse erleichtern soll (S. 15). Der Cluster ist bereits weitgehend ausgefüllt, es werden jedoch keine Hinweise zu seiner Entstehung sowie Handhabung gegeben, die m.E. schwerlich als bekannt vorausgesetzt werden können. Mit ähnlichen Clustern arbeitet "Werkstatt" auf den Seiten 38 f. oder 68. Anstatt jedoch dieses an verschiedenen Stellen des Buches angewendete Verfahren bereits zu Beginn des Buches oder wenigstens an der Stelle, an der es das erste Mal auftritt, zu erklären, begegnet man der entsprechenden Erläuterung erst auf Seite 37 und nicht auf Seite 15, wo die Cluster-Methode erstmals verwendet wird. Ähnlich stellt sich dies im Sprachbuch "Bausteine 5" dar. Im Zusammenhang mit der Auswertung einer Umfrage werden zwar Hinweise zum jeweiligen Vorgehen gegeben, sie bleiben jedoch unerklärt, und die Lernenden haben damit keine andere Möglichkeit, als sie stereotyp nachzuvollziehen (S. 48). Gleiches gilt für die Einführung in die 'Beobachtung' zum Vorleseverhalten. Es wird gesagt, worauf zu achten ist, ungesagt und unerläutert bleibt allerdings das 'Warum' (S. 49). Ähnliches findet sich in "Bausteine 6". Hier wird im Zusammenhang mit der Revision bzw. Überarbeitung einer Zeitungsmeldung die Technik des Hervorhebens wichtiger Gesichtspunkte und deren Ergänzung durch Randnotizen nahegelegt und angewendet, ohne daß es zu einer Erklärung kommt (S. 12). Auch die Technik zur Auswertung und Entschlüsselung von unbekannten Begriffen oder Abkürzungen in Texten wird – am Beispiel von Wohnungsanzeigen – exerziert, aber nicht erklärt (S. 72*). Genauso ist das Vorgehen in "Werkstatt" an der entsprechenden Stelle, wobei die Lernenden aufgefordert werden festzustellen, nach welcher Methode "der [hier wiedergegebene] Ausschnitt aus den Programmheften ausgewertet" wurde (S. 88). Die Vorstellung von "Übungsmethoden" erfolgt gleichfalls deskriptiv und unbegründet: "a) Regelmäßiges, kurzes Üben ist besser als stundenlanges Pauken. b) Gezieltes Üben steigert den Lernerfolg. Mein persönliches Wörterbuch oder meine Fehlerkartei bieten Übungsstoff an." (S. 100). Auch die Angebote zu "Lerntechniken für Merkwörter" in "Mittendrin" (S. 148) reduzieren sich auf die Anwendungsbeschreibung. Ähnliches läßt sich für die Einführung der verschiedenen Arten von Diktaten, in der die Arbeitsformen des Partner-, Eigen- oder Laufdiktats dargestellt werden, beobachten ("Wortstark" S. 178*; "Bausteine 6" S. 7; "Geradeaus" S. 123, 147). Was sich hinter der einzelnen Technik bzw. Arbeitsweise verbirgt, wird anwendungsbezogen im Stil einer Gebrauchsanweisung erklärt, ohne jedoch etwaige Anwendungskontexte außerhalb des jeweiligen Sprachbuchabschnitts und die Sinnhaftigkeit näher zu benennen. In den analysierten Sprachbüchern lassen sich allerdings auch Beispiele für ein gegenteiliges Vorgehen aufzeigen. In "Start-klar" folgt etwa auf die Darstellung verschiedener Methoden zur Textüberar-beitung folgende Information: "Diese schriftlichen Methoden sind sehr günstig, wenn ihr euch noch nicht so gut kennt und vielleicht Angst habt, [...]" (S. 39). Für den Gebrauch eines Wörterbuchs zur Unterstützung bei der Überarbeitung von Texten finden sich hier Erläuterungen, die von einer entsprechenden Illu-stration begleitet werden (S. 128 f.*). Ein zusätzliches Beispiel liefert "Wortstark", wenn die Arbeit in einer "Schreibkonferenz" mit veranschauli-chenden Fotos erläutert wird (S. 168 f.) oder in die Technik des "Nachschla-gens" (S. 205 ff.) eingeführt und beispielsweise zur Bedeutung von Leitwör-tern erklärt wird: "Die meisten Nachschlagewerke haben Leit- oder Kopfwör-ter. Du findest sie auf jeder Seite (Doppelseite) eines Wörterbuches ganz oben. Das linke Leitwort ist das erste Stichwort auf der Seite. Das rechte Leitwort ist das letzte Stichwort auf der Seite." (S. 215). Doch die letztgenannten Beispiele vermögen nicht den Eindruck zu entkräften, daß es sich hierbei um Ausnah-men handelt. In der Regel werden neue Methoden dargestellt bzw. zur Nach-ahmung 'vorexerziert' und weder erläutert noch ihre Sinnhaftigkeit oder Not-wendigkeit transparent gemacht. Sie können damit als deutliches Indiz i.S. die-ses Lernkriteriums angesehen werden, demzufolge Lernen als auf Rekapitula-tion angelegter Nachvollzug von Vorexerziertem erscheint.

d) Kapitelstrukturierung: In "Bausteine 5" deutet bereits die Numerierung der Arbeitsaufträge auf einen bestimmten Aufbau hin. So sind die Fragen jeder Seite von Nummer 1 aufsteigend durchgezählt (S. 22). Sagt dies über einen mit der Seitenabfolge aufeinanderaufbauenden Charakter der jeweiligen Kapitel noch nicht zwingend etwas aus, so kann solches jedoch aus der thematischen und strukturellen Analyse abgeleitet werden. Beispielsweise beginnt das Kapitel "Nachrichten aus der Urzeit" (S. 22 ff.) mit der Abgrenzung von Verben und Nomen, woran sich die Beschreibung von Artikeln oder der Gebrauch der Nomen in den vier Fällen anschließt. Dies ist sicher ein Indiz dafür, daß die Bearbeitung dieses Kapitels in der vorgegebenen Reihenfolge nahelegt wird. Vergleichbares läßt sich am Kapitel "Bücher sind zum Lesen da" (S. 46 ff.) aufzeigen. Auch hier ist eine aufeinanderaufbauende Struktur zu erkennen, wenn sich an die Reflexion eigener Leseerfahrungen die Erkundung der Er-fahrung anderer im Umgang mit Texten (in einer Umfrage), die Diskussion 'Lesen versus Fernsehen' oder die Abfassung eines eigenen Buchtips anschlie-ßen. Analoge Hinweise zeigen sich in "Werkstatt". Die Aufgaben der einzelnen Abschnitte sind separat durchnumeriert (S. 19 ff.), und zwischen den Sequen-zen eines Kapitels ist ebenso eine Steigerung des Anforderungsniveaus zu er-kennen wie in ihnen selbst. So bauen die Aufgaben in den einzelnen Abschnit-ten aufeinander auf, etwa in dem Abschnitt "Mach was draus", in dem auf die Aufforderung, eine in Auszügen wiedergegebene Fabel weiterzuschreiben, der Vorschlag folgt, die verschiedenen Versionen der Lernenden vorzulesen und

mit dem Textende des Originals zu vergleichen, dies zu reflektieren usw. (S.
41). Für die anderen Kapitel läßt sich Analoges beobachten, wenn sich das
Kapitel "Erzählen" (S. 19 ff.) etwa in Abschnitte gliedert, in denen dem Nacherzählen, Übungen zur Textüberarbeitung und die Arbeit mit Erzählkernen
nachgestellt sind, die in einen Block, der sich mit der Veränderung von
(vorgegebenen) Texten beschäftigt, einmünden. Auch in "Geradeaus" lassen
sich aus der Analyse der Frageinhalte Indizien für eine aufeinanderaufbauende
Struktur des Buches ableiten. Auf Seite 74 sollen die Lernenden in Aufgabe 1
Stellung zu zwei Beschwerdebriefen nehmen, dann über eigene (Beschwerde-)
Erfahrungen berichten (Aufgabe 2), selbst einen Beschwerdebrief formulieren
(Aufgabe 3) sowie die verschiedenen Briefe in der Klasse vorstellen (Aufgabe
4). Weitere Hinweise für die aufbauende Struktur in "Geradeaus" zeigen sich
an textlichen Bezugnahmen zwischen den einzelnen Abschnitten: "Für die
große Aufführung könnt ihr all das verwenden, was ihr bis jetzt ausprobiert
und eingeübt habt: die Aufwärmübungen, die Pantomimen und Szenen." (S.
60) oder: "Nicht nur in der Familie gibt es Konflikte [über Familienkonflikte
wurde bis zu dieser Stelle gearbeitet]. Sie können überall entstehen: in der
Klasse [...]" (S. 49*) oder: "Ihr wisst schon etwas darüber, was bei Gesprächen
stört und wie man Störungen vermeiden kann [davor kam es zu Stilleübungen
und Gesprächsreflexionen]" (S. 42). Diese Strukturierung legt dem Lernenden
einen bestimmten (vorgedachten) Lern- bzw. Bearbeitungsweg beim Einsatz
des Buches im intendierten Sinne nahe, die Lernen als abgeleiteten Vorgang erscheinen läßt.

3.1.3 Lernkriterium: Hierarchie zwischen Lehrenden und Lernenden

Mit diesem Lernkriterium wird auf den grundsätzlichen Funktions-,
Kompetenz- und Rollenunterschied in traditionellen Lernprozessen zwischen
dem Lehrenden und dem Lernenden aufmerksam gemacht. Ersterem ist dabei
die dominante und aktive Rolle zugewiesen. Er entscheidet i.d.R. darüber, was
gelernt wird und wie die jeweiligen Lernprozesse bzw. -wege aussehen. Dem
Lernenden hingegen ist hauptsächlich die Rolle des Reagierenden zugeordnet,
welcher die jeweiligen Anforderungen, Aufträge usw. befolgt. Diese Hierarchie zeigt sich allerdings keineswegs nur dann, wenn sie in ihrer unmittelbaren
Polarität zwischen Lehrenden und Lernenden sichtbar wird. Sie ist gleichwohl
auch – sozusagen – implizit an den Stellen aufzuweisen, an denen sich ihre
Wirkung 'nur' für eine der Gruppen kundtut (s. ausführlich Kapitel 2.3.3).

3.1.3.1 Welche Anhaltspunkte könnten in Sprachbüchern auf die Hierarchie zwischen Lehrenden und Lernenden hinweisen?

Mit Blick auf die Sprachbücher ist zu untersuchen, ob sich in ihnen
Merkmale finden lassen, die auf ein nicht gleichberechtigtes Verhältnis zwi-

schen Lehrenden und Lernenden schließen lassen, in dem der Lehrende hierarchisch über den Lernenden steht, und die Rolle von letzteren primär in der Ausführung bestimmter Aufgaben u.ä. besteht. Denkbare Merkmale, die hierauf hinweisen könnten, sind u.a.:

a) preliminary organizer:[368] Mit einem preliminary organizer wird den Lernenden ein bestimmter Umgang mit dem Sprachbuch nahegelegt. Derartige Handhabungshinweise ergänzen die Arbeitsanweisungen des Lehrenden, die diese ihm an dieser Stelle abnehmen. Insoweit sich der preliminary organizer als eine (besondere) Variante der (Lehrenden-)Anweisung verstehen läßt, spiegelt er auch ein Zeichen des hierarchischen Verhältnisses zwischen Lehrenden und Lernenden wider.

b) Merksätze: Merksätze, Zusammenfassungen u.ä. nehmen den Lernenden insbesondere dann, wenn sie optisch hervorgehoben oder abgegrenzt sind, die Entscheidung über die Relevanz der Lerninhalte (zumindest in einem bestimmten Maße) ab und könnten insoweit als Indiz für die Auswirkung eines hierarchischen Verhältnisses zwischen Lehrenden und Lernenden angesehen werden. Die Lernenden werden damit in ihrem Lernprozeß in eine reaktive Rolle zur Ausführung vorgegebener Aufgaben gedrängt.

c) Dialogrichtung: Zeichnet die Dialog- bzw. Kommunikationsrichtung – wie sie sich in Fragen oder Aufgaben zeigt – in den Sprachbüchern ein Charakter aus, der als (fiktiven) Sender solcher Fragestellungen den Lehrenden und als (realen) Empfänger den Lernenden vermuten läßt, so weist eine solche kommunikative "Einbahnstraße" aufgrund der Monopolisierung der Fragen beim Lehrenden auf ein ungleichberechtigtes Verhältnis zwischen beiden Gruppen hin.

d) Lehrendenband: Ein das Sprachbuch ergänzender und vor allem erläuternder Lehrendenband könnte insoweit ein Indiz dafür sein, daß der Lehrende hierarchisch über den Lernenden steht, da letzteren der Zugang zu den speziellen Hinweisen zur Anwendung des Sprachbuchs – z.B. in Form von Querverweisen, Kombinationen mit anderen Unterrichtswerken, Arbeitswegen oder Lösungsvorschlägen usw. – vorenthalten bleibt.

3.1.3.2 Finden sich in den Sprachbüchern Anhaltspunkte für die Hierarchie zwischen Lehrenden und Lernenden?

a) preliminary organizer: Das Sprachbuch "Startklar" weist einen preliminary organizer – als "Sprachbuch-ABC" bezeichnet (S. 5 f.) – auf, in dem die Lernenden in Manier einer Gebrauchsanweisung im Umgang mit dem Buch vertraut gemacht werden. Er beinhaltet Hinweise zur Gliederung des Buches, zur Funktion und unterschiedlichen (optischen) Kennzeichnung bzw. Abgren-

---

[368] Als "preliminary organizer" lassen sich Hinweise bezeichnen, die in geraffter Form – einer Gebrauchsanweisung ähnlich – zu Beginn einzelner Sprachbücher verschiedene Informationen zum Umgang mit demselben (häufig in Legendenform) zusammenfassen.

zung einzelner Elemente wie Aufgaben, Merkkästen, Anregungen, Prüfhilfen usw. Einen solchen preliminary organizer kennt auch das Sprachbuch "Mittendrin" (S. 2*). Einerseits werden hier die im Zusammenhang mit etlichen Aufgaben gebräuchlichen Piktogramme bezüglich der jeweils zu wählenden Arbeitsform u.ä. – inklusive der Hinweise für besondere Arbeitsanforderungen (z.B. Regeln formulieren) – erläutert und andererseits die Möglichkeit für die Wahl der verschiedenen Lernwege bei der Aufgabenbearbeitung und farbige Kennzeichnungen für die verschiedenen Niveaus bzw. Besonderheiten der einzelnen Kapitelabschnitte (Orientierung, Erarbeitung, Vertiefung, Anwendung) dargestellt. In beiden Sprachbüchern ist der preliminary organizer eine Handhabungshilfe, die sich unmittelbar an die Nutzer des Sprachbuchs, in erster Linie an die Lernenden richtet. Sie bekommen gesagt, wie sie mit dem Buch in bestimmter Hinsicht umzugehen haben. Da die hier dargebotenen Hinweise die Struktur des gesamten Buches betreffen, ist die Arbeit mit diesem – im nahegelegten Sinne – unter Nichtbeachtung derartiger Vorabinformationen schwerlich möglich. Angesichts dieser Umstände lassen sich die preliminary organizer durchaus als Indiz für die Hierarchie zwischen Lehrenden und Lernenden einstufen.

b) Merksätze: In unterschiedlicher Regelmäßigkeit treten in "Mittendrin" Merksätze auf. Sie stehen in optisch abgesetzten Kästen, wobei die Zentralbegriffe nochmals hervorgehoben sind und den Lernenden die besondere Wichtigkeit signalisieren (S. 35*, 93, 95). Auffällig ist, daß solche Merksätze in "Mittendrin" i.d.R. immer unmittelbar im Zusammenhang (davor oder danach) mit Aufgabenstellungen lokalisierbar sind, die die Anwendung des jeweilig zu Merkenden erfordern. Auch im Sprachbuch "Startklar" existieren solche Zusammenfassungen in sog. Merkkästen, ebenfalls optisch exponiert (S. 121, 107, 88*). Wie in "Mittendrin" machen auch diese Kästen den Lernenden auf wichtige Inhalte aufmerksam, die in Form kurz erläuterter Regeln dargestellt werden. Solche Merksätze eignen sich als Kriterium für die Identifikation der Hierarchie zwischen Lehrenden und Lernenden, da den Lernenden durch sie die Entscheidung über das, was wichtig ist, abgenommen wird.

c) Dialogrichtung: Betrachtet man die im Sprachbuch "Startklar" vorkommenden Fragen wie etwa: "Welche Fragen würdest du anstelle der Klassenlehrerin noch stellen?" (S. 81), "Welche der abgebildeten Spiele kennst du?" (S. 65), "Kannst du die Spiele ordnen?" (S. 65) oder: "Wie viele Ichs gibt es in eurer Klasse?" (S. 8), so weist die direkte Ansprache an die Lernenden in diesen Fragen darauf hin, daß sie tatsächlich die vornehmlichen Adressaten sind. Ein Umstand, der die Lehrenden zu den fiktiven Sendern dieser Fragen macht. Ähnliches läßt sich auch in "Mittendrin" feststellen, wenn die Fragen durchgängig einen Charakter haben, wie z.B.: "Wie hat euch das gemeinsame Erzählen gefallen?" (S. 13), "Überlegt: Wie ginge es euch, wenn euch so etwas gesagt würde? Hättet ihr dann Lust, wieder am Gespräch teilzunehmen oder nicht?" (S. 66) oder: "Wie guckt die Mutter auf dem ersten Bild, wie auf dem dritten? Was muss euer Gesicht und euer Körper ausdrücken?" (S. 83). Auch hier fällt die direkte (und ausschließliche) Anrede an die Lernenden als reale Empfänger und damit als Indiz für das sich in den Fragen niederschlagende Hierarchieverhältnis mit einem fiktiven Lehrenden als implizitem Sender im Hintergrund auf. Gleichzeitig werden die Lehrenden in den Büchern auch unmittelbar genannt, wobei die Art dieser Erwähnung als Indiz für die vorherrschende Dialogrichtung vom (fiktiven) Lehrenden zum (realen) Lernenden betrachtet werden kann, wie die Beispiele zeigen. In "Mittendrin" heißt es in einer Aufgabenstellung: "Wählt eine Diskussionsleitung. Am Anfang sollte eure Lehrerin oder euer Lehrer die Aufgabe übernehmen. Wer es sich zutraut, löst sie oder ihn zwischendurch ab." (S. 77). Hier wird der Lehrende zwar direkt erwähnt, aber zum einen ergibt sich aus dieser Aufgabe zweifelsfrei, daß er keineswegs der Angesprochene ist, und zum anderen wird hierdurch der (hierarchische) Unterschied zwischen Lehrenden und Lernenden deutlich. In "Wortstark" klingt dies so: "Schreibe einen Brief, der deine Lehrerin oder deinen Lehrer davon überzeugt, dass diese Kröte das ideale Tier für euren Klassenraum ist." (S. 165). Neben einer analogen Anlage ist beiden Aufgaben gemein, daß hier jeweils der (tatsächliche) Lehrende der Lernenden genannt wird. Andere Beispiele für die Erwähnung von Lehrenden – mit ähnlicher Funktion – finden sich in "Startklar", wenn im Umfeld einer Frage "die Klassenlehrerin, Frau Lenssen" (S. 83) erwähnt wird oder "der Klassenlehrer, Herr Vitters" (S. 107) seiner Klasse "Eis spendiert", weil die Lernenden viele Wörter aufgeschrieben (sind im Sprachbuch wiedergegeben) haben, "in denen das Wort Eis vorkommt." Dabei fällt den Lernenden die Aufgabe zu, die genannten Worte auf ihre Richtigkeit hinsichtlich der Aufgabenstellung zu prüfen. Hier dient die Erwähnung der Lehrenden einerseits zur Ausgestaltung der Aufgabenstellung, und gleichzeitig wird damit – zumindest im letzten Beispiel – auch die hierarchische Differenz zwischen beiden Gruppen deutlich. Analog hierzu liest sich die Erwähnung eines Lehrers in "Kennwort": "Der Lehrer, der nun Unterricht hat, hält gar nichts von Theaterspielen und lässt das Zimmer schleunigst aufräumen. Übernimm seine Rolle und gib die Anweisungen" (S. 115). Dabei illustriert der hier geforderte spielerische Rollenwechsel klar den in der alltäglichen Praxis institutionalisierter Lernprozesse üblichen bzw. zumindest in dieser Frage intendierten Unterschied zwischen Lehrenden und Lernenden. Hierauf deutet auch der Wortlaut der Aufgabe 13 hin, der diese Lesart damit stärkt: "Kommen dir diese Sätze bekannt vor? Guten Morgen, setzt euch bitte! Nehmt euer Sprachbuch heraus! Steckt alles weg, was ihr nicht braucht! Matthias, erzähl uns doch mal etwa über die Fragesätze!" (S. 45).

d) Lehrendenband:[369] Die Existenz eines Lehrendenbandes wie der zum Sprachbuch "Mittendrin" ist an sich schon ein Hinweis auf die Hierarchie zwischen Lehrenden und Lernenden, da er sich ausschließlich an die Lehrenden wendet und diese mit Zusatzinformationen ausstattet, Lernziele (S. 17) und die Wege dorthin (S. 18) benennt, Kopiervorlagen (S. 31, 55) sowie ergänzende Vorschläge (S. 46, 51) bereithält. Gleiches gilt für den Lehrendenband zum Buch "Startklar". Neben Lernzielen (S. 10, 16) finden sich hier auch Vorschläge für Einstiegsmöglichkeiten in die jeweiligen Themen (S. 33, 37, 45) und Querverweise innerhalb des Sprachbuches und zu anderen Medien (S. 10, 19, 29). Außerdem hält dieser Band eine Reihe an Lösungen für verschiedene Aufgaben des Sprachbuchs bereit (S. 11, 39, 62 f.). Dabei deutet nicht nur die direkte und ausschließliche Anrede der Lehrenden darauf hin, daß diese Informationen nur ihnen vorbehalten sind. Auch die Art der Aufbereitung (z.B. systematischer Aufbau), das verwendete Vokabular (z.B. Fachtermini und Fremdwörter) usw. weisen ihn als den Adressaten aus. Insoweit erscheint es plausibel, in den entsprechenden Lehrendenbänden durchaus Anzeichen für die hierarchische Höherstellung der Lehrenden gegenüber den Lernenden zu erkennen. Dieser Eindruck verstärkt sich, wenn man die Lehrendenbände in ihren Formulierungen analysiert. So heißt es etwa im Kommentarband zu "Mittendrin": "Nun befassen sie [die Lernenden] sich mit Funktion und Form von Adverbien und einigen Pronomen."(S. 73), "Für die Einheit wurde das Thema "Streiche" gewählt, weil es Schülerinnen und Schüler interessiert und motiviert." (S. 73), "Zu Beginn wird versucht, die Schülerinnen und Schüler in eine fiktive Welt zu versetzen [...]" (S. 81), "Die Einheit setzt bei der Sprachkompetenz an und gibt den Schülerinnen und Schülern zunächst breiten Raum, vorhandene sprachliche Möglichkeiten zu aktivieren, anzuwenden und auszuprobieren, bevor [...]" (S. 92) oder: "Wer [angesprochen sind die Lehrenden] sich damit begnügen muß oder will, daß seine Schüler und Schülerinnen mit Attributen gearbeitet und ihre Funktion reflektiert haben, kann die folgenden Aufgaben [...] auch auslassen." (S. 93). Entsprechende Sequenzen im Begleitmaterial zu "Startklar" lauten: "Die Schüler sollen erkennen, dass [...]" (S. 33), "Damit soll das erarbeitete Vorlesen (Vortragen) und das ungeübte Vorlesen erleichtert werden." (S. 16) oder: "Die Schülerinnen und Schüler sollen in einem eigenen Kapitel systematisch [...] üben." (S. 58). Die in diesen Zitaten ausgedrückte Begründung der Konzeption der Bücher verdeutlicht ebenso wie die hier vorgenommene Benennung von Zielen für einzelne Aufgaben und ganze Sequenzen deutlich das hierarchische Gefälle zwischen Lehrenden und Lernenden. Einerseits sind diese Informationen dem Lehrenden vorbehalten, andererseits werden hier Entscheidungen über den Lernprozeß des Lernenden

---

[369] Die hier gemachten Ausführungen verstehen sich als Ergänzung zu denen in Kapitel 3.1.1.2.

– ohne dessen Beteiligung – getroffen. Eine besondere Form dieser Hierarchie wird auch auf der grammatikalischen Ebene sichtbar, wenn es im Kommentar zu "Startklar" an mehreren Stellen zur Verwendung des Possessivpronomens 'unsere' als Zuschreibung für die Lernenden kommt, so liest man auf Seite 32, es sei sinnvoll, daß "für unsere Schüler verständliche Fachbücher verfügbar sind" oder auf Seite 48 "dennoch ist der Wissens- und Kenntnisstand unserer Schüler meist sehr unterschiedlich."

3.1.4 Lernkriterium: Lehrende als (eigentliche) Subjekte des Lernprozesses

Dieses Kriterium kennzeichnet eine Situation, in der – entgegen der landläufigen Meinung – der Lehrende und nicht etwa der Lernende als Subjekt des Lernprozesses anzusehen ist (s. ausführlich Kapitel 2.3.4). Er ist der Handelnde, der Aktive, der den Prozeß Steuernde und Dirigierende, wohingegen die Lernenden als diejenigen erscheinen, die gemäß der an sie gestellten Anforderungen allenfalls reagieren (können).

3.1.4.1 Welche Anhaltspunkte könnten in Sprachbüchern darauf hinweisen, daß die Lehrenden die (eigentlichen) Subjekte des Lernprozesses sind?

Als entsprechende Hinweise auf dieses Kriterium in Sprachbüchern könnten Merkmale angesehen werden, die die Lehrenden als aktive Subjekte exponieren, während die Lernenden eher als reaktive Objekte (zu) fungieren (haben), auf die sich die Hinweise und Aufforderungen des Buches beziehen. Folgende Merkmale wären hierzu m.E. unter anderem geeignet:

a) Lernziele: Richtet sich beispielsweise die in etlichen Sprachbüchern vorfindliche Übersicht über die mit dem Einsatz des jeweiligen Buches verfolgten Lernziele bzw. -inhalte primär oder ausschließlich an die Lehrenden, so wäre dies ggf. als Hinweis dafür zu werten, daß die Lehrenden eine dominante und damit privilegierte Rolle gegenüber den Lernenden einnehmen. Schließlich sichert ihnen eine solche Übersicht ebenso einen Informationsvorsprung bezüglich des Einsatzes der Bücher, wie es ihre Autonomie und Handlungsmöglichkeiten im Umgang mit den Lernmitteln – im Verhältnis zu den Lernenden – deutlich erhöht.

b) Lernendenhefte: Sofern die zu den Sprachbüchern existierenden Arbeitshefte nicht das Analogon der Lernenden zum Lehrendenband für die Lehrenden darstellen, sondern eher als auf die einzelnen Sprachbücher bezogene anwendungsorientierte Medien zu betrachten sind, bekräftigen sie die reaktive Rolle der Lernenden und verstärken damit den Umstand, daß die Lernenden nicht die Subjekte des Lernprozesses sind, also diejenigen, die diesen (ihren eigenen Lernprozeß) selbstbestimmt und eigenverantwortlich (mit-)gestalten.

c) Korrekturen und Korrekturaufforderungen: In Korrekturen, Korrekturhilfen und -aufforderungen läßt sich insoweit ein Hinweis auf die exponierte Stellung des Lehrenden erkennen, als daß alle Formen der Korrektur dem Lehrenden vorbehalten sind oder – wenn dies delegiert wird – sie zumindest zur Leistungsbewertung durch den Lehrenden dienen (können). Der Lehrende als Subjekt des Lernprozesses zeigt sich in diesem Fall derart, daß er derjenige ist, auf den sich die Korrekturen beziehen und dem es obliegt zu entscheiden, was als richtig und was als falsch anerkannt wird.

3.1.4.2 Finden sich in den Sprachbüchern Anhaltspunkte dafür, daß die Lehrenden die (eigentlichen) Subjekte des Lernprozesses sind?

a) Lernziele:[370] Die bisherige Analyse zum Charakter der Lernzielangaben von "Bausteine 5" (S. 126 ff.) oder "Bausteine 6" (S. 130 ff.) wies im wesentlichen die einseitige Adressatenorientierung auf den Lehrenden – infolge von schematischem Aufbau, Orientierung an verschiedenen Lernzielgruppen, Fachtermini usw. – aus. Die Einseitigkeit der Adressatenorientierung ist für dieses Lernkriterium insoweit ein Indiz, da hierdurch deutlich wird, daß der Lehrende derjenige ist, auf den sich wesentliche Informationen zur Arbeit mit dem Buch beziehen. Ähnliches hinsichtlich der Adressatenorientierung läßt sich an der Übersicht über die Lerninhalte von "Geradeaus" festmachen (S. 152 ff.). Zwar ist die dortige Darstellung weniger stark durch Fachtermini u.ä. geprägt, dennoch ist die Art der Darstellung – durchgängiger Text mit minimaler Auflockerung – kaum dazu geeignet, daß der Lernende sich hier – womöglich vor Beginn des Lernprozesses – einen für ihn verständlichen Überblick über die jeweiligen Themen verschaffen kann. Hierzu trägt auch bei, daß sich an dieser Stelle keine Informationen zu den in den jeweiligen Kapiteln behandelten (inhaltlichen) Themen finden, sondern lediglich Bezüge, die die angesprochenen Stoffe in das Gerüst von Lehr(plan-)anforderungen einordbar machen, wenn dort von "Schreibkonferenzen", "Erzählkernen", "Freiarbeit", "Schreibhemmungen" u.ä. die Rede ist. Dies sind allesamt Aspekte, die für den Lehrenden und nicht für den Lernenden Relevanz haben und ihn im Holzkampschen Sinne als das (eigentliche) Subjekt in den Mittelpunkt des Lernprozesses rücken. Analysiert man die Lernziele unter diesem Blickwinkel, so wird deutlich, daß es sich recht eigentlich bei ihnen um Ziele der Lehrenden und nicht um die (subjektiven) der Lernenden handelt, ein Umstand, der die Lehrenden als primäre Adressaten der Lernzielangaben sichtbar exponiert.

b) Lernendenhefte: Betrachtet man die zu "Geradeaus" und "Bausteine 5" gehörenden Lernendenhefte, so kennzeichnet beide, daß sie als reine Arbeits-

---

[370] Die hier gemachten Ausführungen verstehen sich als Ergänzung zu denen in Kapitel 3.1.2.2.

hefte konzipiert sind und somit die Verlängerung der Sprachbuchinhalte in anwendungsbezogenem Kontext darstellen. Beide Hefte prägt im wesentlichen eine Vielzahl an Aufgaben – in Ergänzung zu den Inhalten des jeweiligen Sprachbuchs, die in den Heften selbst auf entsprechenden Vorlagen bearbeitet werden sollen. Obwohl sich im Heft "Bausteine 5" Erläuterungen für einige anzuwendende Arbeitstechniken ("Nachschlagen im Wörterbuch", "Selbstkontrolle" usw.) (S. 4 ff.) und ein "Lösungsteil zur Selbstkontrolle" (S. 57 ff.*) finden, ist auch dieses Buch wesentlich auf die Bearbeitung der vorgegebenen Arbeitsaufträge durch die Lernenden angelegt. Hierzu gehören Lückentexte (S. 52), kleinere Aufgaben, die z.b. auf die Anwendung bestimmter Beobachtungen oder Erkenntnisse abzielen (S. 48), sowie Aufforderungen, längere Texte selbständig zu verfassen (S. 35). Das Lernendenheft zu "Geradeaus" bietet auf den Seiten 48 f.* und 54 analoge Aufgaben. Die Lernendenhefte sind damit für die Lernenden keineswegs eine zusätzliche Information über die konzeptionellen Hintergründe und Zusammenhänge des Sprachbuchs (etwa vergleichbar dem Lehrendenband), sondern reine Auftrags- und Aufgabenbücher, die den Lernenden in eine reaktive Rolle drängen. Bezüglich des Senders der Aufgaben läßt sich diagnostizieren, daß dieser – auch wenn er nicht explizit genannt wird – dem Lernenden aufgrund seiner alltäglichen Schulerfahrungen als (fiktiver) Lehrender erscheinen muß. Demzufolge würde die Arbeit mit den Lernendenheften die traditionelle Rollenverteilung zwischen Lehrenden und Lernenden konsolidieren, die den Lehrenden in institutionalisierten Lernprozessen wie auch in der Arbeit mit diesen Sprachbüchern zu dem Subjekt des Lernprozesses macht.

c) Korrekturen und Korrekturaufforderungen: Aufforderungen für Korrekturen tauchen in "Bausteine 5" explizit in Aufgaben wie z.B.: "Überprüfe [...], ob du die Wörter richtig getrennt hast." (S. 75) auf oder implizit in vielfältigen Anweisungen: "Schreibe den Text nach Diktat auf" (S. 93), wobei letzteres immer auch die entsprechende Überprüfung und damit Korrekturaufforderung intendiert, die stellenweise sogar direkt angesprochen wird: "Vergiß nicht die Überprüfung [auf Fehlerfreiheit]." (S. 57). Auch im entsprechenden Lernendenheft sind explizite (S. 40) und implizite Korrekturaufforderungen (S. 34, 42) formuliert. Analog hierzu existieren auch in "Geradeaus" ausdrückliche Korrekturaufforderungen wie: "Überprüft, ob ihr die richtige Zeitform eingehalten habt und verbessert die Rechtschreibung." (S. 94) oder: "Vergleicht das geschriebene Diktat mit dem abgedruckten Text und unterstreicht alle Wörter farbig, die ihr richtig geschrieben habt." (S. 142). Auch wenn in der letzten Aufforderung ein innovatives Element (da hier statt wie üblich nicht die fehlerhaften, sondern die fehlerfreien Worte markiert werden) zu erkennen ist, ändert dies nichts an der Tatsache, daß es sich um einen Appell zur Korrektur handelt. Dies wird in der Fortsetzung der Aufgabensequenz deutlich, denn dort folgt auf die Aufforderung: "Jeder zählt die unterstrichenen Wörter: Das alles kannst du schon. Hier mußt du nicht mehr üben." die Aufgabenstellung: "Zähle jetzt die nicht unterstrichenen Wörter. Das sind deine Fehlerwörter." Auch indirekte Appelle finden sich hier: "Achtet dabei auch auf die Rechtschreibung" (S. 97) oder: "Achtung: Alle Sätze müssen grammatikalisch richtig sein." (S. 95). Eine Form der indirekten Korrekturaufforderung findet sich in "Kennwort". Dort bildet ein mit Fehlern durchsetzter Text für die Lernenden den Ausgangspunkt für eine Reihe von Aufgaben (S. 134), die ihn offensichtlich zur Erkenntnis führen sollen, daß eine korrekte Rechtschreibung wichtig ist. Diese Sprachbücher beinhalten demzufolge eine Reihe von Korrekturaufforderungen u.ä., die den Lehrenden insoweit zum Subjekt des Lernprozesses machen, als daß er derjenige ist, dem die 'Korrekturhoheit' zukommt und sich damit auf ihn hin der Lernprozeß ausrichtet und ihn zu dessen eigentlichem Subjekt macht. Selbst wenn es sich um Appelle zur Selbst- oder Partnerkorrektur handelt, sind auch dann nicht nur die Lernenden zur (Selbst-)Korrektur aufgefordert. Die Überprüfung der Richtigkeit ihrer Korrektur durch Dritte (Lehrende) steht damit gleichermaßen zumindest potentiell im Raum.

3.1.5 Lernkriterium: Geöffnete Lernformen in institutionalisierten Lernkontexten

Dieses Lernkriterium bezeichnet Versuche, die darauf hinwirken, traditionell orientierte und organisierte Lernprozesse durch die Modifizierung der Unterrichtsformen und die Zurücknahme der vorherrschenden Lehrendenzentrierung zu öffnen. Verstärkt werden hierbei die inhaltlichen Interessen und arbeitsmethodischen Neigungen der Lernenden im Lernprozeß berücksichtigt. Charakteristisch für solche Öffnungen ist dabei allerdings, daß sie dort ihre Grenze finden, wo sie auf den institutionalisierten Rahmen des Lernprozesses mit seinen typischen Bedingtheiten treffen (s. ausführlich Kapitel 2.3.5).

3.1.5.1 Welche Anhaltspunkte könnten in Sprachbüchern auf geöffnete Lernformen in institutionalisierten Lernkontexten hinweisen?

In den Sprachbüchern wäre zu untersuchen, ob und in welcher Form in ihnen Indizien aufweisbar sind, die eine Öffnung der Arbeitsformen und Aufgabenstellungen gegenüber der traditionellen Rollenzuweisung der Lernenden erkennen lassen. Hierzu gehören in erster Linie Hinweise, die ein – im Verhältnis zur traditionellen Lernorganisation – selbstbestimmteres Lernen der Lernenden ermöglichen. Merkmale hierfür könnten etwa sein:

a) alternative Lernwege: Das Angebot verschiedener – alternativ wählbarer – Lernwege ist ein Indiz, das darauf hinweisen könnte, daß die Lernenden ihre Interessen in erweiterter Form in den Lernprozeß einbringen können, wobei gleichzeitig zu analysieren ist, wie weit diese Möglichkeit tatsächlich, d.h. bei der konkreten Ausgestaltung entsprechender Aufgaben, reicht.

b) (Über-)Prüfungen: Geöffnete Methoden hinsichtlich der Bewertung und Korrektur von Lernendenleistungen – wie z.b. in Selbst- und Partnerprüfungen – könnten illustrieren, daß selbst in diesem Zentralbereich der Lehrendentätigkeit – der Leistungsbewertung – eine Relativierung traditioneller Lernprozeßorganisation möglich ist. Dabei bliebe zu untersuchen, welchen Grad diese praktisch erzielt.

c) moderne Lernformen: In modernen Lern- und Arbeitsformen wie beispielsweise in der Arbeit mit mind map, Cluster-Verfahren, Metaplan o.ä. könnte derart ein Indiz zur Öffnung traditioneller Lernformen erkannt werden, als daß es sich bei ihnen um Methoden handelt, die die Rollengrenzen zwischen Lehrenden und Lernenden aufweichen.

d) Sonderkapitel "Öffnung des Unterrichts": Weisen die Sprachbücher eigenständige Kapitel auf, in denen der Überwindung traditioneller Lernformen ausdrückliche Aufmerksamkeit gewidmet wird, so ist zu analysieren, ob sich hierin Indizien dafür erkennen lassen, daß es in diesem Kontext im Gegensatz zu anderen Abschnitten des jeweiligen Buches zum Einsatz geöffneter Lern- und Arbeitsformen kommt.

3.1.5.2 Finden sich in den Sprachbüchern Anhaltspunkte für geöffnete Lernformen in institutionalisierten Lernkontexten?

a) alternative Lernwege: In den Sprachbüchern "Mittendrin" und "Geradeaus" haben die Lernenden die Möglichkeit, zwischen verschiedenen Lernwegen in Form von unterschiedlichen Aufgaben oder -sequenzen zu wählen. Dabei bieten "Mittendrin" (S. 16 f.*, 27 f., 55 f.*) und "Geradeaus" (S. 49*, 91, 94, 101*, 110 f.) stellenweise sogar drei differente Lernwege parallel an. Kennzeichnend für diese Lernangebote ist einerseits, daß sich die Lernenden selbst (frei) zwischen ihnen entscheiden können und andererseits, daß die offerierten Angebote so weit voneinander abweichen, daß durch sie verschiedenartige Interessen angesprochen werden. So kann der Lernende in "Mittendrin" entscheiden, ob er die Gulliver-Erzählung aus der Sicht auf die Dinge (Lernweg A) oder aus der Sicht auf die Handlungen (Lernweg B) erzählen möchte (S. 34). An anderer Stelle kann er bestimmen, ob er aus seinem Erzählkern eine Erzählung mittels Strukturierung auf dem Papier (Lernweg A), im Kopf (Lernweg B) oder mit Bildern (Lernweg C) machen möchte (S. 16*). In "Geradeaus" ist es ihm freigestellt, das Märchen "Froschkönig" aus der Perspektive des Prinzen (Lernweg A), der Prinzessin (Lernweg B) oder des Königs (Lernweg C) darzustellen (S. 28). Eine andere Wahlmöglichkeit bietet sich zwischen den Angeboten, entweder eine erdachte Geschichte sofort aufzuschreiben (Lernweg A) oder sie vorher in kleinen Schritten zu planen

(Lernweg B) (S. 23). Aus diesen Beispielen wird ersichtlich, daß das Angebot differenzierter Lernwege durchaus als eine Form der Öffnung angesehen werden kann, welche dem Lernenden die Möglichkeit gewährt, eigene Interessen stärker einzubringen.

b) (Über-)Prüfungen: Beispiele für geöffnete Formen von (Ab-) Prüfungen lassen sich in "Geradeaus" und "Mittendrin" identifizieren, wenn die Lernenden aufgefordert werden, Diktate als Partnerübungen durchzuführen, in denen sich die Lernenden die Texte gegenseitig diktieren und gemeinsam kontrollieren. Entsprechende Aufgaben lauten in "Geradeaus": "Diktiert euch langsam und deutlich gegenseitig die Wörter [...] Kontrolliert die Wörter dann gemeinsam." (S. 144), "Tauscht nun eure Diktate mit eurer Partnerin" (S. 142). In "Mittendrin" klingt dies so: "Überprüft euren [bezieht sich auf Partnerarbeit] Merksatz. Diktiert euch eine Spalte der folgenden Wörter" (S. 130) oder: "Kontrolliert in einem Partnerdiktat, wie gut ihr die Texte schreiben könnt." (S. 154). Auch in "Bausteine 6" lassen sich derartige Hinweise ausmachen, etwa wenn es dort alternativ zum traditionellen, durch den Lehrenden vorgetragenen Diktat zur Erläuterung von drei geöffneteren Formen von Diktaten kommt: dem Selbst-, Dosen- und Laufdiktat (S. 7). Um geöffnetere Formen handelt es sich bei all diesen Beispielen insoweit, als daß traditionelle Lernformen und Rollenzuweisungen "geöffnet" werden und den Lernenden eine aktivere Rolle im Lernprozeß zugestanden wird.

c) moderne Lernformen: "Mittendrin" schlägt vor, mittels mind map bzw. Cluster-Verfahren z.B. verschiedene Ideen und Assoziationen zu einem Erzählkern (S. 16*) zu sortieren oder um sich die verschiedenen Aspekte, Eigenschaften bzw. Attribute eines Gegenstandes zu visualisieren (S. 99). In "Geradeaus" treten entsprechende Methoden bei der Planung der Nacherzählung einer Geschichte aus der Perspektive einer bestimmten Person auf, um die die Elemente der Handlung gruppiert werden (S. 29). Solche Verfahren begegnen einem in "Werkstatt" beispielsweise auf den Seiten 15, 37 ff. oder 68. Eine modifizierte Verwendung findet die Cluster-Methode, wenn in "Geradeaus" etwa durch ein Wörternetz die verschiedenen Aspekte einer Personenbeschreibung veranschaulicht werden (S. 101*). Diese Beispiele verdeutlichen, daß innovative Methoden zur Gestaltung von Lernprozessen durchaus Eingang in Sprachbücher finden und dazu beitragen, daß das Lernen geöffneter und vielfältiger stattfindet, als dies bei Nichtberücksichtigung dieser Ansätze der Fall wäre. Insbesondere tragen sie dazu bei, daß sich die Lernenden aktiver an der Gestaltung der Lernprozesse beteiligen können.

d) Sonderkapitel "Öffnung des Unterrichts": "Geradeaus" beinhaltet ein mehrseitiges "Sprachbuch-Spezial" (S. 34 ff.), welches den Lernenden mit entsprechenden Piktogrammen als Freiarbeit angekündigt wird. Auf eine Einführung mit einem Themenvorschlag (S. 34) und einigen Regeln, die für diese Art der Freiarbeit grundlegend sind (S. 35), folgt der Vorschlag für die Aufstellung eines Arbeitsplanes (S. 36), dem das Angebot von fünf Arbeitsblättern nachgestellt wird (S. 37 ff.). Auffällig ist, daß den Lernenden freigestellt ist, welche Arbeitsblätter sie in welcher Reihenfolge, ausgehend von welchen Wahlaufgaben, bearbeiten wollen (S. 35). Außerdem können sie sich die Arbeitszeit selbst einteilen. Begrenzungen erfährt die Freiarbeit lediglich durch einen kleinen Teil an Pflichtaufgaben, die allerdings primär die Arbeitsorganisation betreffen sowie die Einrichtung eines "Kontroll- und Ablagekastens für die Lehrerin oder den Lehrer" (S. 35). Auch "Startklar" kennt entsprechende Sonderkapitel, "Ideenkisten" genannt, die den Lernenden ein selbständigeres Lernen ermöglichen als in den übrigen Teilen des Sprachbuchs. Hier werden Vorschläge und Tips unterbreitet, die die Lernenden zur weiteren Auseinandersetzung mit dem jeweiligen Thema animieren sollen, deren Bearbeitung jedoch nicht obligatorisch oder für die weitere Arbeit mit dem Buch erforderlich ist. Dieser (besondere) Charakter zeigt sich schon in der Art der Arbeitsvorschläge, wenn es dort heißt: "Beides [bestimmtes Gesprächsverhalten] könnt ihr mit den nachfolgenden Spielideen üben" (S. 18). Auch hier ist die Bearbeitungsreihenfolge den Lernenden überlassen. In Ergänzung zum Abschnitt "Gespräche führen" finden die Lernenden Spielideen zum Miteinandersprechen, aus denen sie je nach Interesse einzelne auswählen können. Ein anderes Mal wird eine Projektidee vorgeschlagen, z.B. die gemeinsame Erarbeitung eines "Klassenrezeptbuches" (S. 63) o.ä. Es lassen sich zudem Anregungen auflesen, wie ein solcher Prozeß gestaltet werden könnte, aber auch diese sind ähnlich offen wie das Angebot selbst. In "Wortstark" stößt man ebenfalls auf Freiarbeitsangebote. So wird den Lernenden die Technik des "Freien Schreibens" erläutert, indem es dort schlicht heißt: "Ihr könnt eine Geschichte […] schreiben, ohne dass eure Lehrerin […] euch ein Thema stellt." (S. 14). Zur Anregung können die Lernenden hier einen umfangreichen Fundus an Themenvorschlägen für Schreibideen (schriftlich oder bildlich dargestellt) lokalisieren sowie Querverweise, wo sich in dem Buch weitere Ideen für das Verfassen von eigenen Geschichten befinden, sofern der einzelne Lernende solche wünscht (S. 14). Diese Beispiele veranschaulichen, wie unterschiedlich auch in Sprachbüchern Gelegenheiten geschaffen werden, die den Lernenden ein 'freieres' Lernen ermöglichen, als dies der herkömmliche Sprachbuchgebrauch zuläßt.

3.1.6 Lernkriterium: Traditioneller Umgang mit Lernwiderständen

Als Lernwiderstände lassen sich Verhaltensweisen klassifizieren, die der Erreichung des intendierten Lernziels – infolge beispielsweise des 'enteigentlichten' (also fremdbestimmten) Charakters des Lernens – entgegenstehen und diese, wenn nicht ver-, so doch mindestens behindern. Typisch für den traditionellen Umgang mit Lernwiderständen ist, daß bei allen Anstrengungen, die auf ihre Überwindung zielen, deren Ursachen unberücksichtigt bleiben. Statt dessen soll der Lernwiderstand durch Druck mittels Sanktionen oder deren Androhung gebrochen werden (s. ausführlich Kapitel 2.3.6).

3.1.6.1 Welche Anhaltspunkte könnten in Sprachbüchern auf einen traditionellen Umgang mit Lernwiderständen hinweisen?

In den Sprachbüchern wären demzufolge Merkmale zu ermitteln, die auf einen derartig unverstandenen Umgang mit Lernwiderständen hindeuten. Hierzu könnten gehören:

a) Lernbegleiter:[371] Sofern in den Lernbegleitern nicht nur eine fachliche, sondern auch motivationale Hilfestellung (beispielsweise i.S. einer Animation) für die Lernenden zu erkennen sein sollte, könnte dies als ein Vehikel zur Prävention oder Abwehr von Lernwiderständen interpretiert werden. Denn der Lernende wird durch die Lernbegleiter inhaltlich unterstützt und gleichzeitig motiviert, den Lernprozeß – etwaigen Widerständen zum Trotz – fortzusetzen. Mangelnder Motivation und fachlicher Überforderung – beides Ursachen für Lernwiderstände – könnte auf diese Weise entgegengewirkt werden.

b) Korrekturen und Korrekturaufforderungen: Tauchen in den Sprachbüchern Korrekturanmerkungen auf, so könnte dies als Indiz für den symptomatischen Umgang mit Lernwiderständen verstanden werden, da Korrekturen – ähnlich wie (Über-)Prüfungen – die Drohung von Zensuren und Bewertung in sich tragen und ihnen insofern eine bestimmte disziplinierende Wirkung nicht abgesprochen werden kann. Symptomatisch wäre ein solcher Umgang deshalb, weil er nicht auf die ursächliche Beseitigung der Lernwiderstandsgründe abzielt.

c) Gimmicks:[372] Gimmicks könnten in ihrem gaghaften Charakter als Element des traditionellen Umgangs mit Lernwiderständen gedeutet werden, vorausgesetzt, für ihre Funktion ließe sich konstatieren, daß sie als kompensatorisches Regulativ gegen Lernwiderstände wirken, da sie den Lernenden Freude und Begeisterung auch in Lernprozessen vermitteln können, in denen diese aufgrund des fremdbestimmten Charakters des Lernprozesses fehlen oder zumindest zu kurz kommen.

d) Layout: Eine (besonders) aufgelockerte, farbige, mit Bildern illustrierte und abwechslungsreiche Gestaltung der Sprachbücher kann als Beitrag

---

[371] Als Lernbegleiter bezeichne ich Figuren – häufig in Comicmanier dargestellt –, die die Lernenden kontinuierlich bei ihrer Arbeit mit dem Sprachbuch begleiten und ihnen mit Ratschlägen ebenso zur Seite stehen, wie sie durch witzige und gaghafte Wortspiele für Auflockerungen im Lernprozeß sorgen.

[372] Bei Gimmicks handelt es sich um unterhaltende und scherzhafte Auflockerungen – meist in Form von kleinen Comicsequenzen –, die in keinem unmittelbaren Bezug zum jeweiligen Lerngegenstand oder Thema stehen.

zur attraktiven Aufbereitung der Inhalte interpretiert werden, die die Lernwiderstände durch eine faszinierende Aufmachung zu überwinden sucht.

e) "Druck": Hiermit sind alle Formen von Hinweisen gekennzeichnet, die sich direkt oder indirekt als Formen der Sanktionsandrohung, -ankündigung oder Erinnerung an entsprechende Sanktionsmaßnahmen begreifen lassen.

3.1.6.2 Finden sich in den Sprachbüchern Anhaltspunkte für den traditionellen Umgang mit Lernwiderständen?

a) Lernbegleiter: Im Buch "Werkstatt" begleiten die Lernenden zwei kleine Comicfiguren, Pfiffika und Pfiffikus, – ähnlich zwei Kartoffeln mit Gesicht und Extremitäten – durch das gesamte Buch. Sie stehen ihnen mit in Sprechblasen präsentierten Ratschlägen und Merksätzen helfend zur Seite (S. 102*). Beispiele für dieses Auftreten sind: "Ist doch klar. In 'Gehörnt' steckt Horn. Ableiten!" Dazu ist eine Figur mit Hörnern abgebildet (S. 101). Eine Szene, in der die eine Figur die andere trägt, ist mit der Regel versehen: "Bei Substantiven ohne Begleiter hilft die Artikelprobe weiter." (S. 104). Typisch ist dabei, daß sich die Ratschläge der Lernbegleiter unmittelbar auf die jeweils an dieser Stelle an die Lernenden gerichteten Aufgaben beziehen und ihnen in einer Mischung aus Comic, Witz und Information offensichtlich den Arbeitsprozeß erleichtern sollen. Ähnliches findet sich in "Wortstark". Dort werden die Lernenden durch eine Comicfigur in einer Mischform aus Katze und Fuchs begleitet. Folgende Tips sind dieser Figur in den Mund gelegt: "... und mitsprechen beim Schreiben und Kontrollieren!", "übt von üben, deshalb mit b!" (S. 178*). Eher motivationale Animation steckt in der Aussage derselben Figur, vor einer vollen Bücherwand stehend vorgetragen: "Die hab' ich alle gelesen. Ohne Video. Richtig von Hand" (S. 12) oder die zum freudestrahlenden Gesichtsausdruck mit einem (offensichtlich selbst verfaßten) Text in der Hand gemachte Aussage: "Schreiben macht Spaß" (S. 14). Die zweifache Funktion der Lernbegleiter als Ratgeber und Motivationsstifter wird hier ebenso deutlich wie in "Werkstatt". An beiden Arten von Lernbegleitern ist zudem die Form der in Sprechblasen wiedergegebenen Sprache auffällig. Es handelt sich hierbei um gesprochene Sprache, die sich im wesentlichen an den Kennzeichen Verkürzung von Worten (z.B. "hab'", "Wortstark", S. 12), elliptischen Satzstrukturen (z.B. "übt von üben, deshalb mit 'b'" ("Wortstark", S. 178*) und der Verwendung umgangssprachlicher Redewendungen ("Ist doch klar." "Werkstatt", S. 101) erkennen läßt. Dies ist m.E. ein Indiz dafür, daß solche Lernbegleiter eine besondere Affinität auf die Lernenden ausüben, da sie die 'Kommunikation' mit ihnen durch die Verwendung der gesprochenen Sprache in einer sehr direkten Form aufnehmen. An Lernbegleitern ist das ambivalente Verhältnis, in dem didaktische Innovationen stehen, besonders augenfällig. Ist es zum einen nicht von der Hand zu weisen, daß die Zwischenschaltung einer vermittelnden Instanz zwischen Sprachbuch und Lernenden in Gestalt einer

Comicfigur den Lernenden den Umgang mit dem Buch erleichtern kann, so sind Lernbegleiter zum anderen immer auch als ein Element des traditionellen Umgangs mit Lernwiderständen anzusehen. Schließlich handelt es sich bei ihnen um motivationale Animateure, fachkompetente Unterstützer oder einer Kombination aus beidem. Mit ihrer Hilfe soll Lernwiderständen entgegengewirkt werden, ohne die Ursachen solcher Widerstände zu berücksichtigen und damit zu beheben.

b) Korrekturen und Korrekturaufforderungen:[373] Ergänzend zu den bereits hierzu gemachten Ausführungen findet sich in "Kennwort" eine weitere Art der Korrekturaufforderung in Form von stark fehlerhaften Texten (S. 134, 145). Die Lernenden werden hier veranlaßt, die Fehler zu identifizieren und auf diesem Hintergrund beispielsweise zu reflektieren, warum Rechtschreibung wichtig ist (S. 134). Die entsprechende Schlußfolgerung liefert das Buch gleich mit, wenn es im Anschluß an diese Aufgabe heißt: "Wir sollten sie [die Rechtschreibung] deshalb möglichst gut lernen." (S. 134). Eine implizite Korrekturaufforderung stellen die vielen zum Diktat (in den verschiedenen Formen) angebotenen Texte dar (S. 15 ff., 20, 25), da Diktate primär zum Zweck der (Fremd- oder Selbst-)Korrektur geschrieben werden. Das Sprachbuch "Werkstatt" arbeitet hingegen – farbig abgehoben – selbst mit Korrekturen, die sich auf dort (fehlerhaft) wiedergegebene Texte beziehen (S. 101 ff.). Im Zusammenhang mit diesem Lernkriterium sind diese Korrekturbeispiele – so unterschiedlich sie auch sein mögen – ein Indiz für den traditionellen Umgang mit Lernwiderständen, da diesen der mit Korrekturen unweigerlich verbundene Leistungs- und Bewertungsdruck innewohnt.

c) Gimmicks: Gimmicks tauchen im Sprachbuch "Kennwort" i.d.R. in Form von unkommentierten einzelnen Comicbildern oder Karikaturen auf. Sie dienen der Auflockerung und stehen in keinem 'Verwertungszusammenhang' (von Fragen oder Aufgaben) mit dem jeweiligen Gegenstandsthema. Ein Rabe mit Hut flattert am unteren Rand einer Seite (S. 80), ein Mann arbeitet an einem Schleifstein und versinnbildlicht ein Wortspiel zur Kapitelüberschrift, das sich mit "Schärfung" beschäftigt (S. 148*). Ebenso ist die Funktion einer Straßenwalze zu deuten, die Frage- und Ausrufungszeichen 'walzt' und damit den 'Anfangs-' bzw. 'Eröffnungs-Gimmick' im Kapitel "Zeichensetzung" darstellt (S. 157). Auch in "Werkstatt" kommen eine Reihe Gimmicks vor, die häufig in derselben Gestalt auftauchen wie die Lernbegleiter und beispielsweise vor einem gedeckten Tisch offensichtlich nach der Bedienung mit den Worten: "Und wo bleibt die Ausnahme?" rufen. Der gaghafte Charakter besteht darin, daß 'Ausnahmen' im grammatikalischen Sinne hier fälschlicherweise für etwas Eßbares gehalten werden (S. 124*). Ein anderes Mal erscheinen die beiden Figu-

---

[373] Die hier gemachten Ausführungen verstehen sich als Ergänzung zu denen in Kapitel 3.1.4.2.

ren in einem Kapitel zum Phänomen 'Fernsehen' in einem Aufnahmestudio, wobei die eine mimisch ausdrucksstark betont: "Mein Held ist viel mutiger als der im Fernsehen. Ein echter Traummann!" (S. 87). In "Mittendrin" stellt ein als Comicfigur wiedergegebener Gärtner, der scheinbar ratlos in einen Gartenschlauch schaut, während dieser am anderen Ende gerade von einer anderen Person aufgedreht wird (S. 89), einen solchen Gimmick dar. Gimmicks tauchen durchaus auch unmittelbar in Aufgabengegenständen auf, ohne daß in dem Witz direkt eine Aufforderung für eine Handlung zu erkennen wäre. Beispielhaft hierfür ist ein "lustiger Wetterbericht" in "Werkstatt" auf Seite 142 mit folgendem Anfang: "Guten Abend, meine Damen und Herren! Es ist bereits 21 Uhr. Mit großer Wahrscheinlichkeit wird es heute wieder dunkel. [...]." Die in "Geradeaus" in einem Abschnitt zur Rechtschreibung abgedruckte Anmerkung: "Bei Risiken und Nebenwirkungen fragen Sie Ihre Deutschlehrerin oder Ihren Rechtschreib-Duden!" (S. 147) hat m.E. eine analoge Funktion. Derartige Gimmicks haben im Umgang mit dem Buch zweifelsfrei eine unterhaltende Wirkung und lassen sich als Vehikel betrachten, mit deren Hilfe Lernwiderstände durch 'Amüsement' kompensiert werden sollen.

d) Layout: Beispiele für eine entsprechend aufgelockerte, farbige, mit Illustrationen, Strichzeichnungen oder Fotos von Menschen, Gegenständen und aus der Alltagswelt geprägte Seitengestaltung lassen sich im Prinzip an jeder Arbeits- bzw. Aufgabenseite der Sprachbücher, die sich an die Lernenden richtet, festmachen. Beispielhaft hierfür sind die Seiten 30 f., 59, 78 und 83 in "Kennwort" sowie die Seiten 46 ff.*, 62 f. und 97 in "Werkstatt". Ein Hinweis, der das nahegelegte Verständnis dieses Umstands fundiert, zeigt sich darin, daß die Seiten, die sich nicht unmittelbar an die Lernenden richten bzw. keine direkten Arbeitsaufforderungen enthalten, wie z.B. Register, Text- und Bildquellenangaben in "Kennwort" (ab S. 174*) oder Grammatikübersicht, Orientierungswortschatz, Stichwortverzeichnis und Lerninhaltsübersicht und ein Textquellenverzeichnis in "Werkstatt" (ab S. 176), eine deutlich geringere graphische Aufbereitung kennzeichnet. Eine besondere Rolle in dieser Merkmalsgruppe nimmt die Wiedergabe von Handschriften oder -imitaten in den Büchern ein. Diese Handschrift ist derjenigen von Lernenden der jeweiligen Altersstufe nachempfunden. In "Werkstatt" werden solche Handschriften an etlichen Stellen wiedergegeben (S. 10, 14, 20, 51, 100 oder 174*). Exakt wie in "Kennwort" (S. 82, 122) findet die Handschriftendarstellung in Blau statt. Da es sich um das Schriftbild eines Lernenden handelt bzw. handeln soll und Blau durchaus als eine gängige Tintenfarbe angesehen werden kann, ist es naheliegend, daß den Lernenden durch diese Handschriften eine Identifikationsbrücke zum Sprachbuch geboten wird. Diese Vermutung erhärtet sich dadurch, daß die entsprechenden Handschriften als Lernendenäußerungen bezeichnet werden ("Werkstatt" S. 31, 33) oder dort eingesetzt werden, wo die schriftliche Bearbeitung durch die Lernenden gefordert ist ("Zwei Schülerinnen und ein Schüler aus seiner Klasse [eines Schülers] [...] schreiben dazu eine Geschichte. Hier findest du ihre Einleitungen.", "Werkstatt" S. 30) und die Handschriften ein Beispiel für einen Lösungseinstieg darstellen (S. 30, 50 f.; "Kennwort" S. 122). Gleiches gilt für "Startklar" (S. 11, 51, 94), "Geradeaus" (S. 36, 50, 72) und "Bausteine 5" (S. 21, 36, 68), die sich stellenweise lediglich dadurch unterscheiden, daß die Farbwiedergabe der Handschriften nicht in Blau erfolgt. Daß neben dem Layout insgesamt der Wiedergabe von Handschriften in den Sprachbüchern eine besondere Bedeutung zukommt, ist m.E. aus der bereits erwähnten durch sie gebotenen Identifikationsmöglichkeit für die Lernenden zu erklären. Die Bücher erhalten dadurch dem Lernenden bekanntere oder vertrautere Züge, als das ohne die Handschriften der Fall wäre. Daß den Handschriften dabei tatsächlich eine Funktion i.S. einer Identifikationsbrücke beizumessen ist, zeigt sich in "Werkstatt", wenn dort die Erläuterung von Arbeitsmethoden, die in Handschrift erfolgt, folgenden Charakter hat: "Wenn ich die Heftseiten deutlich gliedere, kann ich [...]" (S. 100). Hiermit wird Lernwiderständen begegnet, die ihre Ursache in dem fremdbestimmten Charakter des Buches haben könnten. Neben dem Layout im allgemeinen haben damit Handschriften eine herausgehobene Funktion zur Prävention von Lernwiderständen i.S. dieses Lernkriteriums.

e) "Druck": Hinweise auf 'Druck ausübende Elemente' im Sprachbuch finden sich in "Werkstatt", wenn die Lernenden wie beispielsweise auf Seite 117 unter einer Zeitvorgabe in eine Konkurrenzsituation mit den anderen Lernenden gestellt werden: "Wer findet in 5 Minuten die meisten [Worte]?" Ähnliche Beispiele zeigen sich in "Startklar": "Wer von euch findet die meisten Wörter aus der Wortfamilie Eis?" (S. 107) oder in "Wortstark": "Wer findet die meisten [bestimmte Wortsorte]?" (S. 187). Ein anderes Beispiel für die Arbeit unter Zeitdruck in Form von entsprechenden Vorgaben gibt es in "Geradeaus", wenn auf Seite 78 zur Begründung einer Antwort mittels Piktogramm zehn Minuten Zeit zur Bearbeitung gewährt werden. Eine weitere Form von 'Druck' setzen Anmerkungen wie: "Du kannst fünf Punkte und neun Kommas setzen" (S. 157) oder: "setze die fehlenden 8 Kommas ein" (S. 158) in "Werkstatt". Analog heißt es in "Geradeaus": "Malt unter die Nomen die richtigen Prüfzeichen. 16 Nomen müsst ihr gefunden haben." (S. 145). Bei derartigen Angaben handelt es sich lediglich um eine partielle Information zur Lösung der Aufgabe. Für die Lernenden stellen sie tatsächlich jedoch keine definitive Hilfe, sondern allenfalls eine Orientierungsmöglichkeit dar, da ungewiß bleibt, wo die entsprechenden Zeichen zu setzen sind. Gleichzeitig führt jedoch die Nennung ihrer Anzahl dazu, daß die Aufmerksamkeit der Lernenden neben der regelhaften Anwendung der Symbole (als spezielle Arbeitsaufforderung in diesem Fall) auf die Überprüfung der Anzahl derselben gerichtet ist. Hierin liegt m.E. das potentielle 'Druckelement' derartiger partieller Lösungsinformationen, was sich für den Lernenden in Fragen wie: 'Habe ich alle Stellen gefunden?' oder: 'Habe ich zuviele Zeichen gesetzt?' ausdrücken kann. Eine deutlich subtilere Art von 'Druck' gegenüber Lernwiderständen stellt m.E. eine besondere Form von Illustration dar. In "Kennwort" wird auf Seite 99 ein fliegender Vogel – im Kontext einer Aufgabenstellung – abgebildet, in dessen Schnabel sich ein Stück Papier befindet, welches den Schriftzug "Zeugnis" trägt, oder wenn es an anderer Stelle in einer Aufgabe heißt: "Schreibt zu allen Titeln Noten, verwendet dazu das Sechser-Notensystem der Schule." (S. 58). Ähnlich verhält es sich m.E. mit der Wiedergabe eines Spielplans auf den Seiten 73 f. in "Startklar". In beiden Abbildungen ist eindeutig ein aufgeschlagenes Heft mit handschriftlichen Eintragungen zu erkennen, in dessen rechter unterer Ecke sich in Rot die Ziffer sechs, gefolgt von einem Unterschriftenkürzel, befindet. Als mögliche Bedeutung für das Spiel bietet das Buch folgende Erklärung an: "Viele von euch haben die letzte Englischarbeit in den Sand gesetzt. [...]" (S. 74). Solche Illustrationen und textlichen Ausführungen rufen den Lernenden die sanktionierenden Elemente schulischen Lernens in Erinnerung und können m.E. insoweit als eine indirekte Form der 'Druckausübung' betrachtet werden, deren Wirkung sicher nicht überbewertet werden darf. Doch die Tatsache, daß diese Hinweise auf das schulische Sanktionsrepertoire gegeben werden, ohne daß hierfür eine Kontextnotwendigkeit – z.B. aus der jeweiligen Aufgabenstellung heraus – abzuleiten wäre, macht diese Beispiele bemerkenswert. Die hier genannten Exempel illustrieren, inwieweit sich "Druckelemente" in Sprachbüchern als Gegenpole gegen Lernwiderstände lokalisieren lassen.

3.2 Schulbücher und ihre Berücksichtigung subjektwissenschaftlicher Lernelemente

In Anknüpfung an die in Kapitel 2.4 dargelegte subjektwissenschaftliche Sichtweise von Lernprozessen sollen hier für die einzelnen Lernkriterien Merkmale benannt und begründet werden, die in den Sprachbüchern auf das jeweilige Kriterium hinweisen könnten. Auf dieser Basis ist dann zu untersuchen, in welcher Form die einzelnen Merkmale in den Sprachbüchern tatsächlich vorhanden sind.

3.2.1 Lernkriterium: Expansiv-begründetes Lernen

Als expansiv-begründet läßt sich ein Lernen bezeichnen, welches von den Lernenden aus eigenem Antrieb, also selbstbegründet und selbständig, vollzogen wird (s. ausführlich Kapitel 2.4.2.1).

3.2.1.1 Welche Anhaltspunkte könnten in Sprachbüchern auf expansiv-begründetes Lernen hinweisen?

In den Sprachbüchern wären demnach Hinweise bzw. Angebote zu identifizieren, die als Bezugspunkt für expansiv-begründete Lernprozesse angesehen werden können. Hierzu eignen sich u.a. die folgenden Merkmale:

a) Register: Ein separates Register könnte für die Lernenden eine Möglichkeit darstellen, sich – eigenen Interessen folgend – in dem Sprachbuch zu orientieren. Die Lernenden hätten damit die Möglichkeit, sich außerhalb der vorgezeichneten Abfolge der Kapitel oder deren innerer Gliederung den Informationen und Angeboten des Buches – aus einem subjektiven Erkenntnisinteresse heraus – zu widmen.

b) Gruppenarbeit: Gegenüber Einzel- und auch Partnerarbeit ist die Gruppenarbeit die Arbeitsform, deren Spezifikum die Kommunikation der Lernenden untereinander ist. Demzufolge fließen in dieser Lernart die Sichtweisen und Erfahrungen verschiedener Lernender als Ausgangs- und Bezugspunkt für den Lernprozeß zusammen. Dieses kommunikative Element gibt den Lernenden die Möglichkeit, eigene Ideen und Vorstellungen zu reflektieren und mit anderen auszutauschen sowie sie sich gegenseitig mit ihren Ideen und Sichtweisen inspirieren können. Entsprechend ließe sich hierin ein Indiz für expansiv-begründetes Lernen erkennen.

c) alternative Lernwege: Das Angebot verschiedener Lernwege könntc insofern einen Anhaltspunkt für dieses Lernkriterium bilden, als daß den Lernenden die Möglichkeit gegeben wird, eigene Interessen i.S. eines expansiv-begründeten Lernbegriffs aufzugreifen und in den Lernprozeß zu integrieren.

d) Marginalien[374]: Ergibt die Betrachtung der Randhinweise, daß sie die Übersichtlichkeit der einzelnen Seiten bzw. Abschnitte erhöhen, so gewähren sie dem Lernenden im Umgang mit diesem Buch insoweit größere Autonomie, da bereits beim Überfliegen einer Seite (beispielsweise bei der Suche nach einem bestimmten Thema) die (Vor-)Entscheidung bezüglich der Beschäftigung mit dem dargebotenen Inhalt möglich wird. Marginalien könnten damit expansiv-begründetes Lernen unterstützen.

e) Lebensweltbezug: Mit "Lebensweltbezug" bezeichne ich Angebote, die dem Lernenden eine Beschäftigung mit dem behandelten oder angerissenen Thema auch in einem Kontext, der über das Buch hinausweist und dessen Entwicklung sich dem Rahmen des Sprachbuchs entzieht, möglich macht. Derartige Hinweise könnten sich als Bezugspunkte für expansiv-begründete Lernprozesse erweisen.

---

374 Mit "Marginalien" sind hier im schriftsetzerischen Sinne alle Arten von Randanmerkungen gemeint.

3.2.1.2 Finden sich in den Sprachbüchern Anhaltspunkte für expansiv-begründetes Lernen?

a) Register: Sowohl "Kennwort" (S. 174 f.) als auch "Geradeaus" (S. 156 f.) beschließt ein Register. In diesen finden sich in alphabetischer Reihenfolge Stichworte zu den verschiedenen Lerngegenständen und Themen, die in dem jeweiligen Buch behandelt werden. Konzentriert sich die Auflistung im "Kennwort" auf grammatikalische und sonstige Fachtermini, so umfaßt die Liste in "Geradeaus" auch Hinweise auf Arbeitstechniken (z.B. "Cluster", "kinästhetische Übung", "freies Schreiben", "Lerntechniken" usw.) oder Informationen zu inhaltlichen Themen (z.B. "Kaufgespräch", "Erzählspiele", "Konflikte im Gespräch"). Im Gegensatz zu "Kennwort" finden sich in diesem Register auch Querverweise, die die Nutzer von einem bestimmten Suchwort zu dem leiten, unter dem der jeweilige Aspekte behandelt wird (z.B. "Fragewörter → W-Fragen", S. 156; "wörtliche Rede → direkte Rede" S. 157). Der Lernende ist damit nicht daran gebunden, bei der Arbeit mit dem Register nur fündig zu werden, wenn er exakt den jeweils im Buch gebräuchlichen Begriff sucht. Resümierend läßt sich feststellen, daß die Register in beiden Bänden den Lernenden Möglichkeiten eröffnen, orientiert an eigenen Fragen oder Interessen sich mit den Sprachbüchern außerhalb der vorgegebenen Reihenfolge zu beschäftigen, etwa bei der Beantwortung einer bestimmten Frage, die in einem anderen Zusammenhang entstanden ist oder mit dem Ziel, bestimmte Themen des Sprachbuches nochmals (aus subjektiven Motiven heraus) zu bearbeiten.

b) Gruppenarbeit: Das Sprachbuch "Mittendrin" bietet eine Reihe von Möglichkeiten für Gruppenarbeit (S. 55*, 81, 91, 104, 122). Die entsprechenden Stellen sind durch Piktogramme gekennzeichnet. Auch in "Geradeaus" finden sich – ebenfalls durch Piktogramme gekennzeichnet – etliche Gelegenheiten zur Gruppenarbeit (S. 51, 63, 79, 106). Hierbei handelt es sich etwa um Aufgaben, eine Szene zu spielen ("Mittendrin", S. 81), ein Spiel z.B. in Form eines Quiz ("Mittendrin", S. 104; "Geradeaus", S. 106) oder eine Rallye zu machen ("Geradeaus", S. 63) oder sich gemeinsam Geschichten o.ä. auszudenken ("Geradeaus", S. 91). Auch in "Kennwort" existieren Aufgaben, die in Gruppen bearbeitet werden können. Diese lassen sich allerdings nicht über Piktogramme identifizieren, sondern über den Wortlaut der Aufgabenstellungen. Werden die Lernenden i.d.R. in diesem Buch in der zweiten Person Singular angesprochen ("Kannst du dir denken ...", S. 89), so erfolgt die Anrede bei den Aufforderungen zur Gruppenarbeit in der ersten Person Plural (z.B. "Stellt auf Grundlage eurer Beobachtungen Regeln für das Theaterspielen auf.", S. 110). Dies betrifft häufig Aufgaben für szenisches Spiel (S. 110 f.), aber auch die Entwicklung bestimmter Kriterien oder Regelzusammhänge (S. 89 f., 110). Insgesamt läßt sich konstatieren, daß die Aufgaben zur Gruppenarbeit im Unterschied zu anderen Aufgabentypen der Bücher durchaus eine offenere Arbeitsweise i.S. der Berücksichtigung subjektiver Lerninteressen zulas-

sen, auch wenn sich dies auf den Rahmen der jeweils gestellten Aufgabe beschränkt.

c) alternative Lernwege:[375] Hier können die vorgängigen Ausführungen
zu diesem Merkmal unter einem anderen Blickwinkel aufgegriffen werden. In
den Sprachbüchern "Mittendrin" (S. 16*, 66, 88, 130 f.) und "Geradeaus" (S.
49*, 63, 105 f., 131) existieren an vielen Stellen verschiedene Alternativen von
zur Bearbeitung angebotenen Aufgaben. Diese lassen sich insoweit als Indiz für
expansiv-begründetes Lernen verstehen, als daß die Lernenden durch sie nicht
mehr zur Bearbeitung eines stereotypen Aufgabenmusters 'gezwungen' sind,
sondern statt dessen ihre eigenen Interessen bei der Entscheidung über den
Lernweg berücksichtigen können. Dies ist umso ausgeprägter möglich, je stärker sich Inhalte und Methoden der gebotenen Alternativen voneinander unterscheiden. So bietet "Geradeaus" zum Stichwort "Wegbeschreibung" die Alternative, zwischen der Entwicklung einer Schatzsuche auf dem Schulgelände
(Lernweg A) oder der Erfindung einer Gedankenreise (Lernweg B) (S. 63) zu
wählen oder im Zusammenhang mit der Vorbereitung einer Aufführung die
Gelegenheit, entweder einen Dialog anhand einer Bildfolge zu verfassen
(Lernweg A), ihn aus einem nicht-dialogischen Text zu entwickeln (Lernweg
B) oder ihn nach Spielanweisungen anzufertigen (Lernweg C) (S. 61). In
"Mittendrin" sind Beispiele hierfür, daß es den Lernenden freigestellt ist, ob
sie sich zu einem Thema informieren möchten, indem sie zu Hause nach Informationen suchen, in einer Bibliothek nach Material fragen oder die Informationen des Sprachbuchs hierzu auswerten (S. 48 f.). Ein anderes Exempel
wird ihnen zum Umgang mit Störungen gegeben. Sie haben die Möglichkeit,
Strategien hierzu in einem Rollenspiel, in einer Erörterung oder in einem verschrifteten Dialog abzuwägen (S. 66 f.). Somit erhöht das Angebot alternativer
Lernwege die Möglichkeit, subjektive Interessen in einem expansiv-verstan-
denen Sinne in den Lernprozeß zu integrieren, wobei die alternativen Lernwege die subjektiven Interessen gleichzeitig auch begrenzen, da nur eine Auswahl an Wegen zur Verfügung gestellt wird. Diese Einschätzung mag aufgrund
ihrer vermeintlichen Widersprüchlichkeit überraschen, denn einerseits sind
Angebote für "alternative Lernwege" als zuträglich für expansiv-begründetes
Lernen anzusehen, andererseits stellt die Festlegung auf eine bestimmte Zahl
und Art der zur Auswahl gestellten Lernwege auch eine Begrenzung von Entscheidungsmöglichkeiten für die Lernenden gemäß ihren subjektiven Lernmotiven dar. Meines Erachtens ist das, was auf den ersten Blick als Widersprüchlichkeit anmutet, bei genauerer Analyse eher als inhärente Ambiguität des
Merkmals "alternative Lernwege" zu beschreiben, dessen (Be-)
Deutungsrichtung sich erst aus dem jeweils zu wählenden Blickwinkel ergibt.

---

[375] Die hier gemachten Ausführungen verstehen sich als Ergänzung zu denen in Kapitel
3.1.5.2.

So kann das Angebot "alternative Lernwege" in einem Sprachbuch im Verhältnis zu einem anderen ohne eine entsprechende Offerte eine zusätzliche Unterfütterung bzw. Anregung oder Aktivierung expansiv-begründeten Lernens bedeuten. Wechselt man jedoch die Perspektive und betrachtet dieses Merkmal ausschließlich unter der Frage, ob es eine optimale Förderung expansiv-begründeten Lernens darstellt, kann das Angebot "alternative Lernwege" allerdings gleichzeitig insofern als eine Begrenzung i.S. einer Kanalisierung oder Beschränkung expansiven Lernens begriffen werden, als daß es die Berücksichtigung subjektiver Lerninteressen eben nur in einem begrenzten Umfang bei der (Weiter-)Gestaltung des individuellen Lernprozesses zuläßt, da hierfür nur eine beschränkte Zahl an Optionen zur Verfügung steht. So werden etwa in "Geradeaus" lediglich zwei bis drei verschiedene Lernwege offeriert. Aus dieser inhärenten Ambiguität wird man das Merkmal "alternative Lernwege" nicht herauslösen können, weil bereits die Wendung "alternative Lernwege" auf diesen Doppelcharakter verweist: zum einen auf die damit verbundenen Entscheidungsmöglichkeiten für das Subjekt, zum anderen jedoch auch auf die Begrenzung der alternativ angebotenen Auswahloptionen (etwa durch Vorgaben von Lehrenden oder Hinweisen in Unterrichtsmaterialien). Die hier – bezogen auf die Sprachbücher – konkret aufzuweisende Ambiguität entspricht darüber hinaus der an anderer Stelle theoretisch bereits benannten Mehrdimensionalität dieses Merkmals.[376] Wörtlich heißt es dort: "Das Angebot verschiedener – alternativ wählbarer – Lernwege ist ein Indiz, das darauf hinweisen könnte, daß die Lernenden ihre Interessen in erweiterter Form in den Lernprozeß einbringen können, wobei gleichzeitig zu analysieren ist, wie weit diese Möglichkeit tatsächlich, d.h. bei der konkreten Ausgestaltung entsprechender Aufgaben, reicht."[377] Diese theoretische Annahme korreliert demzufolge mit den hier diagnostizierten empirischen Befunden.

d) Marginalien: In den Büchern "Kennwort" (S. 10, 51, 84 f.*, 90, 95) und "Mittendrin" (S. 62 f., 70, 108, 125, 135 ff.) begegnen uns durchgängig Marginalien. In "Kennwort" werden z.B. in dem jeweiligen Abschnitt behandelte Themen mit einem Stichwort oder in gerafften Sätzen zusammengefaßt (S. 10, 134, 135), die Inhalte von Merkkästen und Zusammenfassungen einem Schlagwort zugeordnet (S. 84, 85*) oder Querverweise innerhalb des Buches gegeben (S. 51). Analog finden sich hierzu in "Mittendrin" geraffte Hinweise in Marginalienmanier zu inhaltlichen Themen wie "Werbung fürs Wassersparen" (S. 62) oder "Ein Picknick im Wald" (S. 63), aber auch zu (unterrichts-)methodischen Themen (S. 102, 108). Beispiele für letzteres sind: "Fehlerquellen erkennen" (S. 130), "Texte richtig schreiben." (S. 141). Diese Beispiele illustrieren, daß die Marginalien durchaus ein Vehikel für die Lernenden dar-

---

[376] In diesem Zusammenhang sei hier auf die entsprechenden Ausführungen in Kapitel 3.1.5.1 verwiesen.

[377] Kapitel 3.1.5.1 dieser Arbeit.

stellen können, sich überblicksartig über die jeweils behandelten Themen der Abschnitte zu informieren und an ihnen orientiert die subjektive Entscheidung, ob sich an der einzelnen Stelle der eigene Lernprozeß anschließen läßt, zu treffen. Marginalen existieren ebenso in "Werkstatt" (S. 47*, 52) und informieren auch hier den Lernenden über wichtige, an der jeweiligen Stelle erläuterte methodische und arbeitstechnische Vorgehensweisen (z.b. "Vorgänge beschreiben", S. 53; "Sachtexte erschließen", "Stichwortzettel", S. 57). Auch in "Wortstark" tauchen Randbemerkungen auf. Neben den genannten Funktionen dient eine bestimmte Art von Marginalien hier allerdings besonderen Zwecken. Es handelt sich um Kästen, die gelochte Zettel darstellen. Auf ihnen sind in dem jeweiligen Kapitel neu auftretende Wörter wiedergegeben, die die Lernenden in einer "Klassenwörterliste" zusammentragen und lernen können (S. 70 f., 99, 101, 171). Die geschilderte Verwendung von Marginalien läßt sich als Unterstützung von expansiv-begründetem Lernen begreifen, da sie dem Lernenden die überblicksartige Information über die Inhalte ermöglichen.

e) Lebensweltbezug: Hinweise auf Lebensweltbezüge existieren in "Geradeaus" in dem Kapitel, welches sich der Großschreibung – inhaltlich am Thema "Tierschutz" orientiert – zuwendet. Ohne jeden Aufgabenbezug finden die Lernenden hier die Information: "Übrigens: 'WWF' ist die Abkürzung für 'World Wildlife Fund'. Sie ist die größte private Naturschutzorganisation der Welt. Wer mehr wissen will, kann sich an diese Stiftung wenden." (S. 125) oder: "Übrigens: Das Aueninstitut des WWF befindet sich in Rastatt (Baden-Württemberg). Dort könnt ihr weitere Informationen und Ratschläge erhalten. Eine andere große Umweltschutzorganisation in Deutschland ist der BUND." (S. 129). In "Wortstark" finden die Lernenden zum Thema "Straßenkinder" – unter dem Foto eines Straßenkindes – folgenden Hinweis: "Mehr über uns erfährst du über das Kindermissionswerk Stephanstr. [...] aus der Fernsehserie 'Kinder in anderen Ländern' (WDR Schulfernsehen, 3/95)." (S. 80). Derartige Hinweise geben den Lernenden die Möglichkeit, die inhaltlichen Themen einzelner Abschnitte – die häufig als Folie zur Verdeutlichung eines sprachlichen, grammatikalischen oder rechtschreiblichen Zusammenhangs dienen – unter inhaltlichen Gesichtspunkten weiterzuverfolgen. Ob dies geschieht, ist dabei den expansiven Motiven des Lernenden ebenso anheimgestellt wie die Richtung, die sie einschlagen, oder der Punkt, bis zu dem sie die Themen verfolgen. Hier besteht für die Lernenden demnach die Möglichkeit, das Feld des zunächst nahegelegten Lerngegenstands – bezogen auf Sprachbücher, im weitesten Sinne der Umgang mit Sprache – durch die Weiterverfolgung und Vertiefung bestimmter inhaltlicher Fragen und Themen (die nicht primär den Umgang oder das Erlernen bestimmter sprachlicher Zusammenhänge zum Gegenstand haben), die im Sprachbuch bislang lediglich als Folie zur Thematisierung bestimmter sprachlicher Inhalte dienten, zu verlassen. Sie können hier somit, orientiert an ihren eigenen Interessen, in eine Auseinandersetzung mit

Inhalten von gesellschaftspraktischer Relevanz treten, die den alltagswirklichen Bezug von Sprachbüchern – wie er für Schulbücher im allgemeinen ebenso in vielerlei Hinsicht zu konstatieren ist[378] – von seiner Folien- oder besser gesagt Placebofunktion[379] befreien. Es werden somit gezielt Angebote zur systemati-

---

[378] Der unten näher erläuterte Befund der Placebofunktion hinsichtlich der Realitätsbezüge, wie sie in den von mir untersuchten Sprachbüchern identifiziert werden, läßt sich unter Hinweis auf die Studie von Bonköst (1997) auf Schulbücher im allgemeinen insoweit ausdehnen, als daß ein zentraler Befund der Bonköst-Untersuchung – in der unterschiedliche Schulbucharten verschiedener Unterrichtsfächer unter inhaltlichen Gesichtspunkten (insbesondere bezüglich der Darstellung gesellschaftlicher, sozialer und ökonomischer Zusammenhänge) analysiert werden – lautet: "Deutsche Schulbücher stehen neben der Zeit. [...] Unsere Schulbücher müssen auf die Realitäten unseres Landes eingehen, sonst bleiben Technik, Ökonomie und Arbeit für unsere Schüler böhmische Dörfer." [Rüttgers (1997), S. 2 f.] Auch hier wird demnach ein "unrealistischer" oder "wirklichkeitsferner" Realitätsbezug diagnostiziert.

[379] Vom Placeboeffekt wird im Zusammenhang mit der Überprüfung von Arzneimitteln zum Zwecke ihrer Zulassung gesprochen, wenn sog. Kontrollpersonen in derartigen Testserien eine bezogen auf das eigentlich untersuchte Präparat äußerlich und geschmacklich zwar identische, biologisch bzw. medizinisch allerdings inaktive Substanz verabreicht wird und die Kontrollpersonen dennoch von Veränderungen bzw. Wirkungen berichten. Hierbei handelt es sich um suggestiv herbeigeführte Reaktionen [vgl. Arnold (1987), S. 1643.]. Hinsichtlich des Realitätsbezugs in Schul- bzw. Sprachbüchern läßt sich feststellen, daß dieser insoweit einen Placeboeffekt darstellt, als daß die in ihren Aufgaben hergestellten Bezüge zur Alltagsrealität "scheinbar" bleiben, da die Alltagsdarstellung vielfach kontextlos und isoliert geschieht. Dies bedeutet, daß etwa Alltagsszenen oder -handlungen wiedergegeben werden, bei denen offensichtlich ist, daß derartige Abläufe im Alltagskontext entweder zumindest unwahrscheinlich sind oder daß deren Schilderung für die Lernenden oberflächlich und unkonkret bleibt, da sie hinsichtlich seiner eigenen Realität mindestens beziehungsfern, wenn nicht sogar beziehungslos erscheinen. Mit dem Ergebnis, daß derartige Realitätsbezüge ("unwirkliche" oder für die Subjekte "beziehungsferne") den Lernenden künstlich i.S. eines Artefakts erscheinen. Sie wirken als Kunstprodukte, um der einzelnen Aufgabe einen scheinbaren Realitätsbezug zu verleihen.
Ohne diesen Zusammenhang hier durch die ausführliche Schilderung von entsprechenden Aufgabenstellungen aus den von mir untersuchten Sprachbüchern – und es finden sich ausnahmslos in allen diesen Sprachbüchern entsprechende Anhaltspunkte hierfür – belegen zu können, mag an dieser Stelle jeweils ein Beispiel für die beiden unterschiedlichen Formen der künstlichen Realitätsbezüge ("unwirklich" und "beziehungsfern") aus den dieser Untersuchung zugrundeliegenden Sprachbüchern zur Illustration genügen. Ein Beispiel für den hier als "unwirklich" bezeichneten Realitätsbezug, wobei davon auszugehen ist, daß diese Unwirklichkeit bzw. Künstlichkeit eine Offensichtlichkeit auszeichnet, die es als plausibel annehmbar läßt, daß diese auch unmittelbar von den Lernenden erkannt und als solche empfunden wird, bietet das Kapitel "Gedichte" des Buches "Kennwort" ("Kennwort", S. 80 bis 87). Zum Kapiteleinstieg ist dort eine aus zwei Bildern bestehende Fotoserie wiedergegeben, die eine Schulklasse mit mehreren sitzenden und einem – im Laufe der Bildsequenz – aufstehenden Lernenden sowie der Lehrerin zeigt. Nun kollidiert sicher bereits diese Szene eines zur Antwort aufgeforderten aufstehenden Schülers für eine Vielzahl von Lernenden mit ihren eigenen Schulerfahrungen und könnte in-

soweit mit einiger Berechtigung als "unwirklich" empfunden werden. Verstärkt wird dieser Eindruck durch die den handelnden Personen (Lehrerin und stehender Schüler) zugeordneten Sprechblasen, deren Dialog folgenden Verlauf nimmt: "Lehrerin: 'Wer kann ein Frühlingsgedicht aufsagen?', Schüler: 'Ich, Frau Lehrerin, ich! Also: Alle Vöglein sind schon da, alle Vöglein alle. Amsel, Drossel, Fink und Meise und die ganze Vogelsch...', Lehrerin: 'Pfui! Schäm dich!'" ("Kennwort", S. 80). Zum einen bleibt hier zu fragen, inwieweit der Verlauf des Dialoges dem eines in der Schule alltäglich stattfindenden entspricht. Dies trifft m.E. in besonderer Weise auf die Anrede der Lehrerin durch den Schüler zu ("'Ich, Frau Lehrerin'"). Zum anderen erscheint zumindest der moralisierende Impetus, welcher in der zweiten Äußerung der Lehrerin liegt, insbesondere hinsichtlich des durch sie verwendeten Vokabulars ("'Pfui! Schäm dich!'") nicht unbedingt zeitgemäß. Ein Beispiel für eine (für die Lernenden) "beziehungsferne" Realitätsdarstellung enthält "Bausteine 6". Dort findet sich auf den Seiten 64 bis 69 ein Kapitel, das sich dem "Töpfern" widmet. Es kommt hier zu einer Erläuterung dessen, was Ton ist, einer bebilderten Erklärung der verschiedenen Arbeitsschritte und -techniken des Töpferns. Gespickt ist dieses Kapitel mit insgesamt 17 Fragen und Arbeitsaufforderungen, die sich sämtlich auf die sprachliche Ebene des Umgangs mit den zum Töpfern dargebotenen Informationen beziehen. Da finden sich etwa Verständnisfragen zu Textblöcken (S. 65, 68), Gliederungsaufforderungen (S. 65, 66) oder Anweisungen zur Anfertigung von Arbeitsablaufbeschreibungen (S. 67, 68], ohne daß in diesem Zusammenhang irgendwelche konkreten Bezüge zum "Töpfern" als praktische Tätigkeit hergestellt werden. Beispielsweise wäre es durchaus denkbar, daß die Lernenden motiviert würden, ihre Beschreibung bestimmter Arbeitstechniken und -abläufe auch einmal selbst auszuprobieren oder dergleichen mehr. An dieser Beschreibung ändert auch die Tatsache nichts, daß die Lernenden in das Kapitel mittels der beiden Arbeitsaufforderungen eingeführt werden: "Was wisst ihr über Ton und Töpfern. Sprecht über eure Erfahrungen damit." und "Tragt zusammen, wann ihr im Geschichtsunterricht diesem Handwerk begegnet seid" ["Bausteine 6", S. 64.]. Wird in der zweiten Aufforderung die Berücksichtigung eigener Erfahrungen auf den Kontext Schul- bzw. Unterrichtserfahrungen reduziert, so bleibt der durch die erste Anweisung (scheinbar) intendierte Realitätsbezug infolge der Integration eigener Erfahrungen im Umgang mit Ton durch die Lernenden insoweit höchst beschränkt, als daß die von den Lernenden hierzu erbrachten Informationen in keiner Weise im Zusammenhang mit diesem Kapitel aufgegriffen werden. Dabei kündigt sich dies bereits unmittelbar im Anschluß an diesen Arbeitshinweis an, wenn dort durch die Formulierung "Das Töpfern gilt als altes Kunsthandwerk. Das Töpferhandwerk kann bis ins 7. Jahrhundert vor Christus zurückverfolgt werden." ["Bausteine 6", S. 64.] die wesentlichen Informationen, die der Arbeitshinweis offensichtlich erbringen soll, bereits gegeben werden. Angesichts dieses für die Lernenden unmittelbar ersichtlichen Umstandes ist es nicht unbegründet, wenn sie diese Aufforderung als nicht ernstgemeint empfinden. Hinzu kommt, daß die nachgestellte Information überdies die Assoziationen und Gedanken der Lernenden zu dem angesprochenen Thema begrenzen, da sie bereits die Richtung der (vom Lehrenden bzw. von den Sprachbuchautoren) gewünschten bzw. erwarteten Antwort deutlich erkennen lassen. Weitere Belegstellen für einen derart gelagerten Umgang bzw. Einsatz von Realität ließen sich in allen Sprachbüchern dieser Studie aufweisen. Mit Rücksicht auf den Umfang dieser Analyse, aber auch im Hinblick auf die in Kapitel 1.1.6 vorgenommene Beschreibung der Zielsetzung dieser Untersuchung kann und soll diese Fährte an dieser Stelle nicht weiter fortgesetzt werden. Schließlich konzentriert sich diese Studie – anders als der weit

schen Verknüpfung zwischen der Schul- und der gesellschaftlichen Alltagsrealität offeriert, die durch die Lernenden – gemäß ihren konkreten Interessen
– wahrgenommen und ausgefüllt werden können. Statt der Suggestion
(scheinbar) alltagsrelevanter Fragen zu erliegen, können die Lernenden hier
Themen und Fragen im realen Kontext und unter realen Bedingungen nachspü-
ren.

3.2.2 Lernkriterium: Defensiv-begründetes Lernen

Als defensiv-begründet lassen sich alle Lernprozesse beschreiben, die
fremdbestimmt und -begründet sind, an deren Inhalten die Lernenden mithin
kein eigentliches Interesse haben (s. ausführlich Kapitel 2.4.2.2).

3.2.2.1 Welche Anhaltspunkte könnten in Sprachbüchern auf defensiv-begründetes Lernen hinweisen?

Bei der Schulbuchanalyse wäre zu betrachten, inwieweit sich in den einzelnen Werken Indizien finden lassen, die als begünstigend für defensiv-begründetes Lernen anzusehen sind. Etwaige Merkmale können sein:

a) preliminary organizer: Soweit eine Analyse ergibt, daß er dem Lernenden den Einsatz des Buches in einem bestimmten Sinne nahelegt und damit dem
eigenmotivierten Umgang entgegensteht, begünstigt er defensiv-begründetes
Lernen, das sich auf den Nachvollzug der Vorgaben beschränkt.

b) (beeinflussende) Gimmicks: Gimmicks, die sich dadurch auszeichnen,
daß sie nicht nur der Unterhaltung (der Lernenden) dienen, sondern gleichzeitig eine 'lenkende' Wirkung auf die Lernenden (z.B. ihn zur Fortsetzung des
Lernprozesses motivieren) haben, können als Indiz für dieses Lernkriterium

---

überwiegende Teil der vorliegenden Schulbuchuntersuchungen, bei denen es sich "vornehmlich [um] Inhaltsanalysen [...] unter fachwissenschaftlichen und didaktischen
Aspekt" handelt [Stein (1986), S. 587.] – auf das Schul- bzw. Sprachbuch "als didaktisches Medium" [Stein (1986), S. 587.]. Angesichts dieses Untersuchungsdesigns verbietet sich eine weitergehende Verfolgung des hier angerissenen inhaltlichen Gesichtspunk-
tes. Zur vertieften Erklärung der empirischen Begründetheit des hier formulierten Placebo-
effektes sei auf die entsprechenden einschlägigen – in Kapitel 1.1.3 bereits erwähnten –
Schulbuchuntersuchungen [Bonköst (1997), Drerup (1972), Ebmeyer (1979), Fichera
(1996), Fritzsche (1992), Günter (1982), Hohmann (1992; 1994), Maier (1996), Michalak (1978), Ritsert (1972), Uhe (1975).] verwiesen.
Der vorfindliche Realitätsbezug entpuppt sich also häufig als fassadenhaft, ohne allerdings
die Bedeutungträchtigkeit und -komplexität der Realität tatsächlich widerzuspiegeln.
Diese Form der Verwendung von Alltagsbezügen läßt sich m.E. als Placebofunktion charakterisieren, da es sich um einen Realitätsausschnitt handelt, der durch seine Isolation aus
den eigentlichen (gesellschaftlichen) Kontexten den Lernenden allenfalls einen Realitätsbezug suggeriert, ohne ihn tatsächlich herzustellen. Dieser Einsatz von Realitätsbezügen in
Unterrichtsmaterialien ließe sich auch als Surrogatfunktion beschreiben, wobei das Reali-
tätsabbild insoweit ein Surrogat (Ersatzstoff) ist, als daß es sich nur vorgeblich um einen
Realitätsbezug handelt.

gewertet werden, da sie Motivation dort wecken sollen, wo sie aufgrund von mangelndem Eigeninteresse und/oder etwaigen Sanktionsandrohungen (defensives Lernmotiv) fehlt. Im Gegensatz zu Gimmicks im allgemeinen ist beeinflussenden Gimmicks eine Funktion zuzuschreiben, die nicht nur das Interesse der Lernenden an dem Buch selbst, sondern insbesondere gerade an der jeweiligen Stelle bzw. Aufgabe stimuliert. Durch diese Form der Gimmicks werden die Lernenden in ihrem Lernverhalten und damit auch in ihren Lerninteressen i.S. des zugrundeliegenden Lernziels beeinflußt.

c) Piktogramme: Piktogramme könnten defensiv-begründetes Lernen unterstützen, wenn den Lernenden mit ihnen, z.B. im Zusammenhang mit etwaigen Arbeitsaufträgen, die Entscheidung über die jeweils einzusetzende Arbeitsform abgenommen wird.

d) Kapitelstrukturierung: Ist durch die Kapitelstrukturierung ein bestimmter Weg zur Bearbeitung nahegelegt, so ist dies ggf. als Indiz für dieses Lernkriterium anzunehmen. Schließlich steht diese Konzeption allen Möglichkeiten für den Lernenden, das Buch gemäß seiner eigenen Interessen und Vorstellungen einzusetzen, entgegen.

3.2.2.2 Finden sich in den Sprachbüchern Anhaltspunkte für defensiv-begründetes Lernen?

a) preliminary organizer:[380] Der preliminary organizer in "Kennwort" (S. 5*) informiert die Lernenden über den Umgang mit dem Sprachbuch. Die Bedeutung von Piktogrammen, bestimmten Schriftarten und -größen, farbigen Absetzungen u.ä. werden in einer tabellarischen Übersicht erklärt. Ähnliches läßt sich für den preliminary organizer von "Mittendrin" (S. 2*) und "Startklar" (S. 5 ff.) feststellen. In "Startklar" werden etwa Beispielseiten des Sprachbuches abgebildet und daneben entsprechende Erläuterungen gestellt, die die verschiedenen "Zeichen" und Darstellungen in ihrer Bedeutung dechiffrieren. Der Lernende bekommt an dieser Stelle mitgeteilt, wie er das jeweilige Sprachbuch einzusetzen hat. Die genannten preliminary organizer beschränken sich darauf, Erläuterungen zu geben, ohne diese allerdings zu begründen. Hinzu kommt, daß diese Erläuterungen abstrakt gegeben werden, d.h. der Lernende erfährt, wie er Aufgaben zu bearbeiten hat, die er (noch) überhaupt nicht kennt. Daß diese Umstände defensiv-begründetes Lernen begünstigen, ist offensichtlich, schließlich handelt es sich hier um die Vermittlung von operativem Werkzeug, das unabhängig von allen subjektiven Lerninteressen und -motiven nur im fremdbestimmten (Anwendungs-)Kontext eingesetzt werden kann. Die beschriebene Wirkung der preliminary organizer wird dadurch verstärkt, daß es sich bei ihnen allenfalls bei vordergründiger Betrachtung um

---

[380] Die hier gemachten Ausführungen verstehen sich als Ergänzung zu denen in Kapitel 3.1.3.2.

ein optionales Angebot handelt, das die Lernenden sozusagen gemäß ihrer freien Entscheidung wahrnehmen oder aber auch ausschlagen können. Eine genauere Analyse der preliminary organizer ergibt jedoch, daß ihr Gebrauch keineswegs optional ist. Schließlich wird in ihnen die Bedeutung von Piktogrammen und anderen besonderen Hinweisen (etwa durch die Verwendung bestimmter Schrifttypen oder -stile signalisiert) erläutert, deren (Bedeutungs-) Kenntnis für den sachgerechten Umgang mit den Sprachbüchern ebenso erforderlich ist, wie sich ihr Gehalt keineswegs ohne weiteres und unmißverständlich aus ihnen selbst erschließen läßt.

b) (beeinflussende) Gimmicks[381]: Ein solcher Gimmick taucht in "Kennwort" beispielsweise neben den Definitionen von Vers und Strophe am Seitenrand auf. Dort steht ein Vogel, der sich die Flügel vor das Gesicht hält und feststellt: "Nur der Doofe sagt 'Vers' zur Strophe." (S. 85*) und den Lernenden neben einer Eselsbrücke gleichzeitig verdeutlicht, wie wichtig es ist, sich diesen Unterschied zu merken – schließlich droht einem, sonst zu den Doofen gerechnet zu werden. Ein anderes Beispiel ist ein Papagei, der am Seitenrand einer Erläuterung von Pronomen verkündet: "Is' doch klar!" (S. 130). Auch hier wird dem Lernenden nahegelegt, das, was der Papagei "klar" findet, auch zu verstehen. Ähnliche Gimmicks tauchen in "Starklar" auf. Dort sind u.a. ein Pferd und ein Mann in einem Zaubererkostüm unter dem Merkkasten zum Prädikat abgebildet, wobei der Mann – das Pferd am Maul kraulend – fragt: "Na – wie nennen wir das Verb im Satz?" und das Pferd antwortet: "Prädikat" (S. 117). Dieselben Figuren haben an anderer Stelle auf Tafeln Satzglieder zur Bildung von Sätzen aufgelistet, wobei der Witz darin besteht, daß das Pferd gerade anfängt, eine Karte aufzufressen, was den Zauberer sichtlich verärgert (S. 120). In "Werkstatt" gehört hierzu die Kritik der beiden Figuren Pfiffika und Pfiffikus an einem Schüleraufsatz, der ohne den Gebrauch von Konjunktionen abgefaßt ist und deswegen von den Lernenden entsprechend überarbeitet werden soll: "Die Idee ist spitze. Aber der Satzbau! Puh, langweilig, echt!" (S. 156). Eine besondere Funktion bei diesen (beeinflussenden) Gimmicks kommt dem Einsatz der gesprochenen Sprache zu, deren Relevanz für die Lernbegleiter bereits beschrieben wurde. Auch hier sind drei Merkmale gesprochener Sprache, nämlich Verkürzung von Worten um einzelne Buchstaben ("Is'", "Kennwort", S. 130), elliptische Satzstrukturen ("Aber der Satzbau", "Werkstatt", S. 156) und der Gebrauch von umgangssprachlichen Wendungen ("Na", "Startklar", S. 117; oder: "Puh, langweilig, echt!", "Werkstatt", S. 156) auffällig. Ebenso wie bei den Lernbegleitern fungiert die gesprochene Sprache auch hier als Möglichkeit, die Lernenden unmittelbar, wie sie es aus ihrem Alltag (Klassengespräch, Freundes- und Familienkreis) gewöhnt sind, anzu-

---

[381] Die hier gemachten Ausführungen verstehen sich als Ergänzung zu denen in Kapitel 3.1.6.2.

sprechen. Meines Erachtens verstärkt der Einsatz von gesprochener Sprache die Wirkung der Gimmicks dadurch, daß sie den Lernenden vertrauter und geläufiger ist als gewöhnlich in Sprachbüchern vorfindliche Ansprachen und Aufforderungen. Gezielt werden den (Comic-)Figuren Worte in den Mund gelegt, die sich dem kindlichen Sprachniveau und Sprachstil angleichen, d.h. mit Hilfe dieser Imitation der (vermeintlichen) Schülersprache versuchen die Autoren der Sprachbücher, den Lernenden auf einer (vorgespiegelten) gleichberechtigten Kommunikationsebene zu begegnen.

Die hier aufgezählten (beeinflussenden) Gimmicks, deren 'Witzigkeit' sich durchaus nicht immer aus der Aussage selbst, sondern oftmals aus der Darstellung bzw. dem jeweiligen Kontext erschließt, illustrieren die unterschiedlichen Arten, mit denen Lernende in Sprachbüchern zur Bearbeitung bestimmter Abschnitte motiviert werden sollen und die sich damit als Hinweise für defensiv-motiviertes Lernen auffassen lassen.

c) Piktogramme:[382] Piktogramme finden sich beispielhaft in "Startklar" und "Kennwort". In "Startklar" werden so dem Lernenden Stellen signalisiert, wo häufig gebrauchte Wörter aufgelistet werden ("Wörterwerkzeugkiste", S. 62), wo er zusätzliche Anregungen erhält ("Ideenkiste", S. 85*) oder wo er Tips bekommt, wie sich Ergebnisse überprüfen lassen ("Prüfliste", S. 85*), wie sich Aufgaben mit unterschiedlichen Anforderungen voneinander unterscheiden (S. 88*) oder wie Merkkästen aussehen ("Zum Merken", S. 88*). In "Kennwort" werden Piktogramme verwendet beispielsweise, um Zusammenfassungen (S. 31), Trainingsblöcke oder Rätsel und Aufgaben zum Nachdenken (S. 133, 169) voneinander differenzierend zu kennzeichnen (S. 118). Auch haben die Piktogramme die Funktion, den Lernenden optisch-verpackte Hinweise für den Umgang mit einzelnen Sprachbuchteilen zu geben und begünstigen damit defensiv-begründetes Lernen.

d) Kapitelstrukturierung:[383] Hinweise, die auf eine bestimmte Art der Bearbeitung der einzelnen Kapitel deuten, finden sich in "Startklar" etwa in den Kapiteln "Gespräche führen" (S. 12 ff.) oder "Wir schreiben Spielanleitungen" (S. 64 ff.). Zwar sind die einzelnen Aufgaben dieser Kapitel nur innerhalb ihrer jeweiligen Abschnitte aufsteigend numeriert, doch weist die inhaltliche Gliederung aufgrund ihrer zunehmenden Komplexität darauf hin, daß zur Bearbeitung dieses Kapitels ein bestimmter Weg vorgesehen ist. Ferner ist eine solche Strukturierung naheliegend, da aus der Lektüre von beispielsweise Literatur u.ä. allgemein bekannt ist, daß man diese von vorne nach hinten liest.[384]

---

[382] Die hier gemachten Ausführungen verstehen sich als Ergänzung zu denen in Kapitel 3.1.1.2.

[383] Die hier gemachten Ausführungen verstehen sich als Ergänzung zu denen in Kapitel 3.1.2.2.

[384] Nun mag man einwenden, daß sich die außerschulischen Leseerfahrungen der Lernenden keineswegs nur auf Literatur in Form von Büchern (z.B. Kurzgeschichten, Romanen

So folgt auf die Erläuterung von Gesprächsregeln im Kapitel "Gespräche führen" die Differenzierung zwischen Gesprächen zur Person und zur Sache (S. 14 f.) sowie anschließend Informationen zum Umgang und Einsatz von Argumenten (S. 16 f.). Diese verschiedenen Kenntnisse können die Lernenden dann in einer Reihe von Spielen zum Miteinandersprechen (S. 18 f.) anwenden. Dies zeigt sich auch im Kapitel "Wir schreiben Spielanleitungen", in dem auf das Erläutern von Spielanleitungen (S. 64 f.) und Hinweisen zur Beachtung der Reihenfolge (S. 68 f.) Aufforderungen, selbst Spielanleitungen zu verfassen, folgen (S. 72 f.). In "Kennwort" läßt sich dieser Aufbau beispielhaft am Kapitel "Zu Bildern erzählen" (S. 66 ff.) veranschaulichen, welches sich vom Verstehen solcher Geschichten (S. 66 f.) – über Zwischenschritte – bis zum Schreiben eigener erstreckt (S. 71 f.). Weiter gehören hierzu Anmerkungen, die im Text selbst auf die aufeinanderaufbauende Strukturierung aufmerksam machen: "Du hast nun viele Dinge gelernt, über Einleitung, Hauptteil, Schluss [...]" (S. 28), "Erinnerst du dich an die Verbformen, mit denen [...]" (S. 32), "Im vorigen Kapitel konntest du lernen, wie man eine Erlebniserzählung geschickt aufbaut." (S. 36) oder: "In Frage 7 auf Seite 51 wird nach dem 'roten Faden' in der Geschichte gefragt. Stelle den Zusammenhang dar zwischen dem roten Faden und dem inneren Geschehen der Geschichte." (S. 52). Auch in "Kennwort" finden sich Hinweise, die explizit auf die aufbauende Struktur der Kapitel hindeuten, wenn es heißt: "In den letzten Abschnitten hast du gelernt, wie du eine Geschichte aufbauen kannst." (S. 26), oder es kommt in dem Buch zu Querverweisen auf bereits behandelte Themen, wie z.B.: "Manchmal ist es möglich, den Kern der Geschichte in der Einleitung geschickt anzudeuten" (vgl. S. 22). Auf Seite 26 liest man: "Besonders geschickt ist ein Schluss, der die Einleitung aufgreift." (S. 51). Dabei handelt es sich bei diesen Hinweisen ausnahmslos um Querverweise auf zurückliegende – respektive schon bearbeitete – Themen. Diese Belegstellen vermögen zu illustrieren, daß die Sprachbücher auf eine bestimmte Reihenfolge in der Bearbeitung hin konzipiert sind und damit defensives Lernen derart unterstützen, daß sie jeder Form von expansivem Lernen entgegenwirken.

---

usw.) beschränken, sondern daß diese im Vergleich zu Trivialliteratur (z.B. sog. Groschenromanen), Jugend- (z.B. "Bravo") oder Fernsehprogrammzeitschriften deutlich seltener von Jugendlichen gelesen werden. Auch wenn es zutrifft, daß die Lektüreerfahrungen gerade der letztgenannten Publikationen keineswegs ausschließlich durch das bruchlose und kontinuierliche Studium von vorne nach hinten gekennzeichnet ist, widerlegt dies nicht die Plausibilität der Annahme, daß den jugendlichen Lernenden dennoch der Umgang mit Texten im allgemeinen – Romanen ebenso wie Zeitungsartikeln – derart vertraut ist, daß sie um die aufeinanderaufbauende Struktur derselben wissen und diese auch durch ihren alltäglichen Umgang mit Texten zumindest so weitgehend internalisiert haben, daß eine Übertragung dieses Prinzips auf die Arbeit mit Sprachbüchern naheliegend vorausgesetzt werden kann.

3.2.3 Lernkriterium: Überprüfungsprozeduren

Dieses Lernkriterium bezeichnet Prüfungsrituale aller Art. Hierzu gehören sämtliche (Über-)Prüfungsverfahren, Fragen ebenso wie auch Diktate o.ä. Kennzeichnend für diese Überprüfungen ist häufig, daß der Lernprozeß der Lernenden den Maßstäben und Kriterien Dritter unterworfen wird. Dies gilt ebenso für die Bewertungen und Beurteilungen, die entsprechende Prüfungen nach sich ziehen (s. ausführlich Kapitel 2.4.3.1).

3.2.3.1 Welche Anhaltspunkte könnten in Sprachbüchern auf Überprüfungsprozeduren hinweisen?

In den Sprachbüchern wäre zu analysieren, inwieweit sich Indizien für derartige Überprüfungsprozeduren nachweisen lassen. Hierbei könnten u.a. die folgenden Merkmale helfen:

a) (Über-)Prüfungen: Die Existenz von Prüfungselementen in verschiedener Form. Hierzu gehören ebenso Prüfungen in traditioneller Anlage wie auch von den Lernenden selbst oder untereinander zu erbringende und durch den Lehrenden zu bewertende Leistungen. Dabei ist es von nachgeordneter Bedeutung, in welcher Form die Leistungsbewertung vorgenommen wird. Wichtiger ist die Tatsache, daß es zu Kontrollen und Abprüfungen kommt. Insofern gehören zu diesen Prüfungselementen nicht nur Diktate, Tests u.ä., sondern alle Arten von Überprüfungen auch in Form von Fragen ohne (im landläufigen Sinn) direkten Abprüfungsbezug oder Trainingsblöcke u.ä.

b) Merksätze: Merksätze und Zusammenfassungen lassen sich als Indizien für dieses Lernkriterium betrachten, wenn in ihnen Regeln oder die Essentials einer Einheit zusammengefaßt werden, die als Basis für Überprüfungen durch den Lernenden selbst, aber auch durch Dritte dienen können. Sie können somit als Bezugspunkte für künftige Bewertungen, an denen sich ermessen läßt, ob der bisher behandelte Lerninhalt tatsächlich beherrscht wird oder nicht, fungieren.

c) Korrekturen und Korrekturaufforderungen: Korrekturen und Beurteilungs- sowie Korrekturaufforderungen usw. können als Hinweis auf Überprüfungsrituale verstanden werden, da sie als integrales Element von Prüfungen anzusehen sind.

3.2.3.2 Finden sich in den Sprachbüchern Anhaltspunkte für Überprüfungsprozeduren?

a) (Über-)Prüfungen:[385] Elemente, die auf (Über-)Prüfungen der Leistungen der Lernenden angelegt sind, finden sich in "Bausteine 6" auf den Seiten 63 und 79 oder in "Werkstatt" auf den Seiten 112, 119 und 122 f. Dabei

---

[385] Die hier gemachten Ausführungen verstehen sich als Ergänzung zu denen in Kapitel 3.1.5.2.

handelt es sich i.d.R. um Variationen der Aufforderung, einen vorgegebenen Text als Diktat (Selbst-, Partner- oder Lehrerdiktat) zu nutzen. In "Bausteine 6" geschieht dies durch den Appell: "Diktiere sie [eine bestimmte Gruppe an Wörtern] deinem Partner." (S. 63), "Diktiert euch den Text oben als Partnerdiktat." (S. 79) oder: "Du kannst auch selbständig mit dem Text arbeiten, indem du ihn als Dosendiktat, Laufdiktat oder Selbstdiktat [...] schreibst." (S. 79). In "Werkstatt" lesen sich derartige Aufgabenstellungen u.a. so: "Diktiert euch [den Text] gegenseitig! Korrigiert euer Diktat gemeinsam!" (S. 112), "Diktiert euch den Text gegenseitig! Achtet vor allem auf die Dehnungen!" (S. 122), oder es begegnet dem Lernenden als Marginalie neben einem Text über die Hafenentwicklung Duisburgs die Information "Partnerdiktat" (S. 119), die gleichzeitig als Appell für eine Abschrift und Überprüfung des anzufertigenden Textes anzusehen ist. Auch in "Kennwort" sind eine Reihe von Texten als "Übungsdiktate" gekennzeichnet (S. 147, 150), ohne daß es hier zu einer weiteren Aufforderung, etwa sich den Text diktieren zu lassen, kommt. Dabei erhält der Lernende (und natürlich auch der Lehrende) in einem gesonderten Kasten am Ende des Buches (S. 175) einen Überblick über die verschiedenen Diktattexte dieses Buches mit Informationen zu Länge und Übungsgegenstand. Diktate sind damit als selbstverständliche Bestandteile in den Büchern anzusehen und tragen immer wieder das Prüfungselement unmittelbar in die Arbeit mit dem Sprachbuch hinein. Schließlich treten die Diktate nicht an einer bestimmten Stelle – sozusagen als Diktatesammlung – komplett auf, sondern sind den verschiedenen Lernstufen und -gegenständen der einzelnen Abschnitte zugeordnet. Dieser Umstand macht die Diktate als eine Form von Prüfungen zum integralen Bestandteil von Prüfungen im Sprachbuch. Einen besonderen Hinweis auf Überprüfungsprozeduren enthält das Buch "Geradeaus", wenn es die Lernenden – wie bereits erwähnt – auffordert, bei der Vorbereitung von Freiarbeit einen "Kontroll- und Ablagekasten für die Lehrerin oder den Lehrer einzurichten." (S. 35) und damit das Prüfungselement zum Begleitinstrument auch dieser Arbeitsblöcke erhebt. Korrekturen in direkter Form finden sich in "Startklar" (S. 128*, 131) und "Werkstatt" (S. 101 f.*) als farbige Korrekturen in einem handschriftlich wiedergegebenen Text. An diesen – sozusagen vorweggenommenen – Fehlern sollen die Lernenden jeweils die richtige Schreibweise bzw. die Überarbeitung von Texten erlernen. Dies ist ein deutliches Indiz i.S. des hier angesprochenen Lernkriteriums, werden hiermit doch die Lehrenden als Instanz der Korrektur und damit der Bewertung von Lernprozessen exponiert. Daß Überprüfungen zu den expliziten Zielen von Sprachbüchern gehören, veranschaulicht auch die Feststellung im Lehrendenkommentar zu "Startklar": "Prüfen, korrigieren oder überarbeiten bei Eigen- und Fremdkorrektur sind Lernziele dieser Textrevision" (S. 45). Andere Formen der Überprüfungen treten in "Wortstark", "Startklar" oder "Kennwort" hinzu. Dort werden einzelne Aufgaben, zu denen die Lernenden im Sprachbuch direkt

Lösungen finden, gestellt. Hierbei handelt es sich i.d.R. um Denksport- oder Nachdenkaufgaben: "Kannst du Stahlhelme und Trugbilder konjugieren? [...] Bei Schwierigkeiten darfst du auf S. 129 nachsehen." ("Kennwort", S. 32) oder in "Wortstark": "Kennst du die [abgebildeten] Tiere? Wenn du nicht weiterkommst, schlage auf Seite 234 nach." (S. 205). In "Startklar" sollen die Lernenden beschreiben, "was euch noch nicht [an einer Geschichte] gefällt." (S. 28). Der entsprechende Lösungshinweis ist auf dem Kopf stehend unter der Frage abgebildet: "Ihr könntet entdeckt haben: [...]".

Die Sprachbücher offerieren den Lernenden an diesen Stellen Lösungen, die ihnen die Möglichkeit nehmen, das entsprechende Ergebnis eigenaktiv zu ermitteln. Statt der Chance, nach eigenen Lösungswegen zu suchen und diese zu erproben, finden sie die entsprechenden Lösungswege selbst oder zumindest zu signifikanten Teilen direkt vor.

Nun läßt sich einwenden, daß mittels solcher Angebote den Lernenden auch die Gelegenheit zur Selbstkontrolle gegeben wird, was sicher eine wichtige Abwechslung zur vorherrschenden (lehrendendominierten) Fremdkontrolle darstellt. Dennoch tragen die letztgenannten Beispiele ebenso wie die anderen hier geschilderten dazu bei, daß die unterschiedlichen Formen der Überprüfung zum Standardrepertoire und zum Charakteristikum von Sprachbüchern gehören. Zwar sind insoweit Angebote zur Selbstkontrolle eine Variation der Überprüfungsprozeduren,[386] aber gleichzeitig trägt diese Form der Überprüfung auch zur Stabilisierung der strukturellen Anlage des jeweiligen Sprachbuchs auf die Kontrolle des durch den Gebrauch desselben herbeigeführten und am Kenntnisstand der einzelnen Lernenden zu benennenden Lernfortschritts bei. Der Lernprozeß der Lernenden steht damit auch durch Offerten zur Selbstkontrolle weiterhin unter dem Diktum der (mehr oder weniger) kontinuierlichen Kontrolle der Lernergebnisse – wie dies letztlich auch durch die anderen Kontroll- und Überprüfungselemente in dem jeweiligen Sprachbuch unterstrichen und den Lernenden somit ins Bewußtsein gehoben wird.[387] Dabei erscheint es plausibel, daß diese Erfahrung der kontinuierlichen Kontrolle für die Lernenden mit den für derartige Situationen bzw. Umstände typischen Begleiterscheinungen verbunden ist (z.B. Wissensdemonstration statt tatsächlichem Wissen).[388] Hieraus wird ersichtlich, daß es weniger das Angebot zur "Selbstkontrolle" an sich ist, das mich hinsichtlich einer Einordnung dieser Option zwischen eher expansives oder eher defensives Lernen fördernde

---

[386] Dies ist mit dem nicht gering zu achtenden Effekt verbunden, daß der Leistungsdruck gemildert wird und der belastende (Schulter- oder Kontroll-)Blick des Lehrenden wegfällt.

[387] Schließlich bleibt anzumerken, daß sich unter den Sprachbüchern dieser Stichprobe keines findet, in dem sich die nachweisbaren Anhaltspunkte für Überprüfungsdimensionen ausschließlich auf Aufforderungen zur Selbstkontrolle beschränken.

[388] Siehe hierzu auch die entsprechenden Ausführungen in den Kapiteln 2.4.3.1 sowie 2.4.3.2.

Faktoren dazu bewegt, hierin im Kontext der dieser Studie zugrundeliegenden Sprachbücher tendenziell einen Beitrag zur Nahelegung defensiv-orientierter bzw. -geleiteter Lernprozesse zu erkennen. Ursächlich für eine derartige Zuordnung ist dabei vielmehr – wie dargestellt – die direkte Einbindung der Angebote zur "Selbstkontrolle" in den Kanon der anderen Kontroll- und Überprüfungsaufforderungen des jeweiligen Sprachbuchs. Dies führt dazu, daß die "Selbstkontrolle" im Kontext der Sprachbücher, die im Rahmen dieser Studie untersucht werden, aus der Sicht der Lernenden nicht die Funktion der Selbstvergewisserung über den eigenen Lernfortschritt haben kann,[389] sondern durch die Einbindung in das Ensemble anderer Prüfungsrituale – einschließlich der (schul-)alltäglichen Erfahrungen, die sie mit (Über-)Prüfungen sammeln – eher als Variante hinlänglich bekannter Prüfungselemente unter Austausch der Prüfungsinstanz erscheinen muß. Den Lernenden ist es damit schwerlich möglich, in der "Selbstkontrolle" tatsächlich ein Instrument zu erkennen, das ihnen die Gelegenheit eröffnet, aus subjektivem Interesse am eigenen Kenntnisstand, eine entsprechende Selbstüberprüfung durchzuführen. Dabei wäre in Angeboten zur "Selbstkontrolle" an sich ein wichtiges Vehikel zu erkennen, mittels dessen die Subjekte die notwendige Autonomie über die Bewertung und Deutungshoheit ihres Standes im eigenen Lernprozeß erlangen. Demnach könnte der eigene Lernprozeß i.S. expansiv-begründeten Lernens fortgesetzt werden, wenn ihnen der Lernstand, gemessen an ihren eigenen Lernzielen, nicht ausreichend erscheint, oder er könnte beendet werden, wenn der Lernfortschritt subjektiv als hinreichend erachtet wird. Als eine derartige Form der "Selbst-

---

[389] Wobei an dieser Stelle die Frage berechtigt erscheint, inwieweit derartige Angebote zur Selbstkontrolle, wenn sie als ausschließliches Prüfungselement verwendet würden, tatsächlich einen optimalen Beitrag i.S. der Fundierung expansiver Lerngründe und damit -prozesse darstellen könnten. Schließlich ist es das primäre Kennzeichen expansiven Lernens, daß sich die Lernenden aus eigenen Interessen und Motiven zur Aufnahme eines Lernprozesses entscheiden (s.a. Kapitel 2.5.1). Zu derartig selbstgeleiteten Lernprozessen gehört m.E. selbstverständlich und notwendigerweise auch die subjektive "Kontrollhoheit" über den eigenen Lernfortschritt. Letztlich liegt in derartigen Lernprozessen nicht nur der Lernbeginn in der subjektiven Entscheidungsautonomie des einzelnen, sondern auch das Befinden über die Fortsetzung und das Ende des jeweiligen Lernprozesses. Dabei ist es als plausibel anzusehen, daß die Frage bezüglich der Fortsetzung oder Beendigung des Lernprozesses ihr Fundament in der Vergewisserung des Subjekts über den eigenen Lernfortschritt bzw. -stand findet und die sich hierauf beziehende Einschätzung, ob das derzeitige Niveau dem selbstgesetzten Ziel entspricht oder nicht. Erst aus dieser Selbsteinschätzung ergibt sich, ob eine Fortsetzung des Lernprozesses hinsichtlich der Ziele, die das Subjekt hiermit verfolgt, (aus subjektiver Sicht) sinnvoll erscheint oder nicht. Insofern ist das Element der Selbstkontrolle als konstitutiv für expansives Lernen anzusehen. Hieraus ist gleichzeitig ableitbar, daß Selbstkontrolle – hier verstanden i.S. von Selbstvergewisserung – nicht von außen verordnet werden kann, wie dies bezogen auf entsprechende Hinweise beispielsweise in den dieser Studie zugrundeliegenden Unterrichtsmaterialien zwangsläufig der Fall ist.

kontrolle" kann der Lernende die genannten Angebote in den untersuchten Sprachbüchern allerdings nicht wahrnehmen, da diese eingebunden sind in traditionelle Überprüfungsprozeduren und Kontrollrituale, deren Spezifikum es ist, daß die Bewertungshoheit nicht bei den Lernenden selbst angesiedelt wird. Der Lernende ist somit Objekt der Bewertung durch äußere Instanzen, die ihm die Bewertungs- und Einschätzungshoheit der eigenen Lernleistungen – zumindest in diesen Kontrollmomenten systematisch – abspricht. Somit ist die "Selbstkontrolle" auch nicht darauf gerichtet, den tatsächlichen (subjektiven) Lernfortschritt zu bemessen, sondern ist der traditionellen von (Über-)Prüfungen als Orten der "Wissensdemonstration"[390] im Holzkampschen Sinn und nicht der Selbstvergewisserung verschrieben.

b) Merksätze:[391] Wie bereits ausgeführt, dienen die Merksätze in den Sprachbüchern dazu, wichtige Gesichtspunkte der bisherigen Lerneinheit zusammenzufassen und ggf. in Form einer Regel zu pointieren. In "Bausteine 6" kommen solche Merkkästen – durch eine farbige Einrahmung herausgehoben – beispielsweise auf den Seiten 38, 59* oder 91 vor. In "Werkstatt" sind wichtige Zusammenfassungen und Regeln ebenfalls in Kästen abgebildet (S. 54, 130 f., 142 f.). Allerdings werden in gleicher Manier auch "Tips" für die Lernenden (S. 35, 38, 61), die ihnen die Bearbeitung der jeweiligen Aufgabe erleichtern sollen (z.B. eine Bildbeschreibung S. 60), dargestellt. Deutlich häufiger treten in dieser Art der optischen Gestaltung Merksätze in Erscheinung, die u.a. folgende Informationen enthalten: "Wörter wie Vater, Atem nennen wir Substantive" (S. 130), "Verben stehen im Infinitiv [...] oder in einer Personalform" (S. 135) oder: "Mit ihm [Imperativ] geben wir an, was jemand tun oder unterlassen soll." (S. 135). Auffallend ist hier insbesondere die vereinnahmende Verwendung der ersten Person Plural zur Erläuterung einer Regel. Meiner Ansicht nach verstärkt der Gebrauch des Personalpronomens "wir" das Gewicht der zu merkenden Inhalte, da zwischen den Lernenden und dem Sprachbuch als Repräsentant der Lerninhalte eine kollektive Identität aufgebaut oder zumindest der Versuch hierzu unternommen wird. Es handelt sich um Regeln, die 'wir uns merken wollen' und deren mögliche Überprüfung durch das Buch oder den Lehrenden damit zumindest indirekt angesprochen wird. Hierdurch wird die generelle Funktion von Merksätzen als etwas, was die Lernenden "gut behalten" sollten, wie es im preliminary organizer des "Kennworts" heißt (S. 5*) verstärkt. Behalten werden sollten diese Informationen, da sie wichtig für den Umgang mit bestimmten Aspekten der Sprache sind und zur Überprüfung i.S. dieses Lernkriteriums, ob dieser Umstand auch verstan-

---

390 Holzkamp spricht in diesem Zusammenhang auch von der "Differenz zwischen Wissen und dessen bloßer Demonstration" [Holzkamp (1993), S. 465.]. Zur Spezifizierung dieses Aspektes können auch die Ausführungen in Kapitel 2.4.3.2 herangezogen werden.

391 Die hier gemachten Ausführungen verstehen sich als Ergänzung zu denen in Kapitel 3.1.3.2.

den wurde. Eine besondere Zuspitzung erfährt diese Funktion der Merksätze, wenn in "Bausteine 6" ein solcher wie folgt beginnt: "Du erinnerst dich [...]?" (S. 59*). Analog hierzu heißt es in "Kennwort" bei der Einführung in einen neuen Abschnitt: "Erinnerst du dich an die Verbformen [...]?" (S. 32). Hier mutiert der Merksatz selbst zur Überprüfungsinstanz.

c) Korrekturen und Korrekturaufforderungen:[392] Sie finden sich in "Bausteine 6" beispielsweise in der Form, daß die Lernenden aufgefordert werden, ihre eigenen Texte zu kontrollieren: "Überprüfe den Text im Heft anschließend auf die richtige Schreibweise." (S. 57), "Kontrolliere, ob du in deinen Sätzen alle Kommas richtig gesetzt hast." (S. 78), oder die Korrekturaufforderung ist bereits in der Aufgabe zur Abfassung eines Textes enthalten mit dem Wortlaut: "[...] lasse dabei für die spätere Korrektur immer eine Zeile frei." (S. 68). Korrekturaufforderungen begegnen uns auch bei der Erläuterung verschiedener Arten von Diktaten, wobei die Beschreibung derselben hier allesamt die Aufforderung enthalten: "Kontrolliere genau. Berichtige eventuell." (S. 7). Parallel hierzu heißt es bei der Erläuterung eines Partnerdiktats in "Geradeaus": "Sieh beim Schreiben zu und vergleiche mit der Vorlage. Wenn du einen Fehler entdeckst, sage sofort: 'Halt!' Streiche das falsch geschriebene Wort durch und schreibe es richtig darüber." (S. 114). Das Kontrollelement wird damit nicht nur auf die Lernenden selbst ausgedehnt (Partner- oder Selbstkontrolle), es erhält dadurch eine neue Qualität, daß es nicht mehr posthum, sondern parallel zum Prozeß erfolgt und damit den (Über-) Prüfungsprozeduren selbst eine neue Dimension verleiht: Der Lernende steht unter unmittelbarer Aufsicht mit allen Folgen eventueller Streßstimulanz, die diese möglicherweise nach sich ziehen kann. Auch "Werkstatt" arbeitet mit Aufforderungen zur Korrektur der Lernenden untereinander oder zur Selbstkontrolle: "Korrigiert euer Diktat gemeinsam." (S. 112), "Tauscht eure Hefte aus, und kontrolliert euch gegenseitig!" (S. 114), "Überprüfe die Zeichensetzung in deinem Text" (S. 162). Es kommt aber auch zu impliziten Korrekturaufforderungen in anderen Aufgabenstellungen etwa: "Schreibe die Lückenwörter richtig auf!" (S. 122). Hierzu gehören auch die Aufforderungen: "Korrigiere die Wiederholungsfehler im Satzbau [des vorstehenden Textes]!" (S. 33), "Überprüfe die Silbentrennung mit Hilfe des Dudens" (S. 125) oder "Verbessere den Text, und schreibe ihn ins Heft!" (S. 131). Zudem finden sich hier sogar Korrekturaufforderungen in Abschnitten, die als "Tips" für die Bewältigung einzelner Aufgaben überschrieben sind. So lautet der erste "Tip" auf Seite 36: "Rechtschreibung prüfen, auf Tempusfehler achten.", womit die Möglichkeit der Korrektur erheblich exponiert wird. Auch in "Wortstark" lassen sich derartige Korrekturaufforderungen aufzeigen als implizite Anregun-

---

[392] Die hier gemachten Ausführungen verstehen sich als Ergänzung zu denen in Kapitel 3.1.4.2 und 3.1.6.2.

gen in Aufgaben zu Selbst- oder Partnerdiktaten, zumal, wenn in den entsprechenden Anleitungen zu Partner-, Eigen- und Laufdiktat Verbesserungen, Kontrollen und Berichtigungen (S. 178) als integrale Momente herausgestellt werden. Aufforderungen zu dieser Art von Diktaten kommen in Aufgaben auf den Seiten 183 f. oder 187 vor. Die Relevanz von Kontrolle und Korrektur wird nicht nur in den Sprachbüchern deutlich, sondern auch im dazugehörigen Lehrendenkommentar von "Wortstark" betont: "Als grundlegende Arbeitstechnik wird das Kontrollieren und Korrigieren berücksichtigt. Dabei geht es vor allem auch darum, die Sensibilität für die Fehlersuche – auch in selbst geschriebenen Texten – zu erhöhen." (S. 32). Korrekturaufforderungen als implizite Hinweise auf Prüfungen treten auch in "Startklar" beispielsweise auf den Seiten 150 f. auf. Dort heißt es: "Schreibt die [...] richtig auf." (S. 150 f.). Auch in den an einigen Stellen im Buch vorfindlichen sog. "Prüflisten" (S. 43 ff., 62, 76) ist eine Über-prüfungsaufforderung zu erkennen, da die Lernenden hier gemahnt werden zu kontrollieren, ob sie bestimmte Gesichtspunkte in ihren Überlegungen oder bei der Bearbeitung der Aufgaben beachtet haben. Diese Informationen weisen dabei nicht nur auf eventuelle Fehlerquellen hin, sie illustrieren auch, daß die Texte (möglicherweise) durch Dritte kontrolliert und korrigiert werden und tragen somit dazu bei, daß Korrekturen bzw. Kontrollen und deren potentiell beinahe permanente Möglichkeit zum festen Bestandteil der Arbeit mit dem Sprachbuch werden. Auch wenn ein Teil dieser Korrekturaufforderungen z.B. Selbst- oder Partnerkorrektur durchaus subjektorientierte Züge tragen, vermögen sie nichts an dem Umstand zu ändern, daß sie gleichzeitig auch als Indiz für die (Über-)Prüfungsprozeduren in den Sprachbüchern anzusehen sind.

3.2.4 Lernkriterium: Lehrendenfragen – vorauswissend statt wissensuchend

Dieses Kriterium charakterisiert die vorherrschenden Kennzeichen alltäglicher unterrichtlicher Kommunikationsprozesse. Danach liegt das Fragemonopol bei den Lehrenden. Die Struktur der Fragen kennzeichnet eine Form, aus der ersichtlich ist, daß der erfragte Inhalt dem Fragenden bereits bekannt ist. Lehrendenfragen sind damit keine Fragen im wortwörtlichen Sinn, sondern schlicht eine Form der Leistungsüberprüfung (s. ausführlich Kapitel 2.4.3.3).

3.2.4.1 Welche Anhaltspunkte könnten in Sprachbüchern auf vorauswissende Lehrendenfragen hinweisen?

Bezogen auf die Sprachbücher ist zu analysieren, ob sich die in Kapitel 2.4.3.3 dargelegten Beobachtungen zu Frageform und -charakter in kommunikativen Unterrichtssituationen auch in ihnen aufweisen lassen. Hinweise hierauf könnten dabei u.a. in den folgenden Kriterien gefunden werden:

a) Aufgabenstellungen (insbesondere Fragen): Es ist zu untersuchen, welcher Art die in den Sprachbüchern vorfindlichen Aufgaben bzw. Fragen sind. Zum einen geht es darum zu untersuchen, welchen inhaltlichen Charakter sie haben, ob es wissensuchende (eher offene) oder vorauswissende (eher geschlossene) sind. Letzteres könnte ein Indiz sein, welches zeigt, daß Sprachbücher auf die Reproduktion der aus traditionellen Unterrichtssituationen bekannten Kommunikationsformen angelegt sind. Zum anderen ist zu analysieren, welchen Stil Fragen und Aufgaben haben. Je ausgeprägter dieser als auffordernd zu bezeichnen ist, desto geringer ist für die Lernenden die Möglichkeit, die Fragen unbeantwortet zu lassen.

b) Dialogrichtung: Läßt die Analyse der Sprachbücher den Schluß zu, daß hier beispielsweise die Dialogrichtung der Fragen, Aufgaben usw. vom Lehrenden zum Lernenden dominiert, so könnte dies ein Indiz dafür sein, daß auch in ihnen das Frage- und Aufgabenmonopol bei den Lehrenden liegt.

c) Illustrationen: Diese können sich in dem Moment als bedeutungsvoll für dieses Lernkriterium erweisen, in dem sie einen direkten Bedeutungszusammenhang zu den Fragen i.S. einer Veranschaulichung erkennen lassen. Ist dies der Fall, so könnte ein Indiz dafür vorliegen, daß auf diese Weise die Möglichkeiten zur Beantwortung der konkreten Frage eingegrenzt werden. Dies verweist insoweit auf den vorauswissenden Charakter der Fragen, als daß solche Einschränkungen nur mit Blick auf eine bestimmte Antwort(-richtung) möglich sind.

3.2.4.2 Finden sich in den Sprachbüchern Anhaltspunkte für vorauswissende Lehrendenfragen?

a) Aufgabenstellungen (insbesondere Fragen): Betrachtet man die Fragen in "Bausteine 5", so wird deutlich, daß sie sich in ihrer Mehrzahl spürbar am Muster des traditionellen Unterrichts orientieren. Es handelt sich um eher enge Fragen, die auf bestimmte Aspekte abzielen und damit auch einen vorauswissenden Charakter aufweisen. Schließlich fragen sie etwas Bestimmtes ab, das wiederum nur möglich ist, wenn eine Vorstellung über die Antwort seitens der Fragesteller bzw. Autoren des Buches herrscht. Exemplarisch für derart zielgerichtete Fragen sind die folgenden Beispiele: "Wo hätte Christiane noch die wörtliche Rede benutzen können?" (S. 91), "Wo können Christianes Sätze gekürzt werden?" (S. 91), "Worin unterscheiden sich die beiden Texte?" (S. 70), "Wo stehen Begleitsatz und wörtliche Rede?" (S. 71) oder: "Wen hat das Kind als Gesprächspartner gefunden?" (S. 46). Deutlich wird die dominierende Form eher enger Fragen bereits aus der Tatsache, daß in "Bausteine 5" häufig Fragen als sog. 'W-Fragen' formuliert werden. Zwar werden den Lernenden auch Fragen vorgelegt wie: "Habt ihr schon einmal etwas Ähnliches wie Fuchs oder Maus erlebt?" (S. 70) oder: "Hätte Christiane die Geschichte noch spannender erzählen können?", aber diese Form der offeneren Frage, die den Lernenden die Möglichkeit gibt, eigene Erfahrungen u.ä. zu artikulieren, ist seltener anzutreffen. Statt dessen werden immer wieder Fragen mit der oben skizzierten schulbuchgemäßen Variation oder Adaption vorauswissender Fragen aus dem alltäglichen Unterrichtsgeschehen gestellt: "Welche Worte produziert die [vorher abgebildete] Maschine?" (S. 56). In ähnlicher Art und Weise sind die Fragen in "Kennwort" formuliert: "In welchem Text drückt der Sprecher aus, dass er das Geschehen als Gegenwart erlebt hat?" (S. 30), "Welche wichtigen Informationen aus dem Brief an Franz fehlen in dem obigen Schreiben an Dr. Eich?" (S. 123) oder: "Welches Satzglied [eines bestimmten Satzes] wird durch das Adjektiv ergänzt?" (S. 77). Fragen deutlich offenerer Art richtet dagegen "Wortstark" an die Lernenden: "Hast du schon einmal unter freiem Himmel geschlafen? Wie hast du das erlebt?" (S. 80), "Was würdest du eigentlich am liebsten machen, wenn du wütend bist?" (S. 88) oder: "Habt ihr Lust auf die Sendungen bekommen, die vorgestellt wurden?" (S. 101). Diese Fragen zielen nicht auf die stereotype Rekapitulation eines Sachverhalts oder die Anwendung eines bestimmten Wissens ab. Zwar gibt es auch in "Wortstark" enggefaßte Fragen wie z.B.: "Wodurch macht er das [einen bestimmten Sachverhalt in einem Text] deutlich?" (S. 34) oder: "Hast du Jörgs Lieblingsplatz erraten?" (S. 68), doch diese treten deutlich seltener auf und sind wie beim letzten Beispiel häufig unmittelbar von einer offeneren Frage begleitet, in der es heißt: "Jörg hat seinen Platz nicht so gut beschrieben. Was wollt ihr anders erzählen?" (S. 68). Dominieren bei "Kennwort" und "Bausteine 5" vorauswissende Fragen, so finden sich in "Wortstark" erheblich häufiger Fragen, die sich als weniger vorauswissend beschreiben lassen und damit den Lernenden eine Möglichkeit offenhalten, nicht wissensdemonstrierende Antworten zu geben. Ein weiterer Aspekt, unter dem Fragen und Arbeitsaufforderungen zu betrachten sind, ist der Modus, d.h. die Art und Weise, wie sie formuliert sind. Sieht man einmal von den letzten Ausführungen ab, so ergibt die Draufschau auf die Art der Arbeitsaufforderungen, daß diese zu einem signifikanten Teil in "Bausteine 5" im Imperativ abgefaßt sind: "Besprecht, wie ihr Franks Text verbessern könnt. Begründet eure Vorschläge." (S. 42), "Entwirf selbst eine Einladung. Prüfe, ob sie alle wichtigen Angaben enthält." (S. 43), "Bestimme, welche Satzarten hier vorkommen." (S. 72) oder: "Lies deine Sätze noch einmal durch und prüfe, ob du die Kommas richtig gesetzt hast." (S. 84). Nicht nur die durchgängige Verwendung des Imperativs ist dabei auffällig: Diese Beispiele illustrieren zudem, daß der Charakter des Imperativs dadurch verstärkt wird, daß dieser in etlichen Aufgabenstellungen aufgrund der Verwendung zweier Verben sozusagen doppelt auftaucht. Analoges ist in "Kennwort" zu diagnostizieren: "Bilde mit den Formen der unregelmäßig gesteigerten Adjektive Sätze" (S. 79), "Wiederhole, was du über den Aufbau einer Erlebniserzählung gelernt hast. Vergleiche [...]" (S. 51), "Lies den Text in deinem Heft laut vor [...]" (S. 117). Wenn auch seltener, so lassen sich auch in "Wortstark" entsprechende Aufgabenstellungen ausmachen: "Ordne die Wörter nach Nomen, Verben [...]. Lege dazu eine Tabelle an." (S. 57), "Erzählt, was [in einem wiedergegebenen Text] zwischen sieben und acht so alles passiert." (S. 40) oder: "Ordnet eure Stichwörter. Was passt zusammen?" (S. 60). Die im Imperativ formulierten Aufgabenstellungen zeichnen sich häufig durch eine signifikante Engführung hinsichtlich der geforderten Handlungen bzw. Antworten aus. Es wird klar gesagt, was wie zu tun ist. Daß dies allerdings kein Naturgesetz oder eine unumstößliche Tatsache der Sprache ist, zeigt sich an Beispielen aus "Wortstark": "Habt ihr Lust bekommen, mehr von Anton und Karl zu erfahren? Vielleicht besorgt ihr euch den 'TV-Karl' [...] oder leiht euch das Buch [...] aus." (S. 107), "Vielleicht malt ihr für die Siegergruppe eine tolle Urkunde." (S. 32) oder: "Entwerft selbst neue Wort-Bilder" (S. 56). In diesen Varianten wird dem Lernenden im Verhältnis zu den vorgenannten Aufforderungen mehr Raum gegeben, entweder grundsätzlich zu entscheiden, ob er die Aufgabe aufgreifen will oder zumindest, in welche Richtung er sie ausgestaltet. Neben dem Aufforderungs- bzw. Befehlscharakter illustriert der Imperativ auch das sich in den Aufgabenstellungen ausdrückende Hierarchieverhältnis zwischen Buch und Lernenden. Das Buch tritt dabei an die Stelle des Lehrenden und schreibt den Lernenden vor, was unter welchem Gesichtspunkt zu tun ist. Der Imperativ unterstützt damit in besonderer Form das Frage- und Anweisungsmonopol, das nicht auf Seiten der Lernenden verortet ist. Diese haben statt dessen in den meisten Fällen die Anweisungen (Befehle) auszuführen oder gegenüber vorauswissenden Fragen ihr Wissen zu demonstrieren. Auch, wenn sich für beide Aspekte – enge, vorauswissende Fragen und Imperativ – Gegenbeispiele in "Wortstark" anführen lassen, gibt es selbst in diesem Buch Hinweise hierfür. Dieser Umstand macht deutlich, daß Sprachbücher auch Alternativen zu vorauswissenden Fragen und imperativen Aufforderungen bieten, ohne daß sich diese Alternativen allerdings bereits in den Sprachbüchern fest etabliert hätten.

b) Dialogrichtung:[393] In "Bausteine 5" weisen die Fragen und sonstigen Formen der Arbeitsaufträge ein eindeutiges Kommunikationsmuster hinsichtlich Sender und Empfänger zwischen Lehrenden und Lernenden auf, wenn es heißt: "Welche Personen kommen in diesem Textabschnitt vor?" (S. 51), "Lies die Sätze vor, in denen Pronomen stehen, und sage, für welche Personen sie hier gebraucht werden." (S. 51) "Hast du das Spiel verstanden?" (S. 60), "Wo können noch Adjektive eingesetzt werden?" (S. 91). Alle diese Handlungsaufforderungen haben eindeutig den Lernenden als Adressaten und lassen den Lehrenden als denjenigen, der i.d.R. den Einsatz des Buches verfügt hat, als (fiktiven) Sender im Hintergrund erscheinen. Noch deutlicher wird diese Kommunikationssituation in Fragen, in denen die Antwort noch ein Konkurrenzelement zwischen den Lernenden betont, etwa: "Wer findet die meisten Reimwörter heraus?" (S. 39) oder: "Wer erzählt die spannendste Geschichte?" ("Kennwort", S. 66). Ein anderes Indiz für die Sender- bzw. Adressatenzuordnung der Aufgaben und Aufforderungen zeigt sich in "Bausteine 5": "Höre deiner Lehrerin/deinem Lehrer genau zu. Achte auf die Stimme und den Gesichtsausdruck." (S. 49). Da der Lehrende hier sogar als derjenige genannt wird, auf den die Adressaten bestimmte Handlungen beziehen sollen, ist dies ein deutlicher Avis für das in Sprachbüchern vorherrschende Kommunikationsmuster, das den Lernenden i.d.R. zum Adressaten hat. Dieser Umstand wird noch dadurch verstärkt, daß die entsprechende Aufforderung im Imperativ erfolgt. Ähnliches zeigt sich in "Wortstark": "Wie nennt ihr eure Eltern?" (S. 34), "Wen zählst du zu deiner Familie?" (S. 34) oder: "Wie geht es bei dir morgens zu Hause zu? Worüber ärgert sich deine Mutter?" (S. 40). Auch die Art der hier vorkommenden Fragen und Aufgabenstellungen weisen mehr oder weniger deutlich auf den Lernenden als Adressaten. Als implizite Sender dieser Fragen und Arbeitaufforderungen in den Sprachbüchern können die Lehrenden gesehen werden, da die schriftlichen Arbeitsaufträge an die Stelle der für die Lernenden aus dem sonstigen Unterrichtsgeschehen bekannten mündlichen Anweisungen der Lehrenden treten. Die Ergebnisse der Betrachtung der in Sprachbüchern vorfindlichen Kommunikationsstruktur kann als Zeichen i.S. dieses Lernkriteriums betrachtet werden, weil hier deutlich wird,

---

[393] Die hier gemachten Ausführungen verstehen sich als Ergänzung zu denen in Kapitel 3.1.3.2.

daß sich in Sprachbüchern das Frage- und Aufgabenmonopol – wie im landläufigen Unterricht auch – nicht auf Seiten der Lernenden befindet.

c) Illustrationen: Illustrationen, die auf den vorauswissenden Charakter der Fragen und Aufgaben in den Sprachbüchern verweisen, finden sich beispielsweise in "Mittendrin" auf den Seiten 35* und 36. Dort werden Aufgabenblöcke, die sich mit den verschiedenen Perspektiven beschäftigen, aus denen sich Geschichten, festgemacht an der Gulliver-Geschichte, erzählen lassen, durch zwei Strichzeichnungen illustriert. Auf diesen ist der jeweilige Perspektivwechsel derart dargestellt, daß ein Bild aus der Sicht eines 'Gullivers als Riesen' auf die 'Liliputaner' schaut. Die andere Darstellung blickt aus der Perspektive eines kleinen Menschen auf einen Riesen. Hiermit wird den Lernenden geradezu plastisch versinnbildlicht, was ein Perspektivwechsel bedeutet und die Bearbeitung der entsprechenden Aufgaben damit in eine bestimmte Richtung gelenkt. Dies ist nur möglich, weil die Fragen entsprechenden vorauswissenden Charakters sind und damit die Fragenden (also die Autoren des Buches sozusagen stellvertretend für die Lehrenden in der konkreten Unterrichtssituation), die auch die Illustration dazu gestellt haben, eine Vorstellung haben, wie die Antworten mehr oder weniger auszusehen haben. Eine ähnliche Illustration begleitet in "Wortstark" den Anfang des Abschnitts "Verwandlungsgeschichten schreiben" (S. 164*), die den Lernenden in der Größe einer Spielzeugpuppe neben das Bein eines Erwachsenen stellt. Ein anderes Beispiel ist dort auf Seite 68 abgebildet. Die Lernenden sollen hier die Beschreibung eines Bildes durch Einzelheiten vervollständigen, die sie der nebenstehenden Abbildung entnehmen können. Auch in "Bausteine 5" finden sich derartige Beispiele. So sind die Lernenden auf Seite 58* aufgefordert, Sportarten aufzuzählen. Eine entsprechende Auswahl hält dabei die über die Frage gestellte Illustration bereit (hier werden verschiedene Sportgeräte abgebildet). Auf Seite 46 verhält es sich analog: Hier sollen die Lernenden Figuren bekannter Kinderbücher nennen, die im dazugehörigen Text vorkommen und gleichzeitig auf einer nebenstehenden Illustration abgebildet sind. In "Kennwort" ist eine Illustration dieser Art beispielsweise auf Seite 80 abgedruckt. Dort ist in einer zweiteiligen Bildserie eine Unterrichtsszene wiedergegeben, wobei den Beteiligten Sprechblasen an den Mund gelegt wurden. Aus der hier dargestellten Gesprächssituation rekrutieren sich die anschließenden Fragen. Die Bilder signalisieren hier, in welchem Tonfall die jeweiligen Aussagen gemacht werden, was für die Beantwortung der Fragen von Bedeutung ist. Diese Beispiele verdeutlichen, daß Illustrationen im Zusammenhang mit einzelnen Fragen in Sprachbüchern an etlichen Stellen eine Funktion zukommt, die die Antwortrichtung nicht unerheblich tangiert. Dies deutet darauf hin, daß eine Vorstellung über die adäquate Antwort – im Sinne der vorauswissenden Fragen – bereits zum Zeitpunkt der Fragestellung existiert.

3.3 Schulbücher und ihre Berücksichtigung von Lernprozessen aus subjektwissenschaftlicher Sicht

Für die im Abschnitt 2.5 entwickelten und beschriebenen Lernkriterien zur Kennzeichnung von subjektorientierten Lernprozessen sollen hier Merkmale von didaktischen Hinweisen benannt werden, die in Sprachbüchern auf die jeweiligen Lernkriterien hinweisen könnten. Daran anschließend ist zu untersuchen, inwieweit sich diese in den Sprachbüchern tatsächlich identifizieren lassen.

3.3.1 Lernkriterium: subjektive Lernanlässe

Subjektiv ist ein Lernanlaß dann, wenn die Ursache hierfür in den Motiven des Lernenden zu erkennen ist und darin besteht, eine individuelle Handlungs- oder Verständnisproblematik durch Lernen überwinden zu suchen (s. ausführlich Kapitel 2.5.1).

3.3.1.1 Welche Anhaltspunkte könnten in Sprachbüchern auf subjektive Lernanlässe hinweisen?

In den Sprachbüchern wäre demnach Hinweisen nachzugehen, die den Lernenden Ansatzpunkte für subjektiv-begründete Lernanlässe bieten könnten. Merkmale hierfür könnten sein:

a) Register: Mit einem Register ist dem Lernenden ein Schlüssel gegeben, mit dessen Hilfe er sich außerhalb der Kapitelabfolge und -strukturierung mit den verschiedenen Abschnitten des Buches beschäftigen kann, die – gemäß seiner eigenen Handlungsmotive – die lernende Überwindung der jeweiligen (subjektiven) Lernproblematik erwarten lassen. Ein subjektiver Lernprozeß kann hier seinen Ausgang nehmen.

b) Kapitel- bzw. Abschnittsanfänge: Bei den Kapitel- bzw. Abschnittsanfängen oder -eröffnungen wäre zu untersuchen, ob es sich eher um eng auf die nachfolgenden Inhalte und Themen bezogene Anfänge bzw. Eröffnungen oder um eher offene handelt, die es den Lernenden möglich machen, eigene Interessen und auch Vorwissen in diesen Prozeß hineinzugeben. Ist dies der Fall, so kann hierin ein Indiz gesehen werden, daß subjektiv-motivierte Lernprozesse durchaus ihren Ausgang in solchen 'Einstiegen' nehmen könnten.

c) Sonderkapitel "Öffnung des Unterrichts": Finden sich entsprechend separat ausgewiesene Abschnitte in den Sprachbüchern, so ist in ihnen zu analysieren, ob und wie sich die hier vorfindlichen Fragen und Aufgabenstellungen von denen in den anderen Kapiteln unterscheiden. Insbesondere ist zu klären, ob sich für die Lernenden an dieser Stelle in besonderer Weise Möglichkeiten für subjektive Lernanlässe bieten.

d) Quellenhinweise: In Quellenhinweisen läßt sich insoweit ein Indiz für Ausgangspunkte subjektiver Lernanlässe erkennen, als daß sie nicht nur legitimatorische Funktion haben, sondern die Lernenden mit zusätzlichen Informationen für die Beschäftigung beispielsweise mit Nachrichten, Alltagstexten, Gedichten oder Literatur über den eigentlichen Rahmen des Schulbuches hinaus ausstatten.

e) separate Nachschlageabschnitte: Begegnen einem in den Sprachbüchern Abschnitte, die sich unabhängig von den jeweiligen Gegenständen des Sprachbuchs zum Nachschlagen oder Erarbeiten bestimmter Themen eignen, so kann dies durchaus ein Indiz für dieses Lernkriterium sein, da der Lernende hier die Möglichkeit erhält, sich selbständig – aus expansivem Interesse heraus – ein bestimmtes Gebiet zu erschließen.

3.3.1.2 Finden sich in den Sprachbüchern Anhaltspunkte für subjektive Lernanlässe?

a) Register:[394] Es ist bereits aufgezeigt worden, daß Register wie beispielsweise in "Geradeaus" (S. 156 ff.) dem Lernenden – in einem gewissen Maß – Autonomie im Umgang mit dem Sprachbuch verschaffen, da er sich hiermit außerhalb der nahegelegten Bearbeitungsreihenfolge unter speziellen Gesichtspunkten mit einzelnen Angeboten des Sprachbuchs beschäftigen kann. So vielschichtig subjektive Lernanlässe und damit -gegenstände sein können, so bietet ein Register den Lernenden eine breite Palette von Anknüpfungspunkten für die Bearbeitung von subjektiv interessanten und relevanten Themen. Ein solches Register – "Sachregister" genannt – existiert ebenfalls am Ende von "Startklar" (S. 156 ff.). Auch hier findet der Lernende zu einer Vielzahl von Stichworten Verweise auf entsprechende Sprachbuchabschnitte. Auffällig ist allerdings in "Startklar" wie in "Geradeaus", daß häufig lediglich Verweise auf eine Stelle oder eine bestimmte Seitenabfolge anzutreffen sind. Seltener sind Verweise, die sich quer durch das Buch erstrecken, wobei dies sicher als Indiz für die starke Untergliederung der Bücher in einzelne Abschnitte zu bestimmten Themen (beispielsweise Rechtschreibung oder Grammatik) spricht. Gleichwohl bieten Bücher mit Registern den Lernenden eine andere Möglichkeit zur - durch subjektive Interessen geleiteten - Beschäftigung mit ihnen als solche, die auf eine Übersicht verzichten wie etwa "Bausteine 5" oder "Bausteine 6". Eine besondere Ausprägung hat der Registerteil in "Wortstark" (S. 217 ff.). Nicht nur, daß in dieser alphabetischen Stichwortübersicht (S. 218 f.) bei Fremdwörtern in Klammern – vor den jeweiligen Verweisstellen – das dazugehörige deutschsprachige Wort steht, es finden sich i.d.R. auch eine größere Anzahl von Hinweisen zu den einzelnen Stichworten als in anderen Büchern. Ferner ist dem "Register" ein "Textsortenverzeichnis" (S. 217) vorangestellt, das den Lernenden eine zusätzliche Orientierungsmöglichkeit für die

---

[394] Die hier gemachten Ausführungen verstehen sich als Ergänzung zu denen in Kapitel 3.1.1.2.

Arbeit mit dem Buch gewährt, etwa wenn er an bestimmten Texten oder Textsorten bzw. Ausschnitten interessiert ist.

b) Kapitel- bzw. Abschnittsanfänge: Die Gestaltung der Kapitelanfänge ist in den Büchern unterschiedlich. In "Geradeaus" ist die Gestaltung uneinheitlich. In den Kapiteln "Gespräche führen" (S. 42), "Grammatik" (S. 84) oder dem Abschnitt "Logo! Das sind wir!" (S. 70) werden die Lernenden nach der Kapitelüberschrift unmittelbar mit Aufgabenstellungen konfrontiert: "Probiert einmal aus [...]" (S. 42), "Könnt ihr das Bilderrätsel lösen?" (S. 92) oder: "Es gibt Zeichen, bei denen man sofort weiß, was damit gemeint ist. Welche dieser [abgebildeten] Logos kennt ihr?" (S. 70). An anderen Stellen, etwa dem Kapitel "Informieren" (S. 62), sind Sprechblasen abgebildet, die Dialoge für Wegbeschreibungen wiedergeben und den Lernenden somit die Möglichkeit eröffnen, sich an eigene (ähnliche) Situationen zu erinnern, woraus eventuell das Interesse von Lernenden entstehen kann, wissen zu wollen, wie man Wegbeschreibungen anschaulich gestalten kann. Dies wird noch verstärkt, wenn die erste Aufgabe lautet: "Diese Situationen kennt ihr alle. [...] Erzählt davon." (S. 62). Ähnlich ist der Anfang in dem Abschnitt "Das kommt gar nicht in Frage!". Dort heißt es zu Beginn: "Jeder von euch kennt das: Ihr möchtet etwas unternehmen oder etwas haben, müsst aber vorher um Erlaubnis fragen." (S. 46). Auch solche 'Einstiege' können für den Lernenden einen subjektiven Lernanlaß bieten. Noch deutlicher werden solche Chancen für subjektive Lernanlässe in "Wortstark" geboten. Dort beginnt jedes Kapitel mit einer komplett illustrierten Seite, auf der neben dem Titel auch eine kurze Vorabinformation über den Inhalt wiedergegeben ist. Dieser Text lautet für das Kapitel "Ich und du, du und ich" (S. 80): "'Ich fühl' mich gut.' 'Ich bin sauer.' 'Ich bin traurig.' 'Ich habe Angst.' Das hat jeder schon einmal gesagt. Häufig könnt ihr am Gesichtsausdruck oder an der Körpersprache ablesen, wie sich jemand fühlt. Oft ist es aber gar nicht so leicht, Gefühle und Stimmungen von anderen zu erkennen oder die eigenen Gefühle zu zeigen. Manchmal versteht man sich gegenseitig besser, wenn man darüber spricht. Dieses Kapitel will euch dazu anregen." Auf diese Art stellen die Autoren des Buches das nachfolgende Kapitel vor, sagen, um was es geht und bieten den Lernenden Informationen, Fragen usw., mit denen diese, ausgehend von ihren eigenen Erfahrungen, Sichtweisen und Problemen die Arbeit (unter subjektiven Motiven) beginnen können, ohne sofort bestimmte Aufträge erteilt zu bekommen. Ähnlich ist der Anfang in dem Kapitel "Meine Fernsehwelt" (S. 97), in dem es u.a. heißt: "Anton hängt vor der Glotze. Er schaltet von einem Programm zum nächsten. [...] Dabei kann man mit Fernsehen viel mehr anfangen, als nur die Zeit totzuschlagen. Darüber könnt ihr miteinander sprechen. [...]" Auch hier wird ein (relativ) offener Einstieg geboten, der die Lernenden ermuntert, sich mit einem Thema zu beschäftigen. Ohne die Aufmerksamkeit in eine bestimmte Richtung zu lenken, können die Lernenden in derartigen "Anfängen" Anregungen oder Anhaltspunkte finden, die eigene Lernanlässe erzeugen oder die ihnen die Möglichkeit geben, dieses Kapitel als Bezugspunkt für einen subjektiven Lernanlaß zu nehmen. Es existieren allerdings auch Bücher, die den Lernenden keinen erläuternden oder anregenden Kapitelanfang bieten. In "Werkstatt" beginnt jedes Kapitel mit einer ganzseitigen Illustration (Zeichnung oder Fotografie, S. 19, 45, 99), welche die jeweilige Kapitelüberschrift ins Bild setzt, ohne die Lernenden jedoch über das Thema näher zu informieren oder weiter darauf einzustimmen. So wird das Thema "Rechtschreibung" mit der Abbildung eines Schülers versinnbildlicht, der grübelnd an einem Tisch in einem Klassenraum sitzt, umgeben von zwei Stapeln "Rechtschreib-Duden" (S. 99). Oder die Abbildung von vier, durch Hände geführte Schreibfedern und einem Tintenfaß stellt den Beginn des Kapitels "Erzählen" (S. 19) dar. Auch in "Kennwort" findet sich außer der jeweiligen Nennung von Kapitelnamen und -nummern i.d.R. kein Hinweis, der den Kapiteleinstieg in besonderer Weise kenntlich macht (S. 18, 48, 66). Die genannten Beispiele führen insgesamt vor Augen, daß der Einstieg in neue Kapitel und damit Lernabschnitte durchaus Anhaltspunkte oder Ansätze für subjektive Lernanlässe bieten kann, auch wenn von dieser Möglichkeit hierzu in den Büchern unterschiedlich Gebrauch gemacht wird.

c) Sonderkapitel "Öffnung des Unterrichts":[395] Ergänzend zu den oben gemachten Ausführungen ist hierzu unter diesem Lernkriterium festzustellen, daß die Angebote zur "Freien Arbeit" in "Geradeaus" (S. 34 ff.) – insbesondere die Wahlaufgaben (S. 36) – Elemente aufweisen, die sich als Ausgangspunkte für subjektive Lernanlässe anbieten. Beispielsweise können Aufgaben wie: "Lieder aus anderen Ländern sammeln, aufschreiben [...] oder Tonaufnahmen suchen." (S. 36) oder: "Einen Tag in einer ausländischen Familie verbringen und darüber einen Bericht anfertigen" (S. 36) für die Lernenden einen Ansatzpunkt für subjektive Lernprozesse darstellen, weil diese Anregungen so offen sind, daß sie nicht auf einen bestimmten Endpunkt zielen, die Eigenaktivität der Lernenden fördern und damit die Möglichkeit für das Aufspüren und Verfolgen subjektiv interessierender Punkte bieten. Einen entsprechenden Sonderabschnitt enthält auch "Wortstark". Im Kapitel "Tipps, Ideen, Möglichkeiten" (S. 9 ff.) werden den Lernenden eine Vielzahl von Hinweisen an die Hand gegeben, wie im Deutschunterricht Freiarbeit in Form von "Freiem Lesen" (S. 11 ff.) und "Freiem Schreiben" (S. 13 ff.) aussehen kann. Zum "Freien Lesen" finden sich Ideen wie: "In der Leseecke ein Buch aussuchen und darin lesen. Ein Buch von zu Hause mitbringen und darin lesen. [...[Eine spannende Stelle aussuchen und zum Vorlesen vorbereiten. [...] Eine Situation aus einem Buch mit anderen nachspielen." (S. 12). Zum "Freien Schreiben" erhält der Lernende u.a. folgende Erläuterungen: "Ihr könnt euch selbst ein

---

[395] Die hier gemachten Ausführungen verstehen sich als Ergänzung zu denen in Kapitel 3.1.5.2.

Thema oder eine Überschrift überlegen und einfach losschreiben." oder: "Vielleicht findet ihr ein Bild, das euch zum Schreiben anregt. Ihr könnt in Zeitschriften und Kalendern danach suchen." (S. 14). Diese Vorschläge zeichnet eine große Offenheit aus, da es sich nicht nur um frei wählbare Aufgaben handelt, sondern gleichzeitig auch keinerlei thematische oder inhaltliche Eingrenzungen vorgenommen, sondern die Lernenden ausschließlich mit Formen oder Methoden des "Freien Arbeitens" vertraut gemacht werden. Diese Vorschläge sind dabei ebenso kompatibel mit subjektiven Lernanlässen, wie sie die Lernenden zu Ausgangspunkten für solche Prozesse führen können. Auch in "Startklar" existieren entsprechende Sonderabschnitte. In einer Ideenkiste (S. 77) werden den Lernenden u.a. diese Arbeitsvorschläge präsentiert: "Erfindet zu bekannten Spielen neue Spielregeln." oder: "Erfindet ein eigenes Würfelspiel" (S. 77). Wie in "Geradeaus" zeichnen sich diese durch eine – im Verhältnis zu anderen Abschnitten in den Sprachbüchern – deutlichere Offenheit aus, die sich begünstigend auf subjektive Lernanlässe auswirken kann, da sie weder obligatorisch sind noch eine inhaltliche Einführung aufweisen. In den untersuchten Sprachbüchern lassen sich damit Ansätze nachweisen, die im Kontext "offenerer" Arbeitsphasen Möglichkeiten für subjektive Lernanlässe eröffnen.

d) Quellenhinweise: In "Geradeaus" bietet ein "Bild- und Textquellenverzeichnis" (S. 158) Hinweise – den Seitenzahlen des Sprachbuches entsprechend sortiert – auf die Quellen für die verwendeten Bilder und Texte. Ähnliches findet sich in "Startklar" (S. 159 f.). Allerdings ist in beiden Fällen zu bezweifeln, daß sich diese Teile an die Lernenden richten. Zwar sind diese Auflistungen deutlich übersichtlicher und größer gedruckt als beispielsweise in "Werkstatt" (S. 192), doch sind sie stark schematisiert und orientieren sich an den Mustern geläufiger Zitierweisen, dienen damit mehr der Legitimation durch die Autoren gemäß dem Urheberrecht, als daß sie tatsächlich zusätzliche Informationen für die Lernenden enthalten. Eine andere Darstellungsweise ist in "Wortstark" aufweisbar. Dort steht den Lernenden ein "Autoren- und Quellenverzeichnis" (S. 220 ff.), das in alphabetischer Reihenfolge sämtliche Autoren nennt, die in dem Buch zitiert werden, zur Verfügung. Außer den Quellenangaben können dort ebenso die Lebensdaten, Geburts- und Sterbeorte aller Autoren nachgelesen werden. Von sechs Autoren sind darüber hinaus weitergehende Informationen zu ihrem Lebenslauf und ausgewählten Werken aufgenommen. Diese Texte zeichnet eine für die Lernenden altersgerechte Sprache und eine hohe Anschaulichkeit aus. Beides läßt sich als Zeichen dafür interpretieren, daß sich diese Informationen an die Lernenden richten und ihnen Anregungen für die weitere Beschäftigung mit einzelnen Autoren geben. Dies ist m.E. ein Beispiel für die Gestaltung von Quellenhinweisen, die eine Fundgrube sein können und die den Lernenden manche Gelegenheit zu subjektiven Lernanlässen bieten.

e) separate Nachschlageabschnitte: In "Geradeaus" ist die "Grammatik im Überblick" als ein solcher Nachschlageabschnitt für die Lernenden zu betrachten (S. 148 ff.). Wichtige Wortarten (Nomen, Verben, Adjektive, Artikel, Pronomen, Präpositionen) werden hinsichtlich ihrer Charakteristik, Funktionen und verschiedenen Formen vorgestellt. Daneben finden sich Informationen zur Wortbildung, zu den Satzgliedern und zur Zeichensetzung. Übersichtlich, knapp und klar werden diese Themen dargestellt und an kurzen Beispielen erläutert, ohne daß ein Bezug zu bestimmten Abschnitten des Sprachbuchs aufgebaut wird. Analog hierzu kommen in "Bausteine 5" separate Abschnitte zur Grammatik (S. 106 ff.) und zur Rechtschreibung (S. 118 ff.) vor, gleiches gilt für "Bausteine 6" (S. 112 ff. bzw. 122 ff.). In "Werkstatt" ist die entsprechende Rubrik überschrieben mit "Einfach zum Nachschlagen: Grammatik" (S. 176 ff.). Diese wird ergänzt durch die Wiedergabe eines alphabetischen Orientierungswortschatzes (S. 179 ff.). Ohne direkten Verweis auf etwaige Textstellen kommt es hier zu einer Übersicht über den in dem Buch verwendeten Wortschatz. Etwas Ähnliches kennt "Mittendrin". Dort sind separat neben "Merkwörter[n] zum Üben" (S. 155 ff.) auch "Hilfen für Regeln" (S. 158 ff.) veröffentlicht. Hier werden wichtige Regeln bzw. Essentials zu Themen wie "Erzählen", "Informieren", "Reflexion über Sprache" oder "Rechtschreibung" wiedergegeben. Neben der entsprechenden Erläuterung erhalten die Lernenden Hinweise auf die Anwendung bzw. Entwicklung der jeweiligen Regel im Sprachbuch selbst. Trotz dieser Verweise ist diese Rubrik insoweit als separat anzusehen, da die Textverweise lediglich ergänzende Hinweise darstellen und keineswegs für das Verständnis der jeweiligen Regel per se erforderlich sind. Den aufgezählten Beispielen ist gemein, daß sie dem Lernenden außerhalb der vorgezeichneten Lernwege eine Zugriffsmöglichkeit auf bestimmte Themen und Gegenstände eröffnen, die er sich gemäß seiner Interessen und Intentionen erarbeiten kann. Sie können demzufolge durchaus einen Bezugs- oder Anknüpfungspunkt für subjektive Lernanlässe bieten.

3.3.2   Lernkriterium: Flache oder tiefe Gegenstandsaufschlüsse

Mit diesem Kriterium wird die Tiefe des jeweiligen Lernprozesses angesprochen. Unterschiedliche Gegenstände lassen dabei ebenso wie verschiedene Lern- und Arbeitsverfahren sowie (expansive oder defensive) Lerngründe unterschiedlich tiefe Verständnisse zu (s. ausführlich Kapitel 2.5.2).

3.3.2.1 Welche Anhaltspunkte könnten in Sprachbüchern auf flache oder tiefe Gegenstandsaufschlüsse hinweisen?

In den Sprachbüchern wären Indizien zu suchen, die den Lernenden eher tiefe oder eher flache Gegenstandsaufschlüsse nahelegen. Merkmale hierfür können u.a. sein:

a) Merksätze: Da es das wesentliche Charakteristikum von Merksätzen u.ä. ist, daß sie dem Lernenden die Entscheidung darüber, was gemerkt und damit behalten werden sollte, abnehmen, könnten sie auch einen Hinweis für die Begrenzung der Lerntiefe darstellen. Schließlich ist mit diesen Merksätzen klargestellt, was wichtig ist und damit der Raum minimiert, in dem die Lernenden selbst über die Tiefe des Lerngegenstandsaufschlusses entscheiden können.

b) Vorwegnahmen: Vorwegnahmen etwa derart, daß Lösungswege skizziert oder Antwortanfänge präsentiert werden, können derart als eine Begrenzung der Lerntiefe gedeutet werden, da sie die Lösungs- und Antwortsuche der Lernenden in eine vorgegebene Richtung lenken.

c) Gruppenarbeit: Bei Gruppenarbeit handelt es sich um das gemeinsame Lernen von Lernenden. Dieses Lernen zeichnet eine besondere Möglichkeit zur Verselbständigung des Lernprozesses durch die Lernenden gegenüber etwaigen Aufgaben und hierin ausgedrückten bzw. nahegelegten Vorgaben aus. Unterschiedliche Aufgabenverständnisse und Vorerfahrungen der einzelnen Lernenden werden hier durch die Lernenden zusammengebracht und bestimmen Lernanfang und -prozeß. Damit ist die Varianz an Erfahrungen und Ideen als Bezugspunkte für dieses Lernen besonders groß, was die Verselbständigung der Lernprozesse von vorgegebenen Wegen begünstigt. Anhand der jeweiligen Fragen und Aufgaben bzw. der zur Bewältigung nahegelegten Arbeitsformen wäre zu überprüfen, inwieweit in den Sprachbüchern Gruppenarbeit Berücksichtigung bzw. Anwendung findet und damit Möglichkeiten für einen Gegenstandsaufschluß geboten werden, der allenfalls durch dessen eigene Tiefe, nicht jedoch durch etwaige Beeinflussungen seitens des Schulbuches beschränkt wird.

d) Quellenwiedergabe: Einen Hinweis auf eine begrenzte Lerntiefe könnte die (Quellen-)Wiedergabe von Kurzgeschichten, Gedichten, Erzählungen, Tagebucheintragungen u.ä. insofern darstellen, als daß dies verkürzt oder auszugsweise geschieht. Gleichzeitig könnte eine solche Verkürzung allerdings auch – etwa in der Kombination mit einer Arbeitsaufforderung an die Lernenden, selbst einen Schluß o.ä. anzufertigen – einen Hinweis auf eine besondere Lerntiefe in der Auseinandersetzung mit dem jeweiligen Thema bieten.

3.3.2.2 Finden sich in den Sprachbüchern Anhaltspunkte für flache oder tiefe Gegenstandsaufschlüsse?

a) Merksätze:[396] Im Anschluß an die bisher getroffenen Aussagen bezüglich der Funktion von Merksätzen läßt sich unter diesem Lernkriterium an den folgenden Beispielen zeigen, inwiefern diese die Lerntiefe des Gegenstandsaufschlusses der Lernenden beeinflussen. Die Lernenden erfahren anhand der Merksätze in "Startklar" ebenso wie in "Mittendrin", was mit Blick auf den

---

[396] Die hier gemachten Ausführungen verstehen sich als Ergänzung zu denen in Kapitel 3.1.3.2 und 3.2.3.2.

vorhergehenden Abschnitt unterrichtsrelevant und merkenswert ist; Merksätze definieren damit die Lerntiefe. In entsprechenden "Merkkästen" wird zusammengefaßt, was wichtig und richtig ist. Beispiele hierfür sind in "Startklar" die Merkkästen auf den Seiten 13, 88*, 111, 113 oder 129. Entsprechende Beispiele finden sich in "Mittendrin" auf den Seiten 35*, 58, 90, 99. Bezeichnend hinsichtlich ihrer Funktion ist, daß solche Merkblöcke immer wieder durch spezielle Formulierungen charakterisiert sind wie beispielsweise: "Wir unterscheiden [...]" ("Startklar", S. 112) oder: "Solche Wörter und Wortgruppen nennen wir [...]" ("Mittendrin", S. 99). Der Gebrauch der ersten Person Plural konstituiert zwischen dem Sprachbuch und den Lernenden eine kollektive Identität, die die Zielsetzungen der Autoren (und zugleich die der Lehrenden) auch zu den Zielen der Lernenden machen soll. Die erste Person Plural wird auch in "Werkstatt" in diesem Kontext verwendet: "Wörter wie [...] nennen wir Substantive." (S. 130) oder: "[...] Mit ihm geben wir an [...]" (S. 135). In "Startklar" wird noch eine weitere Art der "Merkkästen" eingesetzt, die auch in "Wortstark" gebräuchlich ist. Zu einzelnen Lernabschnitten finden die Lernenden in der "Wörterwerkzeugkiste" ("Startklar", S. 75, 84) oder auf dem "gelochten Zettel" ("Wortstark", S. 8, 70 f., 98, 101, 171) die in diesem Abschnitt gebrauchten 'neuen' Worte. Neben der Funktion als Fundstelle zum Nachschlagen kann ihnen schwerlich ihre Signalfunktion (i.S. eines 'Achtung neue Worte – bitte merken!') abgesprochen werden. Die o.g. verschiedenen Formen der Merkkästen und Regeln sind demnach durchaus als eine Form der Begrenzung der Lerntiefe anzusehen.

b) Vorwegnahmen:[397] In Ergänzung zu den bereits geäußerten Feststellungen zu diesem Merkmal begegnen einem in den Sprachbüchern nicht nur Vorwegnahmen in der Form, daß Lösungsanfänge beispielsweise wie folgt vorweggenommen werden: "Schreibe den Text als Ich-Erzählung. Beginne so: Es war noch nicht lange her, da kam ich in eine Stadt. Ich bemerkte, dass ich ganz anders aussah als die Bewohner dieser Stadt. [...]." ("Geradeaus", S. 37). In "Startklar" zeigen sich Vorwegnahmen auch derart, daß im Zusammenhang mit der Einführung in ein neues Thema im Vorfeld der Fragestellung Informationen gegeben werden, die den Lernenden als Einstiegshilfe für die Beantwortung dienen. So ist dort eine Sammlung von Stichworten zum Thema 'Maulwurf' abgedruckt, auf welche die Fragestellung folgt: "Fällt euch noch etwas [in Ergänzung zur vorliegenden Liste] zum Maulwurf ein? Notiert euch die Stichwörter auf einem Zettel." (S. 46). Ein analoges Beispiel bietet sich in "Mittendrin", wenn dort dem Ausriß einer Familienchronik die Aufgabe nachgestellt wird, eine solche zu verfassen. In der Aufgabe heißt es: "Ihr sollt die Familienchronik auf den neuesten Stand bringen" (S. 91). Oder es folgt eine

---

397 Die hier gemachten Ausführungen verstehen sich als Ergänzung zu denen in Kapitel 3.1.1.2.

Auflistung von einigen methodischen Elementen, die eine Diskussion prägen könnten ("Diskussionsleitung", Redeliste", "Gesprächsregeln", "Entscheidung"), wobei die Lernenden entscheiden sollen, ob sie "auch so vorgehen" oder "was [sie] ändern" wollen (S. 76 f.). Allerdings relativiert bereits die nächste Frage diese Entscheidungsmöglichkeit, wenn dort steht: "Wählt eine Diskussionsleitung" (S. 77). Ein Beispiel für Vorwegnahmen im Anschluß an eine Aufgabenstellung findet sich ebenfalls auf dieser Seite, wenn die Lernenden aufgefordert sind, aus ihren Diskussionserfahrungen für die künftige Organisation von Diskussionen Konsequenzen zu ziehen und unmittelbar danach ein Kasten abgebildet ist, in dem die Gliederung von Gesprächsregeln vorgegeben und damit die Reflexion der Erfahrungen von vornherein in eine bestimmte Richtung geleitet wird. In diesen Kontext gehört auch die sich an die Aufgabe: "Denkt euch verschiedene Möglichkeiten aus, wie ihr die Störung überwinden könnt [...]" anschließende Information: "Einer kann die Störerin oder den Störer fragen, warum sie stören und was ihnen an der Besprechung nicht passt." (S. 66). Strukturell ähnlich ist es, wenn sich an die Aufforderung zur Überarbeitung eines Gesprächs unter einem bestimmten Gesichtspunkt die ausschnitthafte Wiedergabe einer Tabelle anschließt (S. 88), die der Antwort bereits eine bestimmte Form und Richtung gibt. Selbiges gilt, wenn auf die Aufgabe, bestimmte Informationen aus einem Text herauszuarbeiten, der Arbeitshinweis folgt: "Schreibe die Antworten auf deine Fragen auf. Ich wollte wissen ... Ich habe herausgefunden ... Ich weiß noch nicht genau ..." (S. 47). Auch für diese Form der Vorwegnahme bestehen in "Startklar" analoge Hinweise. Denn im Anschluß an die Aufgabe: "Die Informationen aus diesem Text kannst du unter den Oberbegriffen Körper, Kopf, Hände und Fell in einer Stichwortliste festhalten" (S. 47), ist eine entsprechende Stichwortliste mit ersten Zuordnungen abgebildet, oder es folgt auf die Frage: "Vor vierzig Jahren hätte jemand diesen Text in einer anderen Zeitform aufschreiben müssen. In welcher?" die Aufforderung: "Schreibe diesen Text nun so auf: In Zukunft werden ..." (S. 106). Auch an die Aufgabe, sich in der Klasse vorzustellen, schließt sich eine Vorwegnahme in Form eines Hinweises, hierbei "daran [zu denken], dass die anderen sicher auch wissen möchten, wer du bist, wo du wohnst, wie weit dein Schulweg ist" (S. 9), an. Oder die Aufgabe, bestimmte Informationen in einer Tabelle darzustellen, wird von einem entsprechenden Tabellenentwurf begleitet (S. 49). Diese unterschiedlichen Formen von Vorwegnahmen lassen deutlich ihre Funktion in bezug auf dieses Lernkriterium in den Vordergrund treten: Sie begrenzen die Lerntiefe, verschärfen die bereits in den einzelnen Fragen und Aufgaben angelegte Kanalisierung des Lernprozesses und lenken das Augenmerk der Lernenden in eine gewisse Richtung und bis zu einem bestimmten Punkt.

c) Gruppenarbeit:[398] In "Startklar" sind eine Reihe der Aufgaben und Arbeitsaufforderungen darauf angelegt, daß die Lernenden sie als Gruppe bearbeiten. Dies wird den Lernenden nicht nur durch ein Piktogramm signalisiert, sondern auch durch die Anrede, die in diesen Fällen dann immer in der zweiten Person Plural erfolgt, wie z.B. "Sprecht über das Bildgedicht." (S. 8), "Überlegt euch weitere Regeln." (S. 13), "Fällt euch noch etwas zum Maulwurf ein?" (S. 46) oder: "Wo und wie könnt ihr euch weitere Informationen über den Maulwurf besorgen? Legt euch eine Liste mit Informationsquellen [...] an." (S. 46). Ergänzend zu früheren Feststellungen zu diesem Merkmal, finden sich auch in "Mittendrin" eine Vielzahl an Aufgaben, deren Bearbeitung in Gruppen durch Piktogramme (S. 55*) und die entsprechende grammatikalische Anrede angezeigt wird: "Überlegt euch ein Gespräch, das eine Teilnehmerin oder ein Teilnehmer stört. Denkt euch verschiedene Möglichkeiten aus, wie ihr die Störung überwinden könnt [...]" (S. 66) oder: "Stellt euch vor: In den Ferien, am Strand, habt ihr eine neue Freundin/einen Freund gefunden. Für die nächsten Tage verabredet ihr gleich mehrere Treffen. Was müsst ihr unbedingt fragen, wenn die Verabredung klappen soll?" (S. 108). Auch in "Werkstatt" existieren – wenn auch seltener als in den bislang genannten Büchern – entsprechende Angebote, wie z.B. "Ihr könnt die Ratsversammlung der Schildbürgerinnen [...] spielen" (S. 95) oder: "Entwerft für eines der [auf Fotos abgebildeten] Spiele eine Spielanleitung!" (S. 68). Diese Aufforderungen zur Gruppenarbeit lassen sich als Indiz i.S. dieses Lernkriteriums betrachten, da die gemeinsame Arbeit von Lernenden die Möglichkeit erhöht, daß über die Aufgabenstellung hinausgehende Ideen und Anregungen in den gemeinsamen Prozeß eingebracht und zum Bestandteil desselben werden. Ferner ist zu konstatieren, daß zumindest ein Teil der 'Gruppenaufgabenstellungen' einen offeneren Charakter i.S. einer höheren Unbestimmtheit hinsichtlich der Zielrichtung bzw. des Ergebnisses aufweist als ein Großteil der Aufgaben zur Einzelarbeit, wenn es dort etwa in "Mittendrin" heißt: "Schreibe den Text ab und zeichne die Silbenbögen ein." (S. 130), "In welche Teile kann man eine Anleitung für diesen Trick gliedern, damit sie übersichtlich wird"? (S. 56) oder in "Startklar": "Warum ist bei Rezepten die zeitliche Reihenfolge so wichtig?" (S. 58), "Wähle nun passende Verben aus und setze sie [...] ein." (S. 36). Angesichts dieser Umstände können in etlichen Gruppenarbeitsangeboten Ansätze erkannt werden, die den Lernenden eher eine Lerntiefe in der Auseinandersetzung mit dem Lerngegenstand ermöglichen, die sich an ihren subjektiven Motiven orientiert, als die an vielen Stellen vorfindlichen anderen Aufgabenformen. Um Mißverständnissen vorzubeugen, ist hierbei anzumerken, daß sich

---

398 Die hier gemachten Ausführungen verstehen sich als Ergänzung zu denen in Kapitel 3.2.1.2.

auch in Aufgaben für Einzelarbeit Vorschläge finden können, die eine entsprechende subjektive Lerntiefe zulassen.

d) Quellenwiedergabe: In "Startklar" tauchen verkürzte Quellenwiedergaben häufig in der Kombination mit Aufgaben auf, die die Lernenden auffordern, den Text, das Gespräch o.ä. fortzusetzen, beispielsweise durch Aufgaben wie: "Setzt das Gespräch der drei fort." (S. 16), "Erzählt die Geschichte weiter." (S. 33) oder: "Was erleben Eike und Julia nachts im Hotel an der Burgruine? Erzählt die Geschichte weiter" (S. 40). Ähnliches findet sich in "Mittendrin". Dort lauten entsprechende Aufgaben u.a. so: "Die Geschichte ist noch nicht fertig. Aber ihr habt bestimmt Ideen, wie sie weitergehen könnte. Erzählt sie euch." (S. 20) oder "Was können die Kinder in dem Gespräch tun, um sich über den Ausflug zu einigen. Sammelt Vorschläge." (S. 64). Das Besondere an dieser Stelle der Textwiedergabe ist, daß sie durch diese Aufgaben lediglich unterbrochen und dann fortgesetzt wird, wobei auch die Fortsetzung unabgeschlossen bleibt und die Lernenden abermals aufgefordert werden, Ideen für den Fortgang zu entwickeln: "Was könnte man sonst noch tun, damit die Gespräche zu einer Einigung führen?" (S. 64). Auch das Sprachbuch "Werkstatt" ist gekennzeichnet durch einen derartigen Umgang mit der auszugsweisen Wiedergabe von Texten - etwa durch Aufgaben wie beispielsweise: "Wie könnte sich Nasreddin [Figur der Erzählung] verhalten? Überlegt verschiedene Möglichkeiten und erzählt weiter!" (S. 20), wobei das (Original-)Ende der Erzählung darunter in Spiegelschrift abgebildet ist. Analog ist das Vorgehen bei der unvollständigen Wiedergabe einer Fabel, die von der Aufgabe begleitet wird: "Schreibe die Fabel weiter!" (S. 41), wobei auch hier das Ende danach in Spiegelschrift wiedergebenen ist. Ein anderes Beispiel für die Kombination von verkürzter Quellenwiedergabe und einer diesen Umstand nutzenden Aufgabenstellung zeigt sich auf Seite 23. Die Sage "Der Schloßberg bei Kreuzburg" (S. 22 f.) ist bis zu einem Punkt abgedruckt, der nicht unbedingt als Endpunkt angesehen werden kann. Entsprechend lauten die folgenden Aufgabenstellungen: "Die beiden Schustergesellen [...] überlegten, wie sie ihre Kumpane von dem überzeugen konnten, was sie in dieser Nacht erlebt hatten. – Schreibe weiter!", woran sich die Aufgabe anschließt: "Und wenn sie nun tatsächlich Gold [...] zurückgebracht hätten? Überlege dir, wie dann die Geschichte enden könnte!" Die verkürzte Wiedergabe von Texten fungiert auch im Zusammenhang mit Arbeitsaufträgen auf den Seiten 20 und 21. Dort heißt es: "Ergänze Nasreddins Tagebucheintrag!" oder: "Schreibe weiter". Diese Beispiele illustrieren, daß in den Sprachbüchern die unvollständige Wiedergabe von Texten an etlichen Stellen zum Ausgangspunkt für Aufgaben gewählt wird, die den Lernenden die Möglichkeit geben, orientiert an ihren eigenen Ideen und Interessen einen Handlungsablauf zu vollenden und damit selbst zu entscheiden, welche Themen aufgegriffen werden, in welche Richtung diese sich entwickeln und bis zu welchem Punkt sie sie treiben.

3.3.3 Lernkriterium: Diskrepanzerfahrungen

Unter Diskrepanzerfahrungen sind im Holzkampschen Sinn bezogen auf Lernprozesse Grenzerfahrungen zu verstehen, die durch die Unsicherheit des Subjekts, wie die jeweils aktuell auftretende Handlungsproblematik (zu Beginn und damit als Auslöser oder während eines Lernprozesses) bewältigt werden kann, hervorgerufen werden. Es handelt sich damit um Phasen der Neuorientierung, des Suchens und Ausprobierens verschiedener Lernwege (s. ausführlich Kapitel 2.5.3).

3.3.3.1 Welche Anhaltspunkte könnten in Sprachbüchern auf Diskrepanzerfahrungen hinweisen?

Bezüglich der Sprachbücher wäre zu analysieren, ob sich in ihnen Indizien finden, die darauf hindeuten, daß Raum für Diskrepanzerfahrungen gegeben ist. Merkmale hierfür könnten beispielsweise sein:

a) Lernbegleiter: Den Lernbegleitern könnte eine Diskrepanzerfahrungen vorbeugende Funktion etwa dann zukommen, wenn sie an für die Lernenden herausfordernden Stellen – z.B. bei der Einführung neuer Arbeitstechniken oder der Anwendung eines neuen Regelzusammenhangs – auftauchen und dem Lernenden bei der Bewältigung entsprechender Aufgaben als Mittler mit Tips und Vorschlägen, wie die (neue) Herausforderung anzugehen sei, zur Seite stehen und somit Diskrepanzerfahrungen entgegenwirken.

b) Kapitelstrukturierung: Auch in der Strukturierung der Kapitel kann ein Indiz zur Vorbeugung von Diskrepanzerfahrungen liegen. Dies wäre beispielsweise der Fall, wenn der durch die Strukturierung der Kapitel nahegelegte Bearbeitungsweg als so hermetisch abgeschlossen anzusehen ist, daß der nächste Schritt, die nächste Aufgabe jeweils unzweideutig feststeht und damit kein Platz für Diskrepanzerfahrungen seitens des Lernsubjekts bleibt.

c) Hilfen und Tips: Tips, Hilfestellungen und Eselsbrücken könnten beispielsweise dann als Vehikel wider Diskrepanzerfahrungen wirken, wenn sie vornehmlich an Stellen auftreten, an denen das Risiko groß ist, daß die Lernenden – möglicherweise infolge eines neuen Anforderungsniveaus o.ä. – Diskrepanzen als Konsequenz aus Grenzerfahrungen (Überforderungsgefühl) in Form von Unsicherheiten erleben.

d) Gimmicks: Gimmicks zeichnet aus, daß sie der Unterhaltung dienen und dabei in keinem unmittelbaren Zusammenhang zu den jeweiligen Aufgaben oder Aufgabenabschnitten stehen. Genau in diesem Spezifikum könnte auch ein Indiz i.S. dieses Lernkriterium liegen. Gerade dadurch, daß sie in keinem unmittelbaren Konnex zu den Aufgaben stehen, könnte ihre Unterhaltungsfunktion dazu beitragen, daß die Lernenden bei etwaigen Schwierigkeiten, Unsicherheiten o.ä. dennoch die Arbeit mit dem Buch fortsetzen oder ihnen zumindest diese Fortsetzung durch sie erleichtert wird. Die mit Hilfe der Gimmicks induzierte 'Bindung' an das Buch könnte damit den Raum, in dem Diskrepanzerfahrungen potentiell möglich wären, minimieren.

e) Fußnoten: Finden sich in den Sprachbüchern Fußnoten oder ähnliche Formen der Zusatzerläuterungen von Fach- oder Fremdwörtern, so könnte dies derart als ein Indiz für dieses Lernkriterium angesehen werden, als daß Diskrepanzerfahrungen infolge von Unverständnis einzelner Worte durch unmittelbare entsprechende Erklärungen entgegengewirkt wird.

3.3.3.2 Finden sich in den Sprachbüchern Anhaltspunkte für Diskrepanzerfahrungen?

a) Lernbegleiter:[399] In "Werkstatt" existieren Lernbegleiter in Gestalt der bereits beschriebenen kartoffelähnlichen Comicgestalten – Pfiffika und Pfiffikus – (S. 102*, 124*), die den Lernenden, direkt neben bestimmten Aufgabenstellungen stehend, bei seinen Bearbeitungsprozeduren unterstützen, wenn sie etwa beim Anblick eines getrennt geschriebenen Wortes (per Sprechblase) irritiert bemerken: "Das sieht aber eigenartig aus." (S. 116), neben einer Aufgabe zur Trennung von Wörtern die Lernenden darüber informieren, daß "ein einzelner Vokal nicht abgetrennt werden darf." (S. 117) oder im Zusammenhang mit Übungen zu Konjunktionen den Lernenden daran erinnern: "Vergiß aber das Komma nicht!" (S. 145). Auffällig ist, daß die Lernbegleiter in allen drei Fällen unterschiedliche Funktionen innehaben. Im ersten Fall stehen sie sozusagen an der Seite des Lernenden und begleiten ihn beispielsweise, indem sie sich (gemeinsam) mit ihm über die Schreibweise getrennt geschriebener Worte wundern. Ein anderes Beispiel hierfür ist die neben eine Reihe von Fragen zur Beschreibung eines Unfalls gestellte Äußerung: "Toll, richtige Detektivfragen" (S. 7). In der zweiten Szene (S. 117) wird ein Regelzusammenhang in Erinnerung gebracht, wohingegen in der dritten Situation (S. 145) die Beachtung eines Aspektes angemahnt wird, ohne den Lernenden Informationen zu dem hiermit zusammenhängenden Regelzusammenhang zu geben. In "Wortstark" tritt der Lernbegleiter in einer Mischung aus Fuchs und Katze auf (S. 178*) und verstärkt einzelne Aspekte von Arbeitsanweisungen, wenn er neben einer Aufgabe, in der die Lernenden durch Beschreibung die Lieblingsplätze der anderen Lernenden erraten sollen, darauf aufmerksam macht: "Denk daran: Den Namen des Lieblingsplatzes nicht verraten!" (S. 67*). Oder er steht auf einer Pinnwand und bekräftigt den Arbeitsauftrag: "Hängen alle Sendungen [Zettel] an der richtigen Stelle?", indem er dem Lernenden mitteilt: "Ein Zettel hängt falsch!" (S. 100). Ein anderes Beispiel ist darin zu erkennen, daß dem Lernenden neben einer "Übungswörterkartei" zum Umgang mit derselben mitgeteilt wird: "Täglich üben: kurz und gut!" (S. 179). Auch in

---

[399] Die hier gemachten Ausführungen verstehen sich als Ergänzung zu denen in Kapitel 3.1.6.2.

"Wortstark" hat die Figur unterschiedliche Funktionen: Sie bestärkt eine Aufgabenstellung (S. 67*), gibt eine Zusatzinformation (S. 100) oder motiviert den Lernenden direkt zu einer bestimmten Aufgabe (S. 179). Ebenso tritt ein solcher Lernbegleiter in Gestalt von "Clara Clever" (S. 7, 128* ff.) in "Startklar" auf, eine Comicfigur mit markanten menschlichen Zügen. Den Lernenden wird sie zu Beginn des Sprachbuchs vorgestellt, indem sie neben der Comicfigur "Clara Clever" folgende Information finden: "Tipps und Hilfen findest du überall im Buch: Clara Clever gibt wichtige Tipps:" (S. 7). Daß es sich bei der angesprochenen "Clara Clever" um die nebenstehend im Buch abgebildete Comicfigur handelt, wird dadurch deutlich, daß die zitierte Erläuterung mit Doppelpunkten abgeschlossen wird, die m.E. eindeutig den Bezug zur rechts hiervon abgebildeten Comicfigur herstellen. "Clara Clever" dient den Lernenden demnach als Hinweis auf Stellen, an denen sie entsprechende Hilfestellungen erhalten. Ihr sind keine Sprechblasen in den Mund gelegt, statt dessen finden sich an allen Stellen, an denen sie auftaucht, verschieden ausführliche Ratschläge für die Lernenden zum Umgang mit dem jeweiligen Thema. Clara Clever tritt beispielsweise auf, wenn es darum geht, Ratschläge zu erteilen, wie eine Erzählung durch wörtliche Rede lebendiger gestaltet werden kann (S. 36), oder sie macht Vorschläge, die zur Bewältigung von Rechtschreibschwierigkeiten durch das Anlegen eines Rechtschreibfehlerheftes anregen (S. 132), oder sie gibt Hinweise zur Arbeit mit dem Wörterbuch (S. 135). Auch ihre Tips sind auf den jeweiligen Lernkontext abgestimmt. Ein anderes Beispiel für einen Lernbegleiter zeigt sich in "Bausteine 5". Zu der Aufforderung: "Erfinde zu folgenden Stichwörtern eine unglaubliche Geschichte [...]" (S. 89) finden die Lernenden auf derselben Seite eine Darstellung, die Münchhausen wiedergibt, dem die Worte in den Mund gelegt sind: "In deiner Geschichte darf zwar Unglaubliches geschehen, es muß sich aber ein folgerichtiger Ablauf ergeben!" Zusammenfassend läßt sich festhalten, allen Lernbegleitern ist gemein, daß sie die Lernenden in unterschiedlicher Weise auf ihren Lernwegen unterstützen, sie erinnern, ihnen Tips geben, Zusatzinformationen liefern usw. und damit ein differenziertes Netz an vielfältigen Unterstützungselementen und -systemen aufbauen, welche die Lernenden insoweit vor Diskrepanzerfahrungen schützen, als daß sie dazu beitragen, daß der Lernende der durch das Buch vorgezeichneten Spur folgt. Immer wieder signalisieren die Lernbegleiter den Lernenden, daß sie nicht alleine vor den Problemen stehen; entweder erhalten sie zusätzliche Hilfen oder der Lernbegleiter teilt wenigstens die Verblüffung, die sich bei den Lernenden angesichts bestimmter Aufgaben (zumindest) einstellen könnte.

b) Kapitelstrukturierung:[400] Wie schon an anderer Stelle zu diesem Merkmal dargelegt, lassen sich in Sprachbüchern eine Reihe von Hinweisen ausmachen, die auf eine Gliederung der Kapitel und Abschnitte analog zur steigenden Seitenzahl schließen lassen, wie dies im übrigen den Lernenden aus dem Alltagsgebrauch beispielsweise von Literatur, Comic-Heften oder sonstigen Printerzeugnissen bekannt ist. In "Wortstark" finden sich hierfür bereits Anhaltspunkte beim Einstieg in die jeweiligen Kapitel (S. 16, 113, 129). Wie ausgeführt, erhalten die Lernenden dort einen Abriß über die Themen in dem jeweiligen Kapitel, stellenweise sogar mit Hinweisen auf die Chronologie derselben, etwa wenn das Kapitel "Werkstatt Theater" mit Seitenangaben über die einzelnen Themenblöcke, die es enthält, informiert und es in dieser Übersicht weiter heißt: "Zum Schluss [...]" (S. 113). Weitere Hinweise auf die Chronologie ergeben sich beim Blick in die thematische Abfolge. Im Kapitel "Werkstatt Lesen" von "Wortstark" (S. 129 ff.) kommt es zu folgender Themenreihung: "Pausenzeichen setzen" (S. 130), "Richtig betonen" (S. 131), "Gefühlvoll lesen" (S. 132), "Zum Vorlesen vorbereiten" (S. 133), "Ein Märchen lesen" (S. 134 f.), oder: "Märchen aus aller Welt lesen und sammeln" (S. 136 f.). Seinen Schlußpunkt findet dieses Kapitel nach einigen weiteren Abschnitten mit "Sagen erfinden" (S. 148). Der Komplexitätszuwachs ist in dieser Aufgabenabfolge unverkennbar. Ein weiteres Indiz für den entsprechenden Aufbau enthält "Wortstark" dadurch, daß die Kapitel mit verschiedenen Fotos einer Themenserie durchsetzt sind, die die Lernenden – gemäß der aufsteigenden Seitenzahl – "wie eine Bilderfolge anschauen" (S. 8) können. In "Werkstatt" ergeben sich entsprechende Hinweise auf eine aufsteigende Kapitelstrukturierung daraus, daß die einzelnen Abschnitte eines Kapitels fortlaufend numeriert sind (S. 3). Ein weiteres Indiz erschließt sich aus der Tatsache, daß die Aufgaben der Abschnitte selbst ebenfalls aufsteigend numeriert sind (S. 28 ff., 46 ff.*, 115 ff.). Auch die Betrachtung der inhaltlichen Abfolge der Abschnitte in den einzelnen Kapitel läßt eine solche Chronologie erkennen, wenn das Kapitel "Informieren und Beschreiben" (S. 45 ff.*) seinen Ausgang bei Formen der Informationssammlung nimmt (S. 46 ff.*) und über Beschreibungen (S. 52 ff.) schließlich in Vorgangsbeschreibungen einmündet (S. 63 ff.). Der klare chronologische Aufbau der Kapitel und deren einzelner Abschnitte läßt sich m.E. als Indiz zur Vorbeugung von Diskrepanzerfahrungen verstehen, da dem Lernenden so jede Entscheidung über das weitere Vorgehen, die nächsten Lernschritte, abgenommen wird, ebenso wie unmittelbaren Überforderungen (Auslöser für Diskrepanzen) o.ä. dadurch entgegengewirkt wird, daß die einzelnen Schritte der Abfolge genau aufeinander abgestimmt sind. Einen zusätzlichen Hinweis hierauf bieten "Geradeaus" und "Mittendrin", die neben bereits genannten Merk-

---

[400] Die hier gemachten Ausführungen verstehen sich als Ergänzung zu denen in Kapitel 3.1.2.2 und 3.2.2.2.

malen für eine systematisch ansteigende Struktur ein weiteres Indiz liefern. In "Mittendrin" ist jedes Kapitel durch die Differenzierung – mittels unterschiedlich-farbiger Markierung am oberen Seitenrand – in Phasen bzw. Abschnitte der "Orientierung", "Erarbeitung", "Vertiefung" und "Anwendung" gegliedert (S. 16*, 35*). Dieser Aufbau wird dabei in jedem Kapitel stereotyp wiederholt. Zur Erläuterung heißt es hierzu im entsprechenden Lehrendenband unter der Überschrift "Lernphasen und ihre Funktion": "Eine Orientierungphase öffnet den Unterricht für die kommunikativen Erfahrungen [...]. In der Erarbeitungsphase wird die Komplexität der Kommunikationssituation so weit reduziert, daß die Lernenden [...] handlungsorientiert das Fundamentum erarbeiten können. [...] In einer Vertiefungsphase werden gegebenenfalls die Kenntnisse vertieft [...]. In einer Übungs- und Anwendungsphase schließlich werden die Arbeitsergebnisse gesichert [...]." (S. 7). Daß sich diese Strukturierung auf alle Kapitel bezieht, wird durch die Darstellung der vier Phasen in einem Diagramm unter der Überschrift "Zum Aufbau der Unterrichtseinheiten" (S. 10) deutlich. Eine ähnliche Strukturierung der Kapitel weist "Geradeaus" auf (S. 47*, 49*). Dort wird ebenfalls unterschieden in "Orientierung", "Erarbeitung" und "Vertiefung" sowie "Anwendung". Auch wenn hier nicht in jedem Kapitel jede Differenzierungsform vorkommt, so ist die entsprechende Rangfolge von "Orientierung" - "Richtung" - "Vertiefung" stets eingehalten.

c) Hilfen und Tips: In "Werkstatt" finden sich unterschiedliche Hilfestellungen und Tips. Auf den Seiten 35, 36, 38, 102* und 174* erhalten die Lernenden in Ergänzung zu den dortigen Aufgabenstellungen in grauunterlegten Kästen "Tips", die die Bearbeitung erleichtern sollen. In einzelnen Fällen taucht daneben auch eine Comicfigur auf, die auf diesen Tip besonders hinweist (S. 85). Bezüglich der Gestaltung einer Geschichte erhält der Lernende u.a. folgende Hinweise: "Ort [...] und Zeitpunkt der Geschichte angeben, den Leser [...] über die Personen informieren, einen Höhepunkt ausgestalten [...]" (S. 35) oder zur Aufgabe, Spannung in eine Geschichte hineinzutragen, die Tips: "die Lösung an das Ende der Erzählung zu stellen, einzelne Gedanken genauer beschreiben" (S. 38). Zur Abfassung einer Reaktion auf einen Leserbrief heißt es in einem solchen Tip u.a.: "einen Bezug zum Leserbrief herstellen, den Sachverhalt darstellen [...], die Meinung begründen" (S. 9), zur Erstellung eines Stichwortzettels einer Nacherzählung: "Stichworte zum Ort und zum Schauplatz notieren, die Hauptperson und ihre Eigenschaften angeben [...]" (S. 25). Oder die Lernenden erhalten Unterstützung "für die Fortführung deines Textes" (S. 42) durch eine Liste von nützlichen Worten. Solcherlei Hilfen kommen in "Wortstark" etwa auf den Seiten 58 und 191* vor, jeweils in farbig abgesetzten Kästen, die sich mit ihrem Inhalt unmittelbar auf die Aufgabenstellung beziehen. Zu der Aufgabe, in einen Lückentext entweder "wen oder wem" (S. 191*) einzusetzen, tritt die Erläuterung: "Den Wem-Fall nennt man auch den 3. Fall (Dativ) – und den Wen-Fall den 4. Fall (Akkusativ)", oder zu der Aufgabe, Erklärungen für Schimpfwörter zu geben, wird zusätzlich erläutert: "Weil der Spatz gerne in Pfützen und Tümpeln badet, nennen wir ein schmutziges Kind manchmal 'Dreckspatz'" (S. 58). Anderer Form sind die Hilfen, die der Lernende auf den Seiten 136, 164 und 166 von "Werkstatt" erhält. Dort werden die Vorschläge über Comicfiguren vermittelt, die die Gestalt der Lernbegleiter haben und hier Ratschläge wie: "Das 's' bei 'das' muß einfach bleiben, kannst du dafür auch 'welches' schreiben." (S. 164) oder "'Das' oder 'daß'? Achtung: 'das' kann auch Artikel oder Demonstrativpronomen sein." (S. 166). Ähnliches findet sich in "Wortstark", wenn die dortige Comicfigur beispielsweise, um die Möglichkeiten zur Kontrolle der richtigen Schreibweise von Wörtern zu veranschaulichen, festhält: "übt von üben, deshalb mit b!" (S. 178*). In "Kennwort" wird eine Hilfestellung am Rand mittels Illustration (per Hand gehaltenes Schild mit der Aufschrift "Hilfe") gekennzeichnet (S. 171). Die entsprechenden Informationen selbst sind hier unmittelbar der Frage nachgestellt und werden wie folgt eingeleitet: "Möglicherweise hast du jetzt schon eine gewisse Ahnung, wie der Beginn der Fabel lautet. Wenn nicht, so helfen dir die folgenden Hinweise vielleicht weiter. [...]". Diese Variationen der Tips und Hilfestellungen in den Sprachbüchern lassen sich m.E. als Elemente zur Prävention von Diskrepanzerfahrungen begreifen, schließlich bieten sie den Lernenden Anregungen zur erleichterten Bearbeitung der Aufgaben. Eine besondere Form der Hilfestellung, die Diskrepanzerfahrungen entgegenwirkt, stellt m.E. die Information in "Wortstark" dar, die den Lernenden zu Beginn des Buches gegeben wird: "Zu einer solchen oder ähnlichen Fragen [die im Zusammenhang mit bestimmten Kapiteln entstehen] findet ihr in den Werkstätten Hilfen oder Übungen. Ihr könnt dann dort weiterarbeiten und später zu eurem Thema zurückkehren." (S. 8).

d) Gimmicks[401]: Entsprechende Beispiele für Gimmicks zeigen sich in "Werkstatt" auf den Seiten 40 und 136. Einmal spazieren die zwei Comicfiguren des Buches lachend am unteren Bildrand entlang, während die eine die andere, die ein Buch in der Hand hält, in ihre Richtung zieht (S. 40). Bei einer anderen Abbildung stehen die beiden übereinander, wobei die untere Figur einen Pfannkuchen zum Wenden nach oben geworfen hat und dieser der anderen Figur auf dem Kopf gelandet ist (S. 136). Im letzteren Fall ist die Szene zwar einem Rezept für Pfannkuchen zur Seite gestellt, dennoch stehen die Figuren – wie in den anderen Beispielen auch – in keinem unmittelbaren (etwa anwendungsbezogenen) Verhältnis zur Aufgabe. In "Wortstark" werden die Lernenden bereits zu Beginn von einem farbenfrohen Gimmick in der Gestalt des Lernbegleiters 'begrüßt', der dem Inhaltsverzeichnis gegenübergestellt ist (S. 2). Fröhlich spazierend, taucht diese Figur am Rand der Seite 8 wieder auf

---

[401] Die hier gemachten Ausführungen verstehen sich als Ergänzung zu denen in Kapitel 3.1.6.2 und 3.2.2.2.

– ohne sich zu äußern – und bildet einige Seiten später, schwer an einer Schultasche schleppend, ein gaghaftes Wortspiel zur Kapitelüberschrift "Das fängt ja gut an ...", indem sie diese Aussage 'ächzend' in einer Sprechblase äußert (S. 17). Beispiele für solche Gimmicks gibt es auch in "Startklar", wenn die Illustration einer Geschichte nicht nur einen Bauzaun, um den es in dem Text geht, zeigt, sondern auf den beiden Pfeilern auch zwei Vögel abgebildet sind, die Helme tragen und vermeintlich typischen Pausentätigkeiten von Bauarbeitern nachgehen (Zeitung lesen und rauchen) (S. 30) oder im Zusammenhang mit der Recherche von Informationen zum Thema Maulwurf eine Illustration publiziert wird, die einen Maulwurf darstellt, der erbost in einem seiner Haufen das Schild 'Kein Zutritt' erblickt (S. 51). Ebenso erheiternd sind die auf Seite 100 am unteren Seitenrand abgebildeten Eistüten, die – mit Beinen ausgestattet – dort entlanglaufen. In Gimmicks wie in den hier wiedergegebenen kann m.E. ein Indiz zur Vorbeugung von Diskrepanzerfahrungen gesehen werden, da sie Freude bei der Arbeit mit dem Buch erzeugen und damit durchaus einen Beitrag dazu leisten, daß die Lernenden dicht bei den Vorschlägen und Lernwegen des Buches bleiben. Der Raum für Diskrepanzerfahrungen – als Phasen fehlender Orientierung – wird dadurch begrenzt.

e) Fußnoten: In "Werkstatt" finden sich Fußnoten z.B. auf den Seiten 37, 41 und 60, in "Startklar" auf Seite 37, in "Geradeaus" auf den Seiten 47*, 49*, 53 und in "Bausteine 6" auf Seite 98. Jeweils kommt es hier zur Übersetzung von fremdsprachigen, den Lernenden unbekannten oder ungebräuchlichen Begriffen, die entweder Bestandteil eines Textes oder einer Aufgabenstellung sind. Sie lassen sich als Hinweis i.S. dieses Lernkriteriums begreifen, da sie einer Stockung (Auslöser für Diskrepanzerfahrungen) des Lernprozesses infolge mangelnden Text- oder Aufgabenverständnisses, wie sie etwa durch die verwendeten Fremdwörter ausgelöst werden könnte, entgegenstehen.

3.3.4 Lernkriterium: Ausbildung bestimmter[402] Wissensstrukturen

Es existieren unterschiedliche Modalitäten von Behaltens- und Wissensstrukturen, die durch verschiedene Lernformen differenziert ausgebildet und angesprochen werden. Neben der mentalen Modalität (kognitive Aneignung) gehören hierzu die objektivierende (tätige Aneignung) und die kommunikative (unterhaltende Aneignung). Die Behaltens- und Wissensstrukturen selbst ergeben sich nicht nur aus den durch die verschiedenen Modalitäten gewonnenen Erkenntnissen, sondern auch aus den Verknüpfungen und Verzweigungen, die sich zwischen ihnen ereignen. Dies wird zusätzlich unterstützt durch die An-

---

402 Von "bestimmten Wissensstrukturen" ist hier insoweit die Rede, als daß es sich um spezifische, voneinander verschiedene und damit abgrenzbare Behaltens- und Wissensstrukturen handelt. Ihre 'Unterschiedlichkeit' drückt sich in den verschiedenen Modalitäten aus, in denen sie gebunden sind.

sprache einer Modalität auf verschiedene Weise. Beispielsweise kann die objektivierende Modalität mittels schriftlicher Notizen, aber auch durch Basteln und Malen usw. angesprochen werden (s. ausführlich Kapitel 2.5.4).

3.3.4.1 Welche Anhaltspunkte könnten in Sprachbüchern auf die Ausbildung bestimmter Wissensstrukturen hinweisen?

Zum Nachweis dieses Lernkriteriums in Sprachbüchern sind Hinweise erforderlich, die auf Vorgehensweisen und Lernwege deuten, welche die Herausbildung bestimmter Wissensstrukturen besonders fördern. Ansatzpunkte hierfür könnten sich an folgenden Merkmalen zeigen:

a) (Über-)Prüfungen: Je häufiger Prüfungsprozeduren in den Sprachbüchern vorkommen, je stärker sie auf die kognitive (mentale) Rekapitulation der dargebotenen Inhalte abzielen, auch wenn dies in differenzierten Arten geschieht – etwa in Form von Selbst- oder Partnerprüfungen –, desto größer ist ihre Wirkung hinsichtlich der Ausprägung bestimmter Wissensstrukturen. Hiermit würde die mentale Modalität unterstützt und die Demonstration von Wissen als entsprechende Präsentationsform gefördert.

b) Besondere Arbeitsmaterialien und -formen: Wird dem Lernenden bei der Auseinandersetzung mit dem Sprachbuch der Einsatz verschiedener Arbeitsmaterialien (z.B. unterschiedliche Werkstoffe) oder die Anwendung unterschiedlicher Arbeitsformen (z.B. lesen, schreiben, diskutieren, basteln), die sich von den landläufig in ihnen vorherrschenden absetzen, nahegelegt, so kann dies als Indiz zur Förderung der Bildung diverser Wissensstrukturen angesehen werden. Schließlich deutet der wechselnde Einsatz von Arbeitsmaterialien und -formen darauf hin, daß neben der mentalen Modalität beispielsweise auch die objektivierende bei der Arbeit mit diesem Sprachbuch (durch Aufgaben zur schriftlichen Erledigung bzw. Aneignung, aber auch durch Bastel-, Mal- oder Inszenierungsaufforderungen) angesprochen wird.

c) Gruppenarbeit: Läßt die Bearbeitung von Arbeitsaufforderungen in den Sprachbüchern Gruppenarbeit zu, so ist dies ein Hinweis darauf, daß die kommunikative Modalität bei der Arbeit mit diesen Lernmitteln zur Herausbildung der entsprechenden Erinnerungsstruktur beiträgt, da Gruppenarbeit ohne kommunikative Elemente im weitesten Sinne (selbst bei der Pantomime) nicht denkbar ist.

d) Aufgabenstellungen: In den Aufgabenstellungen von Sprachbüchern läßt sich dann ein Indiz für die Berücksichtigung verschiedener Wissensmodalitäten erkennen, wenn sie die Herausbildung verschiedener Wissensstrukturen durch die Ansprache unterschiedlicher Erinnerungsmodalitäten unterstützen.

3.3.4.2 Finden sich in den Sprachbüchern Anhaltspunkte für die Ausbildung bestimmter Wissensstrukturen?

a) (Über-)Prüfungen:[403] Hinweise auf Prüfungen bzw. Aufforderungen zu Kontrollen zeigen sich in "Bausteine 6", wenn es zu Aufgabenstellungen mit folgendem Inhalt kommt: "Diktiere sie [bestimmte Wörter] deinem Partner. Kontrolliere." (S. 63), "Diktiert den Text in Partnerarbeit ohne Kommas. Kontrolliert und berichtigt." (S. 21), "Schreibe den Arbeitsablauf auf ein Blatt, lasse dabei für die spätere Korrektur immer eine Zeile frei." (S. 68) oder: "Verwende die gefundenen Kombinationen in Sätzen für ein Partnerdiktat." (S. 69). Ähnliches schwingt an allen Stellen mit, an denen die Lernenden zu verschiedenen Formen der Diktate aufgefordert werden, zumal die Lernenden in der gesonderter Erklärung der diversen Diktatformen zu Kontrolle, Korrektur und Berichtigung aufgefordert werden (S. 7). Analoges findet sich in "Startklar", wenn zu den verschiedenen Formen des Umgangs mit Kurzdiktaten, wie sie auf den Seiten 20, 32, 66, 94 oder 106 existieren, festgestellt wird, daß diese grundsätzlich Kontrolle, Korrektur und Berichtigung beinhalten (S. 132 f.), oder es kommt zu indirekten Korrekturaufforderungen wie auf Seite 36: "Denke dabei an die Zeichensetzung bei wörtlicher Rede." Auf Seite 53 klingt dies so: "Ist die Rechtschreibung in Ordnung?" Daß Kontrollen in "Startklar" eine wichtige Rolle zukommt, läßt sich auch dem Lehrendenkommentar entnehmen. So heißt es dort auf Seite 37: "Hier geht es um möglichst variantenreiche Aufgabenstellung und, im Anschluss daran, um deren Beurteilung." In "Startklar" taucht zudem eine besondere Art der 'Prüfung' in Form von sog. "Prüflisten" auf: "Mit ihrer Hilfe kannst du deine Ergebnisse überprüfen" (S. 7). Die Prüflisten stellen somit ein Vehikel zur Selbstkontrolle der Lernenden dar. Sie stehen in der Regel am Ende bestimmter Abschnitte (S. 53, 76, 85*). Typisch für ihre Formulierung ist, daß sie durchgängig in Frageform gehalten sind und beispielsweise folgenden Wortlaut haben: "Sind alle Informationen richtig?" (S. 53) oder "Hast du auf alle W-Fragen eine Antwort gegeben?" (S. 85*). Die Prüflisten begegnen einem vereinzelt auch im Vorfeld von Aufgaben, um die Lernenden auf die Beachtung bestimmter Umstände aufmerksam zu machen (S. 43). Hier haben sie die Art eines Merkpostens, was sich so anhören kann: "Denke daran: Du erzählst für die anderen; sprich so, dass alle dich gut verstehen können [...]" (S. 43). Auch wenn die Prüflisten im nahegelegten Sinne als Hilfen zur Selbstkontrolle konzipiert sind – sie stellen "Hilfen zur Überprüfung der eigenen Texte zur Verfügung" (Lehrendenband zu "Startklar", S. 40) –, und sie damit die Lernenden durchaus mit wichtigen Ratschlägen zur Bewältigung der Aufgaben ausstatten, tragen sie dennoch – wie gezeigt – spezifische Kontroll- und Prüfungselemente in die Arbeit mit dem Sprach-

---

[403] Die hier gemachten Ausführungen verstehen sich als Ergänzung zu denen in Kapitel 3.1.5.2 und 3.2.3.2.

buch hinein. Demnach sind sie – wie die anderen Beispiele für Kontrollelemente auch – als spezifisches Indiz dafür anzusehen, daß sie die Herausbildung bestimmter Wissensstrukturen (i.S. der Wissensdemonstration in der mentalen Modalität) fördern, da der Anlaß für die Überprüfung von außen gesetzt und nicht von innen durch die Lernenden motiviert ist.

b) Besondere Arbeitsmaterialien und -formen: Andere als die üblichen Arbeitsmittel kommen in "Bausteine 6" beispielsweise zur Anwendung, wenn die Arbeit an der Erstellung einer Anleitung zum Maskenbau nicht nur Mittel zum Zweck ist, sondern sich in dem entsprechenden Abschnitt auch eine Aufforderung, wie: "Stellt selbst Gipsmasken her" (S. 19), findet und die Lernenden dabei den Sinn von Anleitungen unmittelbar im Anwendungskontext erfahren können. Gleiches gilt, wenn der Beschreibung eines Arbeitsablaufs zur Anfertigung eines Vulkans als Gipsmodell (S. 35) die Aufforderung vorangeht: "Bildet Gruppen und stellt das Modell eines Vulkans her." Ein anderes Beispiel ist die Aufgabe auf der Seite 61: "Seht euch in eurer Stadt um. Zeichnet Zunftzeichen ab. Entwerft eigene Zunftzeichen." oder die Aufforderung: "Probiere vor dem Spiegel einen Gesichtsausdruck aus. Stelle ihn deiner Klasse vor. Deine Mitschülerinnen [...] charakterisieren ihn genau." (S. 20), "Bildet Gruppen und bereitet zu den Szenen Rollenspiele vor." (S. 83) oder: "Was wird der Bauer seiner Frau und den Kindern erzählen? Spielt die Ankunft des Bauern im Rollenspiel." (S. 59*). Ähnliches erscheint in "Startklar", wenn die Lernenden in einem Rollenspiel "ein Gespräch über unterschiedliche Vorschläge für das Programm des Wandertages" erproben sollen (S. 15) oder es auf Seite 31 heißt: "Stellt einen der folgenden Spielvorschläge pantomimisch dar". Analoges läßt sich in "Bausteine 5" auf den Seiten 100, 102 und 105 aufweisen. Auch die in "Startklar" offerierten Vorschläge zur Gestaltung einer Wandzeitung (S. 53 f.) lassen sich i.S. dieses Merkmals begreifen, da neben der schriftlichen Darstellung die Anfertigung von (bildlich-)gemalten und (technisch-)gezeichneten Illustrationen, um den Sachverhalt zu verdeutlichen, angeregt wird bzw. erforderlich ist. Analoge Hinweise finden sich in "Wortstark", wenn die Lernenden aufgefordert werden: "Ihr könnt die Spielvorschläge auch mit Sprache erproben!" (S. 119), "Und nun probiert das Spiel an anderen Orten [...]" (S. 119) oder: "Auf Seite 124 erfahrt ihr, wie ihr diesen Text spielen könnt." (S. 123). Ferner trifft man hier auf "Vorschläge zum Maskenbau" (S. 124 ff.). Beispiele für diese Art der Beteiligung unterschiedlicher Modalitäten bei der Wissensaneignung kommen auch in "Geradeaus" vor, wenn die Lernenden etwa zum Abschluß der Einheit "Einladungen gestalten" aufgefordert sind, selbst eine Einladung zu gestalten und hierbei bastelnd tätig zu werden: "Mit welchen Materialien wollt ihr arbeiten? Mit Kartoffel- oder Siebdruck, mit Stoff oder farbigem Papier? [...]" (S. 73) oder wenn zur Begrüßung neuer Schüler an der Schule eine Wandzeitung inhaltlich und optisch gestaltet wird: "Probiert aus, wie ihr alle eure Beiträge wirkungsvoll anordnen könnt. [...]

Welche Hauptüberschriften wollt ihr eurer Wandzeitung geben und welche Fotos und Zeichnungen wollt ihr verwenden?" (S. 83). Auch "Bausteine 5" enthält solche Aufgabenstellungen, in denen die Lernenden aufgefordert werden: "Du kannst aus dem Text-Puzzle eine Bildergeschichte gestalten, indem du zu jedem Textteil ein Bild malst!" (S. 88) oder: "Schreibt, malt und sammelt Bilder und Texte, und entwerft in der Gruppe selbst eine Weihnachtscollage [in unmittelbarer Aufgabennähe ist eine entsprechende Collage abgebildet]." (S. 34). In diesen Beispielen wird den Lernenden die Möglichkeit gegeben, sich der Lerngegenstände mittels anderer als der allgemein vorherrschenden Wege und Formen zu bedienen, entsprechend werden auch andere Wissensstrukturen stimuliert. Die objektivierende Modalität[404] (handelnde Wissensaneignung z.B. durch Basteln) wird hierbei ebenso unterstützt wie die kommunikative (z.B. durch Rollenspiel, Pantomime, Theater).

c) Gruppenarbeit:[405] Beispiele für Arbeitsaufträge, die als Gruppenarbeit erledigt werden sollen, finden sich in "Bausteine 6" beispielsweise auf den Seiten 39, 47, 82 oder 94, wenn es heißt: "Sprecht in Gruppen über die Ausrüstungsgegenstände. Wozu werden sie gebraucht? [...]" (S. 39), "Überlegt in Gruppen, wie ihr ein Gespräch mit Menschen im Rollstuhl beginnen und führen könntet." (S. 47) oder: "Bildet Gruppen und sprecht über die ausgewählten Sprüche." (S. 82). In "Startklar" lauten entsprechende Beispiele: "Wie müssten die Bilder aussehen, die zum Text oben passen könnten? Sammelt solche Bilder." (S. 52), "Unser Spielfeld hatte noch eine weitere Sorte Felder. Habt ihr eine Idee, was man hier machen kann? Sammelt Vorschläge und entscheidet euch dann für einen." (S. 74) oder: "Sammelt solche Nomen, die sich nur durch den Artikel unterscheiden." (S. 89). Ähnlich lesen sich die Aufgaben zur Gruppenarbeit in "Geradeaus": "Bildet Gruppen und sprecht über eure Antworten. Vielleicht fällt euch gemeinsam noch mehr zu eurer Schule ein." (S. 79) oder: "Bildet dafür drei Gruppen. Entscheidet euch, in welcher Gruppe ihr auf Wörtersuche gehen wollt." (S. 115). Diese Beispiele sind hinsichtlich dieses Lernkriteriums m.E. bedeutsam, da sich für die Lernenden hier Möglichkeiten eröffnen, Lernprozesse in der kommunikativen Modalität, im Gespräch mit anderen Lernenden gemeinsam, zu vollziehen.

---

[404] In diesem Zusammenhang darf nicht übersehen werden, daß selbstverständlich auch die in Sprachbüchern vorfindliche Aufforderung zur schriftlichen Arbeit eine Ansprache der objektivierenden Modalität ist, wenngleich sie auch als "typisch" im traditionellen Lern- und Schulverständnis anzusehen ist. Umso wichtiger erscheint es mir, daß diese Modalität auch hiervon different angesprochen wird bzw. werden kann.

[405] Die hier gemachten Ausführungen verstehen sich als Ergänzung zu denen in Kapitel 3.2.1.2 und 3.3.2.2.

d) Aufgabenstellungen:[406] Daß den Aufgaben eine besondere Rolle im Zusammenhang mit diesem Lernkriterium zukommt, ist bei der Analyse der bisherigen Merkmale deutlich geworden, ergeben sich diese zumindest doch teilweise aus der Form der Aufgabenstellung (s. "Gruppenarbeit" oder "besondere Arbeitsmaterialien und -formen" in diesem Abschnitt; Kapitel 3.3.4.2). Sieht man einmal von den Aufgabenstellungen in diesen Kontexten ab, so haben die verbleibenden Aufgaben nicht selten einen Charakter, der primär auf die mentale Modalität ausgerichtet ist. Beispiele in "Bausteine 6" sind hierfür: "Kommt euch der Satz bekannt vor? Sucht den entsprechenden Satz im Text" (S. 59*), "Was erfährst du [im voranstehenden Text] über das Leben der Indianer früher und heute?" (S. 80), "Ist euch in diesem Text klar geworden, was Ton ist?" (S. 65), "Welche Angaben enthalten die 'Visitenkarten'?" (S. 42) oder: "Welche Fragen werden [in dem vorherigen Text] beantwortet?" (S. 43). Entsprechendes findet sich auch in "Startklar": "Was haben die Rezepte gemeinsam? Was unterscheidet sie voneinander? Wie sind sie aufgebaut?" (S. 60), "Könnte Ulf an seinem Text noch etwas verändern? Hat er noch etwas Wichtiges vergessen?" (S. 51), "Wenn du dir die Werbesprüche genauer durchliest, wirst du sicherlich alle benutzten Adjektive finden." (S. 98) oder: "Welche Verbformen gehören zusammen?" (S. 111). Bei aller Unterschiedlichkeit ist diesen Aufgaben eines gemeinsam: Sie zielen darauf ab, daß der Lernende sich über bestimmte Zusammenhänge klar wird und diese entsprechend artikuliert. Hierbei illustrieren die vorstehenden Beispiele, daß diese Art Fragen keineswegs immer auf eine schriftliche Beantwortung hin ausgerichtet sind. Genauso findet sich hier die Aufforderung, die Fragen mündlich zu beantworten.

Generell kennzeichnend für diese Art der Fragen ist jedoch, daß sie bei den Lernenden vorwiegend auf die ausschließliche Ansprache nur einer Behaltens- oder Wissensmodalität – und dies lediglich auf einem Weg – angelegt sind: Entweder zielen sie auf die Aktivierung der mentalen (bei einer Aufforderung zu verbaler Artikulation) oder der objektivierenden Modalität (bei einer Aufforderung zu schriftlicher Fixierung). Es wird deutlich, daß es – zumindest in den hier untersuchten Sprachbüchern – weder zur Anregung einer Modalität auf verschiedenen Wegen (z.B. die Ansprache der objektivierenden Modalität durch gleichzeitige Aufforderung, etwas schriftlich und zeichnerisch zu bearbeiten) kommt noch daß die gleichzeitige Anregung verschiedener Modalitäten im Kontext innerhalb ein und derselben Frage- oder Aufgabenstellung nahegelegt wird (z.B. gleichzeitige Aktivierung von mentaler sowie kommunikativer Modalität). Hieraus ist ersichtlich, daß solche Formen von Aufgabenstellungen zur Ausbildung komplexer Behaltens- und Wissensstrukturen hinsichtlich der behandelten Lerngegenstände weniger geeignet sind. Erst eine der

---

[406] Die hier gemachten Ausführungen verstehen sich als Ergänzung zu denen in Kapitel 3.2.4.2.

Variationen, wie sie vorgängig angerissen werden, böte den Lernenden hierzu hinreichend Gelegenheit.

3.3.5 Lernkriterium: Wechsel von affinitiven und definitiven Lernphasen

Dieses Lernkriterium benennt als konstitutives Element subjektorientierter Lernprozesse den Wechsel zwischen zwei unterschiedlichen Lernphasen. Die eine zeichnet sich durch die Existenz eines definitiven Ziels aus.[407] Konstitutiv für die andere Lernphase ist hingegen die Defixierung, das Fehlen jeder eindeutigen (Lern-)Zielvorstellung. Bei letzterer handelt es sich also um eine Phase, die durch Orientierungslosigkeit[408] bzw. -suche bezüglich des weiteren Vorgehens und der Organisation des Lernprozesses gekennzeichnet ist (s. ausführlich Kapitel 2.5.6).

3.3.5.1 Welche Anhaltspunkte könnten in Sprachbüchern auf den Wechsel von affinitiven und definitiven Lernphasen hinweisen?

In den Sprachbüchern müßten i.s. dieses Lernkriteriums Merkmale aufgewiesen werden, die auf eine Berücksichtigung einer dieser beiden Phasen des Lernens bzw. beider hindeuten oder die einem entsprechenden Wechsel zwischen ihnen entgegenwirken.[409] Kennzeichen hierzu könnten etwa sein:

a) preliminary organizer: Das Vorhandensein eines preliminary organizers könnte insoweit affinitiven Lernphasen und damit einem Wechsel der Lernphasen entgegenstehen, da es sich bei ihm um einen Handhabungshinweis für den Umgang mit dem Sprachbuch handeln könnte, der den Umgang mit dem gesamten Buch einem definitiven Ziel bzw. Zweck unterwirft. Dies führt

---

[407] Traditionelle Lernprozesse zeichnen sich i.d.R. dadurch aus, daß sie ausschließlich aus einer zielgerichteten (definitiven) Lernphase bestehen.

[408] Den Begriff "Orientierungslosigkeit" verwende ich hier im wertfreien wörtlichen Sinn als Zuschreibung für einen Zustand, in welchem die konkreten Ziele, die erreicht werden sollen, und die Wege, die dorthin führen, (noch) offen, d.h. nicht festgelegt sind.

[409] Dabei ist an dieser Stelle darauf hinzuweisen, daß sich der folgende Aufweis – ebenso wie bei den vorangegangenen Untersuchungen – lediglich darauf beschränkt, Aussagen zu treffen, die versuchen, den Grad der Nahelegung eines bestimmten Lernverständnisses i.S. des jeweiligen Kriteriums zu bestimmen. Die Bezeichnung "Nahelegung" soll bereits verdeutlichen, daß es sich hierbei keineswegs um durch die Lernenden zwanghaft zu befolgende Vorschriften handelt, die jede Abweichung und damit jeden andersartigen Umgang bezüglich einzelner Fragen oder Aufgabenstellungen des jeweiligen Buches ausschließt. Bezogen auf das hier betrachtete Lernkriterium bedeutet dies: Das etwaige Fehlen von Anhaltspunkten für affinitive oder definitive Lernphasen ist nicht als Beweis dafür anzusehen, daß diese Lernphase durch das Sprachbuch ausgeschlossen oder gar verhindert würde. Es ließe sich allenfalls sagen, daß eine derartige (abweichende) Lernphase in diesem Kontext nicht nahegelegt ist.

zu der Konsequenz, daß somit der Umgang mit dem gesamten Buch klar, eindeutig und damit definitiv geregelt ist. Ein Wechsel der Lernphasen ist in diesem Fall nicht vorgesehen bzw. nicht nahelegt.

Dabei ist die Wahrscheinlichkeit der Wirkung der preliminary organizer im genannten Sinne deshalb als besonders hoch anzusiedeln, da es sich bei preliminary organizern i.d.R. – wie bereits ausgeführt[410] – nicht um ein optionales Angebot handelt, das die Lernenden gemäß ihren eigenen Lerninteressen nutzen können oder nicht. Vielmehr enthält der preliminary organizer substantielle Informationen zur Bedeutung der im Kontext der einzelnen Aufgabenstellungen verwendeten Piktogramme und weitere Hinweise, die den Charakter der Aufgabenbearbeitung näher beschreiben. Für den Lernenden stellen diese Informationen – die ihnen nur im preliminary organizer gegeben werden – im Zusammenhang mit der Arbeit in diesen Büchern eine unabdingbare Voraussetzung für den Umgang mit den entsprechenden Fragestellungen dar.

b) Vorwegnahmen: Lösungsvorgriffe oder Vorschläge für Antwortenanfänge durch (partielle) Vorwegnahmen stellen m.E. ein Indiz für definitive Lernphasen dar, weil diese Vorwegnahmen sich als Beeinflussungen des Lernwegs noch über die Aufgabenstellung hinaus herausstellen könnten. Jeder Möglichkeit bzw. Ursache für eine affinitive Lernphase steht dies entgegen.

c) Lehrendenband: Ein Lehrendenkommentar kann insoweit als Avis für die Verhinderung von affinitiven Lernphasen angesehen werden, als daß er den Lehrenden einen rein definitiven Umgang mit dem Sprachbuch nahelegt. Dies könnte beispielsweise dadurch erfolgen, daß Aufgabe, Funktion, Ziel und Einsatz des gesamten Buches und seiner Teile detailliert benannt werden oder daß er neben der Beschreibung des Buches eine Fülle von Anregungen, Querverweisen zu anderen Werken und Anwendungskontexten aufweist.

d) Ziele/Zusammenfassungen: Hierbei sind entweder Zielsetzungen vor einem Abschnitt oder Zusammenfassungen zum Ende eines Lernprozesses gemeint. Da es das wesentliche Charakteristikum dieser Art von Hinweisen ist, daß sie dem Lernenden mitteilen, welche Lerngegenstände behandelt werden oder wurden, könnten sie auch ein Beleg dafür sein, daß es zu keinem Wechsel von definitiven zu affinitiven Lernphasen kommt. Schließlich wird mit ihnen immer die Richtung des Lernprozesses entweder ex ante oder ex post festgelegt.

e) Querverweise: Querverweise können als Avis für definitive Lernphasen verstanden werden, sofern die Lernenden – außerhalb der unmittelbaren Seitenabfolge – Hinweise auf Informationen und Fundstellen erhalten, die sie bei der Bewältigung der aktuellen Aufgabe in die definitive Richtung 'leiten' und damit affinitive Lernphasen ebenso verhindern, wie sie dem Wechsel zwischen verschiedenen Lernphasen entgegenstehen.

---

[410] Vgl. Kapitel 3.3.2.2.

3.3.5.2 Finden sich in den Sprachbüchern Anhaltspunkte für den Wechsel von affinitiven und definitiven Lernphasen?

a) preliminary organizer:[411] Wie bereits an anderer Stelle dieser Untersuchung ausgeführt, sind die in einigen Sprachbüchern – jeweils am Beginn – vorfindlichen preliminary organizer entweder tabellarisch aufgebaut ("Kennwort", S. 5*), wobei in einer Spalte die zu erläuternden Elemente dargestellt sind und in der anderen die entsprechenden Erklärungen (wie z.B. "In den roten Kästen findest du wichtige Merksätze und Erklärungen, die du gut behalten solltest." sowie: "Aufgaben mit einem Sternchen löst du am besten schriftlich.", S. 5*) oder der preliminary organizer ist in der Art einer Legende wiedergegeben, die nur in Stichworten z.B. die jeweiligen Piktogramme erklärt ("Geradeaus", S. 5; "Mittendrin", S. 2*; "Startklar", S. 5 ff.), ohne sie ausführlich zu erläutern (z.B. Gruppen-, Partner- oder Einzelarbeit). Eine andere Form des preliminary organizers ist in "Wortstark" vertreten. Im Anschluß an das Inhaltsverzeichnis sind hier "Ein paar Tipps zur Arbeit mit Wortstark" (S. 8) aufgeführt, in denen den Lernenden der Umgang mit dem Sprachbuch mittels einem in verschiedene Punkte untergliederten Text dargestellt wird. Dort heißt es u.a.: "Im ersten Teil findet ihr Kapitel, in denen es um Themen […] geht. Der zweite Teil besteht aus Werkstätten […] Wenn ihr an einem Thema wie 'Tiere' arbeitet, werdet ihr vielleicht zu manchen Fragen mehr wissen wollen, zum Beispiel: Wie kann man mit Adjektiven Tiere genauer beschreiben? Zu einer solchen oder ähnlichen Fragen findet ihr in den Werkstätten Hilfen und Übungen. […] Die gelochten Zettel in den Themenkapiteln sollen euch dazu anregen, Wörter für eure Klassenwörterliste zu sammeln" (S. 8). Bei aller Differenz in der Darstellung ist diesen verschiedenen Formen eines preliminary organizers gemein, daß sie den Lernenden vor Beginn der Arbeit mit dem Sprachbuch bestimmte 'Umgangsformen' mit demselben nahelegen. Dies ist insoweit als Indiz für das Dominieren definitiver Lernphasen anzusehen, als daß sie den Lernenden den Gebrauch des Buches unter einer bestimmten (definitiven) Richtung offerieren. Sie stehen affinitiven Lernphasen demnach diametral gegenüber, da sie Orientierung geben statt Raum für defixierte Suchbewegungen. Infolgedessen tragen preliminary organizer auch nicht zum Wechsel zwischen verschiedenen Lernphasen bei, sondern wirken diesen entgegen.

b) Vorwegnahmen:[412] Vorwegnahmen des Charakters zeigen sich in "Wortstark", wenn die Lernenden aufgefordert werden, eine Verwandlungsgeschichte zu schreiben, wobei im Anschluß an diese Aufgabe die Information

---

411 Die hier gemachten Ausführungen verstehen sich als Ergänzung zu denen in Kapitel 3.1.3.2 und 3.2.2.2.

412 Die hier gemachten Ausführungen verstehen sich als Ergänzung zu denen in Kapitel 3.1.1.2 und 3.3.2.2.

folgt: "So könnte sie beginnen." oder zwei alternative Erzählungsanfänge vorgegeben werden, die beide mehrere Sätze umfassen (S. 164*). Weitere Beispiele hierfür wären die Veröffentlichung eines Briefanfangs im Nachgang zu der Arbeitsanweisung, einen derartigen zu schreiben (S. 165), oder das Abdrucken einer - wenn auch unsortierten - Liste mit einzusetzenden Versatzstücken (S. 192) neben einem zu bearbeitenden Lückentext. Auch der Aufgabe, jeden Buchstaben des Vornamens des Lernenden zum Anfangsbuchstaben für ein Nomen zu nehmen, ist ein entsprechendes Beispiel zur Seite gestellt, wobei dies zumindest eine Vorwegnahme für die verwendeten Buchstaben des gewählten Namens ('August') darstellt (S. 180). In "Geradeaus" finden sich solche Beispiele u.a. auf Seite 32, wo neben der Arbeitsanweisung, die Gefühle und Handlungen von Menschen in einer bestimmten Situation zu beschreiben, sodann entsprechende Beispiele aufgelistet sind, oder wo der Aufforderung, eine Geschichte aus diesen Stichworten "mit direkter Rede aufzuschreiben" (S. 32), eine analoge Beispielsequenz folgt. Ein anderes Exempel ist darin zu erkennen, wenn die Lernenden zur Vorbereitung von Interviews einen Leitfaden entwickeln sollen und auf derselben Seite gleich drei Vorschläge für eine etwaige Gestaltung vorfinden (S. 80). Auch im dazugehörigen Arbeitsheft "Geradeaus plus" sind derartige Vorwegnahmen üblich, indem Lösungsanfänge z.B. zur Übertragung eines Textes in das Perfekt (S. 10), zum Gebrauch von Attributen (S. 15) oder zur Bearbeitung eines Lückentextes (S. 36) bereits vorgegeben sind. Ähnliche Beispiele existieren auch in "Kennwort", in dem dazu aufgefordert wird, möglichst viele Aussagesätze "mit den gleichen Bestandteilen" zu bilden und gleichzeitig zwei vollständige und drei unvollständige Beispiele hierzu wiedergegeben sind (S. 164) oder die Lernenden Anweisungen zum Aufräumen eines Klassenzimmers, welches als Foto abgebildet ist, geben sollen, wobei die aufzuräumenden Gegenstände ebenso genannt werden wie die Orte, an die sie gebracht werden sollen (S. 115). Eine andere Art der Vorwegnahme stellt die Aufgabe dar, Unterschiede zwischen zwei ähnlichen Bildern zu identifizieren, wenn diese mit der Aussage beendet wird: "Es müssen neun sein!" (S. 68). In "Wortstark" zeigt sich solche Vorwegnahme, wenn auf Seite 100 die Lernenden im Kontext der Aufgabe, verschiedene Fernsehsendungen an einer Pinnwand zu sortieren und deren Zuordnung zu prüfen, eine bereits mit Karten behängte Pinnwand vorfinden, die ihnen nicht nur die mögliche Sortierung verschiedener Sendungen vorschlägt, sondern durch eine Comicfigur am Rand folgenden (definitiven) Hinweis gibt: "Ein Zettel hängt falsch!" Solche Vorwegnahmen sind m.E. als Indiz für definitive Lernphasen anzusehen, da durch sie die ohnehin schon in jeder Aufgabenstellung liegende Richtungsfixierung weiter zugespitzt wird.

c) Lehrendenband:[413] In Lehrendenbänden finden die Lehrenden – wie bereits ausgeführt – detaillierte Informationen zum Einsatz des Sprachbuches. Sie werden mit den Intentionen, den Lerninhalten, Bezügen zu anderen Kapiteln sowie weiteren Anregungen und etwaigen Lösungen ausgestattet. Dies zeigt sich im Lehrendenband zu "Wortstark" beispielsweise auf den Seiten 14 f., 22 f., 26 f., in den "Informationen für Lehrerinnen und Lehrer" zu "Startklar" auf den Seiten 13 ff., 23 ff., 30 ff. und in den "Handreichungen zum 5. Schuljahr" zu "Bausteine 5" auf den Seiten 23 ff., 28 ff., 35 ff. Dabei wird dieser Umstand insbesondere an den hier jeweils separat für das einzelne Kapitel bzw. an den in einzelnen Abschnitten genannten Lernzielen oder -inhalten deutlich. So heißt es zu den Zielen des Abschnitts "Werkstatt Schreiben" von "Wortstark": "Märchen weiterschreiben, zu Bildern schreiben [...] Schrift trainieren, Klassenwörterliste anlegen [...] Wirkung von Verben, Adjektiven, Überschriften und Satzanfängen erproben." (S. 32) sowie an anderer Stelle: "Die Werkstatt Lesen verbindet das Training wichtiger Lesefähigkeiten und -fertigkeiten [...]" (S. 28) oder: "Sie [die Lernenden] sollen erarbeiten, dass sich der Alltag im Zusammenleben beobachten [...] lässt." (S. 16). Zu den Zielen des Blocks "Wir schreiben Rezepte" in "Startklar" liest man in der Lehrendeninformation: "Die Schüler sollen erkennen, dass Arbeitsgänge in der korrekten Reihenfolge aufgeführt werden müssen, wenn das Werk gelingen soll. [...] Wiederum funktional werden aus dem Bereich Reflexion über Sprache Satzanschlüsse, Verben und sprachliche unterschiedlicher Rezepte untersucht." (S. 33). Zu Ergebnissen einer Arbeitssequenz heißt es hier: "Im Kasten 'Zum Merken' [...] sind noch einmal alle erarbeiteten Regelungen zum Erzählen festgehalten. Sie ermöglichen die Überprüfung des eigenen Tuns." (S. 24). Auch wenn hiermit die Elemente der Selbstkontrolle durch die Lernenden gestärkt werden, so ist dies dennoch ein Ausweis für die definitive Konzeption des Sprachbuches. Zum Abschnitt "Nachrichten aus der Urzeit" von "Bausteine 5" werden im entsprechenden Begleitmaterial folgende Ziele genannt: Die Lernenden "erkennen, daß Verben, wenn sie als Nomen gebraucht werden, großzuschreiben sind (nominalisierte Verben), verwenden Nomen in den verschiedenen Fällen mit den jeweiligen Begleitern (bestimmter Begleiter), wiederholen die vier Fälle des Nomens." (S. 23). Zum Abschnitt "Weihnachten feiern" ist an gleicher Stelle zu lesen: "Die Schüler und Schülerinnen sollen aus einer Text-Bild-Collage Informationen entnehmen und hinterfragen, [...] den Gedankengang eines Textes mit eigenen Worten aufzeigen, [...] eine Regel für die Großschreibung des Kompositum kennenlernen [...]" (S. 28). Dieser Einblick in die entsprechenden Lehrendenhandreichungen reicht m.E. aus, um sich von ihrer Wirkung als Verstärker der Nahelegung definitiver Lernphasen

---

413 Die hier gemachten Ausführungen verstehen sich als Ergänzung zu denen in Kapitel 3.1.1.2 und 3.1.3.2.

durch den Einsatz von Sprachbüchern zu überzeugen. Ziele, Lernwege, anzuwendende Methoden und Vorschläge zur Unterrichtsgestaltung werden differenziert sowie exakt dargestellt, und so wird die Verwendung der Sprachbücher im nahegelegten Sinn und damit auch hinsichtlich ihrer definitiven Ziele begünstigt.

d) Ziele/Zusammenfassungen: Ergänzend zu den in den Lehrendenbänden bereits aufgezeigten Zielformulierungen und -festsetzungen finden sich auch in den Sprachbücher selbst Indizien, die auf solche in Form (vorangestellter) Zielsetzungen oder nachgestellter Zusammenfassungen hinweisen. In "Geradeaus" gehört hierzu: "Auf den nächsten Seiten lernt ihr selbst, kleine Spielszenen zu schreiben und sie für eine Aufführung vorzubereiten." (S. 58), "Auf den nächsten Seiten lernt ihr, wie ihr Spielanleitungen so übersichtlich und genau aufschreibt, dass alle sie verstehen." (S. 66) oder: "Mit Wörtern und ihren Bedeutungen kann man spielen. Auf diesen beiden Seiten findet ihr Anregungen für Wortspiele." (S. 88). Auch in "Mittendrin" sind derartige "Zielangaben" aufweisbar (S. 13, 43, 51, 64). Ihr Tenor ist dabei häufig: "[…] Wie ihr euch dann helfen könnt, lernt ihr auf den folgenden Seiten." (S. 51). In "Wortstark" klingt dies so: "In der Werkstatt Lesen geht es zunächst einmal um besseres Lesen. Denn auch das will gelernt sein!" (S. 129) oder: "Schreiben kann man lernen. Auf den folgenden Seiten findet ihr dazu Anregungen, Hilfen und Übungen" (S. 157). Nun läßt sich nicht bestreiten, daß diese Informationen eher Inhaltsangaben sind als starre Zieldoktrinen. Dennoch läßt sich an ihnen deutlich die Vorstellung über eine (bestimmte) Richtung des Lernprozesses ablesen. Eine ähnliche Funktion ist gleichsam den Zusammenfassungen in "Kennwort" zuzuschreiben, auch wenn sie einen anderen Charakter haben und am Ende eines Lernprozesses die inhaltliche Quintessenz bilden: "Fast keine Geschichte ist nach dem Höhepunkt ganz zu Ende. Wenn du Erlebnisse erzählst […]" (S. 26), "Bei Kinder- und Jugendbüchern kann man Sachbücher und erzählende Literatur unterscheiden. […]" (S. 57) oder: "Gedichtzeilen sind häufig aus kleineren, sich regelmäßig wiederholenden Einheiten von betonten und unbetonten Silben zusammengesetzt." (S. 82). Auch hierin lassen sich Anhaltspunkte erkennen, die auf das Vorherrschen definitiver Lernphasen im Sprachbuch hindeuten, da hier die Ziele bzw. Schwerpunkte des Lernprozesses unmißverständlich genannt werden und damit Phasen des Suchens, die aus Irritationen über etwaige (ggf. auch subjektive) Ziele oder relevante Inhalte resultieren können, entgegenstehen.

e) Querverweise: In "Geradeaus" tauchen eine Reihe von Querverweisen auf, so etwa auf Seite 117, 131 oder 149. Sie beziehen sich in jedem Fall auf einen Aspekt der jeweils aktuellen Aufgabenstellung und bieten einen Hinweis auf eine entsprechende Seite, auf der die Lernenden beispielsweise etwas darüber erfahren, wie die geforderte Arbeits- bzw. Aufgabenform realisiert werden soll: "Wenn ihr nicht mehr wisst, wie das [bestimmte Form der Prüfung von Groß- und Kleinschreibung] geht, seht auf Seite 125 und 126 nach." (S. 117) oder: "Wenn ihr nicht mehr wisst, wie ein Laufdiktat funktioniert, seht auf Seite 123 nach." (S. 131). Ähnliche Querverweise zeigen sich auch in "Wortstark" auf Seite 82 f., 87 oder 142. Auch hier handelt es sich um unterstützende Hinweise zur jeweiligen Aufgabenstellung: "Schlage dazu [Suche nach Personalpronomen] auch auf Seite 195 nach." (S. 82), "Die Endung -ig kannst du hörbar machen. Sieh auf Seite 183 nach." (S. 87) oder: "In der Werkstatt Schreiben findet ihr weitere Ideen zum Umschreiben von Texten (Seite 163)." (S. 142). Besonders intensiv treten Querverweise in "Kennwort" auf (S. 51 f., 69, 136, 169). Sie sind entweder unmittelbarer Bestandteil einer Aufgabe: "Erfüllt er [der Höhepunkt einer Geschichte] die Forderungen, die in Kapitel 2.2 (S. 25 f.) aufgestellt wurden?" (S. 51) oder sind in der Marginalie als Hinweis auf eine Seite oder ein Kapitel – mit direktem Bezug zur Aufgabe – wiedergegeben. Beispielhaft ist der Hinweis: "W-Fragen S. 22, 44", welcher neben der Aufgabe: "Überlege dir außerdem, was du zu der Handlung noch wissen möchtest. Denke dabei an die W-Fragen bei der Erlebniserzählung." steht (S. 69). Analogen Hinweisen begegnet man in "Startklar" auf den Seiten 36 f., 40 oder 103 z.B.: "Denke dabei an die Zeichensetzung bei wörtlicher Rede (s. Seite 147)." (S. 36). Die Beispiele illustrieren, daß sich in den Sprachbüchern an etlichen Stellen Querverweise finden, die den Lernenden als unmittelbare Hilfestellung bei der Bewältigung einzelner Aufgaben dienen. In ihnen ist m.E. insoweit ein Avis auf die vorherrschende Nahelegung definitiver Lernphasen durch die konzeptionelle Anlage der Sprachbücher zu erkennen, weil sie primär ein Vehikel zur Erreichung definitiver Ziele darstellen.

4   Abschlußbewertung der Ergebnisse der Sprachbuchstudie
4.1   Gesamteinschätzung der einzelnen Sprachbücher

Im Anschluß an die lernkriterienorientierte und merkmalsgeleitete Sprachbuchanalyse wird nachfolgend eine Würdigung und Interpretation der didaktischen Hinweise (Merkmale) in den Sprachbüchern unter Berücksichtigung der einzelnen Lernkriterien für jedes Buch separat und als Gesamteinschätzung bezüglich des in den didaktischen Hinweisen sichtbar werdenden Lernverständnisses vorgenommen. Dies erscheint nötig, da die Materialanalyse merkmalsbezogen erfolgt und nicht buchbezogen i.S. systematisch aneinander anschließender Einzelanalysen des jeweiligen Sprachbuchs nach einem identischen Raster. Vielmehr dienen die Bücher vor allem als Fund- und Nachweisstellen. Dies aber macht die Zusammenschau der Einzelbefunde erforderlich, um eine abwägende Gesamteinschätzung bezüglich des dem einzelnen Sprachbuch zugrundeliegenden Lernverständnisses vornehmen zu können. Fehlte es zu Beginn dieser Arbeit an Kriterien und Kategorien sowie deren Anwendung auf das Material für eine solche differenzierte und vergleichende Bewertung, so lassen die jetzt vorliegenden Ergebnisse dieses Unterfangen möglich erscheinen. Dieser Umstand erlaubt schließlich auch die mit Blick auf diese Entscheidung erforderliche Aussage zur Bedeutung von Sprachbüchern für die Qualität von Lernprozessen bzw. zur Wirkung, die aus der konzeptionellen Anlage der Sprachbücher bezüglich der (nahegelegten) Qualität bzw. Art der im Unterrichtsgeschehen mit diesen Sprachbüchern induzierten Lernprozesse folgt.

Wie bereits in der Einleitung (s. Kapitel 1.2.1.1) ausgeführt, ist es nicht das Ziel dieser Studie, den definitiven Nachweis für das bestimmte Lernverständnis jedes einzelnen Buches in einer Entweder-Oder-Entscheidung zwischen den polar und unversöhnlich einander gegenüberstehenden Möglichkeiten eines subjektwissenschaftlich- und eines behavioristisch-orientierten Ansatzes zu erbringen. Es bietet sich vielmehr eine vermittelnde Abwägung zwischen diesen beiden Polen an. Schließlich bestätigt sich auch an den einzelnen Befunden der Schulbuchstudie, daß eine Zuordnung i.S. einer Schwarz-Weiß-Differenzierung nicht möglich ist, ergeben sich doch zwischen den verschiedenen Merkmalen eines Buches durchaus ambivalente Deutungsmuster, die unterschiedliche Lernverständnisse in ein und demselben Buch erkennen lassen. Hieraus folgt, daß das einzelne Sprachbuch nicht ausschließlich einem behavioristischen oder einem subjektwissenschaftlichen Lernverständnis entspringt oder folgt. Vielmehr finden sich in allen Büchern sowohl Anhaltspunkte, die dem einen Lernverständnis entsprechen, als auch solche, die der Diktion des anderen Lernverständnisses folgen. In den einzelnen Sprachbüchern sind die auf differierende Lernverständnisse verweisenden Anhaltspunkte und Indizien nicht scharf voneinander abgegrenzt, sondern bilden untereinander eher fließende Übergänge und im Gesamtbild eine Gemengelage i.S. eines singulären Konglomerats aus, das wiederum die spezifische Struktur des einzelnen Buches kenn- und auszeichnet. Zur Benennung dieser eigentümlichen Mixtur an Hinweisen und Anhaltspunkten für verschiedene Lernverständnisse erscheint mir der Begriff der "Melange" insofern geeignet, als daß dieser m.E. in besonderer Weise den fließenden Übergang zwischen Anhaltspunkten und Merkmalen verschiedener Lernverständnisse sowie der sich hieraus ergebenden wechselseitigen Bezüge ausdrückt. Zudem gewährt der Begriff "Melange" die Möglichkeit, den diagnostizierten ambivalenten Gehalt der Sprachbücher hinsichtlich der Bestimmung der ihnen zugrundeliegenden Lernverständnisse, d.h. die Ambiguität der konkurrierenden lerntheoretischen Prämissen in ein und demselben Sprachbuch, auszuhalten und auszudrücken. Dies ist mit der Konsequenz verbunden, sich bei der Einordnung und Charakterisierung der einzelnen Sprachbücher auf ein Vorgehen einzulassen, das sich auf einen Strahl zwischen die Pole behavioristischen oder subjektwissenschaftlichen Lernverständnisses begibt und eine Gesamtpositionierung nicht in einer strengen Entweder-Oder-Zuordnung sucht, sondern sich auf eine behutsame Näherungsweise und ungefähre Ansiedlung des einzelnen Buches auf dem Strahl zwischen den beiden genannten Polen beschränkt. So bleibt eine – wenn auch grobe – abwägende Einschätzung und -ordnung des einzelnen Sprachbuchs möglich, ohne daß dies zwangsläufig in eine endgültige Wertung und Zuordnung i.S. einer Entscheidung zwischen den beiden Lernverständnissen einmündet, die dann automatisch zur Nivellierung der facettenreichen Untersuchungsergebnisse und der widerstreitenden Anhaltspunkte führen würde. Demnach wäre dies ein Schritt, der das Unterfangen einer differenzierten Charakterisierung der Sprachbücher notgedrungen hinfällig machen würde, da hiermit der sie kennzeichnende Wesenszug, der in der gleichzeitigen Präsenz von Anhaltspunkten zu erkennen ist, die auf verschiedene Lernverständnisse in ein und demselben Buch verweisen, unterschlagen und zu Gunsten eines der beiden Lernverständnisse entschieden würden. Im Gegensatz hierzu bietet sich unter Zuhilfenahme des Begriffs "Melange" die Perspektive, zu einer feinstufigen und facettenreichen Abwägung zwischen den Anteilen der verschiedenen Lernverständnisse im jeweiligen Buch und somit zu einer differenzierten Gesamteinschätzung zu gelangen.

Die abwägende Würdigung der Bücher erfolgt nachstehend einzeln in alphabetischer Reihenfolge und beschränkt sich auf signifikante Befunde der Materialanalyse, ohne diese allerdings erneut abzuleiten, nachzuweisen und zu begründen. Statt dessen werden die dortigen Ergebnisse direkt in bezug gesetzt. Um Redundanzen zwischen der Darstellung verschiedener Bücher zu vermeiden und eine gewisse Übersichtlichkeit zu gewährleisten, wird in der Zusammenschau nicht jeder in der Analyse erwähnte Befund bei der Rezension aufgegriffen. Auch hier werden Schwerpunkte gesetzt, die sich darauf beschränken, die in dem jeweiligen Buch sichtbar hervortretenden Lernverständnisse an für das Buch ebenso relevanten wie repräsentativen Beispielen zu illustrieren. Im Mittelpunkt der Gesamtbetrachtung der einzelnen Bücher steht damit die Abwägung zwischen Hinweisen und Indizien, die auf ein subjektwissenschaftliches Lernverständnis im Holzkampschen Sinne weisen – als Abschnitt a) gekennzeichnet – und solchen, die auf ein behavioristisch-geprägtes Verständnis deuten – als Abschnitt b) bezeichnet. Aus der Gewichtung zwischen Hinweisen beider Arten kommt es – im Abschnitt c) – zu einer resümierenden Gesamteinschätzung.

4.1.1 Gesamteinschätzung von "Bausteine 5"

a) Hinweise auf ein subjektwissenschaftliches Lernverständnis: Mit den separaten Nachschlagelementen beispielsweise zur "Grammatik" und "Rechtschreibung" bietet "Bausteine 5" den Lernenden eine Möglichkeit zur Beschäftigung mit diesen Themen aus eigenem Interesse – außerhalb des engeren Kontextes des Sprachbuchs – und stellt damit eine Bezugsfläche für subjektive Lernanlässe dar. Auch in den Angeboten, die eine andere als die schriftliche oder mündliche Bearbeitung - wie Gruppenarbeit, Malen einer Bildergeschichte, Gestalten einer Collage oder kleinere Inszenierungen -, zulassen, sind Hinweise für ein subjektorientiertes Lernverständnis zu sehen, da hier verschiedene Erinnerungsmodalitäten angesprochen werden. Dies wiederum erhöht die Möglichkeiten für eine breitere und verzweigtere Verankerung der Wissensbestände.

b) Hinweise auf ein behavioristisch-geprägtes Lernverständnis: Zu den eher auf ein behavioristisches Lernverständnis deutenden Hinweisen gehören in "Bausteine 5" u.a. die im Lehrendenband, in den Arbeitsvorlagen oder in den nicht für die Lernenden bestimmten Lernzielübersichten deutlich werdende Geplantheit des mit dem Buch nahegelegten Lernprozesses. Indizien für die Gleichsetzung von Lehren und Lernen lassen sich in der unerklärten Einführung von Arbeitstechniken oder in dem durch die starke Strukturierung eng vorgezeichneten Lernweg erkennen. Beide Hinweise machen deutlich, daß Lernen hier als Nachvollzug eines Weges oder als Nachahmung einer Handlung begriffen wird. Hinweise für eine besondere Exponierung der Lehrenden als eigentlichen Subjekten des Lernprozesses zeigen sich in den ihnen vorbehaltenen Zusatzinformationen, Lösungshinweisen des Lehrendenkommentars sowie in den häufigen Korrekturaufforderungen oder in der Tatsache, daß das zum Sprachbuch gehörende Arbeitsheft die anwendungsorientierte Fortsetzung des Sprachbuchs darstellt und die Lernenden ebenso zu reaktivem Handeln nötigt. Indizien für behavioristische Lernvorstellungen sind auch darin zu erkennen, daß der überwiegende Teil der Aufgaben und Fragen vorauswissender und imperativer Art ist sowie der Umstand, daß das Frage- bzw. Kommunikationsmonopol bei den Lehrenden liegt. Da in "Bausteine 5" der Lernende zu Beginn jedes Kapitels unmittelbar mit Aufgaben u.ä. konfrontiert wird, werden ihm keine besonderen Möglichkeiten für subjektive Lernanlässe geboten. Auch die Dominanz definitiver Lernphasen, die aus den Erläuterungen im Lehrendenband hervorgeht, ist als sicherer Avis für ein behavioristisches Lernverständnis zu begreifen.

c) Gesamteinschätzung zwischen den beiden konkurrierenden Lernverständnissen: Zusammenfassend ergibt sich, daß "Bausteine 5", abgesehen von einigen Hinweisen auf subjektorientierte Lernvorstellungen, an zahlreichen Stellen von einem behavioristischen Lernbild geprägt ist. Dennoch ist "Bausteine 5" nicht ausschließlich diesem Lernverständnis verschrieben, sondern zeigt auch, wie subjektwissenschaftlich-orientierte Vorstellungen in Schulbüchern berücksichtigt werden können.

4.1.2 Gesamteinschätzung von "Bausteine 6"

a) Hinweise auf ein subjektwissenschaftliches Lernverständnis: In den didaktischen Hinweisen von "Bausteine 6" lassen sich Indizien für eine Öffnung der Lernformen im subjektwissenschaftlichen Sinn darin erkennen, daß bei der Diktatpraxis neben dem durch den Lehrenden vorgetragenen Diktat an etlichen Stellen Möglichkeiten zu Selbst- und Partnerdiktaten gegeben werden. Dabei beschränken sich diese Öffnungselemente nicht nur darauf, die Lernenden in das 'Diktieren' einzuweisen, schließlich werden die Lernenden vielmehr gleichzeitig in die Kontroll- und Korrekturprozeduren einbezogen. Die Angebote zur Gruppenarbeit tragen etwa dazu bei, daß im Lernprozeß zumindest partiell beispielsweise neben der mentalen auch die kommunikative Modalität als Behaltens- und Wissensstruktur angesprochen wird. Dies wird dadurch verstärkt, daß die entsprechenden Aufgaben i.d.R. eine gegenüber anderen signifikante Offenheit bezüglich der erfragten Inhalte auszeichnet. In "Bausteine 6" ermöglichen Aufgaben durch die Bearbeitung in 'besonderen' Arbeitsformen zudem, daß sich die Ansprache der objektivierenden Modalität nicht nur auf Schreibarbeiten beschränkt, sondern ebenso Gelegenheit zum Basteln, zum Werken und auch zur szenischen Darstellung bietet. Ferner hält "Bausteine 6" einen separaten Nachschlageblock in Form einer Grammatik- und Rechtschreibübersicht bereit, der den Lernenden subjektive Lernanlässe bietet.

b) Hinweise auf ein behavioristisch-geprägtes Lernverständnis: Anhaltspunkte für einen eher behavioristischen Ursprung didaktischer Hinweise zeigen sich beispielsweise darin, daß bei der Einführung von neuen Arbeitstechniken auf eine Begründung verzichtet wird. In den mannigfaltigen Korrekturaufforderungen, Diktatofferten und der Vielzahl an Merkkästen sind m.E. deutliche Indizien für kontinuierliche Überprüfungsprozeduren zu sehen. Die Aufgabenstellungen lassen außerdem erkennen, daß ein erheblicher Teil als vorauswissend zu betrachten und auf die Rekapitulation von Fakten und Zusammenhängen (i.S. der Wissensdemonstration) im Kodex der mentalen Modalität ausgerichtet ist. In der Verwendung von Fußnoten ist ferner ein Beitrag zur Prävention von Diskrepanzerfahrungen zu erkennen. Weiterhin spricht die nicht für die Lernenden bestimmte Lernzielübersicht für die Geplantheit des Lernprozesses und ist ein Beleg für die Exponierung der Lehrenden als den eigentlichen Subjekten des Prozesses. All dies entspricht einem behavioristischen Lernverständnis.

c) Gesamteinschätzung zwischen den beiden konkurrierenden Lernverständnissen: Abschließend ist zu konstatieren, daß sich in "Bausteine 6" zwar Hinweise finden lassen, in denen sich ein subjektorientiertes Lernverständnis ausdrückt. Im Gegensatz hierzu zeigt sich jedoch eine Vielzahl an Elementen, die behavioristischen Lernansichten entsprechen. Sie dominieren weite Abschnitte von "Bausteine 6".

4.1.3 Gesamteinschätzung von "Geradeaus"

a) Hinweise auf ein subjektwissenschaftliches Lernverständnis: Das an etlichen Stellen vorfindliche Angebot alternativer Lernwege dokumentiert nicht nur eine Öffnung gegenüber traditionellen Vorgehensweisen, sondern bietet dem Lernenden zumindest teilweise die Möglichkeit, expansive Lernmotive stärker zu berücksichtigen. Auch Partnerdiktate, moderne Lernformen (z.B. Cluster-Methode) oder ein Sonderkapitel "Freiarbeit" tragen Elemente einer didaktischen Öffnung in die Sprachbucharbeit. Möglichkeiten für expansivmotiviertes Lernen und subjektive Lernanlässe bietet "Geradeaus" zudem nicht nur bei einigen Kapitelanfängen, sondern auch durch das lernendengerechtaufbereitete Register sowie durch die Hinweise auf 'Lebensweltbezüge'. Gerade letztere regen die Lernenden an, außerhalb des Sprachbuchrahmens einzelne Themen intensiver zu verfolgen. Möglichkeiten für Gruppenarbeit und besondere Arbeitsformen runden die Angebote i.S. eines subjektwissenschaftlichorientierten Lernverständnisses von "Geradeaus" ab.

b) Hinweise auf ein behavioristisch-geprägtes Lernverständnis: Indizien für behavioristische Lernvorstellungen lassen sich m.E. in "Geradeaus" u.a. an folgenden didaktischen Hinweisen erkennen: Sowohl die einzelnen Kapitel als auch die verschiedenen Abschnitte derselben sind systematisch aufeinanderaufbauend gestaltet, was auf die konzeptionelle Planung der Arbeit mit diesem Buch ebenso hinweist wie die Piktogramme als ergänzende Hinweise zur Art der Aufgabenerledigung. Nicht nur der Lehrendenkommentar, sondern auch das Lernendenheft lassen darauf schließen, daß die Lehrenden die (eigentlichen) Subjekte des Lernprozesses sind. Als ein Element zum traditionellen bzw. behavioristischen Umgang mit Lernwiderständen betrachte ich Zeitvorgaben und die partielle Übermittlung von Lösungen (z.B.: "Setze die acht fehlenden Kommas").

c) Gesamteinschätzung zwischen den beiden konkurrierenden Lernverständnissen: Nimmt man das Sprachbuch "Geradeaus" insgesamt in den Blick, so kann man etliche didaktische Hinweise i.S. eines subjektwissenschaftlich-orientierten Lernverständnisses feststellen. Sie übersteigen in ihrer Vielfalt und in ihrem Anteil deutlich die Mehrzahl der in den untersuchten Büchern vorfindlichen Hinweise. Gleichzeitig lassen sich allerdings auch in "Geradeaus" didaktische Hinweise behavioristischer Ausprägung in einem signifikanten Umfang und Einfluß für das gesamte Buch identifizieren. Das Buch steht damit in deutlicher Weise in einem durch verschiedene Lernvorstellungen geprägten Spannungsfeld.

4.1.4 Gesamteinschätzung von "Kennwort"

a) Hinweise auf ein subjektwissenschaftliches Lernverständnis: Didaktische Hinweise, die in "Kennwort" auf ein subjektorientiertes Lernbild deuten, lassen sich im wesentlichen in den Angeboten zur Gruppenarbeit (Berücksichtigung der kommunikativen Modalität) erkennen sowie in der Existenz eines Registers und in dem Einsatz von Marginalien. Dabei können Register und Marginalien sowohl als Zeichen zur Unterstützung expansiv-begründeten Lernens als auch als Bezugsgröße für subjektive Lernanlässe angesehen werden.

b) Hinweise auf ein behavioristisch-geprägtes Lernverständnis: Nachweisstellen für ein behavioristisches Lernverständnis lassen sich in "Kennwort" m.E. den folgenden didaktischen Hinweise entnehmen: Die Kommunikationsrichtung vom Lehrenden zum Lernenden manifestiert die hierarchische Differenz zwischen beiden Gruppen. Korrekturaufforderungen, Gimmicks, die Gestaltung des Layouts und die Verwendung von Handschriften sind Indizien für einen die Ursachen außer acht lassenden Umgang mit Lernwiderständen. Die aufeinanderaufbauende und komplexitätgewinnende Kapitelstruktur, der preliminary organizer und die Piktogramme sind didaktische Hinweise, die defensiv-begründetes Lernen begünstigen. Vorwegnahmen von Lösungsanfängen, Zieldefinitionen, Zusammenfassungen und Querverweise veranschaulichen m.E. die fehlenden Möglichkeiten für einen Wechsel verschiedener Lernphasen und unterstreichen den defensiven Charakter des Lernens in "Kennwort".

c) Gesamteinschätzung zwischen den beiden konkurrierenden Lernverständnissen: Auch in "Kennwort" sind einzelne Elemente eines subjektorientierten Lernverständnisses nachzuweisen. Sie sind allerdings im Vergleich zu anderen Sprachbüchern nicht sonderlich verbreitet. Statt dessen prägt die überwältigende Mehrzahl der didaktischen Hinweise dieses Sprachbuchs eine behavioristische Lernvorstellung.

4.1.5 Gesamteinschätzung von "Mittendrin"

a) Hinweise auf ein subjektwissenschaftliches Lernverständnis: Das Sprachbuch "Mittendrin" bietet den Lernenden durch verschiedene Lernwege, Partner- und Selbstprüfungen oder durch die Verwendung von modernen Lernformen (z.B. Cluster o.ä.) Angebote, die eine Öffnung gegenüber traditionellen Lernformen darstellen. Marginalien und das Angebot an separaten

Nachschlageelementen (z.B. Orientierungswortschatz, Hilfen für Regeln) können zudem als unterstützende Vehikel expansiv-begründeten Lernens und subjektiver Lernanlässe verstanden werden. Die verkürzte Wiedergabe von Primärquellen, kombiniert mit Fragen, die zum Weitererzählen animieren sollen, können auf eine Unbestimmtheit bzw. -begrenztheit der Lerntiefe (und damit deren Offenheit) i.S. eines subjektwissenschaftlich-orientierten Lernverständnisses hinweisen.

b) Hinweise auf ein behavioristisch-geprägtes Lernverständnis: Als Fundstellen für behavioristische Lernvorstellungen können die aufeinanderaufbauende Kapitel- und Abschnittsstrukturierung, die Piktogramme und die Vorwegnahmen interpretiert werden. Sie lassen in der Konzeption von "Mittendrin" einen geplanten Lernprozeß erkennen. Die rein anwendungsorientierte Vorstellung neuer Arbeitstechniken verweist ebenso wie die im Buch wiedergegebene Übersicht über die Lernziele auf die Gleichsetzung von Lehren und Lernen. Das hierarchische Verständnis der Rollen von Lehrenden und Lernenden zeigt sich in "Mittendrin" an dem preliminary organizer als Handhabungsanweisung für die Lernenden, in den Merksätzen als Zusammenfassung dessen, was wichtig ist, in dem beim Lehrenden liegenden Kommunikations- oder Fragemonopol sowie in den den Lehrenden im Lehrendenkommentar gewährten zusätzlichen Informationen über den Einsatz des Buches. Darüber hinaus sind Merksätze und Vorwegnahmen von Antwort- und Lösungsanfängen als Indizien für die Begrenzung der Lerntiefe beim jeweiligen Gegenstandsaufschluß aufzufassen.

c) Gesamteinschätzung zwischen den beiden konkurrierenden Lernverständnissen: In "Mittendrin" u.a. finden sich in nicht unwesentlichem Umfang didaktische Hinweise, die auf die Berücksichtigung subjektwissenschaftlich-orientierter Lernvorstellungen verweisen. Gleichzeitig kennzeichnet dieses Buch an vielen Stellen eine frappierend häufige Verwendung behavioristischer Lernelemente. Mit Blick auf die Gesamteinschätzung führt dies zu dem Ergebnis, daß dem Sprachbuch "Mittendrin" im wesentlichen ein behavioristisches Lernverständnis zugrundeliegt.

4.1.6 Gesamteinschätzung von "Startklar"

a) Hinweise auf ein subjektwissenschaftliches Lernverständnis: Zu den didaktischen Hinweisen, die auf ein subjektorientiertes Lernverständnis weisen, gehören in "Startklar" die erläuternde und begründende Einführung neuer Arbeitstechniken sowie die Sonderkapitel zur "Freiarbeit" bzw. zu anderen Formen geöffneterer Arbeit, die neben der Öffnung der Lernformen auch – wie das Register – als Bezugspunkt für subjektive Lernanlässe fungieren können. Die Angebote zur Gruppenarbeit, die offenere Ausrichtung der sie begründenden Fragen sowie Aufgaben, die auf die Vervollständigung entsprechend unvollständiger Texte zielen, sind m.E. Anhaltspunkte, die der Begrenzung der

Lerntiefe entgegenstehen. Der einseitigen oder auf eine Modalität reduzierten Wissenssammlung wirken dabei in "Startklar" sowohl die Angebote zu szenischen Darstellungen als auch die zur Gruppenarbeit entgegen.

b) Hinweise auf ein behavioristisch-geprägtes Lernverständnis: Indizien für ein behavioristisches Lernverständnis spiegeln sich in "Startklar" in didaktischen Hinweisen wie dem preliminary organizer, dem Frage- bzw. Kommunikationsmonopol bei den Lehrenden, den Ausführungen im Lehrendenkommentar oder den vorfindlichen Merksätzen wider. In ihnen drückt sich ein hierarchisches Gefälle zwischen Lehrenden und Lernenden ebenso aus, wie die Reproduktion von Schülerhandschriften in ihrer Funktion als Identifikationsbrücke durchaus als ein Element des traditionellen Umgangs mit Lernwiderständen zu begreifen ist. Hinzu kommen eine Reihe beeinflussender Gimmicks und Piktogramme als Avis auf defensiv-begründetes Lernen. Der Einsatz von Lernbegleitern ist in "Startklar" als ein Hinweis auf die Prävention von Diskrepanzerfahrungen zu sehen. Die Verwendung von Vorwegnahmen zur Aufgabenbeantwortung, die Merkkästen und die sog. Prüflisten weisen überdies m.E. auf Beiträge zur Begrenzung der Lerntiefe i.S. behavioristischer Lernvorstellungen hin.

c) Gesamteinschätzung zwischen den beiden konkurrierenden Lernverständnissen: An etlichen Stellen lassen sich damit in "Startklar" Indizien dafür finden, daß von einem subjektwissenschaftlich-orientierten Lernverständnis geleitete didaktische Hinweise zum konzeptionellen Bestandteil des Buches gehören. Gleichzeitig ist aber auch hier zu konstatieren, daß behavioristische Lernvorstellungen an vielen Stellen "Startklar" prägen. Im Gegensatz zu den anderen Büchern dieser Stichprobe ist allerdings bemerkenswert, daß die Berücksichtigung subjektorientierter Elemente hier in einem ähnlich großen Umfang wie in "Geradeaus" – und damit in einem bezüglich dieser Studie überdurchschnittlichen Maße – praktiziert wird.

4.1.7 Gesamteinschätzung von "Werkstatt"

a) Hinweise auf ein subjektwissenschaftliches Lernverständnis: Zu den didaktischen Hinweisen, die als Ergebnis eines subjektorientierten Lernverständnisses angesehen werden können, gehört in "Werkstatt" beispielsweise die Berücksichtigung moderner Lernformen (Cluster-Verfahren), aber auch der Einsatz von Partner- oder Selbstprüfungen bzw. -diktaten als Beiträgen zur Öffnung gegenüber traditionellen Lernformen. Sowohl Register und Marginalien für sich als auch in ihrer Kombination stellen einen zusätzlichen Bezugspunkt für expansiv-begründetes Lernen dar. Die in "Werkstatt" vorfindlichen Angebote zur Gruppenarbeit lassen sich darüber hinaus als Zeichen für die Berücksichtigung der kommunikativen Modalität im Lernprozeß werten, ebenso wie die separaten Nachschlageelemente ("Grammatik", "Rechtschreibung") Anknüpfungspunkte für subjektive Lernanlässe bieten.

b) Hinweise auf ein behavioristisch-geprägtes Lernverständnis: In "Werkstatt" weisen auf die Orientierung an einem behavioristischen Lernverständnis u.a. die Vorwegnahme der Lernziele, die Arbeitsvorlagen mit ihrer Bindung der Antwort bzw. Lösung an eine bestimmte Form oder die stark aufeinanderaufbauende Struktur der Kapitel und Abschnitte als Indizien für die zumindest streckenweise vorherrschende Gleichsetzung von Lehren und Lernen hin. Beispiele für didaktische Hinweise, die auf den Umgang mit Lernwiderständen in traditioneller Form – also symptom- und nicht ursachenorientiert – schließen lassen, zeigen sich in "Werkstatt" etwa in der Funktion der Lernbegleiter, der Gimmicks, des Layouts und hier insbesondere der auffälligen Häufung der Reproduktion von Schülerhandschriften. Auch die verschiedenen Formen der "Druckausübung", beispielsweise durch die Vorgabe einer Bearbeitungszeit oder das 'Anspornen' der Lernenden, möglichst viele bzw. die meisten Aspekte für die Beantwortung einer Frage zu finden, stellen eine Form des skizzierten (traditionellen) Umgangs mit Lernwiderständen dar. Auch zur Prävention von Diskrepanzerfahrungen finden sich in "Werkstatt" eine Reihe von Hinweisen, etwa in den sog. "Tips", die den Lernenden als zusätzliche Information für die Beantwortung einer Frage gegeben werden, oder Gimmicks und Fußnoten, die jeweils auf ihre Art dem Auftreten von Diskrepanzerfahrungen entgegenstehen.

c) Gesamteinschätzung zwischen den beiden konkurrierenden Lernverständnissen: In "Werkstatt" sind an einigen Stellen didaktische Hinweise zu identifizieren, die für ein subjektorientiertes Lernverständnis sprechen. Doch diese werden deutlich überlagert von Hinweisen, die auf ein eher behavioristisches Verständnis schließen lassen. Insgesamt ist "Werkstatt" somit ein Buch, welches wesentlich durch die Orientierung an einem behavioristischen Lernverständnis geprägt ist, lediglich an einzelnen Stellen lassen sich Indizien für ein subjektorientiertes Bild aufweisen.

4.1.8   Gesamteinschätzung von "Wortstark"

a) Hinweise auf ein subjektwissenschaftliches Lernverständnis: Zu den didaktischen Hinweisen, die auf ein vorwiegend subjektorientiertes Lernverständnis deuten, gehört beispielsweise die begründende und erläuternde Einführung neuer Arbeitstechniken, die der Gleichsetzung von Lehren und Lernen zuwiderläuft, die Öffnung des Buches durch Elemente verschiedener Formen von Freiarbeit, die Verwendung von Marginalien sowie die Präsentation von Lebensweltbezügen als Bezugspunkte für expansiv-begründetes Lernen. Darüber hinaus hat die Analyse der Fragen und Aufgabenstellungen verdeutlicht, daß "Wortstark" in besonderer Weise durch offene Fragen gekennzeichnet ist, die den Charakter eines frei zu wählenden Angebots haben und sich durch eine – im Verhältnis zur sonst üblichen – geringere inhaltliche Engführung auszeichnen. Mit der speziellen Form der Gestaltung insbesondere der Quellenhinweise und Kapitelanfänge, aber auch des Registers finden sich in "Wortstark" weitere Indizien, die Ansatz- bzw. Bezugspunkte für subjektive Lernanlässe bieten.

b) Hinweise auf ein behavioristisch-geprägtes Lernverständnis: Den Lehrendenkommentar zu "Wortstark" charakterisieren der dem Sprachbuch zugrundeliegende durchkonzipierte Lernprozeß sowie das hierarchische Verhältnis zwischen Lehrenden und Lernenden. Letzteres schlägt sich auch in dem in den Fragen und Aufgaben von "Wortstark" identifizierten Kommunikationsmuster nieder, das die Lernenden zu den ausschließlichen Empfängern dieser Nachrichten macht. Auch didaktische Hinweise zu Überprüfungsprozeduren lassen sich in "Wortstark" entweder als Korrekturaufforderungen u.ä. oder durch die partielle Vorwegnahme von Antworten, etwa in der Art, daß mitgeteilt wird, wieviele Fehler in einem Text enthalten sind, ohne einen näheren Hinweis auf deren tatsächliche Stellen zu gewähren, ausmachen. Zur i.S. behavioristischer Lernvorstellungen erforderlichen Prävention von Diskrepanzerfahrungen kommt es in "Wortstark" durch den Einsatz von Lernbegleitern und durch die deutliche Strukturierung der einzelnen Kapitel, die vor allem durch die jeweilige Bildabfolge betont wird. Die konzeptionelle Orientierung an definitiven Lernphasen wird in "Wortstark" mittels preliminary organizer, Vorwegnahmen von Anwortanfängen oder Querverweisen deutlich.

c) Gesamteinschätzung zwischen den beiden konkurrierenden Lernverständnissen: Im Kontrast zu den anderen Sprachbüchern dieser Stichprobe läßt sich feststellen, daß in keinem anderen Buch eine so weitgehende Berücksichtigung subjektorientierter Lernvorstellungen zu verzeichnen ist. Dennoch ist auch "Wortstark" in seiner Konzeption an etlichen Stellen als Produkt behavioristisch-orientierter Lernvorstellungen zu betrachten, die letztlich auch dieses Buch signifikant prägen.

4.2 Gruppierung der Gesamteinschätzungen der einzelnen Sprachbücher zueinander

Auch wenn es nicht das Ziel dieser Arbeit ist und aufgrund ihres qualitativen Charakters m.E. auch nicht sein kann, über eine Analyse und Beschreibung der einzelnen Sprachbücher hinaus eine statische und exakte Rangordnung i.S. eines Rankings oder Ratings zwischen den Büchern dieser Stichprobe aufzubauen, erscheint es mir für die Betrachtung und Gewichtung der Einzelergebnisse sinnvoll, ausgehend von den zusammenfassenden Gesamtbeschreibungen der acht Bücher und ergänzend zu den dort teilweise vorgenommenen Querbezügen, eine grobe Zuordnung der Sprachbücher in drei Gruppen vorzunehmen: zum einen in die Bücher, die m.E. den größten Anteil an didaktischen Hinweisen i.S. eines subjektwissenschaftlichen Verständnisses beinhalten. Hierzu zählen in alphabetischer Reihenfolge "Geradeaus", "Startklar" und "Wortstark". Die zweite Gruppe der Bücher umfaßt diejenigen, die im Verhältnis zu den erstgenannten einen geringeren Anteil didaktischer Hinweise, die auf ein subjektwissenschaftliches Lernverständnis deuten, aufweisen, in denen gleichwohl jedoch Indizien für subjektwissenschaftliches Lernverständnis keineswegs nur marginal vorkommen. Dazu gehören im wesentlichen "Bausteine 6" und "Mittendrin". Zur dritten Gruppe schließen sich diejenigen Bücher zusammen, welche im Vergleich zu den Gruppen eins und zwei einen geringeren Anteil an didaktischen Hinweisen, die sich als im subjektwissenschaftlichen Lernverständnis stehend betrachten lassen, vorweisen. Hierzu sind "Bausteine 5", "Kennwort" und "Werkstatt" zu rechnen.

Es sei nochmals darauf hingewiesen, daß es sich hierbei nicht um eine verbindliche Rangfolge handelt, sondern um eine Orientierungshilfe in Ergänzung zur Einzelbetrachtung der Sprachbücher als Unterstützung zur Einordnung der jeweiligen Ergebnisse in den Kontext der gesamten Stichproben.

4.3 Abschließende Gesamtwürdigung – Resultate der Sprachbuchanalyse

Die vorstehende Charakterisierung der einzelnen Sprachbücher sowie der Aufriß eines Vergleichs zwischen ihnen hinsichtlich der ihnen zugrundeliegenden Lernverständnisse macht vor allem eines deutlich: In den Büchern dieser Stichprobe läßt sich keine eindeutige Bestimmung eines spezifischen (subjektwissenschaftlichen oder behavioristischen) Lernverständnisses vornehmen. In der vorfindlichen Realisation stellen die einzelnen Bücher vielmehr – wie in Kapitel 4.1 bereits angesprochen – unterschiedliche Melangen aus beiden Lernverständnissen dar. Dabei ist keine dieser Kombinationen mit der anderen weder in qualitativer noch in quantitativer Hinsicht identisch. Dies hat seine Ursache darin, daß die Beispiele für ein subjektorientiertes Lernverständnis zwischen den Büchern eine hohe Varianz aufweisen, was nicht nur einen Vergleich schwierig macht, sondern eine Identität hinsichtlich der didaktischen Konzeption ausschließt. Des weiteren ist die Zahl der verschiedenen Merkmale eines subjektwissenschaftlichen Lernverständnisses zwischen den Büchern different. Hinzu tritt, daß die einzelnen Merkmale in den Büchern unterschiedlich verbreitet sind und ihnen darüber hinaus im Untersuchungszusammenhang keine gleichwertige Relevanz zukommt. So stellt sich die Stichprobe für mich – hinsichtlich der in ihnen aufzuweisenden Lernverständnisse – als Ensemble unterschiedlicher Realisationen von Sprachbüchern dar. Ihr Unterschied liegt im wesentlichen in der stärker oder schwächer ausfallenden Berücksichtigung didaktischer Hinweise mit subjektwissenschaftlicher Prägung.

Damit zeigt diese Untersuchung, daß sich ein subjektorientiertes im Holzkampschen Sinne und ein behavioristisches Lernverständnis nicht kategorisch ausschließen und in den Sprachbüchern voneinander scheiden lassen. Im Gegenteil, die Untersuchung hat in allen Büchern Fundstellen identifiziert, die das Nebeneinander dieser Ansätze illustrieren. Statt der eindeutigen Zuordnung eines Lernverständnisses zu einem Buch ergibt die Analyse vielmehr eine ambivalent ausfallende Charakterisierung von Hinweisen auf ein eher behavioristisches und ein eher subjektwissenschaftliches Lernverständnis. Gleichzeitig verdeutlicht die Untersuchung, daß sich aus diesem Umstand eine große Vielfalt an unterschiedlichen Kombinationen und Mischverhältnissen dieser beiden Ansätze ergibt. Mit dem Ergebnis, daß jedes der untersuchten Bücher als ein Unikat i.S. einer einzigartigen Melange an miteinander verbundenen und ineinanderfließenden Anteilen, die eher einem subjektwissenschaftlichen oder eher einem behavioristischen Lernverständnis zuzuordnen sind, zu betrachten ist. So wie sich in jedem Buch Indizien i.S. eines subjektwissenschaftlichen Lernverständnisses aufweisen lassen, so stehen sie jedoch in jedem Buch in einem anderen Verhältnis zu den jeweiligen Hinweisen auf behavioristische Lernleitgedanken.

Gemein ist allen Sprachbüchern dieser Stichprobe, daß behavioristische Lernvorstellungen eine wichtige und den Gesamtcharakter der Bücher dominierende Rolle spielen. Sie sind mehrheitlich durch didaktische Hinweise geprägt, deren Wurzel in einem eher behavioristischen Lernverständnis zu verorten ist. Daß diese behavioristische Ausprägung im Einzelfall unterschiedlich ausfällt, ändert an dieser Tatsache ebenso wenig wie die unterschiedlich ausgeprägten Hinweise für ein subjektorientiertes Lernverständnis. Bei aller stellenweise in den Sprachbüchern anzutreffenden Experimentierbereitschaft i.S. eines subjektorientierten Lernverständnisses ist festzustellen, daß es nicht gelungen ist, aus der traditionell-behavioristisch geprägten Anlage von Sprachbüchern auszubrechen und an deren Stelle ein subjektwissenschaftlich geleitetes Lernverständnis als durchgängiges Strukturmuster für die Konzeption dieser Bücher zu etablieren. Dies gilt ausnahmslos für alle Bücher der Stichprobe, obwohl zwischen ihnen zweifelsfrei erhebliche Unterschiede bezüglich des Charakters der didaktischen Hinweise bestehen. Die in einigen vorfindliche ausgeprägtere Berücksichtigung subjektwissenschaftlicher Lernelemente führt zu einer Relativierung des behavioristischen Grundtenors der Bücher, was mit Blick auf den Einsatz solcher Bücher nicht ohne Bedeutung für die hierdurch nahegelegten bzw. induzierten Lernprozesse ist. Aber auch in diesen Büchern gelingt es nicht, über eine Auflockerung der behavioristischen Grundanlage hinaus diese in ihrem Kern und somit grundsätzlich zu überwinden. Dieser Umstand veranschaulicht dabei zweierlei: Einerseits verdeutlicht er, wie schwer es offensichtlich ist, sich mit einer Sprachbuchkonzeption grundsätzlich von behavioristischen Lernvorstellungen abzusetzen. Andererseits zeigt die Untersuchung, daß es bereits eine Reihe von Ansätzen und Beispielen in den Sprachbüchern gibt, die Kontraste und Kontrapunkte zu behavioristischen Lernvorstellungen setzen. Dies wiederum ist m.E. ein Indiz dafür, daß es sich bei der behavioristischen Grundausrichtung von Sprachbüchern keineswegs um ein unabänderliches Naturgesetz handelt.

Die derzeitige Situation ist aus meiner Sicht eher eine Folge aus Umständen und Einflüssen, unter denen die Erarbeitung und der Einsatz von Schulbüchern steht. Spielt hierbei sicher das allgemeine – in der Schule durch Lehrende (Lernvorstellungen), Verordnungen (Lernbestimmungen), Eltern (Lernerwartungen) vorherrschende – Lernverständnis eine Rolle, so ist dies mit Sicherheit auch das unmittelbare Ergebnis der Zulassungsbestimmungen und -prozeduren, denen Sprachbücher vor ihrer Einführung unterworfen werden. Ihre Zulassung ist wie die zahlreicher anderer Schulbücher i.d.R. an verschiedene Kriterien gebunden, die ihrerseits nicht nur generelle administrative Lernvorstellungen widerspiegeln, sondern auch die Berücksichtigung der verschiedenen Lernziele, wie sie in den jeweiligen Bildungsplänen festgeschrieben sind. Da Autoren wie Verleger ein unmittelbares Interesse an der Zulassung ihrer Produkte haben, sind die Sprachbücher und die in ihnen aufzuweisenden Lernverständnisse nicht nur als Ergebnis der lerntheoretischen Konzeptionsvorstellungen der Autoren zu verstehen, sondern gleichzeitig als das Resultat der Orientierung und (mehr oder weniger ausgeprägten) Ausrichtung an den Zulassungsvoraussetzungen zu betrachten. Dies wird beispielsweise auch daran offenkundig, daß die Verlage von einzelnen Sprachbuchreihen sogar spezielle Länderausgaben – abgestimmt auf die dortigen Vorgaben – herausgeben.[414] Die entsprechenden Zulassungsbestimmungen fordern offensichtlich ihren Tribut. Zu der – in diesem Zusammenhang wichtigen – starken behavioristischen Orientierung der Vorgaben von Bildungsplänen ist bereits im Kapitel 2 Stellung genommen worden, an dieser Stelle sei nur kurz an sie erinnert, ohne sie erneut auszuführen.

Mit Blick auf die Ergebnisse der Schulbuchanalyse ist abschließend noch einmal hervorzuheben, daß die Bücher der Stichprobe neben ihrer mehrheitlichen Prägung i.S. behavioristischer Lernvorstellungen unterschiedlich intensiv didaktische Hinweise enthalten, die auf eine subjektwissenschaftliche Lernvorstellung deuten. Dabei stellt jedes Sprachbuch eine spezielle Kombination bzw. Melange dieser beiden Lernvorstellungen dar. Worauf diese Mixturen letztlich basieren, läßt sich aus dieser Untersuchung definitiv nicht herleiten. Ergänzend zu diesem Aspekt sei nochmals festgehalten, daß einzig die Materialanalyse zu den hier identifizierten und beschriebenen Lernverständnissen geführt hat. Die Autoren wurden hierbei ebensowenig nach ihren Absichten und Ideen bei der Konzeption befragt wie die Verlage. Dies tangiert m.E. den Aussagegehalt dieser Untersuchung nicht, verdeutlicht allerdings, daß die hier zugrundeliegenden Lernverständnisse keineswegs derart mißverstanden werden dürfen, als wenn es sich hierbei um die Abbildung der konzeptionellen Überlegungen der

---

414 Bezogen auf die dieser Studie zugrundeliegenden Sprachbücher existieren beispielsweise von "Mittendrin" spezielle Länderausgaben für Nordrhein-Westfalen und Baden-Württemberg. "Wortstark" liegt neben der "Normalausgabe" (zum Einsatz in verschiedenen Ländern) in einer Sonderausgabe für Baden-Württemberg vor.

Produzenten handelt. Zwischen den Befunden der Studie und derartigen Intentionen ist eine Deckungsäquivalenz möglich, aber weder zwingend noch aus dem Design der Studie abzulesen. Hierzu bedürfte es weitergehender Analysen und Recherchen, die jedoch im Kontext mit der hier zu bearbeitenden Fragestellung von nachgeordneter Bedeutung sind, da die didaktischen Hinweise in den Sprachbüchern als geeignete Spiegel zum Aufweis dieser Verständnisse ausreichen. Schließlich handelt es sich bei ihnen um Markierungen, die – wie gezeigt wurde – in entscheidendem Umfang das Lernen beeinflussen.

Angesichts dieser Resultate ist – ausgehend von einem subjektwissenschaftlichen Lernverständnis – der in der Einführung bereits zitierte Appell Erich Kästners "Mißtraut gelegentlich euren Schulbüchern"[415] zu unterstützen. Denn die Sprachbücher geben im Hinblick auf die überwiegend als behavioristisch anzusehende Grundprägung (immer noch) Anlaß genug zum Mißtrauen.

Letztlich sei noch anzumerken, daß diese Untersuchung neben ihrem Anliegen – didaktische Hinweise hinsichtlich des in ihnen liegenden Lernverständnisses zu analysieren – keinerlei Aussagen über die grundsätzliche Unterscheidung von subjektwissenschaftlich- oder behavioristisch-orientierten Hinweisen ermöglicht. Dies ist insbesondere im Hinblick auf eine Reihe von Neuerungen in den Sprachbüchern zu betonen, die gegenüber älteren Schulbuchausgaben als Innovation von den Verlagen dargestellt und wohl auch in der pädagogischen Diskussion ähnlich fortschrittlich beurteilt werden. Hierzu könnten beispielsweise u.a. preliminary organizer, Lernbegleiter oder Vorwegnahmen, die als Hilfe für Lösungseinstiege dienen, gelten. In allen drei Beispielen können Erleichterungen für die Arbeit der Lernenden erkannt werden. Da diese Innovationen jedoch keineswegs einem subjektwissenschaftlichen Lernverständnis entsprechen, kann ihre in diesem Sinne "begrenzte Innovationskraft" hier nicht reflektiert werden. Schließlich wäre dies eine Differenzierung von Qualitätsabstufungen zwischen verschiedenen didaktischen Hinweisen – allerdings ausnahmslos behavioristischer Prägung. Dabei existieren derartige Qualitätsabstufungen zweifelsfrei, doch die Konzeption dieser Studie bietet kein hinreichendes Instrumentarium, um diese Qualitätsstufen – innerhalb einer behavioristischen Grundstruktur – gesondert und damit spezifiziert auszuweisen.

4.4 Bedeutung der Resultate für die Qualität von Lernprozessen

Im Anschluß an die Gesamtwürdigung der den Sprachbüchern zugrundeliegenden Lernverständnisse ist deren Beitrag für die durch ihren Unterrichtseinsatz nahegelegte Qualität der Lernprozesse zu reflektieren. Bereits bei der Analyse der Schulbücher ist deutlich geworden, daß sich die Bestimmung des in den didaktischen Hinweisen zu erkennenden Lernverständnisses nicht ohne

---

[415] Kästner (1966), S. 98 ff.

weiteres von der Betrachtung der mit ihrem Einsatz nahegelegten Unterrichtsqualität trennen läßt.

Die Bestimmung der einzelnen didaktischen Hinweise bezüglich ihrer Bedeutung für die Lernkriterien geschah ebenso wie die Beschreibung der in den Büchern deutlich werdenden Lernverständnisse insgesamt immer in direktem bezug auf die Konsequenzen, die dies für den Unterrichtseinsatz (naheliegend) haben kann. Dieser Zusammenhang läßt sich etwa an den Merkmalen für ein defensiv-begründetes Lernen (z.B. Kapitelstrukturierung, Piktogramme, preliminary organizer) illustrieren. In dem Maße, wie diese Merkmale als Indizien für dieses Lernkriterium anzusehen sind, haben sie demnach auch eine begünstigende Wirkung für den durch ihren Einsatz nahegelegten Charakter des Lernprozesses und damit für das entsprechende in konkreten Lernsituationen zu erwartende Lernendenverhalten. So wie sich in den verschiedenen Merkmalen Indizien i.S. der unterschiedlichen Lernkriterien erkennen lassen, so lassen sich diese Aussagen analog auch auf die Qualität der Lernprozesse übertragen. Gibt beispielsweise die Kapitelstrukturierung den Lernenden einen bestimmten Bearbeitungsweg vor, so ist dies nicht nur als Indiz für ein Lernverständnis, welches defensiv-begründetes Lernen begünstigt, zu betrachten. Vielmehr erhält diese Feststellung ihr Gewicht erst dadurch, daß – analog hierzu – damit auch ein solches Verhalten bei den Lernenden im konkreten durch dieses Sprachbuch begleiteten Lernprozeß zumindest begünstigt, wenn nicht provoziert wird und somit zu erwarten ist. Dabei ist einschränkend zu betonen, daß dieser Zusammenhang nicht i.S. einer (kausalen) Kettenreaktion zu begreifen ist, demzufolge ein bestimmtes Lernverständnis die Garantie für das Eintreten eines analogen Lernverhaltens darstellt. Schließlich hängt das in der Praxis real aufzuweisende Verhalten von weiteren Faktoren ab, die nicht unmittelbar der Wirkung des jeweiligen didaktischen Hinweises unterliegen. Ferner ist in diesem Zusammenhang zu berücksichtigen, daß sich die individuelle Verschiedenheit und Vielfalt der Lernenden, die sich aus ihren jeweils subjektiven Erfahrungen aber auch Erwartungen und Interessen ergeben, keineswegs in stereotyp-gleichförmigen Verhaltensweisen im Umgang mit Sprachbüchern ausdrücken lassen. Mit Blick auf den einzelnen didaktischen Hinweis läßt sich nur feststellen, daß dieser eine – für die Erzeugung eines bestimmten Verhaltens – begünstigende bzw. naheliegende Wirkung hat. Es ist damit offensichtlich, daß sich die an der entsprechenden Stelle der Sprachbuchanalyse gemachten Ausführungen zu den Lernkriterien nicht nur auf die Ebene des jeweiligen Lernverständnisses beziehen, sondern gleichzeitig auch auf die – begünstigende – Wirkung, die für jedes einzelne Merkmal bei der konkreten Verwendung der Sprachbücher im Unterrichtseinsatz als naheliegend zu erwarten ist, hinweisen. Gleiches gilt für alle Merkmalsbeschreibungen und -charakterisierungen an den verschiedenen Lernkriterien.

Die an den einzelnen Merkmalen bezüglich des jeweiligen Lernkriteriums getroffenen Äußerungen zu ihrer Relevanz als Aus- und Aufweis differenter Lernverständnisse tragen damit in sich gleichzeitig auch eine Aussagedimension hinsichtlich der durch ihren Einsatz nahegelegten Qualität der jeweiligen Lernprozesse. So wie die Merkmale Ausweis für ein bestimmtes Lernverständnis sind, so drückt sich in ihnen gleichzeitig auch die Begünstigung eines Lernprozesses in die Richtung des jeweiligen Lernkriteriums aus.

Im Hinblick auf das Ergebnis der Gesamtbewertung läßt sich damit hinsichtlich der Wirkung, die der Einsatz dieser Sprachbücher auf die Qualität des Lernprozesses hat, feststellen: Da die Bücher insgesamt – wenn auch unterschiedlich intensiv – wesentlich als durch ein behavioristisches Lernverständnis geprägt anzusehen sind, ist für den mit ihnen gestalteten Unterricht prognostizierbar, daß dieser – trotz unterschiedlicher Ansätze und Angebote für subjektwissenschaftliches Lernen – überwiegend behavioristischer Natur sein dürfte. Die Indizien für ein behavioristisches Lernverständnis sind gemäß der vorgängigen Aussagen damit als Ausdruck einer entsprechenden Begünstigung oder Nahelegung einer zum behavioristisch-geprägten Lernverständnis analogen (behavioristisch-geprägten) Art des Lernprozesses im konkreten Unterrichtseinsatz zu verstehen.

4.5 Differenter Einsatz von Sprachbüchern als Einflußgröße für ihre Wirkung auf den Lernprozeß

Lenkt man den Blick auf den realen Einsatz solcher Sprachbücher und auf die durch sie nahegelegte Wirkung für Lernprozesse, darf hierbei die Bedeutung der Lehrenden als gemeinhin zentralen Gestaltern des Lernprozesses nicht unbetrachtet bleiben und damit unterschätzt werden. Die Qualität des durch den Einsatz der Sprachbücher nahegelegten Unterrichts ist nicht nur aus diesen selbst abzulesen, sondern auch von der Art und dem Umfang ihres Einsatzes abhängig. Wichtige Fragen in diesem Zusammenhang lauten: Wie weit geht der Einsatz der Sprachbücher von den Lehrenden im durch sie nahegelegten Sinne in der Praxis tatsächlich? Werden die Sprachbücher als eine Art Lehrgang systematisch mit all ihren Fragen und Abschnitten eingesetzt? Werden alle Aufgaben zum Unterrichtsgegenstand gemacht? Werden alle Aufgabenstellungen im nahegelegten Sinne berücksichtigt und bearbeitet? Mit welchen anderen Lernmitteln des Deutschunterrichts wird der Sprachbucheinsatz kombiniert?

Ohne jeden Anspruch auf Vollständigkeit illustriert diese Auflistung die Vielfalt an möglichen Faktoren, die eine Variation des Sprachbucheinsatzes, abweichend vom nahegelegten Gebrauch, forcieren können. Diese mögliche Varianz kann dabei definitiv und verbindlich weder im Rahmen dieser Arbeit noch generell spezifiziert werden, da sie von Lernprozeß zu Lernprozeß neu begründet und demgemäß auch für jeden einzelnen Lernprozeß gesondert erhoben werden müßte.

Wichtig erscheint in diesem Zusammenhang allerdings, daß den Folgerungen und Sichtweisen aus den in der Sprachbuchstudie identifizierten Lernverständnissen hinsichtlich der Bedeutung und vor allem Wirkung für die Qualität des Lernprozesses durch die möglichen Variationen des Einsatzes der Sprachbücher – abweichend vom nahegelegten oder intendierten Weg – Grenzen gezogen sind. Entsprechende "Abweichungen" können etwa bezogen auf den nahegelegten Einsatzkontext oder das -ziel usw. bestehen.

Mit Blick auf die Ergebnisse der Vorstudie[416] ist es allerdings trotz dieses Umstandes – auch ohne die direkte Erhebung über den Einsatz eines Sprachbuchs in einer konkreten Unterrichtssituation – möglich, einige grundsätzliche Aussagen bezüglich des Einsatzes von Sprachbüchern zu treffen. Die Ergebnisse der Vorstudie zeigen, daß die Lehrenden in einem deutlichen Maße zu einem kritischen und eigenständigen Umgang mit Sprachbüchern neigen. Mag es früher so gewesen sein, daß sich die Lehrenden für den Einsatz einer Sprachbuchreihe entschieden haben und diese zum verbindlichen und tragenden Bestandteil des Deutschunterrichts in der Sekundarstufe I machten, so ist dies heute offensichtlich vielfach nicht mehr der Fall. Durchschnittlich mehr als 30 Prozent aller Lehrenden gaben in der Vorstudie dieser Untersuchung an, in den Jahrgangsstufen 5 bis 10 zwei oder mehr Sprachbücher parallel einzusetzen. Mit 45,8 Prozent erklärte fast die Hälfte der Befragten, daß sie im Laufe der Sekundarstufe I unterschiedliche Sprachbuchreihen verwenden, wobei mit 18,7 bzw. 17,8 Prozent in den Jahrgängen 5 und 6 der häufigste Wechsel im Einsatz verschiedener Sprachbuchreihen stattfindet. Diese Zahlen dokumentieren, daß die Lehrenden zu einem Sprachbucheinsatz tendieren, der einer (ausschließlichen) Verwendung im nahegelegten Sinne deutlich entgegenläuft und als eigenständig oder souverän zu beschreiben ist. Hinzu kommt, daß ein signifikanter Teil der Befragten die Sprachbücher durchaus nicht als alleiniges oder primäres Unterrichtsmittel bzw. Schulbuch im Deutschunterricht betrachtet und verwendet. Dies drückt sich darin aus, daß der Sprachbucheinsatz in den Jahrgangsstufen 8, 9 und 10 erheblich zurückgeht. Geben für den Jahrgang 7 noch 43,1 Prozent eine eher häufige Verwendung von Sprachbüchern an, so sind dies in Klasse 8 noch 28,8, in 9 noch 19,7 und in Jahrgang 10 schließlich nur noch 15,6 Prozent der Befragten. Daß das Sprachbuch vielen Lehrenden nicht als hauptsächliches Lernmittel zur Unterrichtsgestaltung gilt, illustriert auch die Tatsache, daß selbst in den Jahrgängen 5 und 6, in denen die meisten bzw. die Mehrheit der Befragten angab, das Sprachbuch (eher) häufig (Werte 4, 5, 6 auf der entsprechenden Skala) einzusetzen, hingegen immerhin durchschnittlich jeder fünfte Lehrende berichtete, das Sprachbuch nur selten (Wert 1 auf der entsprechenden Skala) zu verwenden. Eine Zahl, die sich übrigens im Jahrgang 10 auf mehr als ein Drittel der Befragten erhöht. Die Eigenständig-

---

[416] Siehe hierzu Kapitel 1.4 dieser Arbeit.

keit und Souveränität der Lehrenden im Umgang mit Sprachbüchern spiegelt sich auch in den meistgenannten Gründen, die für den Wechsel zwischen verschiedenen Sprachbuchreihen erwähnt werden, wider. 33,3 Prozent führten an, ausschlaggebend hierfür sei die unterschiedliche Eignung einzelner Abschnitte verschiedener Sprachbücher für die jeweiligen Themen, und immerhin betrachten 20 Prozent Sprachbücher bei bestimmten Themen lediglich als Ergänzung zum Einsatz anderer Materialien.

All diese Ergebnisse der Vorstudie können trotz der Tatsache, daß diese nicht die Aussagekraft einer repräsentativen und empirischen Studie beanspruchen kann, auf bestimmte Trends im Verhalten der Lehrenden beim Einsatz und im Umgang mit Sprachbüchern deuten, die m.E. als Indizien auf einen selbstbewußten Einsatz der Sprachbücher durch die Lehrenden verweisen. Die Lehrenden folgen bei dem sich in diesen Ergebnissen ausdrückenden Umgang mit Sprachbüchern – zumindest zu einem signifikanten Teil – durchaus Verhaltensweisen, die sich analog zum subjektwissenschaftlichen Verständnis als expansiv-begründete (Lern-)Handlungen begreifen lassen. Sie verwenden das Sprachbuch vielfach nicht in dem vorgegebenen oder nahegelegten Sinne, sondern betrachten die Sprachbücher statt dessen als Angebote, die sie gemäß ihren eigenen Interessen und Vorstellungen über die Gestaltung des Lernprozesses untereinander und mit anderen Unterrichtsmaterialien kombinieren.

Einen Hinweis auf einen entsprechenden Umgang mit Schulbüchern entnehme ich auch einer Zeitungsmeldung, in der es unter der Überschrift "Lehrbuch kann kein Heiligtum mehr sein" u.a. heißt: "Die Schulbücher werden [...] als Grundlage im Unterricht benutzt, als Ergänzung [...] dienen Kopien und Sonderhefte, die von Schulbuchverlagen herausgegeben werden."[417] Bezüglich des Einsatzes veralteter Unterrichtswerke liest man weiter, der Lehrende "hält einen Unterricht gegen das Buch im Sinne von 'so liebe Schüler, schaut das Kapitel nach Fehlern durch' nicht nur für eine spannende Sache. 'Die Kinder lernen auch den sinnvollen Umgang mit Lehrbüchern. So ein Buch soll schließlich kein Heiligtum sein.'" Auch dies ist ein Indiz für die Möglichkeiten der Lehrenden, Schulbücher anders als im nahegelegten Sinn einzusetzen.

Ohne die hier genannten Aspekte – wie bereits gesagt – im Hinblick auf die Ergebnisse der Schulbuchanalyse quantifizieren oder qualifizieren zu können, erscheint es mir wichtig, darauf aufmerksam zu machen, daß die Wirkung und Bedeutung der Sprachbücher bzw. der in ihnen intendierten Lernverständnisse für die unterrichtliche Praxis sich keinesfalls nur aus ihnen selbst erschließen läßt, sondern u.a. auch von dem Gebrauch und der Kontexteinbin-

---

[417] Kieler Nachrichten (1996), S. 14. Ein weiteres Beispiel für die Verwendung von Schulbüchern entgegen des durch sie nahegelegten Einsatzes stellt die Sprachbuchanalyse dieser Arbeit selbst dar, schließlich sind die Bücher auf schulische Lernprozesse hin konzeptualisiert und nicht als Untersuchungsgegenstände für den Aufweis der sie jeweils begründenden Lernverständnisse.

dung derselben durch den Lehrenden abhängig ist. Dabei ließe selbst eine Berücksichtigung dieser Faktoren – die nur im konkreten Unterricht zu erheben sind – keineswegs eine verbindliche Aussage über die Wirkung von Sprachbüchern auf diesen (konkreten) Unterricht zu. Schließlich müßte hierfür auch das tatsächliche Verhalten der lernenden Subjekte – wie vorgängig angesprochen – in der jeweiligen Lernsituation erhoben werden.

5   Konsequenzen aus den Ergebnissen dieser Arbeit

In diesem Abschnitt geht es um die Konsequenzen, die aus den Resultaten dieser Arbeit folgen. Sie beziehen sich auf drei Ebenen:

Erstens geht es um die Konsequenzen, die sich aus dieser Analyse für die Beschreibbarkeit der in Schulbüchern im allgemeinen und in Sprachbüchern im besonderen vorfindlichen Lernverständnisse ergeben. Im Zentrum steht hierbei vor allem die Frage, inwieweit sich die Lernkriterien- und Merkmals-kataloge dieser Arbeit für einen solchen Aufweis eignen sowie um die Möglichkeit ihrer Übertragbarkeit und Weiterentwicklung beispielsweise bezüglich anderer Lernverständnisse.

Zweitens geht es um die Schlußfolgerungen, die sich aus dieser Arbeit für die Möglichkeiten zur Berücksichtigung der didaktischen Dimension von Schulbüchern bei deren Zulassung für den Unterricht ziehen lassen. Hier stehen die Folgerungen im Zentrum, welche sich aus dieser Arbeit – insbesondere aus ihrer methodischen Konzeption und ihren Resultaten – für eine differenzierte Charakterisierung der Lernverständnisse von Schulbüchern ableiten.

Drittens und abschließend werden die Konsequenzen betrachtet, die sich für die Konzeption von Schulbüchern und Sprachbüchern aus subjektwissenschaftlicher Sicht ergeben. Es geht um die Frage nach den grundsätzlichen Strukturmerkmalen solcher Bücher und darum, ob sich der Begriff Schulbuch weiterhin zu deren Bezeichnung eignet.

5.1   Bedeutung dieser Arbeit für die Charakterisierung von Lernverständnissen in Schulbüchern im allgemeinen und insbesondere in Sprachbüchern

Wie in der Einführung (s. Kapitel 1.1.6 sowie 1.2.1.1) dargestellt, ist es ein Ziel dieser Untersuchung gewesen, ein Instrumentarium zu entwickeln und zu erproben, mit dessen Hilfe die didaktische Qualität von Schulbüchern hinsichtlich ihrer Lernvorstellungen und der mit ihrem Einsatz im nahegelegten Sinn verbundenen Lernqualität beschreibbar und damit charakterisierbar wird. Bezugspunkte hierfür waren einerseits die Holzkampsche Theorie eines subjektwissenschaftlichen Lernbegriffes bzw. -verständnisses und andererseits eine Stichprobe an Sprachbüchern für den Deutschunterricht. Die Analyse der Sprachbücher hat gezeigt, daß eine Beschreibung der didaktischen Qualität mit Hilfe der Kombination von Lernkriterien (als Operationalisierungselementen der Lerntheorie) und Merkmalen (als Operationalisierungselementen des sich in den didaktischen Hinweisen der Sprachbücher niederschlagenden Lernverständnisses) möglich ist. Lernkriterien und Merkmale bzw. didaktische Hinweise stellen hierbei Teile einer sich wechselseitig ergänzenden Brücke dar. Nur mittels dieser Brücke ist es möglich gewesen, Bezüge zwischen lerntheoretischen Überlegungen zum einen und den in den Sprachbüchern vorfindlichen didaktischen Hinweisen als konkreter Ausprägung von Lernvorstellungen zum anderen herzustellen. Beide Ebenen konnten derart miteinander verzahnt werden, daß der lerntheoretische Bezugsrahmen die Beschreibung der in den Sprachbüchern vorfindlichen Lernverständnisse anhand der sie auszeichnenden didaktischen Hinweise ermöglichte.

Dabei können allerdings weder der Lernkriterienkatalog noch die Merkmalssammlung einen Anspruch auf Vollständigkeit oder allgemeine Verbindlichkeit erheben. Schließlich handelt es sich bei beiden um eine von mir vorgenommene Auswahl von Gesichtspunkten, die mir mit Blick auf das Untersuchungsdesign relevant erscheinen. Genauso wie für jede neue Stichprobe der Merkmalskatalog revidiert bzw. angepaßt werden muß, kann er letztlich auch für jede weitere Untersuchung der hier verwendeten Stichprobe durch eine andere Zusammenstellung der Merkmale (beispielsweise durch die Hinzufügung neuer) variiert werden. Gleiches gilt für die Zusammenstellung der Lernkriterien. So sehr sich diese Arbeit um die präzise Beschreibung des Holzkampschen Lernverständnisses bemüht hat, so ist dennoch gleichzeitig eine Variation des Lernkriterienkatalogs denkbar.

Mit Blick auf zukünftige Untersuchungen zur didaktischen Qualität von Schulbüchern erscheint es mir somit möglich, daß die hier gewählte methodische Konstruktion aus Lernkriterien und Merkmalen zur Charakterisierung der (Lern-)Qualität von Sprachbüchern durchaus über die hier vorgelegte Analyse von Sprachbüchern hinausreichende Anwendungs- und Weiterentwicklungsmöglichkeiten zuläßt und zwar in mindestens dreifacher Hinsicht:

Erstens kann der analog zum Holzkampschen Lernverständnis gebildete Kriterienkatalog zum Aufweis von Lernverständnissen in anderen Sprachbüchern (beispielsweise für andere Jahrgangsstufen) oder in anderen Schulbüchern (z.B. aus verschiedenen Jahrgangsstufen, Schulformen und Fächern) dienen. Hierzu wäre es allenfalls erforderlich, den Katalog der Merkmale jeweils hinsichtlich didaktischer Hinweise zu erweitern bzw. zu modifizieren, die sich als aussagekräftig für die jeweiligen Bücher bezüglich der Lernkriterien erweisen.

Zweitens ist es denkbar, in Analogie zum hiesigen Vorgehen Lernkriterien für andere Lerntheorien aufzustellen, diese entsprechend über Merkmale bzw. didaktische Hinweise in Bezug zu Schulbüchern zu setzen und damit zur Bemessung der in Schulbüchern deutlich werdenden Lernverständnisse von einem anderen lerntheoretischen Konzept aus zu betrachten.

Drittens ist es m.E. ebenso grundsätzlich möglich, ein vergleichbares Instrumentarium, orientiert an subjektwissenschaftlichen oder anderen Lernvorstellungen, für die Untersuchung und Beschreibung der didaktischen Qualität von Unterrichtsmaterialien[418] generell zu entwickeln. Eine entsprechende Aktualisierung des Merkmalskatalogs im vorgängig skizzierten Sinne wäre hierzu erforderlich.

5.2 Mögliche Konsequenzen für Zulassungsverfahren von Schulbüchern

Angesichts der skizzierten Aussagefähigkeit dieser Arbeit bezüglich der Bewertung der didaktischen Qualität von Unterrichtswerken und -materialien erscheint es m.E. sinnvoll zu prüfen, inwieweit die – entsprechend zu ermittelnde – didaktische Qualität von Schulbüchern auch bei der Zulassung dieser Werke berücksichtigt werden könnte. Auf diese Weise würde die didaktische Dimension zu einem wichtigen Gesichtspunkt im Zusammenhang mit der Zulassung von Schulbüchern avancieren. Mit Blick auf die gegenwärtig üblichen Zulassungsverfahren für Schulbücher erscheint mir eine Ausweitung der gängigen Bewertungsrichtlinien um eine differenzierte Betrachtung der didaktischen Dimension möglich, vielversprechend und nötig, ist der hier angesprochene Gesichtspunkt doch im bisherigen Auswahlverfahren deutlich unterrepräsentiert.

Für die Zulassung von Schulbüchern gibt es in den Bundesländern unterschiedliche Prozeduren. In der Regel befinden die Länder zentral über die Zulassung von Schulbüchern für den Einsatz an ihren jeweiligen Schulen. Ihre Entscheidungen basieren auf Kriterienkatalogen, denen die Bücher für die Zulassung genügen müssen. Die Entscheidung hierzu wird anhand dieser Richtlinien von Fachvertretern der Schulen und aus der Lehrerbildung vorbereitet und durch die Administration verfügt.[419]

Betrachtet man die derzeitigen Genehmigungsverfahren für die Zulassung von Büchern, so läßt sich analog zu der – bereits dargelegten – Beobachtung für landläufige Schulbuchstudien[420] feststellen, daß auch hier der Berücksichtigung inhaltlicher Gesichtspunkte ein höherer Stellenwert eingeräumt wird als beispielsweise der didaktischen Dimension der Unterrichtswerke. Dies zeigt

---

418 Der Begriff Unterrichtsmaterialien wird hier und nachfolgend als Sammelbegriff für alle Arten von Materialien, die im schulischen Unterricht eingesetzt werden, verwendet. Neben Schulbüchern und Printprodukten aller Art gehören hierzu Diareihen und Serien von Overheadfolien, Videobänder oder Formen von Lernsoftware usw.

419 Ausnahmen bzw. Variationen dieser Regelung der Schulbuchauswahl bilden – wie bereits in der Einführung erwähnt – das Saarland, welches sich bei der Zulassung an den Entscheidungen der Länder Baden-Württemberg, Nordrhein-Westfalen und Rheinland-Pfalz orientiert, und Hamburg, das mit Inkrafttreten des neuen Schulgesetzes die Entscheidungsbefugnis über die Zulassung von Schulbüchern an die Schulen abgegeben hat. Allerdings ist auch den Schulen in Hamburg mit dem Schulgesetz ein Regularium vorgegeben [vgl. Hamburgisches Schulgesetz (1997). § 9.], welches für die Auswahl der Bücher grundlegend ist.

420 Siehe hierzu insbesondere die Kapitel 1.1.5. und 1.1.6 dieser Arbeit.

sich z.B., wenn im Hamburgischen Schulgesetz zur "Einführung von Schulbüchern und anderen Unterrichtsmaterialien" ausgeführt wird, daß eine Einführung u.a. nur möglich ist, wenn die Bücher "den allgemeinen Verfassungsgrundsätzen [...] entsprechen, [...] die Schülerinnen und Schüler darin unterstützen, die in den Bildungsplänen festgelegten Inhalte zu erarbeiten, [...] wissenschaftlichen, methodischen und didaktischen Anforderungen genügen und kein geschlechts-, religions- oder rassendiskriminierendes Verständnis fördern."[421] So wichtig diese Eckpunkte für den Einsatz von Schulbüchern zweifelsfrei sind, so wird selbst in dieser komprimierten Darstellung inhaltlichen Gesichtspunkten (Verfassungstreue, Bildungsplanangemessenheit sowie Diskriminierungsprävention) mehr Gewicht gegeben als der didaktischen bzw. lerntheoretischen Ausrichtung und Anlage der Bücher. Letzteres läßt sich lediglich an der Formulierung "wissenschaftlichen, methodischen und didaktischen Anforderungen genügen"[422] erkennen. Die "Landesverordnung über die Zulassung von Schulbüchern"[423] in Schleswig-Holstein liest sich ähnlich. Dort heißt es u.a.: "Ein Schulbuch darf nur verwendet werden, wenn es inhaltlich allgemeinen Verfassungsgrundsätzen und Rechtsvorschriften nicht widerspricht; zur Erreichung der Bildungs- und Erziehungsziele der Schule geeignet ist [...]; dem Schüler hilft, die in den Lehrplänen festgelegten Ziele und Inhalte zu erarbeiten [...]".[424] Diese Grundsätze sind gleichfalls in den für Schleswig-Holstein gültigen "Leitfragen für die Begutachtung von Schulbüchern"[425] aufweisbar. Von besonderer Bedeutung sind demzufolge auch hier zunächst "Allgemeine inhaltliche Gesichtspunkte", "Besondere inhaltliche Gesichtspunkte" sowie "Wissenschaftliche Gesichtspunkte", bevor "Didaktisch-methodische Gesichtspunkte"[426] zur Bewertung der Zulassungsentscheidung für Schulbücher herangezogen werden. Auch unter den entsprechenden Ausführungen zu diesen Gesichtspunkten finden sich nur indirekt Kriterien, die Aufschluß über das den zuzulassenden Büchern zugrundeliegende Lernverständnis geben könnten. So wird dort etwa gefragt: "Entspricht die didaktische Struktur [des Schulbuchs] dem gegenwärtigen gesicherten psychologischen Erkenntnisstand über die Lernenden, die erreicht werden sollen? [...] Sind die Texte für die Lernenden verständlich, treffen sie das Wesentliche, sind sie interesseweckend formuliert? [...] Ist das Schulbuch durch Tabellen, [...] Merksätze, Zusammenfassungen ... lebendig, abwechslungsreich und für Lernende anregend gestaltet?"[427] Die nähere Betrachtung dieser "Leitfragen" ergibt, daß es auch hier zu keiner ex-

---

[421] Hamburgisches Schulgesetz (1997). § 9.
[422] Hamburgisches Schulgesetz (1997). § 9.
[423] Vgl. Landesverordnung über die Zulassung von Schulbüchern (1983).
[424] Landesverordnung über die Zulassung von Schulbüchern (1983). S. 1.
[425] Ministerium für Bildung, Wissenschaft, Forschung und Kultur (1995).
[426] Ministerium für Bildung, Wissenschaft, Forschung und Kultur (1995). S. 1 f.
[427] Ministerium für Bildung, Wissenschaft, Forschung und Kultur (1995). S. 2.

pliziten Berücksichtigung des das einzelne Buch begründenden Lernverständnisses kommt. Lediglich der Tenor der "Leitfragen" bzw. der sich hierauf für die einzelnen Bücher ergebenden Antworten läßt Rückschlüsse auf das (vermutlich) erwartete Lernverständnis zu. Beispielsweise könnten die Forderungen "interesseweckend[er]" Formulierungen und "anregend[er]" Gestaltung Indizien für die Erwartung eines eher behavioristischen Lernverständnisses sein. Zumindest dann, wenn sich die genannten Kriterien in ihrer praktischen Anwendung als Versuche verstehen lassen – gemäß der Holzkampschen Lesart –, fehlende expansive Lernmotive zu kompensieren.[428] Doch unabhängig von der Bewertung dieses Aspektes zeigt sich in der schleswig-holsteinischen Zulassungspraxis zweifelsfrei, daß die Frage nach dem den Büchern innewohnenden Lernverständnis nicht direkt gestellt und somit beantwortet wird. Ähnliches läßt sich dem in Hamburg bis zur Novellierung des Schulgesetzes gültigen Kriterienkatalog für die Zulassung von Schulbüchern[429] entnehmen. Entsprechende Zulassungskriterien stellten darin sicher, daß das Buch "inhaltlich", "didaktisch" und "methodisch den Anforderungen des Lehrplans entspricht.", daß es "dem Stand der Fachwissenschaften" gerecht wird und daß es "zur Verwirklichung der Gleichberechtigung bei[trägt]".[430] Auch hier wird das Lernverständnis – wenn überhaupt – nur indirekt angesprochen (z.B. durch Verweise auf den Lehrplan o.ä.). Allerdings spielen inhaltliche Gesichtspunkte abermals eine exponierte Rolle (Hinweise auf Fachwissenschaften und Gleichberechtigung).

---

428 Ein solches Verständnis könnte als ein Indiz dafür betrachtet werden, daß die in den Sprachbüchern dieser Stichprobe mehrheitlich festzustellende behavioristische Ausrichtung auch – zumindest teilweise – der Anlage der Zulassungskriterien geschuldet ist. Schließlich ist nicht zu erwarten, daß sich Autoren und Verlage um die Konzeption subjektwissenschaftlich-ausgerichteter Bücher bemühen, solange sich dies als ein Grund für die Nichtzulassung herausstellen könnte bzw. sich bei der Zulassung nicht begünstigend auswirkt.
Im weiteren Sinne lassen sich die Zulassungsverfahren an sich dabei als Ausdruck eines eher behavioristischen Lernverständnisses begreifen, da sie tendenziell die Entscheidungsmöglichkeit der Lehrenden über den Einsatz bestimmter Bücher einschränkt. Dies geschieht wohl aus der Ansicht, über die grundsätzliche Unterrichtstauglichkeit von Lernmitteln könne zentral adäquater entschieden werden, als dies durch die unmittelbar am Lernprozeß Beteiligten möglich sei. Inwieweit diese Annahme zutreffend ist, kann hier weder beantwortet noch weiter verfolgt werden. Hieran ändert auch der Hinweis nichts, daß Prüfungsdimensionen wie z.B. "Verfassungstreue" von fundamentaler Relevanz sind. Dennoch würde ihnen bereits durch ein entsprechendes Verbot z.B. verfassungsfeindlicher Texte in der Schule Genüge getan werden. Wie in anderen Unterrichtsbereichen würde auch die Pflicht zur Gewährleistung dieses Umstandes in die Zuständigkeit der Lehrenden fallen.

429 Vgl. Behörde für Schule, Jugend und Berufsbildung (1982).

430 Behörde für Schule, Jugend und Berufsbildung (1982). S. 2.

Ohne die breite Berücksichtigung von inhaltlichen Aspekten bei der Zulassung von Schulbüchern leugnen oder relativieren zu wollen, ist dennoch nicht einzusehen, warum die didaktische Dimension angesichts der ausführlichen Würdigung inhaltlicher Gesichtspunkte weitgehend unterbelichtet bleiben soll. An dieser Stelle sollte m.E. über eine entsprechende Ergänzung der Kriterienkataloge für die Zulassung von Schulbüchern durch eine differenziertere als bisher angelegte Betrachtung der didaktischen Konzeption nachgedacht werden.

Einhergehend mit einer solchen Erweiterung der Zulassungskataloge müßte es zu einer Verständigung darüber kommen, ob und vor allem in welchem Umfang subjektwissenschaftlich-orientierte Lernvorstellungen in Büchern berücksichtigt sein sollten, um zugelassen zu werden. Hier ist eine "Kann-Regelung", die die Einführung stärker subjektwissenschaftlich-orientierter Bücher möglich macht, aber weiterhin auch Bücher zuläßt, die einem anderen Lernverständnis folgen und keine oder kaum Anhaltspunkte für ein subjektwissenschaftliches Lernverständnis bieten (A), ebenso denkbar wie die Fixierung von subjektwissenschaftlichen Gesichtspunkten, die als eine Art Minimalessentials in allen Büchern vorhanden sein müssen, um die Zulassung für den Schuleinsatz zu erhalten (B). Darüber hinaus wäre theoretisch auch eine Vereinbarung denkbar – ohne daß sie gegenwärtig tatsächlich realisierbar erscheint –, die die primäre oder sogar ausschließliche subjektwissenschaftliche Ausrichtung der Unterrichtswerke zur Zulassungsvoraussetzung erhebt (C).

Daß die im Zusammenhang mit der Erweiterung des Kriterienkatalogs erforderliche Entscheidung für das dominierende Lernverständnis (z.B. ein eher behavioristisches oder ein eher subjektwissenschaftliches usw.) nicht zuletzt von der Akzeptanz, die ein solcher Ansatz in der öffentlichen Meinung und insbesondere in den Fachkreisen, politischen und administrativen Entscheidungsgremien findet, abhängt, ist evident. Ebenso offensichtlich ist die Tatsache, daß gegenwärtig kaum eine mehrheitliche Entscheidung zu Gunsten eines subjektwissenschaftlichen Ansatzes zu erwarten ist.

Mittel- bis langfristig wird man m.E. allerdings angesichts der in der Einführung (s. Kapitel 1.1.6) mit Blick auf den Identitäts- und Verhaltenswandel der Kinder und Jugendlichen erhobenen Forderungen zur Reform des Schul- und Unterrichtswesens nicht darum herumkommen, die subjektwissenschaftliche Dimension bei der Konzeption von Schulbüchern zu einem wichtigen Kriterium für ihre Zulassung zu machen. Dies drückt auch die Position der nordrhein-westfälischen Bildungskommission in ihrem Bericht "Zukunft der Bildung – Schule der Zukunft" aus. Dort heißt es im Hinblick auf die künftige Bedeutung und Gestaltung von Lernmitteln: "Lehr- und Lernmittel werden ihren Stellenwert in der Ausgestaltung des Lernens umso eher behalten, je mehr sie sich für individualisierte selbstgesteuerte Lernprozesse eignen."[431] Aus dieser Prognose läßt sich meiner Ansicht nach die wachsende Bedeutung von Schulbuchkonzepten ablesen, die auf ein subjektwissenschaftlich-orientiertes Lernen angelegt sind. Letztlich wird es m.E. nur auf diesem Weg möglich sein, der geforderten Eignung für "individualisierte selbstgesteuerte Lernprozesse" zu entsprechen. Dies erscheint nur möglich, wenn deren Konzeption den Lernenden die Chance eröffnet, die Bücher entsprechend ihrem eigenen Lerninteresse (i.S. eines expansiv-begründeten Lernens) einzusetzen. Dies wiederum setzt eine lerntheoretische Konzeption mit subjektwisssenschaftlicher Prägung voraus.

Mittels der beschriebenen Modifikation der Zulassungsbedingungen für Schulbücher i.S. einer Weiterentwicklung und Verdichtung der in dieser Arbeit entwickelten, begründeten und erprobten Lernkriterien[432] und deren entsprechenden Merkmalsaufweisen[433] würde ein Instrumentarium geschaffen, welches eine begründete Auswahl von Schulbüchern, die dem geschilderten Erfordernis der nordrhein-westfälischen Denkschrift genügt, möglich macht.

5.3 Ein subjektwissenschaftliches Lernverständnis als konstitutives Element bei der Konzeption von Schulbüchern

Die in dieser Arbeit vorgenommene Untersuchung hat Hinweise und Indizien herausgearbeitet, die in den Sprachbüchern auch auf ein subjektwissenschaftlich-orientiertes Lernverständnis deuten. Es mußte allerdings unbetrachtet bleiben, inwieweit es sich hierbei um Ergebnisse handelt, die einem entsprechend subjektwissenschaftlich-orientierten Lernverständnis der Autoren bzw. Schulbuchverlage folgen oder nicht. Es läßt sich demnach keine verbindliche Aussage darüber treffen, ob und in welchem Umfang subjektwissenschaftliche Lernvorstellungen tatsächlich bei der Konzeption von Sprachbüchern bislang Bedeutung gehabt haben. Es ist immerhin möglich, daß diese Dimension in der Vergangenheit ähnlich wie in den geltenden Zulassungsverordnungen auch keine – zumindest keine relevante – Rolle gespielt hat.[434]

---

431 Bildungskommission NRW (1995). S. 100.

432 Die Lernkriterien müßten in ihrer Auswahl auf wesentliche Gesichtspunkte reduziert werden, um deren Handhabung präzis und dennoch mit einem vertretbaren Aufwand zu ermöglichen.

433 Der Merkmalskatalog müßte derart revidiert werden, daß er sich zur Beschreibung und Charakterisierung von Schulbüchern unterschiedlicher Fächer, Schulformen und Jahrgangsstufen eignet.

434 Die stellenweise dennoch in den Büchern dieser Stichprobe identifizierten Hinweise auf ein subjektwissenschaftliches Lernverständnis ließen sich in diesem Fall derart erklären, als daß es sich bei ihnen um Übernahmen oder Adaptionen von allgemein verbreiteten und gebräuchlichen Elementen zur Gestaltung von Büchern handeln könnte wie beispielsweise

Angesichts dieses Umstandes und der vorstehenden Überlegungen bezüglich der expliziten und konsequenten Berücksichtigung von lerntheoretischen Ansätzen bei der Zulassung von Schulbüchern mit einem subjektwissenschaftlichen Lernverständnis, ist es naheliegend, einen Ausblick zu wagen, was Schulbücher, die einem solchen Verständnis vollständig oder weitgehend folgen, in ihren Grundzügen kennzeichnen würde. Zu klären wäre hierbei, wie sich diese Bücher von gegenwärtigen, beispielsweise den Sprachbüchern der hier zugrundegelegten Stichprobe, unterscheiden würden. Was würde sich in den Schulbüchern ändern, wenn ihre Konzeption wesentlich unter der Berücksichtigung subjektwissenschaftlicher Lernvorstellungen stehen würde?

Zunächst wäre der Lernende nicht länger der bloße Bezugspunkt der Bücher, sondern das Subjekt des durch sie begleiteten Lernprozesses im Holzkampschen Sinne. Meines Erachtens würde derartige Bücher damit in erster Linie der weitgehende Wegfall der gegenwärtig in ihnen vorfindlichen didaktischen Hinweise kennzeichnen. Schließlich hat die Schulbuchanalyse gezeigt, daß zumindest die didaktischen Hinweise der ersten drei Ebenen (s. Kapitel 1.2.3), also die im "engsten", "mittelbaren" und "weiteren" Sinne, in der überwiegenden Zahl als Fundstellen i.S. eines behavioristischen Lernverständnisses zu betrachten sind. Es sind die Stellen, an denen deutlich wird, daß die Sprachbücher nicht für die Lernenden zur Gestaltung ihres subjektwissenschaftlichen Lernprozessen geschaffen sind, sondern für den Unterricht und die Lehrenden als Gestalter desselben konzipiert wurden. Dies zeigt sich beispielsweise in der Geplantheit der durch sie nahegelegten Lernprozesse oder in ihrer Lehrplanbezogenheit.

Dies führt dazu, daß den Sprachbüchern dieser Stichprobe an etlichen Stellen eine Funktion als 'Vorsager' zukommt:[435] Sie schreiben dem Lernenden die Gegenstände vor, an denen und über die sie etwas lernen sollen, anstatt ihnen die Entscheidung hierüber selbst und damit ihren Interessen und Motiven zu überlassen. Sie schreiben die Wege vor, auf denen sich das Lernen ereignen soll, anstatt dem Lernenden Platz und Raum für eigene Ideen bezüglich der Gestaltung ihres Lernweges zu gewähren. Durch Vorwegnahmen oder partielle Lösungsangaben geben sie die Ziele und teilweise sogar die Ergebnisse des Lernens vor. Mittels ihrer aufeinanderaufbauenden Struktur präsentieren sie den Lernenden eher einen (mehr oder weniger starren) Lehrgang, als daß sie ihm ein – seinen Lernprozeß – unterstützendes Material- und Informationsangebot unterbreiten. Zudem vermitteln sie dem Lernenden an vielen Stellen ein klares und eindeutiges Richtig-/Falsch-Schema (z.B. durch Korrekturaufforderungen und Kontrollen), welches gegenüber der gesellschaftlichen Praxis und Alltagserfahrungen als wirklichkeitsfremd zu bezeichnen ist. Analysiert man

---

bei den aufgewiesenen Nachschlageblöcken zur Grammatik oder Rechtschreibung oder in den vorfindlichen Registern.

[435] Ein Tatbestand, der sich m.E. auch auf Schulbücher im allgemeinen übertragen läßt.

die derart skizzierten verschiedenen Ausformungen der didaktischen Hinweise in Schulbüchern, so ist ihnen eines gemeinsam. Sie sind Vehikel, mit dessen Hilfe der Lernprozeß einen bestimmten Verlauf nimmt oder nehmen soll. Dabei läuft eine solche konzeptionelle Strukturierung nicht nur subjektwissenschaftlichen Lernvorstellungen zuwider, sie ignoriert auch das Spezifikum von Lernen im subjektwissenschaftlichen Sinn, welches eine Ereignishaftigkeit und damit Unvorhersagbarkeit auszeichnet.

Betrachtet man die hier exemplarisch aufgelisteten und zugespitzt formulierten Funktionen einer Vielzahl didaktischer Hinweise, zumindest, wie sie sich in den Sprachbüchern dieser Stichprobe zeigen, drückt sich hierin m.E. ein behavioristisch-geprägtes Lernverständnis aus, das mich zu der Frage provoziert, inwieweit diese Formen der didaktischen Aufbereitung nicht als eine Antizipation dessen zu betrachten sind, was als Spezifikum eines (subjektwissenschaftlich-verstandenen) Lernprozesses anzusehen ist.

Wird nicht gerade durch ein Lernverständnis, wie es in den Sprachbüchern der Stichprobe größtenteils zu finden ist, der Lernende in seinem Lernprozeß beschnitten? Wird nicht eigenverantwortetes, d.h. – i.S. subjektwissenschaftlicher Lernauffassung – expansives Lernen, das sich durch einen selbstaktiven Prozeß auszeichnet, aufgrund der stringenten Konzepte eines Schulbuchs im Keim erstickt? Nehmen nicht Schulbücher mit einer derartigen Struktur dem Lernenden das Lernen ab, indem seine Möglichkeiten, den Lernprozeß souverän, d.h. aus eigenem Antrieb zu begründen und eigenen Ideen sowie Richtungen folgend, zu gestalten, nachhaltig torpediert werden?

Lernen in einem solchen Verständnis ist somit untrennbar mit "Selbertun", mit dem Verlangen, etwas verstehen und "rauskriegen" zu wollen, verbunden. Sieht man beispielsweise Kleinkindern auf ihren ersten Ausflügen bei der Entdeckung der Welt zu, ist eines offensichtlich: Das Kind lernt mit Freude, lernt aus eigenem Antrieb, es lernt für sich, es lernt frei von jedem äußeren Sinn und Zwang. Es macht uns damit vor: Der Sinn des Lernens liegt im gelebten Sein! Dabei ist ein solches Lernverständnis m.E. keineswegs auf den lernenden Weltaufschluß von Kindern beschränkt, sondern entspringt dem Lernen selbst. Lernen in dieser Sichtweise ist damit ein Abenteuer, in dem es um Ideen, Vermutungen und Mutmaßungen geht, um das Wagnis des Aufstellens, Überprüfens und ggf. Verwerfens von Hypothesen – immer mit Blick auf ein im Moment des Lernens (noch) unerklärliches Faktum, einen mysteriös erscheinenden Sachverhalt. Der Lernende macht sich – geleitet durch Mutmaßungen – an die Aufklärung des Tatbestandes, getrieben von dem Verlangen, ihn verstehen zu wollen. Das Moment der Spannung wohnt dieser Art des Lernens insoweit inne, als daß es für den Lernenden ungewiß ist, wie die Lösung aussieht und über welche Stationen und Erkenntnisse er die Lösung erreicht, sowie welcher Blick auf die Gegenstände sich ihm hierdurch erschließt. Lernen als Abenteuer ist sicherlich an das Vorhandensein von Lernenden ebenso wie an die Existenz von Gegenständen, auf die sich Lernen beziehen kann, gebunden. Es ist jedoch keineswegs auf das Vorhandensein von didaktischen Hinweisen i.S. von Lernleitlinien und -determinanten angewiesen.

In dieser Sichtweise erscheinen Schulbücher – in ihrer hauptsächlich existierenden Form – als schulische Artefakte, geschaffen für die Lernenden zur Begleitung ihres Lernens in institutionalisierten Lernprozessen. Sie sind das Ergebnis planerischer Vorstellungen hinsichtlich der Gestaltung eines Lernprozesses und wirken deshalb wie Kunstprodukte, die die Wirklichkeit, die den Lernenden in ihrer Komplexität aus der Alltagserfahrung vertraut ist, immer nur höchst fragmentarisch und komplexitätsreduziert darstellen. Schulbücher bilden die Wirklichkeit nur in Ausschnitten, in Happen ab, reduzieren Vielschichtigkeit dort, wo es den mit dem Einsatz der Bücher verfolgten Zielen gegenüber angemessen erscheint, ohne hierbei die Interessen der Lernenden im subjektwissenschaftlichen Sinne in den Blick zu nehmen. Schließlich erreicht den Lernenden das Schulbuch erst, wenn es fertig ist, wenn alle Überlegungen zur Gestaltung der (Lern-)Ziele, (Lern-)Inhalte und (Lern-)Wege abgeschlossen und wohlformuliert sind. Der Lernende erhält damit ein fertiges, zuendegedachtes Lernmittel, mit welchem er sein Lernen 'beginnen soll' und mit dem er im nahegelegten Sinn – ausgehend vom expansiv-begründeten Lernverständnis – nicht lernen kann. Lernende hingegen brauchen zur Realisierung ihres Lernens im subjektwissenschaftlichen Sinn Material, das unfertig ist, das Fragen provoziert, das in unterschiedliche Richtungen gedacht und bearbeitet werden kann.

Geht man von dieser zugespitzen Sicht subjektwissenschaftlichen Lernens aus, so erhebt sich die Frage, wie von didaktischen Hinweisen befreite Schulbücher aussehen würden. Meiner Meinung nach könnte es sich um Materialsammlungen[436] handeln, die dem Lernenden Bezugspunkte für seine Fragen und Lernprozesse bieten. Derartige Materialsammlungen zeichnet bei aller thematischen Unterschiedlichkeit eine Gemeinsamkeit aus, die sie von traditionellen Schulbüchern absetzt: Sie sind nicht von didaktischen Hinweisen geprägt, die den Lernenden in seiner Souveränität hinsichtlich der Gestaltung des Lernprozesses einschränken und versuchen, ihn in seinen Lernentscheidungen zu beeinflussen. Derartige Materialien würde damit im wesentlichen auszeichnen, daß sie den Lernenden kein verschultes Wissen i.S. eines speziell für die Schule konzipierten Artefakts und der damit einhergehenden – den Zielen und Vorstellungen bezüglich des Lernprozesses geschuldeten – Reduzierung der Wirklichkeitsabbildung auf einen Ausschnitt bieten. In ihnen käme es nicht zu der angesprochenen Verschulung der Wirklichkeit als Vorbereitung von Lernprozessen.

---

436 Der Begriff "Materialsammlung" wird hier im umfassenden Sinn als Zuschreibung für alle Formen von Informationszusammenstellungen zu bestimmten Wissensgebieten verwendet.

Um den Unterschied zwischen einer Materialsammlung, welche an subjektwissenschaftlichen Lernvorstellungen orientiert ist, und eher traditionell-konzipierten Schulbüchern zu verdeutlichen, ist m.E. folgender Vergleich mit verschiedenen Formen von Lexika sinnvoll: Neben den 'normalen' Ausgaben – enzyklopädische oder Fachlexika – existieren Kinder-, Schüler- und Studienausgaben. Allen Formen dieser Lexika ist gemeinsam, daß sie in alphabetischer Sortierung Informationen zu den jeweiligen Wissensgebieten enthalten. Dabei unterscheiden sich die diversen Lexika dadurch, daß sich beispielsweise in der Kinderausgabe im Verhältnis zur Normalausgabe weniger Stichworte, einfachere Erklärungen u.ä. finden. Allerdings zeichnen sich Kinder- und Schülerausgaben nicht etwa dadurch aus, daß sie das Wissen derart aufbereiten, daß es beispielsweise mit didaktischen Hinweisen – i.S. von Lernanweisungen, wie sich was anzueignen ist, oder in welche Richtung das erworbene Wissen anzuwenden ist – durchsetzt wird, wie dies in Schulbüchern allgemein üblich ist. Was sich an diesem Lexikavergleich illustrieren läßt, ist auch in bezug auf Fachbücher zu den verschiedenen Wissensgebieten festzustellen. Neben wissenschaftlichen Abhandlungen zu allen möglichen Gegenstandsbereichen finden sich zu diesen Themen i.d.R. auch stärker populärwissenschaftlich orientierte Bearbeitungen sowie spezielle Aufbereitungen für Studenten, Schüler oder Jugendliche. Auch diese variierenden Ausgaben differieren hinsichtlich des Niveaus der Darstellung, und dennoch sind diese Bücher üblicherweise frei von didaktischen Hinweisen und Lernanweisungen in der Art, wie sie an den dieser Arbeit zugrundeliegenden Sprachbüchern aufweisbar sind.

Entwickelt man die hier begonnenen Gedanken in letzter Konsequenz weiter, so erhebt sich die Frage, inwieweit Schulbücher traditioneller Prägung in subjektwissenschaftlich-orientierten Lernprozessen überhaupt eine Funktion haben. Schließlich hat die hier vorgenommene Skizzierung der Spezifika von Schulbüchern gezeigt, daß diese nachhaltig in den didaktischen Hinweisen und den damit grundsätzlich vorhandenen planerischen Vorstellungen über den Ablauf des Lernprozesses bestehen. Werden Schulbücher ohne dieses Merkmal dennoch möglich bzw. als spezifische Bücherart von sonstigen Büchern unterscheidbar sein?

Diese Frage kann im Zusammenhang mit dieser Studie nicht abschließend beantwortet werden, sondern muß eher als eine offene, sich aus den hier entwickelten Erkenntnissen ergebende Frage, unbeantwortet bleiben. Für ihre Beantwortung wären eine eingehendere Betrachtung und eine weitere Untersuchung der Arten schulbuchspezifischer Merkmale erforderlich.

Die Relevanz für eine solch weitergehende Beschäftigung mit der Frage der subjektwissenschaftlichen Konzeption von Schulbüchern wird aus der wachsenden Bedeutung ersichtlich, die die subjektwissenschaftliche (Lern-) Dimension in der jüngeren Debatte um die Zukunft der Bildung erhält. Neben den hierfür bereits genannten Quellen scheint mir die folgende Fundstelle von

besonderer Bedeutung. In der am 26. März 1997 verabschiedeten Kinderrechtskonvention der Vereinten Nationen heißt es mit Blick auf Lernen und
Bildung in Artikel 28: "Kinder haben ein Recht darauf, alles zu lernen, was sie
lernen wollen."[437] Ein subjektwissenschaftlich-geprägtes Lernverständnis wird
damit zum Grundsatz und Ausgangspunkt von Bildungsrechten für Kinder gewählt. Dies ist m.E. ein Indiz, das auf die zunehmende Bedeutung entsprechender Lernkonzeptionen hinweist und zum Leitmotiv für die (Weiter-)
Entwicklung derartiger Ansätze gemacht werden sollte.

---

[437] United Nations (1997), Artikel 28.

6 Literaturverzeichnis
6.1 Primärliteratur (untersuchte Quellen)
6.1.1 Sprachbücher

Allerheiligen, Herbert u.a.: Startklar 5. Fit in Wort und Schrift. 1. Auflage. Hannover 1996 [Analysekurztitel: Startklar]

Brauer, Reinhard u.a.: Wortstark 5. Themen und Werkstätten für den Deutschunterricht. 2. Auflage. Hannover 1997 [Analysekurztitel: Wortstark]

Broders, Werner u.a.: Mittendrin. Sprachbuch 6. Schuljahr. 1. Auflage. Stuttgart 1996 [Analysekurztitel: Mittendrin]

Endell, Angelika u.a.: Geradeaus. Sprachbuch 6. 1. Auflage. Stuttgart 1996 [Analysekurztitel: Geradeaus]

Dederding, Hans-Martin u.a.: Kennwort. Ein Sprachbuch für Gymnasien. 5. Jahrgangsstufe. 1. Auflage. Hannover 1997 [Analysekurztitel: Kennwort]

Frank, Karl-Otto; Pfaff, Harald (Hrsg.): Werkstatt Sprache A 6. Sprachbuch für das 6. Schuljahr. 1. Auflage. München 1994 [Analysekurztitel: Werkstatt]

Kleinschmidt, Mascha (Hrsg.): Bausteine Deutsch. Sprachbuch. 5. Schuljahr. Frankfurt am Main 1990 [Analysekurztitel: Bausteine 5]

dies.: Bausteine Deutsch. Sprachbuch. 6. Schuljahr. Frankfurt am Main 1997 [Analysekurztitel: Bausteine 6]

6.1.2 Sprachbuchbegleitmaterialien für Lehrende

Allerheiligen, Herbert u.a.: Startklar 5/6. Fit in Wort und Schrift. Informationen für Lehrerinnen und Lehrer. 1. Auflage. Hannover 1997

Brauer, Reinhard u.a.: Wortstark 5/6. Informationen für Lehrerinnen und Lehrer. 3. Auflage. Hannover 1997

Broders, Werner u.a.: Mittendrin. Lehrerband 6. Schuljahr. 1. Auflage. Stuttgart 1995

Kleinschmidt, Mascha: Bausteine Deutsch. Sprachbuch/Lesebuch. Handreichungen zum 5. Schuljahr. Frankfurt am Main 1991

6.1.3 Sprachbuchbegleitmaterialien für Lernende

Allerheiligen, Herbert u.a.: Startklar 5. Fit in Wort und Schrift. Arbeitsheft. 2. Auflage. Hannover 1997

Karasz, Carola; Mann, Christine: Mittendrin. Übungsheft zu Grammatik und Rechtschreibung. 1. Auflage. Stuttgart 1997

Kleinschmidt, Mascha: Bausteine Deutsch. Arbeitsheft 5. Frankfurt am Main 1995

Streer, Jutta; Streer, Gerald: Geradeaus. Plus Sechs. 1. Auflage. Stuttgart 1997

6.2 Sekundärliteratur (verwendete Quellen)

Andrade, Edward Neville da Costa: An Approach to Modern Physics. New York 1957

Arbeitsgruppe Bildungsbericht am Max-Planck-Institut für Bildungsforschung: Das Bildungswesen in der Bundesrepublik Deutschland. Strukturen und Entwicklungen im Überblick. Vollständig überarbeitete und erweiterte Neuausgabe. Reinbek bei Hamburg 1994

Arnold, Wilhelm; Eysenck, Hans Jürgen; Meili, Richard (Hrsg.): Lexikon der Psychologie. [3 Bände]. Freiburg u.a. 1987

Bastian, Johannes; Gudjons, Herbert (Hrsg.): Das Pädagogik-Studium. 2. Auflage. Weinheim u.a. 1994

Behler, Gabriele: Anschreiben an die Schulen im Rahmen des Projektes "NRW-Schulen ans Netz – Verständigung weltweit" vom 28. März 1996. Typoskript. Düsseldorf 1996

Behörde für Schule, Jugend und Berufsbildung. Amt für Schule (Hrsg.): Beurteilungskatalog für die Zulassung von Schulbüchern. Typoskript. Hamburg 1982

Bernuth, Fritz von: In pädagogische Konzepte integrieren. In: Wirtschaftliche und Soziale Bildung. 6 (1997). S. 15 - 16

Bönkost, Klaus Jürgen u.a.: Arbeit, Wirtschaft und Technik in Schulbüchern der Sekundarstufe I. Bonn 1997

Braun, K.-H.; Gekeler, G.: Objektive und subjektive Widersprüche in der Sozialarbeit/Sozialpädagogik. Marburg 1984

ders.; Wetzel, K. (Hrsg.): Lernwiderstände und pädagogisches Handeln. Marburg 1992

Braun, Peter (Hrsg.): Neue Lesebücher – Analyse und Kritik. Düsseldorf 1972

Brüggelmann, Hans: 25 Jahre "Öffnung des Unterrichts": eine Zwischenbilanz. Ein Gespräch mit dem Siegener Grundschulpädagogen. In: Die Grundschulzeitschrift. Mit Kindern Schule machen. 105 (1997). S. 8 - 11

Bubner, Rüdiger (Hrsg.): Geschichte der Philosophie in Text und Darstellung. Band 5: Specht, Rainer (Hrsg.): Rationalismus. Stuttgart 1986

Busch, Wilhelm: Max und Moritz. Eine Bubengeschichte in sieben Streichen. [Nachdruck nach dem Original von 1865]. In: ders.: Narrheiten und Wahrheiten. Frankfurt am Main 1959. S. 19 - 36

ders.: Narrheiten und Wahrheiten. Frankfurt am Main 1959

ders.: Schein und Sein. [Nachdruck nach dem Original von 1909]. In: ders.: Späße und Weisheiten. Frankfurt am Main 1959. S. 247 - 261

ders.: Späße und Weisheiten. Frankfurt am Main 1959

Deleuze, Gilles; Guattari, Félix: Rhizom. [Zitiert nach der Übertragung aus dem französischen Original "Rhizome. Introduction" von 1976 in der Übersetzung von Dagmar Berger u.a.]. Berlin 1977

ders.: Unterhandlungen. 1972 – 1990. [Zitiert nach der Übertragung aus dem französischen Original "Pourparlers" in der Übersetzung von Gustav Roßler]. Frankfurt am Main 1993

Der Spiegel. Das deutsche Nachrichtenmagazin. 45 (1997). S. 128 - 136

Der Spiegel. Das deutsche Nachrichtenmagazin. 47 (1997). S. 112

Descartes, René: Abhandlung über die Methode des richtigen Vernunftgebrauchs und die wissenschaftliche Wahrheitsforschung. [Zitiert nach der Übertragung aus dem französischen Original "Discours de la Méthode" von 1637 in der Übersetzung von Kuno Fischer]. In: Bubner, Rüdiger (Hrsg.): Geschichte der Philosophie in Text und Darstellung. Band 5: Specht, Rainer (Hrsg.): Rationalismus. Stuttgart 1986. S. 104 - 111

Die Verfassung des Deutschen Reiches vom 11. August 1919. Weimar 1919

dpa (Deutsche Presse-Agentur) (Hrsg.): Dienst für Kulturpolitik. 26 (1997)

dies. (Hrsg.): Dienst für Kulturpolitik. 44 (1997)

dies. (Hrsg.): Dienst für Kulturpolitik. 45 (1997)

dies. (Hrsg.): Dienst für Kulturpolitik. 52/97–1/98 (1997/1998)

Duden (Hrsg.): Der Duden in 12 Bänden. Das Standardwerk zur deutschen Sprache. Band 8: Duden Sinn- und sachverwandte Wörter. Wörterbuch der treffenden Ausdrücke. 2. Auflage. Mannheim u.a. 1986

ders. (Hrsg.): Der Duden in 12 Bänden. Das Standardwerk zur deutschen Sprache. Band 5: Duden Fremdwörterbuch. 6. Auflage. Mannheim u.a. 1997

Dullisch, F.: Lernen als Form menschlichen Handelns. Bergisch-Gladbach 1986

Ebmeyer, Klaus U.: Prozente und Policen. Handel, Banken, Versicherungen im Schulbuch. Köln 1979

Eco, Umberto: Nachschrift zum 'Namen der Rose'. [Zitiert nach der Übertragung aus dem italienischen Original "Postille a 'Il nome della rosa'" von 1983 in der Übersetzung von Burkhart Kroeber]. München 1987

Eibl-Eibesfeldt, Irenaeus: Die Biologie des menschlichen Verhaltens. München 1985

Erichson, Christa: Von Lichtjahren, Pyramiden und einem regen Wurm. Erstaunliche Geschichten, mit denen man rechnen muß. Erstes Drehbuch. Hamburg 1992

Ewald, Hans-Joachim: Verständigung weltweit. In: Forum Gesamtschule 19 (1996). S. 10

Fichera, Ulrike: Die Schulbuchdiskussion in der BRD – Beiträge zur Neuge-
staltung des Geschlechterverhältnisses – Bestandsaufnahme und Sekundär-
analyse. Frankfurt am Main u.a. 1996

Foucault, Michel: Eine Ästhetik der Existenz. [Zitiert nach einer Übertragung
aus dem französischen Original "Une esthétique de l'existence. Faire de sa
vie une œuvre d'art" in der Übersetzung von Marianne Karbe]. In: ders.:
Von der Freundschaft als Lebensweise. Michel Foucault. Im Gespräch.
Berlin 1984

ders.: Der Gebrauch der Lüste. Sexualität und Wahrheit. Band 2. [Zitiert nach
der Übertragung aus dem französischen Original "L'usage des plaisirs.
Histoire de la sexualité" von 1984 in der Übersetzung von Ulrich Raulff
und Walter Seitter]. Frankfurt am Main 1986

Fritzsche, Klaus Peter (Hrsg.): Schulbücher auf dem Prüfstand. Frankfurt am
Main 1992

Fröhlich, Gerd: Den Teig würgen. In: Rösner, Ernst u.a. (Hrsg.): Lehreralltag
– Alltagslehrer. Authentische Berichte aus der Schulwirklichkeit. Reihe
Pädagogik. Weinheim u.a. 1996. S. 61 - 63

Fromm, Martin: Stichwort: Lehrplan, heimlicher. In: Lenzen, Dieter (Hrsg.):
Pädagogische Grundbegriffe. Reinbek bei Hamburg 1993. S. 977 - 982

Galliker, M.: Sprechen und Erinnern. Göttingen 1990

Geißler, Harald: Unterricht. In: Lenzen, Dieter (Hrsg.): Pädagogische Grundbegriffe. [2 Bände]. Reinbek bei Hamburg 1993. S. 1538 - 1543

Gelberg, Hans-Joachim (Hrsg.): Was für ein Glück. Weinheim u.a. 1993

GEO. Das neue Bild der Erde. Das Reportage-Magazin. 12 (1994). S. 23

Gesamtschul-Kontakte. Vierteljahres-Zeitschrift der Gemeinnützigen
Gesellschaft Gesamtschule e.V. (GGG). 1 (1997)

Grundgesetz für die Bundesrepublik Deutschland in der Fassung vom 3. November 1995. Bonn 1995

Gudjons, Herbert: Pädagogisches Grundwissen. Überblick – Kompendium
– Studienbuch. 2. Auflage. Bad Heilbrunn 1994

Günter, Henning; Willike, Rudolf: Was uns deutsche Schulbücher sagen. Eine
empirische Untersuchung der genehmigten Deutsch-, Politik- und Religi-
onsbücher. Werl 1982

Hahn, Wilhelm: Die Kieler Schulbuchdruckerei. In: Gesellschaft für Kieler
Stadtgeschichte (Hrsg.): Mitteilungen der Gesellschaft für Kieler Stadtgeschichte 3 (1962). S. 237 - 244

Halbfas, Hubertus: Prinzipien zur Gestaltung von curriculumbezogenen Schulbüchern. In: Frey, K. (Hrsg.): Curriculum-Handbuch. Band 2. München
1975. S. 149 ff.

Hamburgisches Schulgesetz in der Fassung vom 10. April 1997. Hamburg 1997

Handbook of Discourse Analysis. Volume 3. Discourse and Dialogue. London
1985

Henningsen, J.: Lehrbuch. In: Pädagogisches Lexikon. Band 2. Gütersloh 1970. Spalte 182 ff.

Hermanns, Annette: Uni-Training Erziehungswissenschaft. Einführung in die Grundstruktur des Fachs und Erschließung fachspezifischer Texte. Stuttgart u.a. 1995

Herzog, Roman: Aufbruch in der Bildungspolitik. In: Presse- und Informationsamt der Bundesregierung (Hrsg.): Bulletin. Nr. 87. Bonn 1997

Høeg, Peter: Der Plan von der Abschaffung des Dunkels. [Zitiert nach der Übertragung aus dem dänischen Original "De Måske Egnede" von 1993 in der Übersetzung von Angelika Gundlach]. München u.a. 1995

Hohmann, Joachim S. (Hrsg.): Deutschunterricht zwischen Reform und Modernismus. Frankfurt am Main 1994

Holzkamp, Klaus: Gesellschaftliche Widersprüche und individuelle Handlungsfähigkeit. In: Braun, K.-H.; Gekeler, G.: Objektive und subjektive Widersprüche in der Sozialarbeit/Sozialpädagogik. Marburg 1984. S. 39 - 120

ders.: Grundlegung der Psychologie. Studienausgabe. Frankfurt am Main 1985

ders.: Die Verkennung von Handlungsbegründungen als empirische Zusammenhangsannahmen in sozialpsychologischen Theorien: Methodologische Fehlorientierung infolge von Begriffsverwirrung. In: Zeitschrift für Sozialpsychologie 16 (1986). S. 216 - 238

ders.: Lernen und Lernwiderstand. In: Forum Kritische Psychologie. 20 (1987). S. 5 - 36

ders.: Lernen als Lernbehinderung. In: Forum Kritische Psychologie. 27 (1991). S. 5 - 22

ders.: Lernen. Subjektwissenschaftliche Grundlegung. Frankfurt am Main u.a. 1993

ders.: Die Fiktion administrativer Planbarkeit schulischer Lernprozesse. In: Braun, K.-H.; Wetzel, K. (Hrsg.): Lernwiderstände und pädagogisches Handeln. Marburg 1992

Horney, Walter; Schultze, Walter (Hrsg.): Handbuch für Lehrer. [3 Bände]. Gütersloh 1960

Hornung, Gerhard; Miram, Wolfgang: Verhaltenslehre. Materialien für den Sekundarbereich II Biologie. Neubearbeitung. Hannover 1987

Illich, Ivan: Fortschrittsmythen. Schöpferische Arbeitslosigkeit. Energie und Gerechtigkeit. Wider die Verschulung. [Zitiert nach der Übertragung aus dem englischen Original "The Right to Useful Unemployment", "Energy and Equity" und "The Alternative to Schooling" in der Übersetzung von Thomas Lindquist]. Reinbek bei Hamburg 1978

Institut für arbeitsorientierte Allgemeinbildung (IAAB) (Hrsg.): ARWITES. Bremer Schulbuchuntersuchung. Abstract. Bremen 1997

Institut für Bildungsmedien (Hrsg.): Lernmittelfreiheit in der Krise. Frankfurt am Main 1997 (a)

Institut für Bildungsmedien (Hrsg.): Die kleine Schulbuchschule. Wissenswertes für Schulbuchgespräche. Frankfurt am Main 1997 (b)

Jaspers, Karl: Nietzsche. Einführung in das Verständnis seines Philosophierens. Berlin 1981

Kästner, Erich: Ansprache zum Schulbeginn. In: ders.: Die Konferenz der Tiere. Vermehrt um einige Beiträge aus der Zeit der "Kleinen Freiheit". West-Berlin 1966. S. 94 - 100

ders.: Die Konferenz der Tiere. Vermehrt um einige Beiträge aus der Zeit der "Kleinen Freiheit". West-Berlin 1966

Kafka, Franz: Beschreibung eines Kampfes. Novellen, Skizzen, Aphorismen aus dem Nachlaß. [Herausgegeben und mit einem Nachwort versehen von Max Brod]. Frankfurt am Main 1983

Kieler Nachrichten. Ausgabe vom 3. Dezember 1996 (1996). S. 14

KMK (Ständige Konferenz der Kultusminister) (Hrsg.): Neue Informations- und Kommunikationstechniken in der Schule. Bericht der KMK zum 12. Juni 1991

Landesverordnung über die Zulassung von Schulbüchern vom 10. August 1983 [für Schleswig-Holstein]. Kiel 1983

Lave, Jean: Cognition in practice. Mind, mathematics an culture in everyday life. Cambridge 1988

Leibniz, Gottfried Wilhelm: Philosophische Schriften I. 2. Auflage. Frankfurt am Main 1986

Lenzen, Dieter (Hrsg.): Enzyklopädie Erziehungswissenschaft. [12 Bände]. Stuttgart 1986

ders. (Hrsg.): Pädagogische Grundbegriffe. [2 Bände]. Reinbek bei Hamburg 1993

ders. (Hrsg.): Erziehungswissenschaft. Ein Grundkurs. Reinbek bei Hamburg 1994

Lyotard, Jean-François: Postmoderne für Kinder. Briefe aus den Jahren 1982 - 1985. [Zitiert nach der Übertragung aus dem französischen Original "Le Postmoderne expliqué aux enfants" von 1986 in der Übersetzung von Dorothea Schmidt]. Deutsche Erstausgabe. 2. Auflage. Wien 1996

Maier, Robert; Stöber, Georg (Hrsg.): Zwischen Abgrenzung und Assimilation – Deutsche, Polen und Juden. Schauplätze ihres Zusammenlebens von der Zeit der Aufklärung bis zum Beginn des Zweiten Weltkrieges. Reihe: Studien zur Internationalen Schulbuchforschung. Schriftenreihe des Georg-Eckert-Instituts. Band 88. Hannover 1996

Makarenko, Anton S.: Methodik des Erziehungsprozesses. [Zitiert nach der Übertragung aus dem russischen Original von 1948 in der Übersetzung von Reinhard Lauer und Horst E. Wittig]. In: ders.: Pädagogische Texte. Paderborn 1976

ders.: Pädagogische Texte. Paderborn 1976

Mehan, Hugh: The structure of classroom discourse. In: Handbook of Discourse Analysis. Volume 3. Discourse and Dialogue. London 1985. S. 119 - 131

Michalak, Hanne: Das Unternehmerbild in Schulbüchern. Eine Untersuchung der Sozialkundelehrbücher für Sekundarstufe I. Köln 1978

Ministerium für Bildung, Wissenschaft, Forschung und Kultur des Landes Schleswig-Holstein (Hrsg.): Leitfragen zur Begutachtung von Schulbüchern. Typoskript. Kiel 1995

Niklis, Werner S. (Hrsg.): Handwörterbuch der Schulpädagogik. Bad Heilbrunn 1973

NRW Bildungskommission (Hrsg.): Zukunft der Bildung – Schule der Zukunft. Denkschrift der Kommission "Zukunft der Bildung – Schule der Zukunft" beim Ministerpräsidenten des Landes Nordrhein-Westfalen. Neuwied u.a. 1995

Pestalozzi, Hans A.: Auf die Bäume ihr Affen. 6. Auflage. Bern 1990

Pestalozzi, Johann Heinrich: Lienhard und Gertrud. Ein Buch für das Volk. [Auszugsweiser Nachdruck des Originals von 1781, 1783, 1785 und 1787]. Klinkhardts Pädagogische Quellentexte. 3. Auflage. Bad Heilbrunn 1981

ders.: Wie Gertrud ihre Kinder lehrt. Ein Versuch den Müttern Anleitung zu geben, ihre Kinder selbst zu unterrichten, in Briefen. [Nachdruck des Originals von 1801 bzw. 1820]. Klinkhardts Pädagogische Quellentexte. 5. Auflage. Bad Heilbrunn 1994

Popper, Karl: Objektive Erkenntnis. Ein evolutionärer Entwurf. [Zitiert nach der Übertragung aus dem englischen Original "Objective Knowledge" von 1972 in der Übersetzung von Hermann Vetter]. Lizenzausgabe. Hamburg 1973

Postman, Neil: Wir amüsieren uns zu Tode. Urteilsbildung im Zeitalter der Unterhaltungsindustrie. [Zitiert nach der Übertragung aus dem englischen Original "Amusing Ourselves to Death. Public Discourse in the Age of Show Business" von 1985 in der Übersetzung von Reinhard Kaiser]. 6. Auflage. Frankfurt am Main 1987

Raabe Verlag (Hrsg.): Lehrer – Schüler – Unterricht. Handbuch für den Schulalltag. Loseblatt-Ausgabe. Stuttgart 1992. 15. Ergänzungslieferung. Stuttgart 1994

Rein, W. (Hrsg.): Encyklopädisches Handbuch der Pädagogik. Band 8. 2. Auflage. Langensalza 1908

Ring, Klaus u.a. (Hrsg.): Lesen in der Informationsgesellschaft. Perspektiven der Medienkultur. Baden-Baden 1997

Ritsert, Jürgen: Inhaltsanalyse und Ideologiekritik. Ein Versuch über kritische Sozialforschung. Frankfurt am Main 1972

Rösner, Ernst u.a. (Hrsg.): Lehreralltag – Alltagslehrer. Authentische Berichte aus der Schulwirklichkeit. Reihe Pädagogik. Weinheim u.a. 1996

Rohlfes, Joachim: Schulgeschichtsbuch und Schulgeschichtsbuchkritik. In: Geschichte in Wissenschaft und Unterricht 9 (1983)

Roth, Leo (Hrsg.): Pädagogik. Handbuch für Studium und Praxis. München 1991

Rüttgers, Jürgen: Fünf Forderungen für den Unterricht der Zukunft. In: Pressereferat des Bundesministeriums für Bildung, Wissenschaft, Forschung und Technologie (Hrsg.): Presse-Info vom 23. Juni 1997. Bonn 1997

Ruf, Urs; Gallin, Peter (Hrsg.): Ich mache das so! Wie machst du es? Das machen wir ab. Zürich 1995

Schleiermacher, Friedrich: Pädagogische Schriften I. Die Vorlesungen aus dem Jahre 1826. [Nachdruck basierend auf den Originalschriften aus dem Jahr 1826]. Ungekürzte Ausgabe. Frankfurt am Main u.a. 1983

ders.: Ausgewählte pädagogische Schriften. [Auszugsweiser Nachdruck basierend auf den Originalschriften aus dem Zeitraum von 1799 - 1826]. Schöninghs Sammlung Pädagogischer Schriften. Quellen zur Geschichte der Pädagogik. 4. Auflage. Paderborn 1994

Schleswig-Holsteinisches Schulgesetz in der Fassung vom 19. März 1996. Kiel 1996

Schulgesetz des Landes Rheinland-Pfalz in der Fassung vom 1. Februar 1996. Mainz 1996

Skinner, Burrhus Frederic: The Behavior of Organisms. New York 1938

ders.: Wissenschaft und menschliches Verhalten. [Zitiert nach der Übertragung aus dem englischen Original "Science an Human Behavor" von 1953]. Frankfurt am Main 1953

Stein, Gerd: Stichwort: Schulbuch. In: Lenzen, Dieter (Hrsg.): Enzyklopädie Erziehungswissenschaft. Band 4. Stuttgart 1986

Stieber Twins [Pseudonym]: Fenster zum Hof. In: Dies.: Fenster zum Hof ... . [Audio-CD]. Köln 1996

dies.: Fenster zum Hof ... . [Audio-CD]. Köln 1996

Störig, Hans-Joachim: Kleine Weltgeschichte der Philosophie. Frankfurt am Main u.a. 1961

Terhart, Ewald: Unterricht. In: Lenzen, Dieter (Hrsg.): Erziehungswissenschaft. Ein Grundkurs. Reinbek bei Hamburg 1994. S. 134 - 158

Überhorst, Horst: Elite für die Diktatur. Düsseldorf 1969

Uhe, Ernst: Der Nationalsozialismus in den deutschen Schulbüchern. Eine vergleichende Inhaltsanalyse von Schulgeschichtsbüchern aus der Bundesrepublik Deutschland und der Deutschen Demokratischen Republik. Frankfurt am Main 1975

UNESCO (Hrsg.): Lernfähigkeit: Unser verborgener Reichtum. UNESCO-Bericht zur Bildung für das 21. Jahrhundert. Neuwied u.a. 1997

United Nations (Hrsg.): Kinderrechtskonvention der United Nations in der Fassung vom 26. März 1997. New York 1997

Verfassung der Deutschen Demokratischen Republik vom 6. April 1968 in der Fassung des Gesetzes zur Ergänzung und Änderung der Verfassung der Deutschen Demokratischen Republik vom 7. Oktober 1974. Berlin 1976

Verfassung des Freistaates Bayern in der Fassung vom 20. Juni 1984. München 1984

Verfassung des Landes Schleswig-Holstein in der Fassung vom 13. Juni 1990. Kiel 1990

Verfassung für das Land Nordrhein-Westfalen in der Fassung vom 19. März 1985. Düsseldorf 1985

Vogel, Günter; Angermann, Hartmut: Atlas zur Biologie. [2 Bände]. Lizenzausgabe. Frankfurt am Main 1984

Vorlesungsverzeichnisse der Carl-von-Ossietzky-Universität (Oldenburg) aus den Winter- und Sommersemestern der Jahre 1993 bis 1996

Vorlesungsverzeichnisse der Christian-Albrechts-Universität (Kiel) aus den Winter- und Sommersemestern der Jahre 1993 bis 1996

Vorlesungsverzeichnisse der Universität Hamburg aus den Winter- und Sommersemestern der Jahre 1993 bis 1996

Wallrabenstein, Wulf: Offene Schule – Offener Unterricht. Ratgeber für Eltern und Lehrer. Reinbek bei Hamburg 1993

Watson, John Broadus: Psychology as the Behaviorist View it. Psychology Revue. 20 (1913). S. 158 – 177

Weidenmann, Bernd: Lernen – Lerntheorie. In: Lenzen, Dieter (Hrsg.): Pädagogische Grundbegriffe. [2 Bände]. Reinbek bei Hamburg 1993. S. 996 -1010

Welles, Orson: Alles, was man Dir in der Schule beigebracht hat, ist Blödsinn. [Postkartendruck]. Paris 1998

Wilber, Ken: Das Spektrum des Bewußtseins. Ein metapsychologisches Modell des Bewußtseins und der Disziplinen, die es erforschen. [Zitiert nach der Übertragung aus dem amerikanischen Original "The Spectrum of Consciousness" von 1977 in der Übersetzung von Jochen Eggert]. Bern u.a. 1987

Zechner, Heinz: Fragen. In: Gelberg, Hans-Joachim (Hrsg.): Was für ein Glück. Weinheim u.a. 1993, S. 53

Zentrum für Europäische Bildung (Europäische Bewegung Deutschland) (Hrsg.): Erfurter Kriterien für den Prüfaspekt "Europäische Dimension" bei Lehr- und Lernmitteln. Bonn (1995)

Zimmermann, Otto: Licht und Leben im ersten Leseunterricht. Hamburg u.a. 1927

Anhang

Anhang

7.1   Informationen zur Stichprobe der Sprachbuchanalyse
7.1.1   Übersicht der untersuchten Sprachbücher
         (alphabetisch sortiert)

Titel	Jahr	Auflage	Verlag	Kurztitel
Bausteine Deutsch 5	1990	1.	Diesterweg	Bausteine 5
Bausteine Deutsch 6	1997	1.	Diesterweg	Bausteine 6
Geradeaus sechs	1996	1.	Klett	Geradeaus
Kennwort 5	1997	1.	Schroedel	Kennwort
Mittendrin 6	1996	1.	Klett	Mittendrin
Startklar 5	1996	1.	Schroedel	Startklar
Werkstatt Sprache A 6	1994	1.	Oldenbourg	Werkstatt
Wortstark 5	1997	2.	Schroedel	Wortstark

Anmerkung: Mit Ausnahme der Rubrik "Kurztitel" sind alle Angaben den genannten Sprachbüchern entnommen.

7.1.2   Nähere Informationen zu den einzelnen Sprachbüchern

Kurztitel	Jahrgang	Lehrerheft	Schülerheft	Rechtschreibung	Umfang
Bausteine 5	5. Klasse	ja	ja	alte	128 Seiten
Bausteine 6	6. Klasse	nein	nein	reformierte	136 Seiten
Geradeaus	6. Klasse	nein	ja	reformierte	160 Seiten
Kennwort	5. Klasse	nein	nein	reformierte	176 Seiten
Mittendrin	6. Klasse	ja	ja	reformierte	160 Seiten
Startklar	5. Klasse	ja	ja	reformierte	160 Seiten
Werkstatt	6. Klasse	nein	nein	alte	192 Seiten
Wortstark	5. Klasse	ja	ja	reformierte	224 Seiten

Anmerkungen: Die Spalten "Lehrerheft" und "Schülerheft" geben Auskunft über das Vorhandensein von Begleitmaterialien zum jeweiligen Sprachbuch für Lehrer bzw. Schüler.
Die hier gemachten Angaben beruhen auf Verlagsauskünften. Die Information "nein" in diesen Rubriken besagt, daß entsprechende Begleitmaterialien entweder nicht angeboten werden oder nicht lieferbar sind bzw. gegenwärtig überarbeitet werden.

7.1.3 Zulassung der Sprachbücher für die einzelnen Schularten

Kurztitel	Hauptschule	Realschule	Orientierungsstufe	Gesamtschule	Gymnasium
Bausteine 5	X	X		X	X
Bausteine 6	X	X		X	X
Geradeaus	X		X	X	
Kennwort					X
Mittendrin		X	X	X	
Startklar	X	X	X		X
Werkstatt	X	X		X	X
Wortstark	X	X	X		

Anmerkungen: Die Angaben beruhen auf Verlagsauskünften. Dabei ist zu beachten, daß das jeweilige Unterrichtswerk nicht notwendigerweise in allen Bundesländern in den genannten Schularten zugelassen ist. Eine weitergehende Differenzierung war wegen begrenzter Verlagsangaben nicht möglich.

7.1.4 Zulassung der untersuchten Sprachbücher in den einzelnen Bundesländern

Land	Bausteine 5	Bausteine 6	Geradeaus	Kennwort	Mittendrin	Startklar	Werkstatt	Wortstark
BW					XX		X	XX
BY				X				
BE	X	X			X	X		X
BB	X	X			X	X		X
HB	X	X			X	X		X
HH *								
HE	X	X	X	X	X	X		X
MV	X	X	X	X	X	X	X	X
NI	X	X			X	X		X
NW					XX			X
RP	X	X	X	X	X	X	X	X
SL **								
SN					X	X	X	
ST	X	X			X	X	X	X
SH	X	X	X	X	X	X	X	X
TH	X	X			X	X	X	X

Anmerkung: Erläuterung der Numerierung der Lernkriterien siehe Folgeseite.

Anmerkungen zur Tabelle 7.1.4:

Alle Angaben beziehen sich auf Verlagsauskünfte. Die Länderkürzel orientieren sich an den Abkürzungen des Statistischen Bundesamtes in Wiesbaden.

* = Mit Inkrafttreten des neuen Hamburgischen Schulgesetzes entscheidet die einzelne Schule selbst mittels Beschluß der Lehrerkonferenz über die Einführung von Schulbüchern [Hamburgisches Schulgesetz (1997). § 9 (2)].

** = Im Saarland gibt es kein Zulassungsverfahren für Schulbücher. Zugelassen sind dort Bücher, die in Baden-Württemberg, Nordrhein-Westfalen oder Rheinland-Pfalz zugelassen sind.

XX = Von diesem Sprachbuch existiert für das jeweilige Bundesland eine separate Länderausgabe.

7.2 Übersicht über die Zuordnung der Merkmale (didaktische Hinweise) zu den (mit Nummern aufsteigend gezählten) Lernkriterien in der Analyse

Merkmale \ Lernkriterien »»	1	2	3	4	5	6	7	8	9	10	11	12	13	14	15
Abschnittsstrukturierung	X														
alternative Lernwege						X	X								
Arbeitstechniken		X													
Aufgabenstellungen									X		X				
Aufgaben- und Arbeitsvorlagen		X													
besondere Arbeitsformen											X				
Dialogrichtung				X					X						
"Druck"					X										
Fußnoten												X			
(beeinflussende) Gimmicks						X	X					X			
Gruppenarbeit							X					X	X		
Hilfen und Tips												X			
Illustrationen									X						
Kapitel- oder Abschnittsanfänge										X					
Kapitelchronologie	X														
Kapitelstrukturierung		X					X					X			
Korrekturaufforderungen					X	X		X							
Layout					X										
Lebensweltbezug						X									
Lehrendenband	X	X													X
Lernbegleiter						X						X			
Lernendenhefte				X											
Lernziele		X	X												
Marginalien						X									
Merksätze				X					X		X				
moderne Lernformen					X										
Piktogramme	X							X							
preliminary organizer			X					X							X
Quellenhinweise									X						
Quellenwiedergabe											X				
Querverweise															X
Register							X				X				
separate Nachschlageabschnitte											X				
Kapitel "Öffnung des Unterrichts"						X					X				
(Über-)Prüfungen						X		X						X	
Vorwegnahmen	X												X		X
Ziele/Zusammenfassungen															X

Anmerkung: Erläuterung der Numerierung der Lernkriterien siehe Folgeseite.

Erläuterung der Numerierung der Lernkriterien in Tabelle 7.2:

01 =   Geplante Lernprozesse
02 =   Gleichsetzung von Lehren und Lernen
03 =   Hierarchie zwischen Lehrenden und Lernenden
04 =   Lehrende als (eigentliche) Subjekte des Lernprozesses
05 =   Geöffnete Lernformen in institutionalisierten Kontexten
06 =   Traditioneller Umgang mit Lernwiderständen
07 =   Expansiv-begründetes Lernen
08 =   Defensiv-begründetes Lernen
09 =   Überprüfungsprozeduren
10 =   Lehrendenfragen: vorauswissend statt wissenssuchend
11 =   Subjektiv-begründete Lernanlässe
12 =   Flache oder tiefe Gegenstandsaufschlüsse
13 =   Diskrepanzerfahrungen
14 =   Ausbildung bestimmter Wissensstrukturen
15 =   Wechsel von affinitiven und definitiven Lernphasen

7.3 Übersicht über die Vorstudie zum Einsatz von Sprachbüchern
7.3.0 Fragebogen

Der Fragebogen ist auf den beiden folgenden Seiten wiedergegeben. Die Numerierung der hier vorfindlichen Fragen entspricht den Endziffern der nachfolgend veröffentlichten Resultate der Fragebogenerhebung (Kapitel 7.3.1 bis 7.3.2.5), womit eine Zuordnung von Fragen und Ergebnissen ermöglicht wird.

Fragebogen zur Bedeutung
von Sprachbüchern* im Deutschunterricht

Einführender Hinweis:
In meiner schriftlichen Hausarbeit zum Ersten Staatsexamen beschäftige ich mich mit Aufbau und Struktur von Sprachbüchern* und deren Bedeutung für den Deutschunterricht der Sekundarstufe I. In diesem Zusammenhang bin ich daran interessiert festzustellen, welche Rolle derartige Unterrichtsmaterialien in den verschiedenen Jahrgangsstufen spielen. Hierzu soll dieser Fragebogen, um dessen Beantwortung und Rücksendung ich Sie bitte, beitragen. Im voraus sage ich Ihnen meinen herzlichen Dank.

Ihr

Andreas Köpke
Windmühlenweg 47, 22607 Hamburg, FAX 040/827216

* *Die Bezeichnung "Sprachbuch" meint in diesem Kontext Lernmittel, die alle wesentlichen Lernfelder des Deutschunterrichts berücksichtigen: "Erzählen", "Erklären", "Beschreiben", "Berichten", "Lesen", "Informieren", "Gespräche führen", "Arbeit mit Texten", "Reflexion über Sprache" (Rechtschreibung, Grammatik), "Nachschlagen".*

●●● **Zutreffendes bitte ausfüllen bzw. ankreuzen.** ●●●

1 Statistische Angaben

- **Bitte nennen Sie die Schulform, an der Sie unterrichten:**

  ☐ Gesamtschule ☐ Gymnasium ☐ Hauptschule ☐ Realschule

  ☐ Sonstige (bitte genaue Angabe):

- **Geschlecht:** ☐ weiblich ☐ männlich

- **In welchem Bundesland unterrichten Sie:**

- **Ihr Alter:** Jahre

- **Dauer der Berufstätigkeit:** Jahre

2 Inhaltliche Angaben

2.1 Häufigkeit des Einsatzes von Sprachbüchern

	selten				häufig	
im 5. Jahrgang	1	2	3	4	5	6
im 6. Jahrgang	1	2	3	4	5	6
im 7. Jahrgang	1	2	3	4	5	6
im 8. Jahrgang	1	2	3	4	5	6
im 9. Jahrgang	1	2	3	4	5	6
im 10. Jahrgang	1	2	3	4	5	6

2.2 Zahl der gleichzeitig eingesetzten (verschiedenen) Sprachbücher

Anzahl

im 5. Jahrgang	1	2	mehr
im 6. Jahrgang	1	2	mehr
im 7. Jahrgang	1	2	mehr
im 8. Jahrgang	1	2	mehr
im 9. Jahrgang	1	2	mehr
im 10. Jahrgang	1	2	mehr

2.3 Einsatz von Sprachbuchreihen

2.3.1 Kommen unterschiedliche Sprachbuchreihen in den Jahrgängen 5 bis 10 zum Einsatz?

☐ ja   ☐ nein

Jahrgangsstufe

2.3.2 Wenn ja, in welcher Jahrgangsstufe ist dies der Fall?   5   6   7   8   9   10

Warum erfolgt der Wechsel? _____

_____

2.4 Wesentliche Gründe für den Einsatz von Sprachbüchern

Das Sprachbuch unterstützt	weniger				stark	
... die Unterrichtsvorbereitung.	1	2	3	4	5	6
... die Berücksichtigung der verschiedenen Lernfelder.	1	2	3	4	5	6
... die Einhaltung der Lehrplanziele.	1	2	3	4	5	6
... die Planbarkeit des Lernprozesses (zeitlich).	1	2	3	4	5	6
... die Planbarkeit des Lernprozesses (inhaltlich).	1	2	3	4	5	6
... die Leistungsbewertung.	1	2	3	4	5	6

2.5 Bedeutung von Sprachbüchern (insgesamt)

	niedrig				hoch	
im 5. Jahrgang	1	2	3	4	5	6
im 6. Jahrgang	1	2	3	4	5	6
im 7. Jahrgang	1	2	3	4	5	6
im 8. Jahrgang	1	2	3	4	5	6
im 9. Jahrgang	1	2	3	4	5	6
im 10. Jahrgang	1	2	3	4	5	6

Vielen Dank für Ihre Mitarbeit!

Per FAX 040/8272l6

Andreas Köpke
Windmühlenweg 47
22607 Hamburg

Befragt wurden	86 Personen			
Von den Befragten sind				
	männlich	weiblich		
	34,9 %	65,1 %		

Schulart, an der die Befragten unterrichten				
Gesamtschule	75,6 %			
Gymnasium	20,9 %			
Realschule	3,5 %			

Alter der Befragten (in Jahren, gruppiert)				
	< 35	< 45	< 55	mehr
	5,8 %	29,1 %	52,3 %	12,8 %

Dauer der Berufstätigkeit (in Jahren, gruppiert)				
	< 5	< 10	< 20	mehr
	9,3 %	2,3 %	29,1 %	59,3 %

Bundesländer, in denen die Befragten tätig sind				
Hamburg	44,4 %			
Niedersachsen	19,8 %			
Nordrhein-Westfalen	13,6 %			
Rheinland-Pfalz	3,7 %			
Schleswig-Holstein	17,3 %			

Anmerkungen zur tabellarischen Darstellung der Ergebnisse der Vorstudie: Die Prozentangaben wurden grundsätzlich nach der ersten Kommastelle gerundet, hieraus können sich bei der Summierung einzelner Rubriken Abweichungen von 100 Prozent ergeben. Eine weitere Ursache für derartige Abweichungen liegt in stellenweise fehlenden Angaben.

7.3.2 Inhaltliche Angaben
7.3.2.1 Häufigkeit des Einsatzes von Sprachbüchern

	selten					häufig
	1	2	3	4	5	6
Jahrgang 5	23,5	10,3	16,2	17,6	23,5	8,8
Jahrgang 6	22,5	1,4	22,5	18,3	26,8	8,6
Jahrgang 7	19,4	15,3	22,2	22,2	15,3	5,6
Jahrgang 8	21,3	26,3	23,8	16,3	6,3	6,3
Jahrgang 9	28,2	28,2	23,9	9,9	4,2	5,6
Jahrgang 10	34,4	34,4	17,2	9,4	4,9	1,6
Alle Angaben in Prozent						

7.3.2.2 Zahl der gleichzeitig eingesetzten (verschiedenen) Sprachbücher

	1	2	mehr
Jahrgang 5	66,7	18,2	15,2
Jahrgang 6	62,7	20,3	16,9
Jahrgang 7	68,3	17,5	14,3
Jahrgang 8	65,2	18,2	16,6
Jahrgang 9	67,2	14,8	18
Jahrgang 10	65	15	20
Alle Angaben in Prozent			

7.3.2.3   Einsatz von Sprachbuchreihen
**7.3.2.3.1   Kommen unterschiedliche Sprachbuchreihen in den
             Jahrgängen 5 bis 10 zum Einsatz?**

ja	nein
45,8	54,2

Angaben in Prozent

7.3.2.3.2   Wenn ja, in welcher Jahrgangsstufe ist dies der Fall?

Jahrgang 5	18,7
Jahrgang 6	17,8
Jahrgang 7	16,8
Jahrgang 8	15
Jahrgang 9	15,9
Jahrgang 10	15,9

Alle Angaben in Prozent

7.3.2.4   Wesentliche Gründe für den Einsatz von Sprachbüchern

Das Sprachbuch unterstützt ...	weniger					mehr
	1	2	3	4	5	6
... die Unterrichtsvorbereitung.	5,3	11,8	23,7	31,6	15,8	11,8
... die Berücksichtigung der verschiedenen Lernfelder.	5,3	17,3	16	36	17,3	8
... die Einhaltung der Lehrplanziele.	14,7	20	18,7	26,7	9,3	10,7
... die Planbarkeit des Lernprozesses (zeitlich).	23,7	18,4	21,1	21,1	11,8	3,9
... die Planbarkeit des Lernprozesses (inhaltlich).	2,7	12,3	26	28,8	23,3	6,8
... die Leistungsbewertung.	45,8	29,2	16,7	2,8	4,2	1,4
	Alle Angaben in Prozent					

7.3.2.5   Die Bedeutung von Sprachbüchern (insgesamt)

	niedrig				hoch	
	1	2	3	4	5	6
Jahrgang 5	11,1	18,1	13,9	22,2	25	9,7
Jahrgang 6	11,9	16,4	19,4	17,9	20,9	13,4
Jahrgang 7	13	18,8	27,5	14,5	20,3	5,8
Jahrgang 8	17,9	25,6	23,1	17,9	11,5	3,8
Jahrgang 9	27,1	3,1	20	10	7,2	4,3
Jahrgang 10	36,8	29,4	13,2	11,8	5,9	2,9
	Alle Angaben in Prozent					

7.4 Reproduktionen ausgewählter Seiten der Sprachbücher dieser Stichprobe

Nachstehend sind insgesamt 32 Seiten aus den Sprachbüchern dieser Schulbuchanalyse zur Veranschaulichung der Interpretation und ihrer Resultate als Reproduktionen veröffentlicht. Wie in der Untersuchung ausgeführt, sind hier die mit Sternchen (*) gekennzeichneten Seiten als Abbildungen vom Original wiedergegeben. Zusätzlich lassen sich neben einem Gesamteindruck über die Anlage und Gestaltung der Sprachbücher hier auch Illustrationen für eine Reihe in der Studie angesprochener Merkmale finden.

Bei den Reproduktionen handelt es sich um Schwarz-Weiß-Wiedergaben der i.d.R. mehrfarbigen Sprachbuchseiten. Dies hat zur Folge, daß die Abbildung der verschiedenen Elemente einer Seite unterschiedlich kontrastreich ist. Feine Farbabstufungen verlieren ebenso ihre Unterscheidbarkeit wie sehr helle Farbtöne; sie sind äußerst schwach wiedergegeben, stellenweise an der Grenze der Erkennbarkeit. Farbliche Unterlegungen sind oft gar nicht sichtbar. Die Sprachbuchseiten werden in einer dem Satzspiegel angepaßten Größe abgebildet. Im Anhang ist jedes Buch mit vier verschiedenen Abbildungen vertreten, die den Gesamtcharakter in seinen Facetten ebenso verdeutlichen, wie sie der Illustration besonders wichtiger Merkmale der Sprachbuchanalyse dienen sollen.

Ergänzt werden die Reproduktionen durch eine Legende. Diese enthält eine vereinheitlichte Quellenangabe zur jeweils abgebildeten Seite – bestehend aus dem Kurztitel des einzelnen Sprachbuchs sowie der Originalseitenziffer – zur zweifelsfreien Zuordnung der reproduzierten Seite. Ferner weist die Legende – exemplarisch – auf verschiedene Besonderheiten und Merkmale – mittels Kurzerläuterungen – hin, die einen Bezugspunkt der Untersuchung darstellen, sofern diese sich nicht unmittelbar aus sich selbst erklären.

① Stelle selbst ein Buch vor, das dir besonders gut gefallen hat.

② Suche zum Vorlesen eine Stelle des Buches heraus, die dir besonders gut gefällt.

③ Übe das Vorlesen dieser Textstelle ein. Du kannst auch einen Kassetten-recorder zu deiner eigenen Überprüfung benutzen.

Damit die Klasse den Zusammenhang besser versteht, solltest du kurz erzählen, was bis zu dieser Textstelle passiert ist.

④ Bereite dieses Erzählen mit Hilfe von Stichwörtern vor.

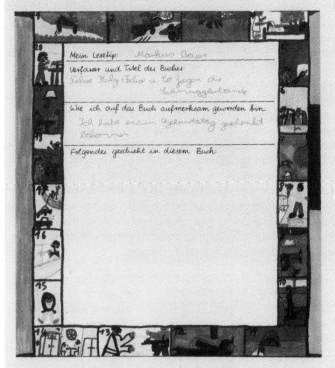

⑤ Schreibe deinen Buchtip so auf, und hefte ihn an die Pinnwand.

⑥* Sammelt die Buchempfehlungen eurer Klasse, und gebt sie als „Buch" heraus.

Quellenangabe: "Bausteine 5", Seite 50

Kurzerläuterung relevanter Merkmale: Kapitelüberschrift (oberste Zeile), Arbeitsvorlage und Vorwegnahme (Seitenmitte), weiterführende Aufgabe (letztbeiden Zeilen dieser Seite).

Spiel und Sport

① Welche Spiele und Sportarten fallen dir zu den abgebildeten Gegenständen ein? Schreibe sie auf und ergänze.
Brettspiel, Strategiespiel, Gruppenspiel, ...

② Welches Spiel magst du besonders gern? Begründe, warum.

③ Beschreibe, wie es gespielt wird. Denke an: Zahl der Mitspieler, Spielbeginn, Spielverlauf, Spielende.

④* Welche Eigenschaften der Mitspieler sind besonders gefordert?

⑤ Legt eine Spielekartei für eure Klasse an. Jeder schreibt eine Spielanleitung auf eine Karteikarte und gibt seinem Spiel einen Namen.
Überlegt, wie ihr eure Spielekartei am besten ordnet.

⑥ Für manche Spiele habt ihr unterschiedliche Regeln genannt. Spielt ein Spiel nach verschiedenen Regeln.

Quellenangabe: "Bausteine 5", Seite 58
Kurzerläuterung relevanter Merkmale: Aufgabenillustration (Bilddarstellung in der oberen Seitenhälfte), Vorwegnahme (Informationen zur Aufgabe 1).

Alltag im Zoo

Tiger, aussterben, beobachten, Käfig, Aquarium, Löwe, Grünfutter, Stall, Leopard, bestaunen, füttern, Lebendfutter, Freigehege, fotografieren, pflegen, Trockenfutter, vom Aussterben bedroht

... sind Großkatzen. Die Tierpfleger ... die Tiere. Die Besucher ... die Tiere. Die Zootiere leben in ... Viele Tierarten sind heute bereits ... Man füttert die verschiedenen Zootiere mit ...

① Verwende die Wörter im Kasten. Schreibe vollständige Sätze.
Achte auf die Zeichensetzung. Wähle zwischen „und" und „oder".
Bilde weitere Beispielsätze.

Tierpfleger haben viel zu tun

In einem Zoo arbeiten viele Menschen in verschiedenen Berufen, um den Tieren gute Lebensbedingungen zu schaffen. Dazu gehören auch die Tierpfleger, die sich besonders um die Fütterung und Pflege der Tiere kümmern. Eine Tierpflegerin oder ein Tierpfleger muß viele Aufgaben erledigen:

Er füllt mit Futter.	Sie wirft Fisch zu.
Sie beseitigt.	Er striegelt das Fell.
Er reinigt.	Sie gibt die Flasche.
Sie säubert.	Er mischt Medikamente bei.
Er spritzt mit Wasser ab.	Sie gibt Auskunft.

② In diesen Sätzen fehlt etwas. Welche Angaben sollten ergänzt werden?

dem Besucher – den Futtertrog – dem Futter – den Abfall – dem Tierbaby – den Stall – dem Zebra – den Käfig – den Elefanten – dem Seelöwen

③ Schreibe die Sätze mit passenden Ergänzungen auf.
Unterstreiche die hinzugefügten Satzglieder.

Sie wirft | dem | Seelöwen Fisch zu.
        | Wem | wirft sie Fisch zu?

Das Satzglied, nach dem du mit „wem" fragst, heißt Ergänzung im Wem-Fall oder **Dativobjekt.**

Er füllt | den | Trog mit Futter.
       | Wen/Was | füllt er mit Futter?

Das Satzglied, nach dem du mit „wen oder was" fragst, heißt Ergänzung im Wenfall oder **Akkusativobjekt.**

Quellenangabe: "Bausteine 5", Seite 85
Kurzerläuterung relevanter Merkmale: Vorwegnahme (Informationen zur Aufgabe 2), Merksätze (mit Winkel hervorgehobene Merksätze im unteren Viertel der Seite), Aufgabenvorlage (Informationen zu Aufgabe 3).

Reisevorbereitungen

Markus freut sich riesig auf die Wanderung mit seinen Freunden. Es fehlen ihm noch einige wichtige Sachen:

Nine? Borgst du mir dein Taschenmesser?

Wo hast du denn dein Messer?

① Welches Wort muß Nine betonen?

> Das Wort <u>dein</u> drückt ein Besitzverhältnis oder eine Zusammengehörigkeit aus. Es heißt **Possessivpronomen** oder besitzanzeigendes Fürwort.

Mein oder dein?

Familie Gerling verreist in die Berge. Frank erzählt: Mein Vater und meine Mutter mußten ihren Urlaub schon im Februar im voraus festlegen. Wir fahren mit der Bahn, der Familienpaß bringt eine große Verbilligung. Weniger vorteilhaft ist es, daß wir dann nicht so viel Gepäck mitnehmen können. Unsere Koffer dürfen nicht zu schwer werden, denn wir haben auch noch Rucksäcke zu tragen. Voraussichtlich werden wir einige große Wanderungen machen, da muß sich jeder überlegen, was unbedingt in seinen Rucksack hineingehört.

🐾 älterer Bruder fährt nicht mit, er macht eine Radtour mit 🐾 Sportgruppe. Er leiht 🐾 Mutter 🐾 Fernglas. Vielleicht können wir wieder Gemsen mit 🐾 Jungen beobachten. 🐾 Meerschweinchen bringe ich zu 🐾 Großvater. Er versorgt die Tiere und baut in 🐾 Garten einen kleinen Käfig, damit sie nicht weglaufen können.

② Frank gebraucht in seiner Erzählung viele Possessivpronomen. Welche?

③ Schreibe den zweiten Absatz in dein Heft, und setze die passenden Possessivpronomen ein.

Achtung: Possessivpronomen werden in Singular oder Plural und in der 1., 2. oder 3. Person gebraucht.

④ Schreibe die Possessivpronomen in dein Heft:

Singular	Plural
1. mein	1. . . .
2. . . .	2. . . .
3. sein, . . ., . . .	3. . . .

In welcher Form das Possessivpronomen gebraucht wird, richtet sich nach der Person oder Sache, die gemeint ist: meine Tante, dein Buch, . . .

⑤ Setze die Reihe fort.

Quellenangabe: "Bausteine 5", Seite 95
Kurzerläuterung relevanter Merkmale: Aufgabenillustration (Sprechblasen im oberen Viertel der Seite), Aufgabenstellung (Aufgabe 2), Aufgabenvorlage (Informationen zu Aufgabe 4).

Er war ein großer, starker Mann

Ich erinnere mich seiner, als sei es gestern gewesen, wie er, seine Seemannskiste auf einem Handkarren hinter sich, schwerfällig an die Tür des Gasthauses kam. Er war ein großer, starker, schwerer, tiefgebräunter Mann, sein teeriger Matrosenzopf fiel ihm auf die Schultern seines schmutzigen, blauen Rockes, seine schwieligen, zerschundenen Hände hatten schwarze, abgebrochene Nägel und der Säbelhieb auf der einen Wange war von einem schmutzigen, fahlen Weiß. Ich entsinne mich, wie er rings über die Bucht blickte, dabei vor sich hin pfiff und dann das alte Seemannslied anstimmte, das er später so oft sang:
„Fünfzehn Mann auf des toten Manns Kist,
Johoo – und 'ne Buddel Rum."

Das ist ein Textausschnitt aus der „Schatzinsel" von Robert Louis Stevenson.

1 Kennt jemand von euch das Buch? Erzählt von der „Schatzinsel".

Der Mann, um den es hier geht, ist der Seemann Billy Bones.

2 Mit welchen sprachlichen Mitteln wird Billy Bones so anschaulich beschrieben? Lies die entsprechenden Stellen vor.

Der mittlere Satz in diesem Abschnitt hätte auch aus vier einzelnen Sätzen bestehen können.

3 Nenne sie und schreibe sie anschließend auf ein Blatt.

4 Schneide den ersten Satz aus: *Er war ein großer, starker, schwerer, tiefgebräunter Mann.* Verkürze den Satz, indem du alle Angaben wegnimmst, die den Mann näher beschreiben.

> Zur näheren Beschreibung von Personen und Sachen verwendest du
> **Attribute.**

5 Bestimme in den anderen drei Sätzen die Attribute.

6* Sammelt Texte, in denen häufig Attribute verwendet werden.

Quellenangabe: "Bausteine 6", Seite 29
Kurzerläuterung relevanter Merkmale: Kapitelüberschrift (oberste Zeile), Aufgabenillustration (Bildelement mit Text in der oberen Hälfte der Seite), Merksatz (eingerahmter Text im unteren Viertel der Seite), Zusatzaufgabe (Aufgabe 6).

er seine Ernte anbieten konnte. Schon bald kamen auch dorthin Schrannen-
knechte, die den Marktzoll kassierten. Nach wenigen Stunden hatte der Bauer
20 alles verkauft. Mit Zufriedenheit betrachtete er den Erlös. Dafür konnte er beim
Hufschmied vier neue Hufeisen bezahlen. Auf dem Weg zur Schmiedgasse kam er
durch die Webergasse. Im Frühjahr hatte er beim Tuchweber gesponnene Wolle
abgeliefert, heute wollte er das bestellte Tuch abholen. Der Tuchweber öffnete
gleich nach dem Klopfen die Tür. Schnell war man sich handelseinig. Auch beim
25 Hufschmied wurde das Geschäft erfolgreich abgeschlossen. Sorgsam verwahrte
der Bauer seine Käufe im Karren. In der Dunkelheit erreichte er sein kleines
Gehöft, wo schon gespannt Frau und Kinder warteten.

4 Was wird der Bauer seiner Frau und den Kindern erzählen? Spielt die
Ankunft des Bauern im Rollenspiel.

3 Frau und Kinder wollen genau wissen, wann und wo sich alles abgespielt
hat. Sucht diese Stellen im Text.

Wann und wo findet der Markttag statt?

5 Fertige eine Tabelle an und trage ein:

Wann?	Wo?
am frühen Morgen ...	...

> Du erinnerst dich: Die Teile des Satzes, die Antworten auf die Fragen **Wann?**
> und **Wo?** geben, heißen adverbiale Bestimmungen der Zeit und des Ortes.

6 Ersetze in einigen Sätzen des Textes die adverbialen Bestimmungen des
Ortes und der Zeit durch andere, z.B.: *lange vor der Dämmerung, überall, ...*

Kuno stand von seinem Bett auf, nahm von der Wandbank Hose und Wams und
kleidete sich an.

7 Kommt euch der Satz bekannt vor? Sucht den entsprechenden Satz im Text.
Was ist verändert worden? Erklärt, wie sich der Inhalt des Satzes verändert
hat.

8 Überlegt, mit welchem Fragewort ihr nach den ausgelassenen Satzteilen
fragen könnt. Ein Tipp: Schlagt auf Seite 17 nach.

9 Suche weitere adverbiale Bestimmungen der Art und Weise aus dem Text
heraus.

10* Sieh dir das Bild auf Seite 58 noch einmal an. Beschreibe es nun mit möglichst
genauen adverbialen Bestimmungen des Ortes und der Art und Weise.

Quellenangabe: "Bausteine 6", Seite 59
Kurzerläuterung relevanter Merkmale: Aufgabenvorlage (Informationen zu Aufgabe 5), Merksatz (eingerahmter Text in der Seitenmitte), Querverweis (Informationen in Aufgabe 8).

Zeitungsanzeigen sind oft gar nicht so einfach zu lesen, weil sie Abkürzungen enthalten.

1 Warum sind Anzeigen in Zeitungen oft so kurz wie möglich abgefasst?

2 Wisst ihr, was die anderen Abkürzungen bedeuten?
Überlegt in Partnerarbeit.

3 Lege eine Legende zu den verwendeten Abkürzungen an.

4 Suche in Tageszeitungen weitere Abkürzungen und ergänze die Legende.

5 Erforsche, auf welche Weise die Abkürzungen zustande kommen.
Erläutere die unterschiedlichen Möglichkeiten deiner Klasse.

6 Verfasse eine Anzeige für deine Traumwohnung.
Verwende Abkürzungen.

Quellenangabe: "Bausteine 6", Seite 72
Kurzerläuterung relevanter Merkmale: Aufgabenillustration (Zeitungsausriß im
oberen Viertel der Seite), Vorwegnahme (Zeitungsausriß mit handschriftlichen
Ergänzungen in der Seitenmitte).

Straßenbau zur Zeit der Römer

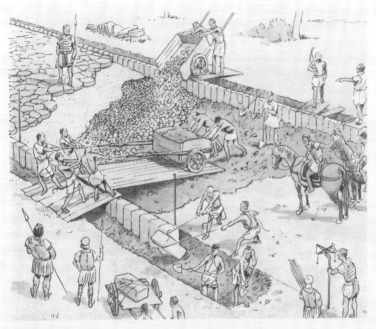

1 Beschreibt die Tätigkeiten der Bauarbeiter auf dem Bild.

2 Wie werden heute Straßen gebaut? Informiert euch und berichtet.

3 Bilde Wortgruppen zu „Bau" und „Werkzeug" und schreibe sie auf, z.B.:
Randstein, Brett, Karren, ausheben, setzen, ...

4 Verwende Wörter deiner Sammlung in einem Text über Straßenbau, sodass die Leserinnen und Leser möglichst genau informiert werden. Bemühe dich dabei, nicht nur Hauptsätze, sondern auch Satzgefüge zu schreiben, z.B.:
Die Römer waren tüchtige Straßenbauer.
Sie befestigten die Straßen mit Pflaster, damit
sie bei Regen nicht schlammig wurden.

Zur Erinnerung ein Lernplakat:

Komma im Satzgefüge

Hauptsatz , Gliedsatz.

Gliedsatz , Hauptsatz.

Durch Konjunktionen (z.B. da, weil, wenn, obwohl, indem, sodass) können Hauptsätze zu Satzgefügen verbunden werden.

Quellenangabe: "Bausteine 6", Seite 91
Kurzerläuterung relevanter Merkmale: Aufgabenillustration (Zeichnung in der oberen Seitenhälfte), Vorwegnahme (Informationen zu Aufgabe 4), Merksatz als Lernplakat (Illustration in der rechten unteren Seitenecke).

Ich möchte gerne ...

Florian
(großer Bruder)

Mutter

Vater

Ich möchte gerne in den Ferien mit Uta, Yvonne und Silke verreisen.

Sascha
(kleiner Bruder)

Kathrin

2 Immer fünf von euch bilden eine Gruppe. Einigt euch, wer welche Rolle übernimmt, und spielt diesen Konflikt in der Klasse vor, ohne vorher zu proben.

Diejenigen, die nicht mitspielen, beobachten genau. Achtet dabei besonders auf die Person, für deren Rolle ihr euch selbst entschieden habt:
Welches Ziel verfolgt diese Person?
Wie hat sie versucht dieses Ziel zu erreichen?

3 Schreibt diese Beobachtungen in eine Tabelle an die Tafel.

Personen	Gruppe A	Gruppe B	Gruppe C
Vater	regt sich auf, wird laut	will seine Ruhe haben, will erst später darüber sprechen	findet es toll, erzählt gleich von früher
Mutter	...		
Sascha			
Florian			
Kathrin			

Quellenangabe: "Geradeaus", Seite 47
Kurzerläuterung relevanter Merkmale: Piktogramm (links vor Aufgabe 2), Aufgabenillustration (Sprechblasendarstellung in der oberen Seitenhälfte), Vorwegnahmen (Textblöcke in der ersten Zeile der Illustration in der unteren Seitenhälfte).

Konflikte einmal anders

Nicht nur in der Familie gibt es Konflikte. Sie können überall entstehen: in der Klasse, zwischen Freundinnen und Freunden, in verschiedenen Gruppen, mit Lehrerinnen und Lehrern.

 6 Probiert die Verhaltensweisen und Formulierungen von Aufgabe 5 in einem neuen Spiel aus. **Wählt A oder B!**

Für Gruppen, die einen Konflikt in einem Rollenspiel darstellen wollen

Für Gruppen, die einen Konflikt mit Handpuppen aufführen wollen

Bevor ihr mit dem Spielen beginnt, überlegt:
– Was für einen Konflikt möchtet ihr darstellen?
– Welche Personen sind beteiligt?
– Welche Ziele verfolgen die Personen?
Einigt euch, wer welche Rolle übernimmt.
Schreibt auf, wie sich die einzelnen Personen verhalten sollen.
Seht euch dafür die Aufgabe 4 noch einmal an.

A1 Probt eure Szene mehrmals für die Aufführung in der Klasse. Denkt beim Spielen auch an Mimik und Gestik.

Mimik die: Mienenspiel

Gestik die [lat.]: Gebärdenspiel

B1 Stellt für jede Person eine Handpuppe her. Das geht ganz einfach: mit einem Holzspieß, Papier und Schere und einem kleinen Tuch.

A2 Benötigt ihr auch Kostüme und Requisiten? **Requisit** das [die Requisiten]: Arbeitsgerät, Ausstattungsgegenstand für eine Theaterbühne

B2 Probt eure Szene mehrmals für die Aufführung in der Klasse.

7 Spielt eure Szenen in der Klasse vor. Besprecht nach jeder Szene:
– Welche Ziele wollten die einzelnen Personen im Gespräch erreichen?

– Wie haben sie das versucht?
– Haben sie Verhaltensweisen und Formulierungen aus Aufgabe 5 verwendet? Überlegt, ob das Gespräch dadurch ruhiger verlief.

Seine Meinung in Konfliktsituationen so zu vertreten, dass es nicht zu einem heftigen Streit kommt, muss man üben. Versucht dies einmal in den nächsten Wochen.

Quellenangabe: "Geradeaus", Seite 49
Kurzerläuterung relevanter Merkmale: Kapitelnennung (oberste Zeile), Kapiteleinstieg (Textblock auf der rechten Seite im oberen Viertel), Lernwegangebote (fettgesetzte Textblöcke unter dem Kasten "Wählt A oder B").

265

Kies, Kohle, Knete & Co.

Witze nutzen es oft aus, dass es in unserer Sprache verschiedene Wörter mit ähnlicher Bedeutung gibt.

Otto kommt nach Hause und fragt:
„Schreibt man Pferd mit P oder B?"
Sein Vater antwortet:
„Schreib doch einfach Gaul!"

Waldemar fragt:
„Schreibt man Geld mit d oder t?"
Sein Freund antwortet:
„Schreib doch einfach ... !"

1 Ergänzt den Witz. Welche Wörter könnt ihr einsetzen? Erklärt, wie diese Witze gemacht werden.

2

$$\text{fahrbarer Untersatz} \quad \text{Vehikel} \quad \text{Rostlaube}$$
$$\text{Benzinesel} - \textbf{Auto} - \text{Ofen}$$
$$\text{Töfftöff} \quad \text{Automobil}$$
$$\text{Personenkraftwagen} \quad ...$$

Welche Wörter fallen euch hier noch ein? Denkt euch Situationen aus, in denen ihr diese Wörter verwenden könnt. Wann spricht man von einem Töfftöff und wann von einem Personenkraftwagen?

Die alte Rostlaube krieg' ich nicht mehr durch den TÜV!

3 Welche Wörter gehören zusammen? Ordnet sie in drei Gruppen. **rennen**

gehen sprechen laufen
sehen gucken rufen
labern beobachten
sagen wandern blicken

! Wörter mit ähnlicher Bedeutung bilden ein **Wortfeld**.

Quellenangabe: "Geradeaus", Seite 90
Kurzerläuterung relevanter Merkmale: Lernphase des jeweiligen Kapitels (zweite Zeile), Kapitelüberschrift (fette Textkästen im oberen Viertel der Seite), Cluster (rechts von der Ziffer 2), Gimmick (Sprechblase), Aufgabenstellung (rechts von der Ziffer 3), Merksatz (rechts vom Ausrufezeichen).

12 Eine genaue Personenbeschreibung fällt euch nun sicherlich nicht mehr schwer. Entscheidet euch für eine der beiden Aufgaben.

Wählt A oder B!

Für diejenigen, die in Gruppenarbeit ein Mädchen nach einem Foto beschreiben wollen

 A1 Seht euch das Foto genau an. Sammelt die Eigenschaften und Besonderheiten des Mädchens in einem Wörternetz.

lustig

Haare — lang

braun

Zipfelmütze — Mädchen

mit Streifen

...

A2 Verfasst nun eine Beschreibung des Mädchens, in die ihr möglichst viele Eigenschaften und Besonderheiten aus dem Wörternetz einbaut. Denkt dabei an die verschiedenen Möglichkeiten, Attribute zu verwenden wie in Aufgabe 11.

Für diejenigen, die allein eine Personenbeschreibung verändern wollen

B Die kleine, dünne Frau, die dem lauten Gespräch am Nebentisch lauschte, fiel mir sofort auf. Sie benutzte zum Lesen der dicken Speisekarte eine schwarze Brille mit Goldrand. Ihre zarten Finger waren mit zwei großen, silbernen Ringen geschmückt. Außerdem trug sie eine lange Perlenkette auf ihrem hübschen hellblauen Kleid. Blonde, lockige Haare fielen ihr in das blasse Gesicht, das kränklich wirkte. Manchmal warf sie einen freundlichen Blick in die Runde. Die schmalen Füße, die ...

Schreibe den Text um. Suche für alle Attribute Wörter, die das Gegenteil ausdrücken. Also:
Die große, dicke Frau, die ...

13 Lest eure Beschreibungen vor oder hängt sie in der Klasse aus.

Quellenangabe: "Geradeaus", Seite 101
Kurzerläuterung relevanter Merkmale: Aufgabenillustration (Fotografie mit unmittelbarem Aufgabenbezug), Piktogramm (links vor Aufgabe A1), Vorwegnahme (Clusterdarstellung in der unteren Hälfte der linken Spalte).

Hilfen im Umgang mit Kennwort

Was bedeutet das?	
1. Spielen	So sieht das aus, wenn ein neues **Kapitel** anfängt. Die Kapitel sind in Unterkapitel und kleinere Abschnitte gegliedert, zum Beispiel:
1.1 Stegreifspiele	Hier beginnt ein neues **Unterkapitel.**
Hitzefrei	So beginnt ein neuer **Abschnitt.**
3 Berichte darüber.	Blaue Ziffern am Rand zeigen **Aufgaben** an. Du kannst sie teilweise schriftlich, teilweise mündlich lösen.
Text 1 ⇨	Die so gekennzeichneten Stellen sind in einem Kapitel fortlaufend nummeriert. Mithilfe der Nummerierung am Rand kannst du sie leicht finden, wenn sie in nachfolgenden Aufgaben behandelt sind. Einige **Texte** eignen sich auch als Diktatübungen mit Freunden, Geschwistern oder Eltern: Ein Verzeichnis findest du auf Seite 175. Dieser Pfeil kennzeichnet den Anfang eines Textes.
🔅 Zusammenfassung • Substantive werden • großgeschrieben. • Hauptsatz Komma S. 144	Die Glühbirne am Rand weist auf eine **Zusammenfassung** hin. In den roten Kästen findest du wichtige Merksätze und Erklärungen, die du gut behalten solltest. Die Merkkästen enthalten auch wichtige **Fachbegriffe,** oft mit Beispielsätzen. Zur schnellen Orientierung sind die wichtigsten Begriffe nochmals am Rand vermerkt. Manchmal findest du dort auch Hinweise auf andere Stellen im Buch, an denen etwas zum gleichen Thema gesagt wird.
➤➤➤ Training ────── ⎡ *1 Schreibe einen ⎤ ⎣ Erlebnisaufsatz. ⎦	Drei Pfeile am Rand weisen auf **Trainingskästen** hin. Darin findest du zusätzliche Texte und Fragen, die du größtenteils auch zu Hause als Übung nutzen kannst. Aufgaben mit einem Sternchen löst du am besten schriftlich.
Zum Nachdenken ──── ─────────────────	An einigen Stellen im Buch findest du zusätzliche **Anregungen zum Nachdenken** oder **Rätsel.** Wo Lösungen zu suchen sind, wirst du selbst herausfinden...

Quellenangabe: "Kennwort", Seite 5
Kurzerläuterung relevanter Merkmale: preliminary organizer (Darstellung auf der gesamten Seite).

268

Vers und Strophe

▷ Die erste alte Tante sprach: Wir müssen nun auch   Text 2
dran denken, was wir zu ihrem Namenstag dem guten Sophiechen schenken. Darauf sprach die zweite Tante kühn:
Ich schlage vor, wir entscheiden uns für ein Kleid in Erb-
sengrün, das mag Sophiechen nicht leiden. Der dritten
Tante war das recht: Ja, sprach sie, mit gelben Ranken! Ich
weiß, sie ärgert sich nicht schlecht und muss sich auch noch
bedanken.

Derjenige, der dieses Gedicht von Wilhelm Busch abge-
schrieben hat, hat dabei leider nicht auf die Zeilen geachtet
und das Ganze so geschrieben wie einen normalen Text.

13   Schreibt Text 2 so ab, dass wieder ein richtiges Gedicht daraus wird.

14   Überprüft, ob in dem Gedicht auch unreine Reime stehen, die nicht der
Erklärung auf S. 80 entsprechen.

15   Stellt das Taktschema der einzelnen Zeilen in Text 2 fest.
Welche Zeilen entsprechen sich?

16   Entspricht die Gliederung der Zeilen auch der Gliederung der Sätze?

Zusammenfassung •
- Die durch Takte gegliederten Zeilen eines Gedichts nennt man Verse.
- Die Verse eines Gedichts werden oft durch Reim miteinander
verbunden. Auch die gleiche Anordnung der Takte verbindet Verse.
- Der Vers kann Rücksicht auf Sinn und Gliederung des Satzes nehmen;
da er aber von Takt und Reim bestimmt wird, muss er es nicht.

Vers

*Nur der Doofe sagt
„Vers" zur Strophe.*

Das Gedicht von Wilhelm Busch ist nicht nur in Verse gegliedert. Das Gespräch
der drei Tanten teilt das Gedicht noch zusätzlich in größere Einheiten ein.

17   Markiert in dem von euch abgeschriebenen Gedicht durch dicke
Schrägstriche diese größeren Einheiten. Welche Ähnlichkeiten zwischen
diesen Einheiten könnt ihr finden?

Zusammenfassung •
- Eine Verbindung von mehreren Verszeilen von gleichem oder
verschiedenem Bau zu einer regelmäßig wiederkehrenden Einheit
nennt man **Strophe.**
- In Verse und Strophen gegliederte Gedichte ähneln Liedern.

Strophe

Quellenangabe: "Kennwort", Seite 85
Kurzerläuterung relevanter Merkmale: Kapitelnennung (erste Zeile), Illustration
(Darstellung von Wilhelm Busch), Querverweis (Information in Aufgabe 14),
Merksatz (eingerahmter Textblock unter Aufgabe 16), Gimmick (Vogelabbil-
dung am rechten Seitenrand).

Zusammenfassung •

Ein Ereignis kann auf verschiedene Weise dargestellt werden: Es kann **erzählt** werden und man kann darüber **berichten**. Eine gute **Erzählung** zeichnet sich durch eine spannende, lebendige, abwechslungsreiche Darstellung aus, ein **Bericht** wird gut durch Genauigkeit.
Die folgenden Fragen können beim Berichtschreiben helfen:
– **Wer** hat **was wann wo wie** gemacht (genaue Reihenfolge!)?
– **Warum** ist es zum dargestellten Ereignis gekommen?
– **Welche Folgen** hatte das Ereignis?
Gedanken, Gefühle, wörtliche Rede haben im Bericht <u>keinen</u> Platz!

erzählen
S. 20 ff., 36 ff.
berichten

Training ———————————

<<<

*1 Berichte über einen Unfall, den du selbst erlebt hast.

*2 Ein Jugendleiter schreibt für die Stadtverwaltung einen Bericht über ein Sommerfest (Vorbereitungen, Durchführung, Besucher, Ergebnisse). Versetze dich in seine Lage und berichte genau. (Hier musst du – ausnahmsweise – einige Einzelheiten erfinden.)

*3 Verfasse einen Brief, in dem du von einem Ausflug (auch: einem Ereignis auf einer Reise) berichtest: ohne Darstellung deiner Gedanken und Gefühle und ohne wörtliche Rede, aber sehr genau. Beachte die Fragen im Merkkasten.

*4 Berichte von einem sportlichen Ereignis, an dem du beteiligt warst (z. B. Fußballspiel der Klassenmannschaft).

– –
Antwort auf die besondere Frage, S. 32 (Kapitel 2):
Eigentlich werden nur Verben konjugiert. *Stahlhelme* und *Trugbilder* sind Substantive, keine Verben. Mit etwas gutem Willen geht es aber doch:

ich stahl Helme, du stahlst Helme, er stahl ...
ich trug Bilder, du trugst Bilder, er trug ...

Versuch es doch auch mal mit anderen Substantiven, z. B.: Saphir, Satire.
Es geht übrigens auch im Präsens: *Seeräuber, Rollmöpse, Knackwürste ...*
Findest du weitere Substantive dieser Art?
– –

Quellenangabe: "Kennwort", Seite 129
Kurzerläuterung relevanter Merkmale: Marginalien (Informationen am rechten Rand), Trainingsblock (eingerahmter Textblock in der Seitenmitte), Aufgaben zur schriftlichen Bearbeitung (Aufgabe 2).

10.6 Schärfung

Zwei Unsinnssätze:

Wollen Männer immer gepfefferte pappige nasse Watte essen, wenn Ebbe herrscht?

Otto baggert wabbelnden Pudding.

Konsonanten-paare

Diese Sätze sind zwar nicht besonders geistreich, aber jedes Wort in diesen Sätzen hat die gleiche Besonderheit: Es enthält ein Konsonantenpaar.
Nicht alle Konsonanten können in deutschen Wörtern doppelt auftreten. Die Unsinnssätze enthalten alle, die dazu in der Lage sind. (Nur in ganz wenigen Wörtern werden das ‚b', ‚d' und ‚g' verdoppelt!)

1 Schreibe die verschiedenen Doppelkonsonanten heraus und suche zu jedem Konsonanten, der doppelt auftreten kann, noch je drei Beispielwörter, also:

ll: Knolle...
nn: ...

Auch wenn derselbe Konsonant in einem Wort doppelt geschrieben wird, dann sprechen wir ihn nicht zweimal aus. Das könnt ihr beim Vergleich der folgenden Wortpaare erkennen:

Putte	*Pute*
Gasse	*Gase*
Tonne	*Ton*
Ratte	*Rate*
betten	*beten*
scharren	*(sich) scharen*

Der Doppelkonsonant verschmilzt beim Sprechen zu einem Laut. (Beachte aber: Bei der Trennung werden Doppelkonsonanten getrennt.)

2 Was ändert sich bei den obigen Wörtern an der Aussprache des Stammvokals, je nachdem, ob ein verdoppelter oder ein einfacher Konsonant folgt?

Doppelkonsonant

Zusammenfassung •
• Der Vokal vor einem **Doppelkonsonanten** wird kurz gesprochen.
• Doppelkonsonanten können gebildet werden aus: **b-d-f-g-l-m-n-p-r-s-t.**
• •

3 Das Doppelkonsonantenrennen:
Einer nennt einen Doppelkonsonanten. Wer innerhalb von drei Minuten die meisten Wörter mit diesem Doppelkonsonanten aufschreibt, hat gewonnen.

Quellenangabe: "Kennwort", Seite 148
Kurzerläuterung relevanter Merkmale: Kapitelüberschrift (erste fettgesetzte Zeile), Illustration (Handwerker in der rechten oberen Seite), Merksatz (eingerahmter Textblock im unteren Viertel der Seite).

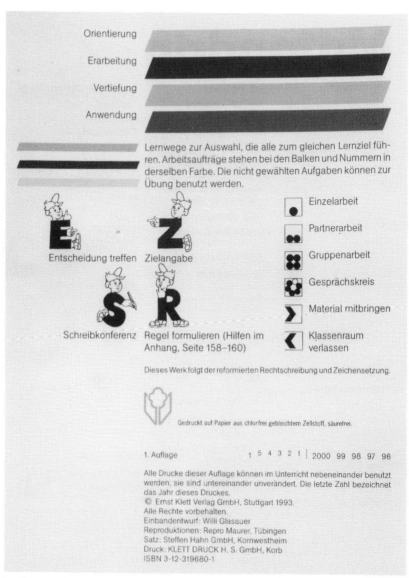

Orientierung

Erarbeitung

Vertiefung

Anwendung

Lernwege zur Auswahl, die alle zum gleichen Lernziel führen. Arbeitsaufträge stehen bei den Balken und Nummern in derselben Farbe. Die nicht gewählten Aufgaben können zur Übung benutzt werden.

Entscheidung treffen Zielangabe

Schreibkonferenz Regel formulieren (Hilfen im Anhang, Seite 158–160)

Einzelarbeit

Partnerarbeit

Gruppenarbeit

Gesprächskreis

Material mitbringen

Klassenraum verlassen

Dieses Werk folgt der reformierten Rechtschreibung und Zeichensetzung.

Gedruckt auf Papier aus chlorfrei gebleichtem Zellstoff, säurefrei.

1. Auflage   1 5 4 3 2 1 │ 2000 99 98 97 96

Alle Drucke dieser Auflage können im Unterricht nebeneinander benutzt werden, sie sind untereinander unverändert. Die letzte Zahl bezeichnet das Jahr dieses Druckes.
© Ernst Klett Verlag GmbH, Stuttgart 1993.
Alle Rechte vorbehalten.
Einbandentwurf: Willi Glasauer
Reproduktionen: Repro Maurer, Tübingen
Satz: Steffen Hahn GmbH, Kornwestheim
Druck: KLETT DRUCK H. S. GmbH, Korb
ISBN 3-12-319680-1

Quellenangabe: "Mittendrin", Seite 2
Kurzerläuterung relevanter Merkmale: preliminary organizer (Darstellung in der oberen Seitenhälfte), Impressum (untere Seitenhälfte).

Zum Staunen und zum Lachen

Ihr habt bestimmt schon selber solche merkwürdigen Sachen erlebt, von anderen gehört oder irgendwo gelesen, von denen ihr erzählen könntet. Ihr findet auch Anregungen in kurzen Texten im Lesebuch, in Zeitschriften oder Zeitungen vom Wochenende. Sonst könnt ihr auch einfach etwas erfinden.

1 Wählt ein Ereignis, von dem ihr erzählen wollt, und schreibt es als Erzählkern auf ein Kärtchen.

2 Macht euch auf eure Geschichten neugierig, lest euch eure Erzählkerne vor.

3 Manche erzählen ihre Geschichte lieber spontan. Andere möchten sich lieber vorbereiten. Sie können sich eine der folgenden Hausaufgaben auswählen.

Vorbereitung auf dem Papier

Vorbereitung im Kopf

Vorbereitung mit Bildern

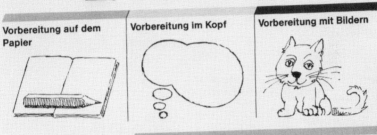

1 Lasst euren Kern sprießen. Nehmt ein größeres Blatt und schreibt den Kern in die Mitte. Sammelt drum herum, was in der Geschichte vorkommen kann oder soll:

große Hochzeit in feinem Lokal · Aber das Kleid ... · teures Kleid · lange gespart · Der Ober tat ganz vornehm · Meine andere Tante ... · Wie der Ober meiner Tante bei ihrer Hochzeit die Bratensoße über das Brautkleid gegossen hat · Nach dem Essen kam die Fotografin · Der · Aber

Quellenangabe: "Mittendrin", Seite 16
Kurzerläuterung relevanter Merkmale: farbliche Abgrenzung der Lernphasen (oberhalb der ersten Textzeile), Aufgabenstellung (Aufgaben neben den Ziffern 1, 2 und 3), alternative Lernwege (Dreiteilung der Seite in deren Mitte), Cluster (Abbildung im unteren Viertel der Seite).

1 Diese Comic-Figuren tun alle etwas Ähnliches. Was zeigen die Bilder?

Mir geht ein Licht auf

2 Was empfindet wohl jemand, der so „in die Luft geht"? Sucht nach Wörtern für die dargestellten Gefühle.

3 Sucht in euren Comics nach Bildern für diese Ausdrücke:
„auf den Tisch hauen"/„da geht mir der Hut hoch".

4 Wähle ein Sprachbild und erzähle dazu eine Geschichte:
„sich ins Fäustchen lachen"/„vor etwas die Augen verschließen"/„sich aus dem Staub machen"/„den Kopf hängen lassen"/„jemanden auf den Arm nehmen"/„auf die Nase fallen"

5 Erzählt eure Geschichten und vergleicht, welche Bedeutungen verschiedene Erzählerinnen und Erzähler ihren Sprachbildern gegeben haben.

6 Vergleicht die Sprachbilder und die Bilder der Comics. Was entdeckt ihr?

Quellenangabe: "Mittendrin", Seite 29
Kurzerläuterung relevanter Merkmale: Aufgabenillustration (Comic-Sequenzen in der oberen Seitenhälfte), Piktogramme (bei Aufgabe 3, 4 und 5), Vorwegnahme (Informationen zu Aufgabe 4).

1 Seht euch die Ergebnisse an, die ihr ausgehängt habt. Wo wird die unterschiedliche Sicht des Großen oder Kleinen besonders deutlich?

> Wenn ihr eine Geschichte erfindet, könnt ihr euch in eine Person versetzen und alles aus ihrer Sicht erzählen. Eine solche Sicht, die in einem Text zum Ausdruck kommt, nennen wir **Perspektive**.

2 Nimm einen Teil eines Gulliver-Texts von Seite 32/33 und schreibe ihn in eine andere Perspektive um: Klein oder Groß erzählt. Die Beispiele an der Pinnwand können dir helfen, wenn du Dinge und Handlungen in die entgegengesetzte Perspektive „übersetzt".
Versuche auch die Gefühle des großen oder kleinen Erzählers darzustellen.

3 Lest einige Erzählungen vor und vergleicht sie mit den ursprünglichen Texten: Wo ist die „Übersetzung" gelungen? Wo fehlt etwas? Wo ist etwas ergänzt worden? An welchen Stellen könnte die Perspektive noch deutlicher sein? Wie könntet ihr das erreichen?

Quellenangabe: "Mittendrin", Seite 35
Kurzerläuterung relevanter Merkmale: Merksatz (farbig unterlegter Textblock im oberen Drittel der Seite), Illustration (Darstellung in der Seitenmitte), Piktogramme (bei Aufgabe 2 sowie am Seitenrand von Aufgabe 3).

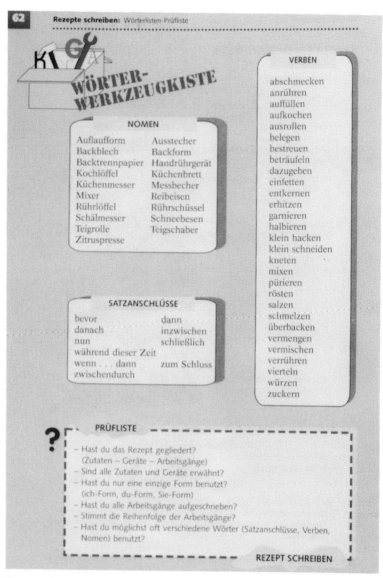

WÖRTER-WERKZEUGKISTE

NOMEN

Auflaufform	Ausstecher
Backblech	Backform
Backtrennpapier	Handrührgerät
Kochlöffel	Küchenbrett
Küchenmesser	Messbecher
Mixer	Reibeisen
Rührlöffel	Rührschüssel
Schälmesser	Schneebesen
Teigrolle	Teigschaber
Zitruspresse	

SATZANSCHLÜSSE

bevor	dann
danach	inzwischen
nun	schließlich
während dieser Zeit	
wenn . . . dann	zum Schluss
zwischendurch	

VERBEN

abschmecken
anrühren
auffüllen
aufkochen
ausrollen
belegen
bestreuen
beträufeln
dazugeben
einfetten
entkernen
erhitzen
garnieren
halbieren
klein hacken
klein schneiden
kneten
mixen
pürieren
rösten
salzen
schmelzen
überbacken
vermengen
vermischen
verrühren
vierteln
würzen
zuckern

? PRÜFLISTE

- Hast du das Rezept gegliedert?
  (Zutaten – Geräte – Arbeitsgänge)
- Sind alle Zutaten und Geräte erwähnt?
- Hast du nur eine einzige Form benutzt?
  (ich-Form, du-Form, Sie-Form)
- Hast du alle Arbeitsgänge aufgeschrieben?
- Stimmt die Reihenfolge der Arbeitsgänge?
- Hast du möglichst oft verschiedene Wörter (Satzanschlüsse, Verben,
  Nomen) benutzt?

REZEPT SCHREIBEN

Quellenangabe: "Startklar", Seite 62
Kurzerläuterung relevanter Merkmale: Listen häufig verwendeter Wörter (Nomen- bzw. Verbliste), Liste zur Ergebnisüberprüfung (eingerahmter Textblock im unteren Drittel der Seite).

Projekte

Berichte schreiben

– Sammelt aus Tageszeitungen Berichte über Verkehrsunfälle, an denen Kinder beteiligt sind.

– Schreibt für eine Klassenzeitung oder eine Schulzeitung Berichte über wichtige Schulereignisse:

- Schulfeste
- Projektunterricht
- ADAC-Fahrradturnier
- Sport und Spieltag
- Klassenfahrt

– Besorgt euch eine Originalunfallanzeige, wie sie die Sekretärin oder euer Lehrer ausfüllen muss. Kopiert das Formular und füllt es dann für einen der beiden Schulunfälle aus.

? PRÜFLISTE

– Hast du auf alle W-Fragen eine Antwort gegeben?

– Hast du alle wichtige Einzelheiten genannt?

– Hast du noch einmal überprüft, ob du eventuell unwichtige Tatsachen genannt hast?

– Hast du die richtige Zeitform gewählt und eingehalten? (Vergangenheit – Präteritum)

– Hast du über das Geschehen in der richtigen zeitlichen Reihenfolge berichtet?

– Hast du auf die Satzanschlüsse geachtet und nicht immer die gleichen Wörter verwendet?

– Hast du auf wörtliche Rede verzichtet?

– Hast du den Bericht in sachlicher und verständlicher Sprache geschrieben?

BERICHTE SCHREIBEN

Quellenangabe: "Startklar", Seite 85
Kurzerläuterung relevanter Merkmale: Projektvorschläge (oberer eingerahmter Textblock), Liste zur Ergebnisüberprüfung (unterer eingerahmter Textblock).

Das Nomen – eine Wortart in vielen Gestalten

Nomen oder nicht? Das war bereits zu Beginn des Kapitels die Frage.
Du hast dann die Artikelprobe gemacht. Hier ist eine neue Liste.

SCHRANK BUCH TISCH STUHL BUNT MEIN IHR FRAU
KATZE WINZIG AUTO KAMERA LUSTIG GELAUFEN
PINSEL ABGEHOLT FAHRRAD SCHNELL RICHTIG
FARBE UNSER EIS

Der Artikel ist der ständige Begleiter des Nomens, und außerdem kann man mit
seiner Hilfe die Nomen in drei Gruppen einteilen.

 Lege dir im Heft eine Tabelle an und ordne die Nomen ein:

männlich (masculinum)	weiblich (femininum)	sächlich (neutrum)
der ▬▬	die ▬▬	das ▬▬

Bei manchen Nomen ist es gar nicht so einfach, den richtigen Artikel zu finden.
Hier hilft manchmal nur das Wörterbuch.

Schreibe die folgenden Nomen mit dem richtigen Artikel in dein Heft.

Bonbon Gummi Wachs Meter Gulasch Efeu

Mithilfe der Artikel kann man die Nomen nach ihrem grammatischen
Geschlecht unterscheiden.
Ein Nomen mit dem Artikel **der** ist ein **männliches**, mit dem Artikel **die** ist ein
weibliches, mit dem Artikel **das** ist ein **sächliches** Nomen.
Es gibt auch **unbestimmte** Artikel.
Sie heißen: **ein** (m.), **eine** (w.), **ein** (s.).

Quellenangabe: "Startklar", Seite 88
Kurzerläuterung relevanter Merkmale: Aufgabenvorlage (Informationen zu Aufgabe 1), Aufgabe mit erhöhter Leistungsanforderung (Aufgabe 2), Gimmick (Sprechblasencomic), Merksatz (letzter Textabsatz, seitlich gekennzeichnet).

Einen Text mithilfe eines Wörterbuches korrigieren

Der folgende Text weist besonders viele Fehler auf. Überlegt, inwiefern der Verfasser oder die Verfasserin durch größere Zweifel beim Schreiben und durch anschließendes Nachschlagen im Wörterbuch Fehler hätte vermeiden können.

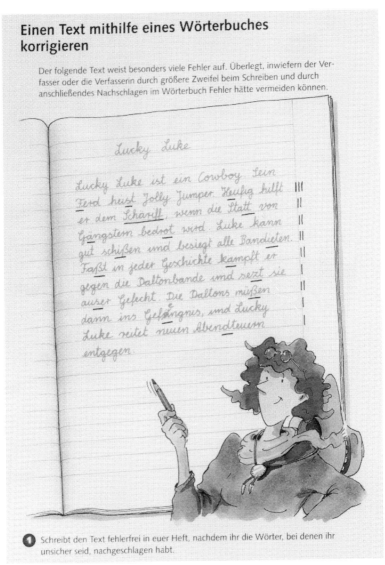

❶ Schreibt den Text fehlerfrei in euer Heft, nachdem ihr die Wörter, bei denen ihr unsicher seid, nachgeschlagen habt.

Quellenangabe: "Startklar", Seite 128
Kurzerläuterung relevanter Merkmale: Korrekturen bzw. Korrekturaufforderung (farbige Fehlermarkierung im handschriftlichen Textblock), Aufgabenstellung (Aufgabe 1).

2 Mit Füßen getreten – unser Boden

Der Boden liefert den Pflanzen und Tieren Nährsalze und Sauerstoff. Als Speicher von Niederschlägen versorgt er die Pflanzen mit Wasser und bietet Flächen für Verdunstungsvorgänge. Außerdem beherbergt er das Bodenleben. Für Mensch, Tier und Pflanze ist diese dünne Außenschicht „Boden" Grundlage für ihre Ernährung.

In einem gesunden Boden leben Wirbeltiere, Würmer, Schnecken, Spinnen, Asseln, Käfer, auch Bakterien, Pilze, Algen. Im Bodenleben herrscht ein Gleichgewicht von Fressen und Gefressenwerden. Dadurch entstehen wieder Nährstoffe für die Pflanzen. Grabende und wühlende Organismen leisten Lockerungsarbeit.

a Unser Boden hat wichtige Aufgaben. Schreibe sie in Stichworten aus dem Text heraus!

Beispiel: *Nährsalze und Sauerstoff liefern*

b Welche Aufgabe haben die Bilder für den Text?

c Wie wirkt sich das Verhalten der Kinder auf die Natur aus?

Quellenangabe: "Werkstatt", Seite 47
Kurzerläuterung relevanter Merkmale: Illustrationen (Bilddarstellungen in der oberen rechten Ecke sowie in der Seitenmitte), Marginalien (Informationen am Seitenrand), Handschriftimitation (Beispiel zu Aufgabe 2a).

c Doris schrieb:

> Am Wortende kann man nicht genau hören, ob ein Konsonant (etwa:
> d-t, g-k, b-p) „hart" oder „weich" gesprochen wird. Aber man kann
> diese Wörter verlängern: *verschwand – verschwanden*.

– Lies laut vor:
*verschwand – verschwanden, bekannt – bekannten; Berg – Berge, Werk
– Werke; Dieb – Diebe, Typ – Typen!*

– „hart" oder „weich"
Aben▓, *Antwor*▓, *Kraf*▓, *Armban*▓, *Strei*▓, *tau*▓, *Lau*▓

d Erich schrieb:

> Wenn man verwandte Wörter sucht, kann man Fehler vermeiden: *end-
> lich – am Ende, endlos, endgültig, Endbahnhof, Endkonsonant …*

– Suche verwandte Wörter zu *malen, wahr* und *abgemüht!*

selbständig
berichtigen

> Tips, um selbständig zu berichten:
> ● Artikelprobe anwenden   ● Wort ableiten
> ● Wort verlängern   ● verwandte Wörter suchen

4 Nachschlagen im Wörterbuch

…losbinden, Löschblatt, losen,
lösen, losfahren, losgehen,
loshaben, loslassen, löslich,
losmachen, losreißen,
Löß, Losung, Lösung…

So ein Durcheinander!

a Weshalb stehen die Wörter in dieser Reihenfolge?

Nachschlagen **b** *Gebälk, Gazelle, geben, gebären, Gebärde, Gebäck, Gebäude*
– In welcher Reihenfolge müssen diese Wörter im Wörterbuch stehen?

Quellenangabe: "Werkstatt", Seite 102
Kurzerläuterung relevanter Merkmale: Korrekturelement (Fehlermarkierung in
den beiden handschriftlichen Zeilen), Arbeitsvorschläge (eingerahmter Textblock in der Seitenmitte), Gimmick (Sprechblasencomic).

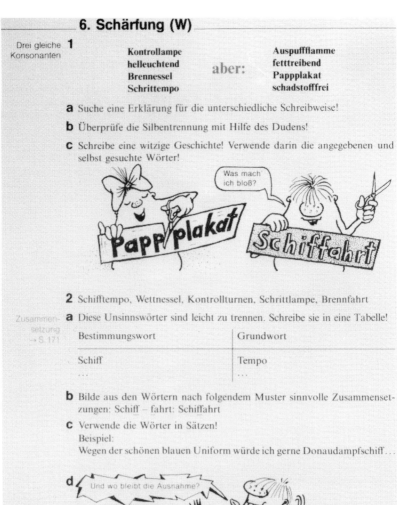

Drei gleiche Konsonanten 1

Kontrollampe		Auspuffflamme
helleuchtend	aber:	fetttreibend
Brennessel		Pappplakat
Schrittempo		schadstofffrei

a Suche eine Erklärung für die unterschiedliche Schreibweise!

b Überprüfe die Silbentrennung mit Hilfe des Dudens!

c Schreibe eine witzige Geschichte! Verwende darin die angegebenen und selbst gesuchte Wörter!

Was mach ich bloß?

Papp/plakat

Schifffahrt

2 Schifftempo, Wettnessel, Kontrollturnen, Schrittlampe, Brennfahrt

Zusammensetzung → S. 171

a Diese Unsinnswörter sind leicht zu trennen. Schreibe sie in eine Tabelle!

Bestimmungswort	Grundwort
Schiff	Tempo
...	...

b Bilde aus den Wörtern nach folgendem Muster sinnvolle Zusammensetzungen: Schiff – fahrt: Schiffahrt

c Verwende die Wörter in Sätzen!
Beispiel:
Wegen der schönen blauen Uniform würde ich gerne Donaudampfschiff...

d

Und wo bleibt die Ausnahme?

Drittel – Drit-tel, dennoch – den-noch, Mittag – Mit-tag

Quellenangabe: "Werkstatt", Seite 124
Kurzerläuterung relevanter Merkmale: Kapitelüberschrift (oberste Zeile), Lernbegleiter (die beiden comichaften Kartoffeldarstellungen), Querverweise (am linken Seitenrand), Arbeitsvorlage (Information zu Aufgabe 2a), Gimmick (Sprechblasencomic am unteren Seitenrand).

2 Wie man Substantive ableitet

erleben	neu	krank	zeichnen
vorbereiten	wohnen	flüssig	schön
heiter	tapfer	reich	klug
hindern	wagen	irren	lähmen
hoffen	wandern	frech	nutzen

a Verbinde die Adjektive und Verben in der Wörterkiste mit einer der folgenden Endungen zu einem sinnvollen Substantiv: *-heit, -keit, -nis, -tum, -ung!*

Beispiel: zeichnen + ung → die Zeichnung

b Schreibe die Substantive mit dem Artikel auf, unterstreiche die Endung!

c *Freund, Feind, Gewalt, Herz, Lücken, Sprung, Laune, Hunger, Zorn, Furcht, Frucht, Herbst, Märchen, Himmel, Hölle, Kleid*

– Bilde aus den Substantiven mit den folgenden Endungen Adjektive: *-bar, -haft, -ig, -isch, -lich, -sam!*

Tip: Bei einigen Substantiven findest du zwei Adjektive.

> Substantive, Verben und Adjektive kann man durch verschiedene Endungen in andere Wortarten ableiten: *das Kleid → kleidsam.*

Wortfamilie **1**

a Zum Stamm /wahr/ kannst du viele Wörter bilden. Ordne deine Wörter nach Substantiven, Verben, Adjektiven, und unterstreiche den Stamm!

> Alle Wörter mit dem gleichen Stamm gehören zu einer **Wortfamilie**. Du hast diese Wörter durch Zusammensetzung (*wahrsagen*) und Ableitung (*Wahrheit*) gebildet. Auch durch Vorsilben (*unwahr*) kannst du Wörter bilden.

Quellenangabe: "Werkstatt", Seite 174
Kurzerläuterung relevanter Merkmale: Aufgabenstellung (Aufgabe 2a), Merksatz (eingerahmter Textblock in der Seitenmitte), Cluster (Darstellung im unteren Teil der Seite).

Richard Goldhamster sagt von seinem Lieblingsplatz im Moor:
„Ich fühle mich hier wohl, wie der Fisch im Wasser!" (Zeile 22/23)

Auch du kennst Orte, an denen du dich gerne aufhältst, wohin du
dich manchmal zurückziehst. Das sind für dich besondere Plätze,
deine Lieblingsplätze. Über diese Orte kannst nur du selbst erzählen.

1 Male ein Bild von deinem Lieblingsplatz.
Schreibe kurze Sätze als Ergänzung dazu.

2 Macht ein Ratespiel. Erzählt von
eurem Lieblingsplatz, ohne den Namen
des Ortes zu verraten. Die anderen
müssen den Namen des Ortes heraus-
finden.

Denk daran:
Den Namen des
Lieblingsplatzes
nicht verraten!

Erzählt so:
Mein PUNKT, PUNKT, PUNKT ...
An meinem PUNKT, PUNKT, PUNKT ...
Am liebsten liege ich in meinem PUNKT, PUNKT, PUNKT *und* ...

Wer aufmerksam zuhört, kann den Ort erraten. Wenn es euch
trotzdem nicht gelingt, stellt Fragen an die Erzählerin oder den
Erzähler.

3 Vielleicht möchten die anderen noch mehr
von euren Lieblingsplätzen erfahren, zum Beispiel:
 – Bist du oft an deinem Lieblingsplatz?
 – Bist du dort am liebsten allein?
 – Wie fühlt sich dein Platz an?
 – Wonach riecht es dort?
 – Was kann man hören?
 – Was kannst du von dort aus alles sehen?

Beantwortet auch diese Fragen. Dabei könnt ihr
auch eure Bilder verwenden.

4 Sammelt Wörter, die für euch während der
Arbeit am Thema „Ein besonderer Platz" wichtig
sind. In der Werkstatt Schreiben findet ihr
Anregungen, wie ihr mit ihnen
üben könnt (Seite 175–177).

Für Straßenkinder heißt das eigene Haus
„Straße" ...

der Lieblingsplatz
der Ort
das Zelt
das Baumhaus
gemütlich
zufrieden
...

67

Quellenangabe: "Wortstark", Seite 67
Kurzerläuterung relevanter Merkmale: Aufgabenstellung (Textblock neben Ziffer 1 oder 2), Vorwegnahme (Textblock hinter der Zeile "Erzählt so"), Querverweis (Hinweis am Ende von Aufgabenstellung 4), Vorwegnahme (Hinweis zur
Erweiterung des Klassenwortschatzes am rechten unteren Seitenrand).

Werkstatt

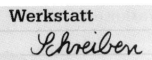

Verwandlungsgeschichten schreiben

> Ich könnte mich in der Falte eines Hosenbeins verstecken.

> Die Stuhlbeine sehen sehr bedrohlich aus!

Stell dir vor, du verwandelst dich und bist einen Tag lang ganz klein. Viele neue Möglichkeiten eröffnen sich für dich, aber es könnte auch gefährlich werden ...

 1   Stelle zunächst eine Tabelle zusammen:

neue Möglichkeiten	Gefahren
in ein Mauseloch kriechen	fast zertreten werden
...	...

2   Schreibe jetzt deine Verwandlungsgeschichte. So könnte sie beginnen:

> Gestern spielte ich mit meinem Puppenhaus. Da passierte es wieder: Ich spürte, wie ich kleiner und kleiner wurde. Ich war nur noch so groß wie ein Pfefferstreuer ...

> Als ich gestern aus der Schule kam, war ich schlecht gelaunt. Allerlei war schief gegangen. Lustlos stocherte ich in meinen Spaghettis herum und steckte mir schließlich eine Nudel in den Mund. Da kribbelte es ganz eigenartig, und dann war es wie im Film: Ich wurde kleiner und kleiner. Schließlich war ich so klein wie ein Milchzahn ...

Schreibe auch, wie es zur Rückverwandlung kommt!

Quellenangabe: "Wortstark", Seite 164
Kurzerläuterung relevanter Merkmale: Aufgabenillustration (Sprechblasenabbildung in der oberen Seitenhälfte), Arbeitsvorlage (Information zu Aufgabe 1), Vorwegnahmen (die beiden Textblöcke unter Aufgabe 2).

Werkstatt

Schreiben

Üben – zu zweit oder allein

Partnerdiktat

So kannst du mit einer Partnerin oder einem Partner üben:

1. Das Wort, den Satz oder den Text aufmerksam durchlesen.

2. Einer diktiert, der andere schreibt.
   Beim Schreiben mitsprechen.

... und mitsprechen beim Schreiben und Kontrollieren!

3. Wer diktiert, gibt sofort einen Tipp,
   wenn ein Wort falsch geschrieben wird.

4. Das falsche Wort wird verbessert.

Eigendiktat

Wenn du allein bist, kannst du so üben:

1. Das Wort oder den Satz durchlesen.
   Besonderheiten merken.

2. Abdecken.

3. Auswendig aufschreiben.
   Beim Schreiben mitsprechen.

4. Wieder aufdecken und Wort für Wort überprüfen.
   Fehler berichtigen.

> lesen
> merken
> abdecken
> schreiben
> kontrollieren

übt von üben, deshalb mit b!

Laufdiktat

Zur Abwechslung macht ein Laufdiktat Spaß:

1. Lege die Wörter oder den Text auf die Fensterbank.

2. Präge dir das Wort, einen Satz oder Satzteil ein.

3. Gehe zu deinem Platz, sprich dabei das Wort oder den Satz,
   auch die Besonderheit, auf die du achten willst.

4. Schreibe am Platz.
   Beim Schreiben mitsprechen.

5. Kontrolliere.
   Fehler berichtigen.

Quellenangabe: "Wortstark", Seite 178
Kurzerläuterung relevanter Merkmale: Kapitelüberschrift (nach links aus dem Text hinauslaufende Zeile), Methodenhinweise (separate Erläuterung von "Partner-", "Eigen-" und "Laufdiktat"), Lernbegleiter (Comicfigur am linken Rand).

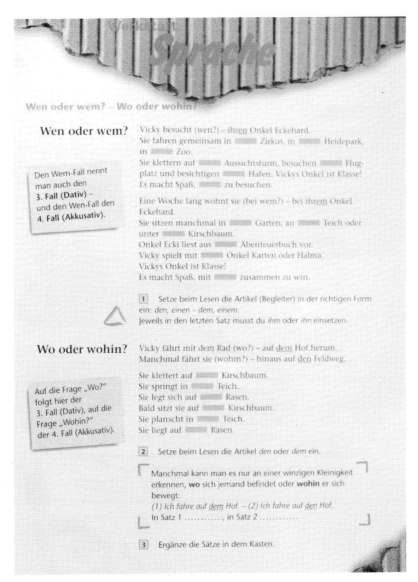

Wen oder wem?

Vicky besucht (wen?) – ihren Onkel Eckehard.
Sie fahren gemeinsam in ▦ Zirkus, in ▦ Heidepark,
in ▦ Zoo.
Sie klettern auf ▦ Aussichtsturm, besuchen ▦ Flug-
platz und besichtigen ▦ Hafen. Vickys Onkel ist Klasse!
Es macht Spaß, ▦ zu besuchen.

Eine Woche lang wohnt sie (bei wem?) – bei ihrem Onkel
Eckehard.
Sie sitzen manchmal in ▦ Garten, an ▦ Teich oder
unter ▦ Kirschbaum.
Onkel Ecki liest aus ▦ Abenteuerbuch vor.
Vicky spielt mit ▦ Onkel Karten oder Halma.
Vickys Onkel ist Klasse!
Es macht Spaß, mit ▦ zusammen zu sein.

> Den Wem-Fall nennt
> man auch den
> **3. Fall (Dativ)** –
> und den Wen-Fall den
> **4. Fall (Akkusativ).**

1 Setze beim Lesen die Artikel (Begleiter) in der richtigen Form
ein: *den, einen – dem, einem.*
Jeweils in den letzten Satz musst du *ihm* oder *ihn* einsetzen.

Wo oder wohin?

Vicky fährt mit dem Rad (wo?) – auf dem Hof herum.
Manchmal fährt sie (wohin?) – hinaus auf den Feldweg.

Sie klettert auf ▦ Kirschbaum.
Sie springt in ▦ Teich.
Sie legt sich auf ▦ Rasen.
Bald sitzt sie auf ▦ Kirschbaum.
Sie planscht in ▦ Teich.
Sie liegt auf ▦ Rasen.

> Auf die Frage „Wo?"
> folgt hier der
> **3. Fall (Dativ)**, auf die
> Frage „Wohin?"
> der **4. Fall (Akkusativ).**

2 Setze beim Lesen die Artikel *den* oder *dem* ein,

> Manchmal kann man es nur an einer winzigen Kleinigkeit
> erkennen, **wo** sich jemand befindet oder **wohin** er sich
> bewegt:
> *(1) Ich fahre auf dem Hof. – (2) Ich fahre auf den Hof.*
> In Satz 1 ...., in Satz 2 ....

3 Ergänze die Sätze in dem Kasten.

Quellenangabe: "Wortstark", Seite 191
Kurzerläuterung relevanter Merkmale: Merksatz (links außerhalb des eigentlichen Satzspiegels, leicht schräg gestellt), Aufgabenstellung (rechts neben den
Ziffern 1, 2 und 3), Regel mit Anwendung (Textblock innerhalb der vier Eck-
markierungen in der unteren Seitenhälfte).

7.5 Fortschreibende Nachschrift: Zur Möglichkeit subjektwissenschaftlicher Unterrichtsmaterialien[438]

Auf der Suche nach Strukturmerkmalen zur Gestaltung von subjektorientierten Unterrichtsmaterialien habe ich bei Umberto Eco einen interessanten Hinweis gefunden. In seiner "Nachschrift zum 'Namen der Rose'" nennt er als Grund für die beachtliche Resonanz auf sein Werk "Der Name der Rose" den Umstand, daß es beginnt, "als ob es ein Krimi wäre."[439] Schließlich erfreut sich die Gattung des Kriminalromans – Eco zufolge – deshalb eines besonderen Interesses, da sie "eine Konjektur-Geschichte im Reinstzustand darstellt."[440] Ist es doch das wesentliche Kennzeichen des Kriminalromans, daß es sich um eine Romangattung handelt, "in der es um das Vermuten geht, um das Abenteuer der Mutmaßungen, um das Wagnis der Aufstellung von Hypothesen angesichts eines scheinbar unerklärlichen Tatbestandes, eines dunklen Sachverhalts oder mysteriösen Befundes."[441] Eco beschreibt diese Faszination an der (kriminalistischen) Mutmaßung als strukturell vergleichbar mit der Verfahrensweise wissenschaftlicher Arbeit. "Denn wie der ermittelnde Detektiv gehen auch der Arzt, der Forscher [...] durch Konjekturen vor, das heißt durch Mutmaßungen und Vermutungen über den Grund der Sache, durch mehr oder minder kühne Annahmen, die sie dann schrittweise prüfen."[442] Eco konstatiert somit einen Zusammenhang zwischen kriminalistischer und wissenschaftlicher Vorgehensweise. Beide erwachsen dem gleichen Ursprung: der Neugier des Subjekts an der Aufklärung ihm (zunächst) unerklärlicher Gegenstände o.ä. und der damit notwendig einhergehenden Mutmaßungen. Folgt man dieser Lesart, so scheint es sich bei der Faszination an Konjekturen offensichtlich um etwas zu handeln, was für verschiedene Subjekte gleichermaßen gilt. Erweist sich diese Annahme als zutreffend, so bietet sie einen interessanten Anknüpfungspunkt für die Charakterisierung von subjektwissenschaftlichen Unterrichtsmaterialien. Sie müßten demnach Anregungen enthalten, die Neugier wecken und Raum für Mutmaßungen und Experimente gewähren, ohne hierbei der Versuchung zu erliegen, das Denken der Lernenden i.S. geplanter Lernprozesse in eine bestimmte Richtung lenken zu wollen. Solche Unterrichtsmaterialien würden Ecos Definition des Romans damit insoweit folgen, als er diesen als "eine Maschine zur Erzeugung von Interpretationen betrachtet."[443] Derartige Bücher würden somit für die Lernenden "zu einem Erlebnis der Selbstveränderung."[444]

---

438 Diese Ausführungen stellen eine (fragmentarische) Ergänzung zu Kapitel 5.3 dar.
439 Eco (1987). S. 63.
440 Eco (1987). S. 63.
441 Eco (1987). S. 63.
442 Eco (1987). S. 63 f.
443 Eco (1987). S. 9 f.
444 Eco (1987). S. 59.